江苏省经济发达镇法治国情调查报告丛书

江苏省
经济发达镇
法治国情调查报告

第一卷

龚廷泰——主编

法律出版社
LAW PRESS·CHINA

《江苏省经济发达镇法治国情调查报告丛书》编辑委员会

《江苏省经济发达镇法治国情调查报告》
第一卷

主　　编：龚廷泰

副 主 编：李　力　蔡道通　眭鸿明

编写人员（以姓氏笔画为序）：

方　乐　王　茜　王曲星　计昕瑶
申　昕　刘　涛　李　洋　张　镭
陈爱武　吴　磊　李昌庚　周克稳
郑　浩　段东升　洪锡雷　封海波
倪　斐　唐训进　黄　何　缪文升
潘　溪

总　序

全面推进依法治国是一个系统工程，是国家治理领域一场广泛而深刻的革命，其总目标是建设中国特色社会主义法治体系、建设社会主义法治国家。“走什么样的法治道路、建设什么样的法治体系，是由一个国家的基本国情决定的。全面推进依法治国，必须从我国实际出发，同推进国家治理体系和治理能力现代化相适应，既不能罔顾国情、超越阶段，也不能因循守旧、墨守成规。坚持从实际出发，就是要突出中国特色、实践特色、时代特色。”〔1〕中国作为一个发展中大国，在厉行法治的道路上更应当从基本国情出发，坚定不移走中国特色社会主义法治道路。

只有符合国情的法治道路才是具有持久生命力的法治道路。一般而言，国情是指一个国家的自然条件、历史传统、社会性质、政治、经济、文化等方面的基本情况和特点。法治国情则是国情的下位概念，主要是指一国国情状况在法治生活领域中的具体反映与表现。法治国情在很大程度上决定着一国法治发展的基本进程及价值取向。中国的法治国情立基于中国独特且深厚的国情基础。习近平总书记指出：“坚持党的领导、人民当家作主、依法治国有机统一是社会主义政治发展的必然要求。”〔2〕坚持中国共产党的领导是实

---

〔1〕 中共中央宣传部：《习近平新时代中国特色社会主义思想学习纲要》，学习出版社、人民出版社2019年版，第100页。

〔2〕 习近平：《决胜全面建成小康社会，夺取新时代中国特色社会主义伟大胜利——在中国共产党第十九次全国代表大会上的报告》，人民出版社2017年版，第22页。

现人民当家作主与依法治国的前提基础与制度保障,是中国特色社会主义的根本政治保证。中国特色社会主义法治道路,是社会主义法治建设成就和经验的集中体现,是建设社会主义法治国家的唯一正确道路。其核心要义,就是要坚持党的领导,坚持中国特色社会主义制度,贯彻中国特色社会主义法治理论。党的领导是中国特色社会主义最本质的特征,是社会主义法治最根本的保证。坚持中国特色社会主义法治道路,最根本的是坚持党的领导。中国特色社会主义制度是中国特色社会主义法治体系的根本制度基础,是全面推进依法治国的根本制度保障。中国特色社会主义法治理论是中国特色社会主义法治体系的理论指导和学理支撑,是全面推进依法治国的行动指南。党的十九大报告指出:"中国特色社会主义进入新时代,我国社会主要矛盾已经转化为人民日益增长的美好生活需要和不平衡不充分的发展之间的矛盾。"[1]当前,我国改革发展稳定形势总体是好的,但发展不平衡不充分的一些突出问题尚未解决,人民内部矛盾和其他社会矛盾凸显,党风政风也存在一些不容忽视的问题,其中大量矛盾和问题与有法不依、执法不严、违法不究相关。人民群众对法治的要求越来越高,未来我国须继续深化法治改革,满足人民的法治需求,让人民切实感受到公平与正义。同样,文化是一个国家恒久发展的内在基因,中国传统文化深刻影响了当代中国的精神面貌。发展中国特色社会主义法治,必须认真对待中国传统法律文化及其现代影响,推进法律文化传统的现代化。

应当特别关注的是,中国幅员辽阔,各地在政治、经济以及文化方面存有较大的发展差异,尤其是东西部地区在经济社会发展水平方面存有明显的差异性。实践中,中国内部不同区域的法治发展各具特色,它们共同构成了中国法治发展的多样性统一格局。因此,在全面推进依法治国的进程中,必须处理好国家法治发展与区域法治发展之间的辩证关系。其实,自1997年9月党的十五大提出了"依法治国、建设社会主义法治国家"的重大战略决策后,江苏、浙江等经济发达省份就在充分结合本省情况的基础上,率先推出了区

〔1〕 习近平:《决胜全面建成小康社会,夺取新时代中国特色社会主义伟大胜利——在中国共产党第十九次全国代表大会上的报告》,人民出版社2017年版,第11页。

域法治的建设纲要,此后全国多个区域也加入了区域法治的建设热潮中。区域法治的实践场地为省以下的广阔地域空间,地方各具特色的法治实践经验为区域法治乃至中国法治的发展贡献了丰富的实践智识,注入了崭新的生机与动力。"新时代的中国区域法治建设与发展,是一项开创性的法治事业,是全面推进法治中国建设、实现当代中国法治现代化进程的必然要求"。[1] 中国的法治国情要求中国的法治发展事业必须给予区域法治发展以足够的关注与支持。区域法治的繁荣发展有利于各区域获得符合本区域发展规律的制度动力,实现区域内要素流动与资源配置的效率最大化,释放区域社会主体的自主性与能动性,开启区域市场的活力,提升区域竞争的优势。

区域法治的发展与统一的国家主权观或国家法治统一原则并不冲突。我国是单一制国家,我国的法治具有统一性,区域法治的发展必须以维护国家法治统一为前提条件。但与此同时,国家法治的统一性并不排斥不同区域法治发展的差异性或多样性,各区域得以不同的符合本区域发展规律的方式践行法律要求,并为国家法治的发展贡献出多样化的区域法治实践样本。现行宪法及有关法律确定了在中央统一领导下,充分发挥地方主动性、积极性的原则,确立了中央立法与地方立法相结合的立法机制,这实际上就为区域法治的发展提供了合法性证成和广阔的制度空间。

学理上,民族国家层面上的区域内含两层含义:一是指主权国家范围内由相邻的地域所组成的跨行政区划的地域空间,如长三角地区、珠三角地区、东北地区、西部地区等;二是指主权国家范围内以特定的行政区划为基本单位构成的特定地域空间,在我国有省域、市域、县域及镇域等不同级别的行政区域。在区域法治的概念中,行政区域具有基础性的地位,内含丰富的法治机理,区域法治发展研究的一个重要议题就在于着力探明特定行政区域中的法律实践特质。在当代中国,不同行政区域的法治发展面貌差异较大,即便是在同一省内,省域、市域、县域以及镇域的法治状态也有所不同。中国法治的发展离不开各行政区域法治事业的鼎力推动,因此,研究不同层级的行政

---

[1] 公丕祥:《以区域法治发展推动当代中国法治改革》,载《新华日报》2018 年 10 月 30 日,第 15 版。

区域的法治状态、同一层级不同行政区域的法治状态,既是区域法治研究的核心内容,也是全面依法治国不可或缺的工作。

在各级行政区域中,镇域的法治发展状态具有重要的基础作用。正所谓“基础不牢,地动山摇”,镇是中国最低一级的行政单位,是社会的单元细胞,也是各类社会矛盾的源头,镇的治理效果与水平直接影响到基层社会的和谐稳定;更重要的是,改革发展的大量任务以及推动党和政府各项政策具体落实的责任主体也都集中在镇这一行政单位。党的十九大报告指出,要“推动社会治理重心向基层下移”[1]。这内在地要求将社会治理的关口下移,将资源与服务下沉到基层,健全自治、法治、德治相结合的乡村治理体系,实现政府治理和社会调节、居民自治良性互动。只有镇域法治获得了长足发展,基层矛盾才能在第一时间获得解决,社会才能得以实现和谐与稳定,法治中国的根基才能牢固扎实。

江苏省在区域法治发展方面一直走在前列。众所周知,市场经济是法治经济,一个地区的法治化程度与其市场化水平成正比。改革开放以来,经济发达一直是法治江苏建设的最大优势和动力。江苏较高的法治化程度与基层乡镇尤其是经济发达镇的经济发展密切相关。观念层面上,江苏地区的法治观念整体较强,公民以及法人普遍具有较强的契约意识与规则意识,有着较好的“自觉守法、遇事找法、解决问题靠法”的法治观念基础。秩序层面上,市场经济的充分发展培育了省域内公民自觉遵循市场规则的行事风格,市场经济井然有序。社会层面上,江苏良好的社会秩序不仅得益于对国家法律的有效遵守,也得益于基层社会生发出的民间规则及各类社会组织的规范调整或自我管理,由基层产生的上述规则与组织显然是法治社会不可或缺的制度或主体要素。江苏法治的发展离不开经济发达镇法治发展的贡献。开展江苏省经济发达镇法治国情调查,能够为社会治理重心下移过程中的区域法治建设提供基础性资料。这项工作意义重大,十分必要。

2017 年 7 月,江苏省依法治省领导小组办公室、江苏高校区域法治发展

〔1〕 习近平:《决胜全面建成小康社会,夺取新时代中国特色社会主义伟大胜利——在中国共产党第十九次全国代表大会上的报告》,人民出版社 2017 年版,第 49 页。

协同创新中心、南京师范大学江苏法治发展研究院根据中央编办、中央农办等六部委《关于开展经济发达镇行政管理体制改革试点工作的通知》、省委办公厅、省政府办公厅《关于印发〈江苏省经济发达镇行政管理体制改革试点工作意见〉的通知》精神，决定对江苏省首批纳入经济发达镇行政管理体制改革试点范围内的20个镇开展为期两年的法治国情调查。在江苏省依法治省领导小组办公室的大力支持和悉心指导下，江苏高校区域法治发展协同创新中心和南京师范大学江苏法治发展研究院具体负责组织开展对江苏省昆山市张浦镇、兴化市戴南镇、泰兴市黄桥镇、宿迁市宿城区洋河镇、南京市高淳区阳江镇、溧阳市天目湖镇、徐州市铜山区柳新镇、盱眙县马坝镇、苏州市吴江区盛泽镇、太仓市沙溪镇、张家港市凤凰镇、常熟市梅李镇、扬州市江都区小纪镇、启东市吕四港镇、如皋市长江镇、盐城市亭湖区盐东镇、江阴市徐霞客镇、宜兴市丁蜀镇、丹阳市司徒镇、东海县安峰镇20个经济发达镇的法治国情调查工作。通过对上述特定经济发达镇的治理结构、治理机制、治理模式等法治国情状况开展全面调查，全面系统地梳理江苏经济发达镇法治建设的发展进程，客观记录镇级区域内社会治理模式的历史和现状，社会治理过程中的法治状况，以及行政管理体制改革后的法治发展需要，以期为法治江苏建设提供基层维度的第一手资料，为江苏省委、省政府全面推进依法治省、加快建设法治江苏提供重要的决策参考。

江苏省经济发达镇法治国情调查是一项庞大且较为复杂的系统工程，它的内容涉及经济发达镇基本概况、党的组织与地方政权、镇级执法权与其行使状况、镇级区域的司法状况与法治宣传教育、社会团体与社会组织、农民合作社、农村土地制度、典型法治案（事）件等诸多方面，调查内容多、时间跨度长、资料收集难。在经济发达镇法治国情调查过程中，江苏省委政法委领导和依法治省领导小组办公室负责同志给予了高度关注，并提出了诸多有针对性的指导意见，为调查工作的顺利开展提供了坚实的方向引导与组织保障。20个镇及其所在的县（市、区）依法治理领导小组办公室积极支持和配合经济发达镇法治国情调查工作，在查阅资料、实地调研、沟通联络等方面为调查组提供了必要的帮助，确保了调查工作的顺利开展。实施具体调查工作的南京师范大学法学院、东南大学法学院、苏州大学王健法学院、扬州大学法学院和江苏省社会科学院法学研究所,在当地党委、政府、政法委以及有关方面的大力支持下,始终坚持以党的十九大精神为指导,认真贯彻习近平新时代中国特色社会主义思想,科学把握经济发达镇法治发展的内在规律,深入基层,精心组织,周密安排,通力协作,确保经济发达镇法治国情调查数据的客观真实、系统完整,经济发达镇法治国情调查工作取得重要成果。《江苏省经济发达镇法治国情调查报告丛书》就是本次调查工作主要成果的汇集与展示。

江苏省经济发达镇法治国情调查意义重大,这项工作对于探究中国经济发达省份的基层法治国情,进而开放出区域法治现代化的多维实践路径,具有十分重要的指导作用。"经济发达镇法治国情调查成果论证会"的专家学者对此给予了充分肯定,并对调查报告书稿进行了认真评议,提出了很多建设性的意见和建议。法律出版社对《江苏省经济发达镇法治国情调查报告丛书》的出版给予了大力支持。在此,我们一并致以诚挚的感谢!同时,由于我们能力有限,加之调查工作及资料收集的难度确实很大,调查报告肯定存在不足之处,我们真诚地期待法学理论及法律实务部门的专家和广大读者给予批评指正。

江苏高校区域法治发展协同创新中心

南京师范大学江苏法治发展研究院

2019 年 10 月

目　　录

第一编　昆山市张浦镇

第二编 泰兴市黄桥镇

第三编 兴化市戴南镇

第四编　宿迁市洋河镇

第一编　昆山市张浦镇

第一章 概 述

第一节 历史沿革

一、1949年以前

张浦镇地处长三角东部，东邻上海、西接苏州、北依昆山城区，区位优势明显，水陆交通便利，可称宝地。自夏商之前的新石器时代，即存在先民生息繁衍景象，初成村落，至宋淳祐十一年(1251年)已蔚为大观，张浦集镇初具规模，已成苏南古集镇之一，行政区划上，此时昆山设九乡，张浦属全吴乡第五保，明时沿宋制。清宣统二年(1910年)始称乡。民国期间(1912～1949年)设乡、设区，常有变更，具体为：民国初(1912年)，张浦为县属乡；1923年，县建闾、邻制，辖张浦、陈墓、角直3镇及周巷、大慈、尚明甸、杭上、渡头、张家厍、孟子浜7乡，计351闾、1709邻；1929年，江苏省颁发《县组织法》，张浦、角直两乡合为第七区；1934年，张浦属第六区；1935年，废闾邻制，建保甲制，以10户为甲、10甲为保，第六区辖76保、828甲；1938年11月，推行城乡坊村制，张浦为县属乡；1941年3月，第六区辖3镇7乡，计89保、972甲；1942年12月，第六区辖张浦、角直、周巷、渡头4个乡镇，计33保、348甲；1945年9月，第六区辖张浦、陈墓、角直3镇及周巷、大慈、杭上、尚明甸、孟子浜、张家厍、渡头7乡，计79保、842甲。同年12月，第六区定名为张浦区；1947年2月，原正仪区并入张浦区；是年12月，张浦调整为县属乡；1949年年初，实行“民众组训”县下设5督导区，张浦属第四督导区，直至1949年5月14日，张浦迎来解放。

二、1949 年以后

新中国成立初期沿民国旧制,至 1951 年 6 月县区划调整,将吴淞乡划入张浦区;1954 年,县改划 8 区,张浦区并入茜墩区,张浦变为小乡;1956 年 9 月,县撤区并乡,张浦为县属乡;1958 年 9 月 17 日,实行政社合一体制,南港乡并入张浦乡,成立张浦人民公社;1962 年 3 月,调整公社规模,南港、大慈从张浦划出,分别成立公社。

三、1978 年 12 月以来

1983 年年初,张浦恢复乡制,1988 年撤乡建镇。2000 年 8 月,调整行政区划,张浦、南港、大市三镇合一,成立张浦镇,至此镇制格局未见更易。截至 2009 年,张浦镇成为苏州市 13 个城乡一体化发展综合配套改革试点先导区之一。2010 年,被中编办等六部委确定为全国经济发达镇行政管理体制改革试点。

第二节 行政区划

1989 ~ 1999 年,张浦镇建置区划辖 2 个居民委员会,25 个村民委员会,同期市镇建设掀起高潮,镇区实现东拓计划,建成区从 1988 年的 0.63 平方公里发展到 1.25 平方公里,初步形成新吴街、茶风街、宝觉街、花苑路的新镇区框架。

2000 年 8 月,南港、大市镇并入张浦镇,张浦镇成为政治、经济和文化中心。张浦镇建设进入快速发展时期。市镇建设按照规划蓝图,注重道路框架建设,实施镇区西拓工程,打造精品张浦,至 2008 年,建成区域面积达 6.79 平方公里。先后获得"江苏省新型示范小城镇""2004 年绿色江苏先进镇""全国环境优美乡镇""全国小城镇建设示范镇"等称号。2010 年,被中编办等六部委确定为全国经济发达镇行政管理体制改革试点。

截至 2018 年年底,全镇镇域面积 116.27 平方公里,常住人口 13.7 万人,下辖管11个社区居民委员会,16个行政村。

一、概述(历史沿革)

1949年年初,张浦镇辖张浦、甪直、大慈、陈墓、淀西5乡。

1949年11月,张浦区辖张浦、甪直、大慈3乡。

1950年1月,划小乡。张浦区辖张浦、赵浦、施条、周巷、逸泾、吴家、南港、安头、唐村、稍里10个小乡、73个行政村。

1951年6月1日,吴淞乡由正仪区划入张浦区,张浦区辖11个小乡、39个行政村。

1952年,张浦区辖13个小乡,增加由淀西区划入的大慈乡和杨树乡,计92个联村。次年又划出这两个小乡。

1988年撤乡建镇。全镇辖周东、周西、里巷、岳浦、金华、北村、大直、泾上、花园、逸泾、七桥、金家庄、赵陵、赵浦、吴家、增加、三家、埛圩、施条、新塘、张巷、马车桥、张浦、施家泾、新村25个村民委员会(101个自然村,257个村民小组),2个居民委员会(张浦集镇、振苏居民区)。

2000年8月,调整行政区划,南港(辖南港、双溇、星金、林庄、新龙、北厍、稍里、韦塔、白米、唐村、渡头、安头、红梅、增光、东塘15个村民委员会及新南居委,计52个自然村,224个居民小组)、大市(辖椿里、朱北、邬家港、陈高、姜里、杭上、尚明甸、清水湾、李泾、南吉山、陶雪、南姚、新敖、大新、塔平头、顾家谭、盛家埭、东旺、吉水19个村民委员会及大市居委,计53个自然村,198个居民小组)两镇合并入张浦镇,新张浦镇辖2个办事处(南港、大市),59个村民委员会(206个自然村,679个村民小组),5个居民委员会(张浦、振苏、花园、南港、大市)。

2001年8月,张浦镇对行政区划进行了第一次调整,由59个村民委员会合并为29个村民委员会。

2004年3月,为便于“张大千现代农业示范区”管理,南吉山、盛家埭、施家泾3个村民委员会划归千灯镇托管,涉及耕地4321亩,居民3452人,965户,35个村民小组,计22个自然村。区域面积约7平方公里。张浦镇实际管辖26个村民委员会。

同年11月,张浦镇进行第二次行政区划调整,将26个村民委员会调整为18个村民委员会。

2008年4月,从大市村划出原大市、吉水(2001年8月兼职建制)两村辖区并入大市社区,6月,增设新吴(七桥居民住宅区)、新港(周巷居民住宅区)2个社区居民委员会。截至2008年年底,张浦镇行政区划调整为2个办事处,7个社区居民委员会,18个村民委员会,182个自然村,506个居民小组。通过行政区划的调整,张浦镇撤销了北村等42个村民委员会建制,增设了周巷、姜杭、吴加、大市4个村民委员会及新巷、新吴2个社区居民委员会建制。

2009年,张浦镇成为苏州市13个城乡一体化发展综合配套改革试点先导区之一。

2010年4月,被中编办等六部委确定为全国经济发达镇行政管理体制改革试点。

截至2018年年底,张浦镇下辖11个社区居民委员会,16个行政村。

二、地理位置

张浦镇地处太湖流域东部,位于全国百强县之首——昆山市的版图中心稍偏西,距城区约10.5公里,东邻国际大都市上海43公里,西依历史文化名城苏州27公里,北接昆山中心城区,南接昆山旅游度假区。苏虹机场路、苏沪高速公路、苏州环城高速公路穿越镇境。昆山中环、312国道、京沪高速、沪宁城际高铁近在咫尺。吴淞江东流过境,水路经上海港、张家港、太仓港可直接出口,区位优势显著。就区域小环境而言,张浦镇北枕吴淞江,与玉山镇相望,东北与陆家镇一衣带水,东南与千灯镇阡陌接壤,南连锦溪镇,同抱杨氏甸、白莲湖,西临界浦江,与吴中区角直镇为邻。镇境域南北最长14.98公里,东西最宽12.57公里,面积116.27平方公里。地理坐标为北纬31°14′45″~31°20′18″,东经120°54′15″~120°59′53″。

三、辖区村组

目前张浦镇下辖11个社区居民委员会,16个行政村。具体如下:

社区主要包含亲和社区、振苏社区、大直社区、锦和社区、南港社区、花园社区、大市社区、周巷社区、张浦社区、新吴社区、新巷社区,计11个。

1. 亲和社区。居委会成立于2015年1月,辖区面积为2.08平方公里,管理5个居民小区,住户14115户,现已入住7298户,23239人。

2. 张浦社区。位于张浦镇老镇区,处于张浦镇中心区域,也是张浦镇最早成立的居委会。现居委于2004年11月由原张浦镇老居委、张浦村、新村村三者合并而来。社区现有区域面积约2.6平方公里,东起宝觉街,西至银河路,南起海虹路,北至京东路。社区现有居民小组12个,另辖居民小区9个。区域户籍人口6583人、小区常住人口约19820人、外来暂住人口超17000人,总计人口超过2.3万人。

3. 振苏社区。占地面积1.17平方公里。社区拥有常住人口1982人;户籍人口1918人;流入人口864人;流出人口856人,住户911户(包括91个集体户)。

4. 锦和社区。原名新塘社区,2017年5月更名为锦和社区居委会。区域面积0.95平方公里。社区户籍人口1220人,总人口约8000人。

5. 花园社区。位于张浦镇东侧、属镇郊结合部,辖区面积4.5平方公里。2001年,原花园村、逸泾村合并为花园村。2011年2月,撤销花园村村民委员会,并入花园社区居民委员会,2011年3月,根据《海峡两岸昆山食品产业园千灯部分土地划归张浦镇管辖的会议纪要》精神,千灯支浦的丁家湾、吴巷、顾召泾、横塘4个自然村共109户,428人,划归社区管辖。现有户籍居民1041户,户籍居民人口5018人,常住居民5286户,常住居民人口8279人。共有26个居民小组,同时管理新悦花园、锦绣港湾、茶风新村、新吴公寓、怡荷新村、团结新村、茶风商苑、丰泽里8个小区。

6. 周巷社区。位于张浦镇北端,北枕吴淞江,与昆山市玉山镇接壤,南北要道长江路贯穿而过,具有优越的地理区位优势。2001年由原周东、周西、里巷、岳浦4个村合并为周巷村,2010年12月"撤村建居"成立周巷社区,区域面积约7平方公里,原有自然村落14个(目前已拆剩2个),共40个居民小组,户籍居民1128户、人口4752人,辖区内现有周东、里巷两个自然村,牡丹苑、杨巷新村两个动迁小区,还有一个周东新村。辖区内外来人口约15000人。

7. 大市社区。位于张浦镇正南腹地,2005年6月由原大新、塔平头、顾家潭、吉水村、老居委合并成立大市社区,区域总面积约10平方公里。

8.新吴社区,居委会成立于2008年6月,管辖范围东起花苑路、西至银河路;南起支浦河、北至海虹路。辖区面积为0.88平方公里,管理3个居民小区。总建筑面积420116平方米,27个居民小组,3365户住户,现已入住3321户,14374人。

9.大直社区。该社区是一个典型的农村新型社区,成立于2011年3月18日,因原大直村纳入张浦镇城乡一体化建设后,“撤村建居”而成立。大直社区辖区面积3.02平方公里,辖区范围内,已有银河新都、顺城名湾、裕花园、心泊梅花苑、心泊兰花苑、心泊紫竹苑、心泊荷花苑、心泊桃花苑、馨逸家园、馨悦家园和公园一号小区建成并有居民入住,大直社区居民户籍户数有1293户,户籍人口4176人,常住户数7312户,常住人数24680人。

10.新巷社区。位于张浦镇北侧,地处工业园配套区域,辖区占地面积约1平方公里,由玫瑰苑、江南春堤及展艺苑3个居民小区组成。辖区居民以新昆山人及外来务工人员为主,总人口约10400余人,其中户籍人口2371人,基本都为新昆山人,而流动人口占据社区总人口的7成之多,约8000余人,为社区居民的主要成员。社区居委会成立于2011年,办公地点位于俱巷路894号(玫瑰苑小区内),现有社区干部7人,下设玫瑰苑管理服务站和江南春堤管理服务站,工作人员6人,劳动保障协理员1人。新巷社区党支部成立于2014年2月,现有正式党员共17名,其中女性党员6名,退休老党员4名。社区居委会地址。

11.南港社区。由原新南居委、南港村(农业村)、东塘村(渔业村)2004年合并而成立的新型综合社区,位于张浦镇西面,与吴中区的角直镇相连,区域面积约3平方公里,现有5个自然村和12个居民小区,居民总户数989户,户籍人口2478人,外来人口约2万人。

行政村分别为金华村、三家村、南姚村、林庄村、吴加村、赵陵村、姜杭村、星金村、白米村、南吉山村、尚明甸村、大市村、新塘村、七桥村、新龙村、安头村,计16个。

1.新龙村。地处昆山市张浦镇西南,全村总面积为4.2平方公里,2001年由原北厍、稍里、新龙3个行政村合并而来,属农田保护区内的农业大村。

目前全村有7个自然村,44个村民小组,共有农户1143户,户籍人口3635人,党员133人,总耕地面积为4969亩。

2. 七桥村。辖区面积3.5平方公里,现有6个自然村,20个村民小组,农户505户,总人口约9632人,其中常住人口2005人、外来临时居住人口7627人。本地劳动力1078人,其中从事一产13人、二产981人、三产84人,分别占1.2%、91%、7.8%。以机场路为界,路北为工业小区和商贸居住区,共有22家企业,其中外资企业8家、民营企业14家;路南为农业规划区和生态保护区,已建成七桥现代示范小区、上昆氏精致农业示范园及千亩梨园。

3. 赵陵村。由原赵陵村和赵浦村合并而成,位于张浦镇区西南侧,区域面积3280亩,共辖4个自然村,27个村民小组,共有农户458户,总人口2240人,其中常住人口2007人,暂住人口233人;村所属良渚文化遗址赵陵山是昆山市为数不多的省级文物保护单位,1992年被评为全国十大考古新发现之一,有"中国土筑金字塔"的美誉。

4. 白米村。由原渡头、增光、白米、唐村合并而成,是张浦镇最大的行政村,位于张浦西北侧,面积6.18平方公里,辖13个自然村,户籍人口5837人,外来人口近1.5万人。

5. 姜杭村。位于昆山市张浦镇西南侧,全村由5个自然村组成,面积3.07平方公里,共有村民小组23个,总人口1693人。

6. 林庄村。位于张浦镇西侧,2001年由原卫塔村、林庄村合并为新林庄村。全村耕地面积3973.87亩,共有28个村民小组,11个自然村,889户农户,总人口(含小城镇)2282人。近年来,由于发展需要93%耕地被征(使)用,除14组之外其余27个村民小组基本被征用或使用。

7. 新塘村。位于张浦镇东北隅,清末时已有此村,属霜十二图,因以纵贯全村的新塘江而得名。全村辖区面积5.05平方公里。1955年由当时茜墩区划入张浦中乡,新塘改建为小乡,次年建光明四社。1958年公社化时属岳浦大队,翌年调整大队建新塘大队。1983年改建行政村,含20个村民小组,总户数737户,总人口2826人,耕地面积2277亩。到2012年12月底全村动迁基本完毕。

8. 金华村。位于张浦镇北侧,昆山主要交通干道江浦路贯穿其中,交通便捷,区位优越。总面积3.4平方公里,有14个自然村,26个村民小组,农户1003户,人口3980人。2001年由原北村、金华两村合并而成。近年来,先后荣获"江苏省文明村""江苏省生态村""江苏省卫生村"等荣誉称号。全村在社会主义新农村建设中,以"拆除、整治、改造"为抓手,以"硬化、美化、绿化、亮化"为目标,制定总体规划,按要求分步实施,扎实推进各项工作,努力营造一个"村在树中,树在村中"的生态优美的新农村。

9. 吴加村。位于昆山市张浦镇境内,该村于2001年8月,由吴家堰和增加库两个村合并而成,位于风景秀丽的双洋湖畔,东至长江南路,南与太阳岛休闲农业俱乐部相连,西接千亩梨园,北与张浦镇区毗邻,交通便利,是一个环境优美的江南水乡。

10. 尚明甸村。位于张浦镇最南端,与淀山湖、锦溪、千灯三镇交界,南北公路、锦淀公路贯穿于全村。全村总面积3.5平方公里,耕地面积3094亩(含水面),6个自然村,21个村民小组,全村总户数495户,总人口1672人。

11. 星金村。拥有35个村民小组,905户,人口3210人,现有水稻面积1700亩,养殖面积1300余亩,绿化面积380余亩,果木/余亩,农业承包户905户,全村企业落户/家。

12. 安头村。位于张浦镇西侧,2001年由原安头村、红梅村二个行政村合并而成,区域面积3.2平方公里,耕地面积2318亩,现共有25个村民小组,5个自然村,858户农户,户籍人口2145人。

13. 南姚村。2001年8月由原南姚和原新敖两个行政村合并而成,位于张浦镇苏沪高速的南面,现有在册总人口1630人,5个自然村(姚家港、南潘、大敖、小敖、卫家库),22个村民小组,农户428户,现有耕地面积2660亩,是一个纯农业村。

14. 大市村。地处张浦镇苏虹机场路南侧。2004年10月,由原椿里村(椿里、朱北)、邬家港村(陈高、邬家港)合并而来,区域面积约6.5平方公里,辖10个自然村,49个村民小组,农户1014户,总人口3333人。现有耕地面积6854亩,其中土地股份合作社入股面积4059.74亩。

15. 南吉山村。位于昆山市张浦镇东南,村内设有张浦南吉山村民营开发区,拥有民营企业22家,外资企业18家。全村陆地和河流面积为5500亩(约等于 3.67 平方公里)，自然村 6 个，村民人数 1833 人。

16. 三家村。由原施条、垌丘、三家三个行政村合并而成，总区域面积 6.22 平方公里，耕地面积 5329.9 亩。全村共有 11 个自然村，33 个村民小组，723 户农户，总人口 2833 人，外来人员 3 万人左右。辖区内共有外资企业 68 家，动迁小区 2 个。全村除 4 个小组外，均为无地组。

四、自然环境

张浦镇地处太湖流域东部，属长江三角洲冲积平原。境内河道纵横密布，气候温和湿润，四季分明，自然资源丰富，是典型的江南水乡。

就地形、地貌而言，呈不规则多边形，全境总面积 116.27 平方公里，其中陆地面积 95.45 平方公里，水域面积 20.82 平方公里，地面高程(吴淞江零点，下同)大多在 3.2~4.0 米，平均高程 3.47 米，属昆南半高田地区。全境地势平坦，自然坡度较小，地势由西南向东北倾斜，西南部稍高，北部、东部沿吴淞江一带较低。境内最高点 9 米(赵陵山遗址)，最低点 -3.45 米(商秧湖)，大多呈碟形洼地。境域内大江小河交织如网，既是水路交通运输的要道，又是蓄水灌溉和防洪排涝的吐纳之宗，如吴淞江、大直浦、张浦江、诸天浦、新支浦江、东塘江、界浦江等，将耕地、村落隔成 200 多个圩围，吴淞江切境北缘，大直、张浦、诸天浦纵贯南北，东塘、新支浦江、南塘、大市泾横穿东西，中有商秧湖，东南临淀山湖，南抱白莲湖、杨氏甸，谭荡星罗棋布，湖光水色秀丽。

就气候、物候而言，张浦镇属于北亚热带海洋性季风气候，春暖夏热，秋凉冬寒，光照充足，四季分明，但由于冬夏季风进退有早有迟，强度变化不一，降水和气温的年际差异较大，旱涝风雪灾害时有发生。界定四季的二十四节气与日照、物候、降水和气温关系十分密切。

五、区域特点

(一)倚靠经济发达重地，区位优势显著

地处长江中下游三角洲太湖流域东部，东近邻上海，西连接苏州，北依偎昆山城区。张浦镇所倚靠或邻接地域，多属经济发展水平较高地区，此种优质地域环境，显然有助于其经济发展，这一点从其产业发展路径可见一斑。

(二)水陆交通便捷,人流、物流集散便利

源出太湖、流经苏州、贯通上海城区的国家六级航道吴淞江,切镇境北缘由西向东蜿蜒25公里,昆南水上交通要脉大直江,纵贯腹地南北。沪宁铁路,沪宁高速公路和京沪高铁、沪宁城际铁路近在咫尺。苏虹机场路,苏沪高速公路,苏州绕城高速公路穿越镇境。这一交通优势使得张浦镇呈现出流动人口密集的优势,对于经济发展的推动无疑助力不少。

得天独厚的区位优势与水陆交通优势,使得张浦与苏州、昆山和上海形成了有机的对接,有力地带动了该镇的经济社会发展。在此背景下,尤其是国家政策导向之下兴建的德国工业园区,便是基于此种区位优势的考虑,无疑大大提升了张浦镇经济实力。

第三节　人口与社会

一、人口及其构成

1957年,张浦男性12113人,女性12337人,性别比例为98%。1962年,张浦公社总人口为2265人,男性11035人,女性11530人,性别比例为95.7%。女性略多于男性。1964年全国第二次人口普查,性别比例开始转变为男性多于女性。1966年,男性13180人,女性12964人,性别比例为101.6%;1975年,男性15824人,女性15324人,性别比例为103.2%;1988年,张浦镇户籍在册人口33048人,男性16549人,女性16499人,性别比例为100.3%,性别差数渐趋平衡。1990年全国第四次人口普查,张浦镇人口总量为32553人,其中女性16293人;2000年全国第五次人口普查,张浦镇人口总量为70125人(含居住半年以上人口),其中女性35842人。2008年年底张浦镇总户数21709户,总人口62862人,其中女性31894人。2010年,张浦镇常住人口6.6万人,其中农业人口5.4万人,外来务工人员13万人。

2017年,全镇户籍总数26349户,人口80193人,其中男性39195人,女性40998人,60岁以上20027人,人口出生率16.02%,死亡率6.93%,自然增长率9.09%。全镇流动人口107096人。其中男性63091人,女性44005人,来自省内的有19006人,来自省外的有88090人;暂住半年以下的有28539人,半年至五年的有72305人,五年以上的有6252人。

二、就业状况

1989年,张浦镇农村实有劳动力资源18920人,占当时农村总人口的66.7%,在农村总劳动力中,分布在农、林、牧、渔业的劳动力8339人(其中种植业7159人),占总劳动力的44.10%;分布在第二产业的劳动力6868人(其中工业5683人,建筑业1185人),占总劳动力的36.30%;分布在第三产业的劳动力3713人。

2000~2008年,张浦镇劳动力总量逐年递减,由34880人降至30834人,尤其是分布于第一产业的劳动力,不论从数量抑或在总劳动力中所占比重都呈现出急剧降低的趋势,由2000年的9950人(28.53%)降至3759人(12.19%)。第二产业与第三产业从业人员分别获得一定程度的提升,其中第二产业由16978人(2000年)递增为18877人(2008年),第三产业由7952人(2000年)递增为8198人(2008年)。

2017年年底,张浦镇农村劳动力为42609人,这一数目显然并非全部从事第一产业,其中亦有从事工业、建筑业、交通运输、仓储、邮政业、批发与零售业、住宿与餐饮业、金融保险业、房地产社会服务业、卫生体育与社会福利业、教育文化艺术和广播电视事业等各不同行业。

三、家庭状况

随着住宅条件的改善,张浦镇城镇家庭规模呈现小型化趋势当无可疑。同时,基于产业区域分布相对集中的基本镇情,张浦镇展现出与普通内陆地区往往奔赴北上广深等大型城市务工截然不同的模式,便是选择就近在昆山市或者张浦镇务工,这也就导致了其虽早出晚归,但往往并不离家,故而使得家庭构造不会像一般内陆地区一样需要被迫组建大家庭(由在家老人帮忙带子女的现象),家庭规模小型化的趋势同样适用于农村地区。这一点从其户数及人口比例便可见得,2017年张浦镇人口总户数为26349户,总人口为80193人,户数与人口比例为1:3.04,这显然接近小家庭的基本模式。

张浦镇自1988年成立计划生育协会,1993年镇计生办建立计划生育服务站,配备了3名专业技术人员,添置了微机、B超机及避孕药具等技术服务设施,以开展计生宣传教育和技术服务。至1999年,镇计生办人员达到4人,基层计生协会46个。至2008年计生办人员扩至8人。张浦镇计划生育工作按照依法行政,文明执法要求,把计生工作纳入法制化轨道。通过广泛开展宣传教育以及技术服务的方式,确保生育健康。在2001~2008年共专项治理违法生育11例,其中超生的5例,非婚生育的5例,未批生育的1例。其宗旨仍是在于控制人口增长,提高人口素质,实现优生优育。自20世纪80年代以来,自愿终身只生育一个孩子成为一种社会风气,镇计划生育工作重点开始转移到全面推行优生优育这一新的目标上来。1989~2008年,全镇共出生6860人,没有出现婴儿病残或死亡事故,达到了优生优育的目标。2017年,全镇育龄妇女计16077人,已婚育龄妇女人数为13690人,2017年出生人数为1285人,出生率为16.3%,死亡人数为556人,死亡率为7.0%,总体自然增长率为9.2%。

第四节　经济发展

一、概述

作为昆山市的经济强镇以及长江三角洲对外开放的重要城镇之一,近年来,张浦被列为全国25个经济发达镇行政管理体制改革试点镇之一、全国首批90个国家智慧城市试点、苏州市23个城乡一体化发展综合配套改革试点工作先导区之一,其经济发展走出自己的特色。

二、产业结构

20世纪80年代前期,农村实行家庭联产承包责任制后,农民的生产积极性得到进一步提高,进入90年代,张浦第二、第三产业发展迅猛发展。进入21世纪,三镇合一,资源共享,更加凸显了张浦镇地理、区位、交通的优势,为工业发展提供了更大的空间,外资企业、民营企业蓬勃发展,呈现出比翼双飞的态势。近年来,张浦镇大力开拓外向型经济,尤其是工业园区的建设及招商工作,并积极开发强村富民经济产业,并逐步形成机械、化工、建材、轻纺、塑料、服装及粮饲加工业等行业较多、结构较合理的工业体系。近年来,张浦镇已初步形成以电子资讯、精密模具、新型建材、精细化工、彩印制版等为主的支柱产业。尤其是2010年始,张浦镇按照高质量发展的要求,坚持制造业立镇,重点打造德国工业园。至2018年,累计吸引20多个国家和地区的700余家外资企业注册落户,其中台资占据400家左右,注册民营企业4000多家,初步形成了精密制造、总部贸易、高端食品三大主导产业,成功获批国家级昆山中德国际科技合作基地、国家级精密机械特色产业基地、中德(昆山)中小企业合作区。当然,也应注意,张浦镇服务业增加值逐渐攀升,商贸、旅游及金融业等在产业结构中占据重要一席。

具体到张浦镇的产业数据(2008~2017年),见表1:

表1　张浦镇产业数据(2008~2017年)

单位:亿元

年度	地区生产总值	第一产业	第二产业	第三产业	工业总产值
2008	91.8523	2.0386	65.9770	23.8367	301.9351
2009	108.0667	2.7003	77.4596	27.9068	380.2687
2010	124.5709	3.0644	88.2550	33.2515	430.0133
2011	145.7067	3.5503	101.7538	40.4026	500.0373
2012	166.5011	3.9000	113.0011	49.6000	555.0053
2013	186.1420	3.9213	122.9834	59.2373	610.0680
2014	200.6146	4.0088	128.8658	67.7400	632.1495
2015	210.5014	4.0768	134.6081	71.8165	672.1338
2016	213.32548	4.0800	135.6250	73.5498	675.1057
2017	218.28	4.16	138.42	75.70	—

注:资料来源《昆山统计年鉴》(2009~2018),载昆山市人民政府网:http://www.ks.gov.cn/sjkfIndex,最后访问日期:2019年4月14日。

1.地区生产总值(地区GDP),是指本地区所有常住单位在一定时期内生产活动的最终成果。地区生产总值等于各产业增加值之和。

2.工业总产值是以货币形式表现的,工业企业在一定时期内生产的已出售或可供出售工业产品总量。反映一定时间内工业生产的总规模和总水平。

故本表中,地区生产总值等于第一产业+第二产业+第三产业。

三、农民收入

改革开放40年以来,张浦镇农民生活水平得到极大改善,农民收入稳步提升。2008年,张浦镇农村居民人均纯收入14420元;2010年,城镇居民可支配收入30640元,农村居民人均纯收入18018元;2013年,全镇农民人均纯收入28202元,同比增长14.6%;2015年,全镇农民人均纯收入34908元,同比增长10.5%;2016年,农民人均纯收入37666元,同比增长7.9%;2017年,农民人均纯收入达40653元,同比增长7.9%。

四、镇级公共财政收入

财政收入与日俱增,这既标志着张浦镇经济发展所呈现出的良好态势,也为其投入社会公共事务提供了良好的财政基础和资金保障。具体而言,自2008年始,全口径财政收入相较2000年实现飞跃,当年实现全口径财政收入17.7亿元,是2000年的14.16倍;其后数年至今,一直延续此种发展势头,2009年,实现全口径财政收入21.9亿元,一般预算收入8.24亿元,同比分别增长24%和19%,全口径财政收入是并镇时的18.6倍;2010年,全口径财政收入26.53亿元,同比增长21.1%;一般预算收入10.02亿元,同比增长21.6%;2011年,全口径财政收入31.4亿元,同比增长18.5%;地方一般预算收入10.56亿元,同比增长5.4%;2012年,公共财政预算收入12.68亿元,同比增长20.1%;2013年,公共财政预算收入14.2亿元,同比增长12%;2014年,公共财政预算收入16.1亿元,同比增长12.5%;2015年,公共财政预算收入16.9亿元,同比增长5.0%;2016年,公共财政预算收入19.6亿元,同比增长16.1%;2017年,完成一般公共预算收入22.2亿元,同比增长13.3%。

第五节 社会事业

一、概述

改革开放以来,随着经济发展、财政收入的提升,张浦镇教育、科技、卫生、文化等事业取得了较为瞩目的进步。中、小学、幼儿园的校舍建设、入学数量明显提升,科技为三大产业的服务更为显著,医疗卫生水平及医疗保障有了长足的进步,文化领域内在坚持传承传统文化的同时又萌生了新时代特色下的文化形式。

二、教育

1994 年,张浦镇通过江苏省九年制义务教育达标验收。1995 年,张浦镇实施教育现代化工程,建立了普教、职教、成校协调发展的体系。1998 年,张浦镇荣获"教育现代化工程示范镇"称号。1999 年,被评为"江苏省实施教育现代化工程先进乡镇"。至 2017 年,张浦镇拥有各级各类学校 24 所,其中小学 6 所(公办小学 5 所,民办小学 1 所);幼儿园 12 所(公办幼儿园 10 所,民办幼儿园 2 所);全日制初中 1 所;成人教育中心 1 所;备案学前儿童看护点 4 个。2017 年全镇在校学生总数 23216 人,教职员工 2040 人。

学前教育:1988 年,拥有 1 所中心幼儿园、22 所村级幼儿园,30 个班级,入园幼儿 702 人,教职工 44 人。至 2000 年,三镇合并后,新张浦镇全镇幼儿园增长为 42 所,74 个教学班,在园幼儿 1462 人,入园率 100%,教职工 122 人。其后镇政府逐步加大投入,完善张浦镇中心幼儿园及其他幼儿园的内部设施建设,以及通过撤并举措优化幼儿园师资布局。至 2008 年,全镇幼儿园数量变为 6 所,39 个教学班,入园幼儿 1600 人,入园率 100%,教职工 144 人。2017 年,张浦镇镇贯彻落实"统筹推进城乡义务教育一体化""促进城乡义务教育优质均衡发展"的决策部署,坚持资源与建设并举,提升办园品质,努力创设有利于学前教育健康有序、优质均衡发展的良好环境,满足群众对优质多元学前教育资源的需求。2017 年,有公办幼儿园 10 所,共有 124 个班,幼儿 4550 人,公办幼儿园教职工 550 人。民办幼儿园 2 所,共有 27 个班,1199 名学生,民办幼儿园教职工 208 人。全镇在读幼儿 5749 人(不含看护点),其中"新张浦人"子女 2919 人,占比 50.78%。

中小学教育:1988 年,张浦镇有中心小学 1 所,完小 5 所,初小 16 所,学生 2534 人,教师 144 人。至 2008 年年底,共有 3 所中心小学,1 所完小校,有 69 个教学班,2957 名学生和 257 名小学教师;中学方面,1988 年,张浦镇有 1

所完中,3 所联中,19 个班级,922 名学生和 97 名教职工。至 2008 年年底,1 所中心(张浦中心),42 个教学班,1624 名学生和 210 名教职工。2017 年,张浦镇各中小学校紧紧围绕市教育局“以推进教育现代化为主线,以立德树人为根本,以提高质量为核心,以创新改革为动力”的精神,在“十三五”发展规划的契机下,通过加强校园文化建设,深化教育内涵,拓展各校办学特色;通过创新课程,构建多元框架,提升学生素养。充分利用自身优势,积极开发兴趣课程,丰富学生学习经历,实现学校教育的整体性发展,夯实张浦镇教育多元发展的根基。至 2017 年年末,张浦镇共有公办初中 1 所,共有 46 个班级,2179 名学生。公办小学 5 所,共有 202 个班级,9644 名学生。公办中小学校教职工 760 人。民办小学 1 所,共有 61 个班,3771 名学生。民办新昆小学教职工 166 人。全镇积分入学录取报到学生 1449 人,其中公办学校 1170 人,民办新昆小学分流调处未录取公办 279 人。积分入学公办学校实际录取率 63.45%,其中中学录取率 55.2%,小学录取率 67.2%。

成人教育:张浦镇成人教育中心创建于 1987 年,是通过各类教育培训,提升全镇市民综合素质的平台。2005 年易地新建,占地 20 亩,建筑面积 4050 平方米。2009 年 6 月,通过苏州市社区教育示范镇评估验收;2009 年 12 月,获“2009 年度全国农村成人教育先进学校”称号;2010 年成功创建“全国社区教育示范镇”;2016 年成功创建“苏州市学习型乡镇”,2017 年,昆山市张浦商秧梨业专业合作社通过省教育服务“三农”高水平示范区评估验收。2017 年开设各类培训班 48 个,培训学员 12200 人次。昆山市民学习在线注册人数 25726 人,星级学员 99 人。

三、科技

1984 年,张浦镇成立科技协会。1992 年成立科技兴镇领导小组,2000 年 8 月,张浦镇科技协会共有 16 个专业技术学组,会员 462 名。全镇建村级科协 8 个,并设立了中学、小学、成校、文广站等 12 个科协宣传点,还建立了 5 个村科普活动室,逐步形成了镇、村两级科协网络。近年来,全镇举办科普知识竞赛以及征文活动,布置科普画廊,开展科普讲座及板报巡回展。加强实用技术培训,以镇人力资源训练中心为载体,开展各种培训工作,举办新型农民技术、企业经营管理知识培训、财会知识培训、知识产权培训等，截至2018年年底，共计有12万余人次参加培训。科技协会的成立以及科技知识的传播具有实用效应，使得干部群众学习了依靠科技致富的技能，提高了带领群众共同致富的能力。镇科协以农业技术推广中心为主体，农村技术研究院为依托，依靠全体农科人员的努力，注重农业实用技术的研究、推广和应用，在特种水产甲鱼、河蟹，优质瓜果早春红玉、美国提子等一批新的科技项目上获得了较好的成果。

为壮大科技人员队伍，全镇各企业、社会团体、事业单位着力抓好科技人才建设。截至2018年年底，张浦镇相关企业拥有硕士生47人，在职研究生2809人，本科生9631人。高级技术职称778人，中级技术职称3048人等。在人员的保障下，科研成果不断涌现。截至2018年年底，全镇拥有省高新产品67个，省高新技术企业35家。科技含量较高的江苏彩华包装集团公司为全国重点标准主要起草者，昆山沪光汽车电器有限公司为市重点技改项目，苏州爱知电机有限公司为市信息化示范工程项目。张浦镇科协先后被评为"昆山市科技创新十佳单位""苏州市科协系统先进集体"的称号。

近年来张浦镇致力转型创新，产业发展形成新优势。截至2017年已实现成就如下：

1. 转型升级动能强劲。引导鼓励企业上市挂牌，春秋电子正式主板上市，若宇检具等拟上市企业加快审核步伐，全镇上市挂牌企业总数累计达13家。推进企业培优扶强，41家企业列入市科技成长型"小巨人"培育库。加快智能化改造，沪光汽车电器成功获批国家级汽车线束智能工厂试点示范企业，鸿嘉骏电子获批省级示范智能车间项目，恒源机械等4家企业完成智能车间建设。全年实施重点技改项目25个，完成技改投入13亿元。积极引导、主动出击，成功嫁接鸣朋纸业新型节能加工生产线项目，关停并转低效企业22家，腾出空间501亩。

2. 科技创新创业蓬勃发展。截至2017年年底，工业企业研发经费支出达6.7亿元，占地区生产总值比重3.1%。新认定省高新技术企业12家，高新技术产品50个。获批苏州市级以上研发机构和平台19个，大中型工业企业和规上高企研发机构有效建设率达100%。新增发明专利授权114件，5项专利通过PCT国际专利申请,3家企业获国家级知识产权贯标认证。思创耐火材料参与起草的行业标准正式实施。新增省级众创空间备案1个,昆山市级众创空间2个,市级科技企业孵化器1个。获批省博士后创新实践基地、省双创博士各1个,实现本镇零突破。新增省双创人才项目1个,姑苏领军人才2个,昆山市双创人才10个。成功举办科技产业对接交流活动11场,科技金融对接活动7场。

四、文化

张浦是昆山市历史文化古镇之一,早在6000多年前的马家浜文化时期,就有先民活动,创造了灿烂的史前文化。境内姜杭村域,有9万平方米的史前文化遗址。赵陵山良渚文化遗址,是1992年全国考古十大新发现之一。张浦有着丰富多彩的地域文化,是江苏省文化艺术特色之乡——“连厢之乡”。民间歌谣俯首可拾,是苏州市民歌之乡。姜里庙会列为昆山市非物质文化遗产。

新中国成立后,镇政府重视文化教育工作,群众文体活动十分活跃。20世纪80年代,张浦文化站文艺宣传队节目《青蛙告状》被邀请至北京中南海怀仁堂演出。张浦“夏季风”文化社,被中国群众性诗歌社团接纳为集体成员。社刊《夏季风》,被评为“苏州市十佳乡土刊物”。进入21世纪,群众文娱体育设施更加完善,每两年举办一次镇群众体育运动会。2002年,成立“张浦镇文化广播电视站”,2006年成立张浦镇文化广播电视体育站。翌年,广播电视从中划出,由昆山市信息网络科技有限责任公司张浦分公司管理,改称张浦镇文化体育站。

随着经济发展,财政收入增强,张浦文化设施逐年完善,先后建设镇文化中心图书馆(藏书5.5万册),文化市场、书画中心。每年举办镇文化艺术节,全民健身活动逐年普及,全镇有69支群众文艺表演队。张浦书画活动活跃,建立“联谊书画学社”集书画爱好者创作交流,成立书法协会,常年坚持办书法培训班,培育了一批书画爱好者。2008年,镇在全市率先成立文化界艺术联合会,拥有书法协会会员多名,中国现代青年书法协会会员多名,中国硬笔书法协会会员等。民间文艺团体有春江文学社、清水湾文学社、联谊书画学社、夏季风文学社、张浦镇文化艺术界联合会(文联)。文联下设作家协会、诗歌协会、书法协会、美术协会、摄影协会、民间文艺界协会，在倾情打造“人文张浦”活动中发挥重要作用。

民间文艺方面，昆曲清唱堂班、宣卷是传统技艺，现已失传。民间歌舞主要有舞龙灯、荡湖船、挑花篮、打连厢、扭秧歌、蚌壳舞、打腰鼓，现代健身舞操等，丰富多彩。其中最具特色的是打连厢。旧时民间有山歌唱：“四角方方一块场，借奈场地打连厢，郎打连厢姐敲鼓，四句头山歌唱开场。”截至 2018 年年底，全镇共有 29 个连厢表演队。张浦的连厢表演每年被邀请至周庄国际旅游节、千灯古戏台、昆山市闹元宵等传统文化活动去展演，形成了一道独特、亮丽的传统人文风景线，得到了中外观众的一致好评。2008 年，张浦镇申报“苏州市文化艺术特色乡——连厢之乡”，获得省文化部门的批准。

张浦人民在长期的劳动生产生活中，创造积累了许多民歌、民谣，并代代传唱，发展丰富。自 20 世纪 80 年代，随着现代文化生活的不断丰富多彩，田头群体手工劳动农活的逐渐消失，民间歌谣已经难觅踪迹。2009 年，张浦镇对民间歌谣进行抢救性挖掘，走访行政村及社区的百余位 80 岁以上老人，采编整理了 1500 多首民歌民谣。此外，经文联与镇志办公室联合采集编纂的载录 1000 余首精选民间歌谣的《新江南 · 民歌张浦》，由人民文学出版社于 2013 年出版，使得这一非物质文化遗产得以最大限度的保存。

昆山图书馆张浦分馆于 2008 年 10 月正式开馆。图书馆面积约 180 平方米，设计藏书量 3 万余册，现藏书 2.8 万余册。现有书籍以 2008 年以后出版的新书为主，约占整体的 80%，每年增添 2000 ~ 3000 册图书，每年订购报刊杂志达 100 多种。分馆与昆山图书馆实行业务联网，实现图书资源共享。除设有图书综合外借、借阅功能外，还设有电子阅览室、培训室等。截至 2017 年年底，张浦分馆之下共有图书分馆 21 个，新增图书流通点 2 个，年订阅报刊 100 种以上，藏书总量 146508 册，全年共办证 2663 张，书刊文献借还 59764 册次。为更好推进书香城市建设，2017 年内举办第十届少儿绘画大赛、全民阅读进企业、图说书香昆山、首届童谣比赛、亲子读书会、琼花诗会等活动。

同时，为了满足基层群众日益增长的精神文化需求，张浦镇以提升张浦文化品牌为目的，抓好优秀文艺作品创作、优秀人才队伍建设、优质文化市场环境；加强文物和非遗保护、加强文化设施建设、加强文化产业项目建设，努力开创张浦镇文化工作的新局面。仅2017年,便举办480场评弹说书演出;实施农村公益性免费电影放映工程;以及开展“送戏下乡”进村、社区活动的方式为广大居民送去了40场戏曲专场演出。值得一提的是,2017年张浦镇市民文化广场建设基本完成,总占地面积61603平方米,是一座集文化馆、体育馆、游泳馆、电影院于一体的综合性文体中心。镇域公共文化设施全年免费开放,吴加村、亲和社区实行夜间开放制度。

张浦镇以节庆和艺术节系列活动为抓手,开展主题鲜明各具特色的节日群众文化系列活动,营造了和谐欢乐的文化氛围,同时也提升了张浦民众的精神文明水平。他们还深入挖掘张浦文化资源,把基层群众作为文艺表现的主体,精心打造一批具有张浦特色的原创品牌节目,精心创作、编排了民歌《阳春三月捉鱼忙》等6个独具张浦特色的精品节目,在各类文体赛事中荣获佳绩、广受好评。民歌《阳春三月捉鱼忙》参加了2017年昆山市民歌交流展演活动及第六届野马渡民俗文化节民歌交流展演;女声小组唱《聚福桥听雨》节目还被评为2017年度苏州市优秀群众文艺作品重点立项项目;2017年,连厢舞蹈《绿野清风》在“张浦杯”全省连厢舞邀请赛中荣获金奖、昆山市优秀版权评选中荣获优秀版权奖、昆山市首届群众文艺“琼花奖”音乐舞蹈组获得一等奖,以及第二届苏州市群众文化“繁星奖”铜奖。

此外,2017年,昆山市文广新局与张浦镇人民政府签订国家文物保护单位“赵陵山遗址”《文物保护责任书》,张浦镇人民政府与镇域18个文物保护单位签订《文物保护单位安全责任书》,对全镇18个文物保护单位网格员进行认定。

五、卫生

张浦镇地处水乡,解放前,迷信盛行,缺医少药,境内天花、霍乱、伤寒等恶性瘟疫时有发生,血吸虫病有违猖獗。新中国成立后,医疗卫生事业得到很大发展。至1999年,境内霍乱等传染病及血吸虫病、疟疾等寄生虫基本消灭。张浦镇实行公费医疗、劳保医疗、合作医疗、社保医疗等医疗保险制度,开展计划免疫、妇幼保健工作,向世界卫生组织承诺人人享有初级卫生保健,发动人民群众大力开展爱国卫生运动和全民健身运动等,人家健康得以切实保障。截至2018年统计,人均寿命达到男73.4岁,女77.3岁。医疗保障、医疗设施、医疗技术、预防保健、卫生创建达到较高水准。尤其是医疗保障方面实现了全面转型与发展,至2017年,第六人民医院挂号功能房投入使用,全面实施银医通工程,门急诊量突破43万人次。完成基层医疗机构体制改革,落实双向转诊制度。推进家庭医生签约服务,新增签约36438人。组织退管人员健康体检7625人。

1996年3月,张浦获得苏州市卫生镇称号,是年12月,获江苏省卫生镇称号。2000年开始,进一步提出创建国家级卫生镇、省级卫生村目标,至2005年,累计投入20亿元,用于道路、绿化、老街、小区、市场、环卫等关系民生的基础设施建设,大力加强水环境和生活污水的治理,不断提升城镇品位和档次。2005年7月,顺利通过国家卫生镇达标验收,其中,金华、七桥、花园、南姚、大市等9个村荣获省级卫生村称号,2006~2007年安头、大直、赵陵、姜杭等9村又通过省级卫生村的达标验收。

目前,根据原卫计委《关于印发昆山市基层公共卫生暨社区卫生服务体制改革与调整工作方案的通知》(昆卫〔2016〕18号)和市编委会《关于同意撤销区镇预防保健所并成立社区卫生服务中心的批复》(昆编〔2016〕2号)要求,昆山市张浦镇社区卫生服务中心于2017年3月正式成立运行。辖区内共设置1家主中心,2家分中心和13家社区卫生服务站。中心设置了党政办公室、财务科(包括挂号、收费)、信息与后勤保障科(安全办)、疾病预防控制与慢病管理科、医疗业务与质量管理科、卫生监督协管科、计划生育与妇幼保健管理科、市民健康综合管理办公室(基公办)8个职能科室。镇社区卫生服务中心编制人数30名,备案制人数240名,总人数为270名。截至2017年年底,中心共有156名职工,卫技人员145名,非卫技11名。

2017年,张浦镇卫生工作以满足群众健康需求为出发点,以创新公共卫生服务机制为关键点,以完善公共卫生服务体系为着力点,进一步提升医疗服务量和公共卫生服务水准,全面提升张浦百姓健康水平。全镇共有公立二级乙等医院1所(昆山市第六人民医院);公立社区卫生服务中心1所,分中心2所(大市社区卫生服务中心和南港社区卫生服务中心);下设社区卫生服务站13个;民营医疗机构(非综合性)11家。年内,实行职能科室管理体制改革,设立行政管理部、医疗管理部、护理管理部、后勤保障部等四个管理部门,统一协调相关职能科室管理工作;积极探索医疗联合体建设,在与市一院建立医疗联盟的同时,强化与市中医医院医疗联合体的建设,选派业务骨干进驻第六人民医院对应科室开展技术帮扶;完善"银医通"服务项目,实现手机微信和支付宝的支付功能;举办"庆国庆、迎中秋"职工文艺晚会,开展"我们的节日"系列活动,举行"迎新春"职工趣味体育活动,增强职工凝聚力和归属感。

第六节　民情风俗

处于传统与现代交融之中的张浦镇,在保留传统岁时习俗的同时也将新节日纳入其中。较为特色的传统岁时习俗包括六月六、荷诞节、七巧节、中元节、七月三十、十月朝、岁末等。新节日有诸如国际劳动妇女节、植树节、五一国际劳动节等,进入20世纪90年代以来,社会上又时兴情人节、母亲节、父亲节、圣诞节等,增添了新时代祥和的新风。

就传统习俗而言,依循旧时祭祀风气而形成的庙会,也呈现出张浦的风土人情。正月初九的赵陵庙会、四月初一的姜里老庙水会、三月二十五的新庙庙会、三月二十八的尚明甸二郎神庙水会、八月初一的角直双庙水会、八月十六、十七张浦城隍庙走会等皆富有特色。这一风气自20世纪末开始重新恢复。

就礼仪风俗而言,婚嫁方面的定亲、结婚迎娶等虽基本与传统社会及多数地域差异不大,但也有一些特殊之处,如旧时有"十六会饯""四盘六菜"的习俗。生育方面则有"三朝""纪岁"之风的流行,在经历计划生育之后的现在,又萌生出一种习惯,即夫妻所生第一胎随男姓,第二胎则随女姓,意在保持双方家庭的子孙供养无缺。丧葬则在移风易俗之后实行火葬为主。

生活习俗方面,饮食而言,因张浦盛产水稻、小麦,以米饭为主食,间或吃些面食,素有清明吃青团,端午吃粽子,立夏尝三鲜,吃酒酿,七月七吃巧果,中秋吃月饼,糖芋艿,元宵吃汤圆等习惯。

第七节　民族与宗教

一、民族构成

就民族构成而言，张浦历来是单一的汉民族居住区。改革开放以来，由于人口流动量逐渐扩大，部分少数民族落户张浦，至 1990 年第四次全国人口统计时始有回族 3 人落户。2000 年第五次全国人口普查时境内总人口 70125 人，其中汉族 70055 人，少数民族 70 人，占比 1‰。至 2017 年年底，全镇共有回族、白族、满族、土家族、苗族、壮族、布依族、蒙古族、朝鲜族、侗族、彝族、畲族等少数民族，共计 468 人，全部总人口 80193 人，汉族 79725 人，少数民族占总人口的 0.58%。

二、宗教信仰

张浦镇域内，虽早在唐代佛教即有活动，但新中国成立后基本绝迹，90 年代后期方重建一批庙堂，至 2008 年赵陵山兴福寺因与保护良渚文化遗址相悖，只建了简易房。道教活动也在新中国成立后停止，俗家道士大多转业改行，庙堂大多拆除，80 年代后期予以恢复，截至 2017 年，张浦镇域内有佛教、道教、天主教、基督教等宗教教徒，无实体组织。经昆山市宗教事务局登记的念佛婆有 57 人，散居道士 59 人，天主教徒 777 人，基督教徒 600 余人。位于姜杭村西侧、大直江边的东岳庙，为张浦镇经上级有关部门批准重建的道教烧香点。

第二章 党的组织与地方政权

第一节 党的组织

一、镇级党组织

1960年1月9~22日，中共张浦公社委员会召开第一次党员代表大会。体制改革后建乡，于1985年4月5~6日，中共张浦乡委员会召开第六次代表大会。1988年6月20日，张浦撤乡设镇后，于1990年12月25日，中共张浦镇委员会召开第八次党员代表大会。2000年8月，撤并镇后，中共张浦镇委员会于2002年1月17日召开了党的第十一次党员代表大会。从1960年至2008年共选举产生了十二届中国共产党张浦镇（乡、公社）委员会。

截至2017年，张浦镇共有党组织325个，其中党委5个，党总支30个；党员4836名（其中女性党员1338名）。2017年内，共发展党员55名，其中女性党员29名，占53%；35岁以下党员41名，占75%；大专以上学历党员50名，占91%；非公经济组织党员23名，占42%。

就2017年的主要工作而言，张浦镇党委认真开展党的十九大精神宣讲和干部轮训等工作，迅速兴起学习贯彻热潮。坚持把政治建设摆在首位，开展"旗帜鲜明讲政治"专题学习培训。推进"两学一做"学习教育常态化、制度化，广泛开展"党建活动月"系列活动，在文明城市创建、"263"专项行动中开展"强党性争作为，我为张浦添光彩"主题活动，持续深入开展"三亮三知三显""红色聚志愿，圆梦微心愿"等主题实践活动，发挥党员的志愿者精神和先锋模范作用。基层党组织规范化建设普遍推开,“金华摆渡人——老汤工作室”申报为省级“支部书记工作室”。认真按照“20字”好干部标准,加强干部选拔和培育,注重干部队伍建设的规划管理,在全镇开展优秀青年骨干人才选拔推荐。继续深化一句回放、勤廉常问和七个必谈制度,咬耳扯袖,抓早抓小,全年开具提醒告知单79份,警示单17份,开展各类谈话68人次。锲而不舍落实中央“八项规定”精神,从严查处违规违纪行为,全年违纪违法立案19件,处分党员干部19人。强化廉政教育精准施策,美研中心被评为“苏州市级廉政教育基地”,七桥村被评为“苏州市廉洁文化示范点”。全力配合苏州市委巡察,以巡察巩固党风廉政建设成果,以整改推动工作深入开展。切实增强党委总揽全局、协调各方的能力,支持人大、政府按照各自职能开展工作,推动群团、人武、双拥等工作取得新进展。

二、镇非公有制企业委员会

中国共产党昆山市张浦镇非公有制企业委员会成立于2010年10月,隶属张浦镇党委领导,同时接受市委非公有制经济工作委员会的指导,负责张浦镇非公有制企业党的基层组织建设、党员教育管理和入党积极分子的培养、考察工作,全面推进非公有制企业党的建设。根据“区域覆盖、产业链接、点上互动”的党建工作模式,将全镇非公有制企业划分成6个片区,按区域设立6个非公有制党建工作站,负责做好本辖区内非公有制党建工作。

2017年,张浦镇非公有制企业共有党组织157个,其中单独组建党支部147个,党总支1个,联合党支部8个,联合党总支1个。党员798名,其中男性党员511名,占64%;女性党员287人,占36%。年内发展党员23名,其中大专以上学历党员22人,占96%。

三、村组党组织

村、社区纷纷成立党支部。1999年有支部委员会63个,党员1538名。2000年8月,三镇合并时建有中共总支部委员会2个,支部委员会132个,党员3366名。至2008年年底,建有二级党委3个,总支部委员会7个,支部委员会144个,有党员3820名。具体到基层党组织,则多有特色。如金华村,于

2006年正式揭牌成立金华村党委，现下设个私、农业、老龄一支部、老龄二支部四个支部，共有党员182人，在党员带头示范之下，不断深化“五有五品”党建载体建设(有一支长期帮扶解困的慈善队伍、有一支服务村庄环境的管理队伍、有一支服务群众的营销队伍、有一支土生土长的草根宣讲队伍、有一支长期活跃不散的文体队伍)，成立金华摆渡人——老汤工作室(将老书记汤仁青书记带领金华村一班人扎根基层开展农村工作的经验和做法进行分享、交流和传播，传承红色基因)。

按照《居委会组织法》和《村委会组织法》，各村、社区于2016年完成村(居)民委员会的换届选举工作，新成立的锦和社区延期到2017年6月。其中村委会选民登记率100%，参选率98.83%；社区选民登记率100%，参选率85.14%。2017年3月，村(社区)村(居)务监督委员会也完成换届选举工作。

第二节　镇人民代表大会

一、概述

张浦镇目前最新一届镇级人大代表换届选举工作自2016年7月全面部署开始，到2016年12月8日镇第十九届人大一次会议闭幕，历时5月，共划分为34个镇代表选区，首次采用选民登记管理系统，登记选民63282人。通过选举，产生镇代表85名。其中非中共党员23人，占27.1%；女性29人，占34.1%；大专以上学历65人，占76.5%。从选举结果看，新一届代表达到了政治素质高、结构比例合理的要求，体现了人大代表的广泛性和先进性。截至2018年年底，本届人大共召开四次会议。

二、镇人大主席团及履职情况

张浦镇人大现有人大主席1名，副主席1名，设置人大办公室及人大代表之家。人大代表之家是新形势下加强和改进代表工作，密切代表与人民群众联系的纽带和桥梁，是代表提高素质、学习交流的一个重要阵地，更是闭会期间代表开展活动的最佳平台。根据“一个载体、两项制度”建设要求，张浦镇建立了8个“人大代表之家”,制定完善了代表学习、联系、接待、述职、调研等制度,为代表履职搭建了有效平台。

(一)镇人大主席团充分调动人大代表依法履职的积极性,围绕发展大局,开展了形式多样的人大代表活动,使人大代表的职权和作用得到了充分的发挥。其主要举措在于:

1. 深入开展调查研究。调查研究是人大工作的内在要求和基本方式,搞好调查研究,形成高质量的调研报告,对提高审议质量,作出正确的决议、决定,依法对政府实施有效监督具有极其重要的作用。

2. 有效开展视察活动。组织代表围绕广大群众关心的热点、难点问题,开展视察活动,提出有建设性的意见和建议。具体而言,这些难点问题主要涉及经济发展、食品医疗卫生、水利建设、动迁安置和政府实事工程等方面,让人大代表深入一线,深入了解政府各项工作开展情况,积极建言献策。此外,配合市人大常委会围绕农民增收、文化设施建设、吴淞江流域水环境整治、动迁房建设与安置、民营企业发展、农房翻建等主题开展的视察督查活动。

3. 精心组织人大例会。召开一年一次的人代会是镇人大主席团的一项重要工作。为提高人代会质量,镇人大主席团始终做到会前广泛动员代表积极深入群众,收集民情民意;会中认真听取和审议政府、财政和人大主席团工作报告,通过各项决议;会后及时抓好决议贯彻落实和代表意见建议督办。此外,镇人大根据市委人事安排,先后依法补选产生镇长及副镇长。本届人大以来,补选产生镇长2名,副镇长2名。

(二)镇人大主席团按照镇党委工作思路,密切关注全镇经济和各项社会事业发展,充分运用执法检查、专项督查和监督评议等方式,依法开展民主监督,不断提高监督实效和水平。

1. 实施法律监督。执法检查是镇人大主席团开展法律监督工作中的主要形式,也是行使监督权的重要手段。镇人大主席团本着“突出重点,注重实效”的原则,把监督的重点放在群众关心的热点、难点问题上,主要集中在全镇的中心工作和重点项目建设上。组织代表围绕《教育法》《安全生产法》《食品安全法》《环境保护法》等法律法规,开展执法检查。同时,综合运用执法检查,建立和完善监督制度,加强跟踪检查,促进实际问题的解决。

2. 开展专项督查。镇人大主席团充分发挥监督职能,针对每年政府的重点工作和群众关心的热点、难点问题,大力开展专项督查,切实推动重点工作的落实。就环境综合整治、动迁及安置房、绿化水利、美丽村庄建设以及代表批评意见办理情况等开展专项督查。

3. 深化部门评议。工作评议是镇人大主席团的重要监督手段,是监督工作的深化和创新,具有民主性、公开性和权威性,有着其他监督形式不可替代的作用。镇人大主席团每年选取 3 ~ 4 个职能部门,精心组织开展评议部门工作。先后组织全体人大代表对便民服务中心、组织人事和社会保障局、派出所和国土分局等单位的工作进行了无记名测评,进一步增强了政府职能部门依法行政的法律意识,增强了接受人大监督的自觉性,有效地转变了工作作风,提升了服务质量。

(三)镇人大主席团始终把保障和改善民生作为肩负的任务,紧扣民生改善主题,把准工作导向,充分利用人大特有的优势,不断拓展和完善工作内容、方式方法,积极为民生工作把脉,认真解决事关群众切身利益的热点、难点问题。

1. 有效办理议案意见。镇人大主席团认真行使法律所赋予的权力,以高度的政治热情和主人翁意识,积极做好市镇两级人大代表所提建议、批评、意见的办理、回复工作。

2. 定期听取工作汇报。为了推动促进政府及职能部门的工作,每半年组织人大代表听取政府工作报告,对半年度工作和财政预决算执行情况进行审议。同时,积极组织相关部门向人大代表开展专题工作汇报。

3. 完善代表接待制度。组织人大代表轮流接待选民,是代表了解民情、倾听民声、反映民意的一条重要途径。针对群众关注的社会治安、动迁安置、医疗卫生、社区管理、环境保护等问题,镇人大主席团积极组织代表开展接待选民活动、依法妥善处理信访。

(四)镇人大主席团始终把自身建设作为夯实人大工作基础,提高人大履职能力和水平的重要内容。通过不断加强和改进自身建设,不断适应新时期人大工作的需要,为依法履职提供了有力保障。

1. 召开人大代表例会。按期圆满完成换届选举任务,并分别于 1 月及 7

月召开人大会议,听取、审议并通过了政府、人大和财政预决算报告,选举产生了人大和政府班子成员。

2. 夯实代表基础建设。一是增强代表身份意识。换届选举完成后,根据《代表法》有关规定,及时定制人大代表证,发放到每位人大代表手中,进一步增强人大代表身份意识和责任意识。二是狠抓代表教育培训。积极开展“两学一做”学习教育,依托市人大常委会网络学习平台开展线上教育培训,建立微信群和QQ群加强交流讨论,定期发放人大相关报刊杂志,组织代表听取十二届全国人大五次会议精神报告,邀请苏州市人大常委会人事代表联络工委戴主任围绕如何履职开展集中授课,进一步提升代表履职能力。三是完善代表之家建设。依托微信平台宣传人大工作,落实代表工作制度,积极拓宽代表知情知政渠道。对1个镇级和6个基层人大代表之家进行内容更新,同时向全镇市镇人大代表开放。四是创新代表小组活动。探索“1+5”活动模式,建立代表小组活动台账制度。同时,在人大代表小组中开展履职“四个一”活动,每季度接待或走访一次选民,每半年至少组织一次代表学习,每年至少提出一件高质量的意见建议,每年至少办一件实事,充分发挥人大代表作用。

3. 完善人大工作制度。进一步完善依法监督的各项工作机制,规范人大的监督行为,推进工作的制度化、规范化,不断提高监督工作质量和水平。完善主席团成员联系代表制度,每位成员挂钩联系5~8名人大代表,每年联系每位代表至少2次,促进人大主席团依法行权和人大代表依法履职。完善人大代表接待选民制度,规范接待选民的程序和方法,代表接待选民每年不少于1次。

4. 积极配合上级活动。认真组织市人大代表参加市十七届人大一次会议,会前认真了解社情民意,认真收集资料,会中认真讨论,积极建言。同时,认真做好省、苏州、昆山人大农民增收致富调研服务工作。接待省人大常委会特色田园乡村建设调研;苏州市人大基层立法联系点建设情况调研。派员参加苏州市人大常委会法制讲座。配合市人大常委会开展农房翻建、积分入学、富民增收调研,乡村旅游视察活动,《苏州市河道管理条例》执法检查等。

第三节　镇人民政府

一、概述

近半个世纪以来,张浦镇政府职能机构设置几番调整,逐步走向兼顾效率的轨迹。2010 年 4 月,张浦镇被中编办等六部委确定为全国经济发达镇行政管理体制改革试点,2011 年 8 月又获得省委、省政府办公厅正式批复张浦镇改革试点工作意见,经过 1 年时间的顶层设计、精心筹备、反复论证和反复调研,2012 年 9 月 5 日,张浦镇正式启动实质性改革。这一改革紧紧抓住全国经济发达镇行政管理体制改革试点镇的契机,以构建简约高效的基层管理体制、建设人民满意的服务型政府为目标,不断落实改革、自我突破、创新发展,先后荣获“第七届中国政府创新奖”优胜奖、中央编办创新做法征集评选二等奖、江苏政务服务工作突出贡献集体等荣誉。

二、权力下放后镇政府职能部门调整

自 2010 年 4 月改革试点启动以后,张浦镇紧紧围绕“转变政府职能、破解体制障碍、理顺职责关系、扩大管理权限”的要求,管理体制机制实现“三大创新”。一是创新赋权方式。以“确认 + 交办”的方式,目前承接昆山下放的 946 项县级经济社会管理权限(其中行政审批、公共服务事项 291 项,行政处罚权 655 权),有效解决了基层政府“权小”“责大”“力微”等共性问题。二是创新政府架构。在全国范围内率先打破行政机构与事业单位界限,将原来 34 个单位实行“同类项合并”,组建“两办八局”10 个职能机构(“两办”为党政办和社会综合治理办公室;“八局”为行政审批局、组织人事和社会保障局、经济促进局、建设与管理局、社会事业发展和管理局、财政和资产管理局、综合执法局和农村工作局),构建“人员编制精干、管理扁平高效、运行机制灵活”的新型基层政府架构。三是创新人员管理。在编制总量不增加的前提下,打破人员编制分属各单位界限,将所有事业编制人员装进“同一筐中”(张浦镇人事服务中心),确保流得动。

三、镇政府职能权限

根据2012年5月2日获得批准的《昆山市张浦镇行政管理体制改革试点工作实施方案》，张浦镇主要职责、机构设置、人员编制及领导职数基本情况如下：

（一）主要职责

1. 贯彻落实党的路线、方针和政策，执行国家法律法规、上级政府的决定和命令、镇人民代表大会的决议，制定并组织实施辖区内有关管理规定，加强党的建设和基层政权建设。

2. 按照干部管理权限，负责干部的教育、培养、选拔、考核和监督工作，加强干部队伍建设和党员队伍建设。

3. 负责编制全镇经济社会发展规划，组织实施产业发展、基础设施和各项公益事业建设。

4. 按规定权限和程序，负责全镇规划管理、城镇管理、房产管理、土地使用、拆迁和开发等工作，加强安全生产管理、环境资源保护等工作。

5. 负责全镇招商引资、对外经济技术合作及涉外经济活动，按规定权限和程序审批审核投资项目。

6. 负责全镇农村经济发展，加快农业结构调整，促进经济发展方式转变，促进农民增收，全面推进新农村建设。

7. 负责全镇教育、卫生、人口和计划生育、民政事务、救灾救助、就业培训、劳动社会保障和城乡居民医疗保障实施等工作；负责精神文明建设，组织群众性文化、体育和各类教育活动，开展爱国卫生运动，美化城乡环境。

8. 推进基层民主法制建设，按规定权限负责辖区内行政执法工作，维护社会秩序，保护各种经济组织的合法权益。加强社会管理综合治理，强化信访和矛盾纠纷调解工作，化解各种社会矛盾，维护社会和谐稳定。

9. 编制并执行全镇财政预算决算计划，加强财政收支管理，指导和监管所属单位经济组织的财务、会计工作，组织实施对镇机关各部门、镇属企事业单位、村级集体经济组织经济活动的审计工作。

10. 行使市委、市政府赋予的其他职责，承办上级交办的其他事项。

(二)机构设置方面

依照上述主要职责,探索新型基层政府架构,组建党政办公室、组织人事和社会保障局、经济促进局、建设与管理局、社会事业发展和管理局(挂司法所牌子)、财政和资产管理局、综合执法局、便民服务中心(挂政府采购与招投标中心牌子),均为副科级建制。

1. 党政办公室

主要负责全镇党务、政务、人大、政协和机关日常事务工作;抓好党委、政府工作部署贯彻落实的督促检查;负责各工作机构之间的综合协调;组织开展全局性重大问题的调查研究;负责重要文稿的起草工作;负责宣传、统战、新闻、外事和精神文明建设等工作;负责指导、协调、检查全镇依法行政工作;负责文秘、信息、机要、档案、会务、接待、电子政务、对外联络、规章制度、后勤保障等工作;负责应急管理工作,协助做好重大突发事件的应急处置工作。

2. 组织人事和社会保障局

主要负责全镇党的组织建设、机构编制、干部人事、劳动和社会保障工作;制定组织建设、党员队伍建设和干部队伍建设工作计划,并组织实施;按照干部管理权限,负责做好全镇机关及下属单位干部人事管理工作;做好关工委、老龄委、老干部等工作;制定全镇人力资源发展规划,组织、协调人才引进和培训工作;贯彻落实劳动法和相关法律法规;做好全镇企业用工、社会保障、争议处理、调解仲裁等管理工作。

3. 经济促进局

主要负责促进全镇经济发展;编制经济发展规划和计划并组织实施;制定经济运行年度调控目标和措施;贯彻国家产业政策,指导经济结构调整优化;指导农业产业化结构调整,促进农业和农村经济发展;负责全镇服务业发展、对外贸易、经济技术合作和招商引资等工作;指导企业开展生产质量管理和行为规范工作;做好企业供电、供水、供气的统筹协调及节能减排等工作;引导、扶持企业科技创新和科技成果推广应用;做好产业统计、经济运行分析工作;负责物价和贸易的管理工作;负责各类统计报表的编制、运行情况的分析以及财务、统计资料的汇总上报工作,依据检查统计数据质量,履行统计监督职责;负责环境保护规划和环境污染防治工作。

4. 建设与管理局

主要负责全镇规划、建设、人防、水利、房屋征收等工作；在市总规指导下，编制全镇总体规划、专业规划和控制性详规、修正性详规，经批准后，具体组织实施和管理；负责新建、改建、扩建项目的规划选址、定点、项目建设规划设计方案、基础设施建设规划设计方案的审核工作；负责办理建设用地规划许可证和建设工程规划许可证的审核工作；负责建筑市场及各类建设工程的施工管理工作；负责村镇建设、人防、水利和全镇道路、桥梁、供水、供电、供气、通信、绿化等管理工作；做好土地、房屋征收和补偿安置工作。

5. 社会事业发展和管理局

主要负责全镇社会事务工作；制定社会事业和社区建设发展规划，并组织实施；组织协调教育、文化、体育、卫生、防疫、民政、残联、司法、信访、人口和计划生育等工作；指导、协调社区服务管理工作，推进社会化服务体系的建立和发展；组织开展环境综合整治活动和社区环境管理工作；组织协调社会公用事业、社会福利事业等工作；指导管理人民调解工作，参与调解疑难复杂民间纠纷；负责社区矫正、安置帮教、基层法律服务、法治宣传教育、依法治理、矛盾纠纷调处、法律援助，参与社会管理综合治理等工作。

6. 财政和资产管理局

主要负责全镇财政、审计、资产管理工作；贯彻落实财经法律、法规、规章和方针、政策；编制镇级财政年度预算草案、执行人代会批准的年度财政预算，完善预算编制，实行国库集中收付，统筹财政收支，编制年度财政决算；负责镇级非税收入征管及土地出让金管理工作，协调国税、地税部门做好税收征入库工作，做好财源建设的调查分析及财政收支执行情况分析；负责实施预算绩效管理和政府采购管理工作；负责监督相关单位的财务活动，检查财税政策、法规、财务会计制度执行情况，对违反财经纪律的事项进行检查和处理；负责会计管理工作，依法监督会计人员的从业资格和会计信息，协助上级财政部门进行业务培训；负责提供财税政策的咨询服务，为党委政府提供政策或决策建议；组织开展财务会审和单位负责人离任审计；负责全镇国有（集体）资产的管理和处置；指导农村经营、农村集体资产管理等工作；管理并指导全镇企事业单位和村级财务会计工作。

7. 综合执法局

主要负责依法行使镇域范围的行政处罚,以及与之相关的监督检查职能和行政强制措施,加强综合管理。按照“总体设计、先易后难、分步实施、重点突破”的方法推进综合行政执法工作。

8. 便民服务中心

主要负责市政府授权或相关职能部门下放的行政审批、行政许可、公共服务等事项,开展镇政府项目招标、政府采购等行政服务工作。协调相关部门行政审批、行政许可、公共服务等事项进驻便民服务中心大厅。制定各项行政服务制度和管理办法,对进驻窗口及其工作人员进行日常管理和考核,牵头组织协调有关部门对相关事项的联审会办。研究总结行政服务的新情况、新经验,创新行政服务方式和工作机制,提高行政服务效能和质量。

按照有关法律、法规和政策意见,张浦镇人大、纪委、人武部和群团等工作机构保持不变;监察室同纪委合署办公。

撤销张浦镇“五办二所”7 个综合办公室,撤销市财政局张浦分局,撤销南港办事处、大市办事处。

(三)人员编制和领导职数

核定张浦镇总编制 227 名,其中行政编制 68 名(其中司法专项行政编制 4 名),事业编制 159 名。

张浦镇党委、人大、政府领导职数按上级规定核定,镇主要领导按副处职配备,领导班子其他成员按正科职配备。核定张浦镇党委领导职数 11 名,其中书记 1 名,副书记 4 名,纪委书记由党委副书记兼任,配备党委组织委员、宣传(统战)委员、政法委员、人武部长。人大主席 1 名,人大主席兼职的,配备 1 名专职人大副主席。核定张浦镇政府领导职数 7 名,其中镇长 1 名、副镇长 6 名。根据工作需要,班子成员可交叉任职。工青妇等组织领导按有关规定配备。

核定张浦镇内设机构领导职数为 32 名,其中局长(主任)8 名、副局长(副主任)24 名。下属科室原则上总数不超过 40 个,均为副股级建制。

第三章　依法行政与行政执法

第一节　依 法 行 政

一、行政管理体制改革

2010年4月，根据中央机构编制委员会办公室等六部委发布的《关于开展经济发达镇行政管理体制改革试点工作的通知》，昆山市张浦镇被中央机构编制委员会办公室等六部委确定为全国经济发达镇行政管理体制改革试点。2011年8月，江苏省委、省政府办公厅批复同意《昆山市张浦镇行政管理体制改革试点方案》。2012年2月，昆山市委、市政府办公室印发了《昆山市张浦镇行政管理体制改革试点工作的实施意见》。2012年5月，昆山市委、市政府办公室印发了《昆山市张浦镇行政管理体制改革试点工作实施方案》。2012年7月，根据《江苏省经济发达镇行政管理体制改革试点工作意见》文件精神，苏州市委、市政府办公室印发了《苏州市经济发达镇行政管理体制改革试点工作指导意见》。

经过两年调研论证后，2012年9月，张浦镇行政管理体制改革进入实质操作阶段。张浦镇行政管理体制改革举措主要包括以下几个方面：

一是权力下放。昆山市将首批800多项与群众生产生活密切相关的县市级经济社会管理权限（包括665项行政处罚权、135项行政许可权等）直接下放给张浦镇，明确张浦镇是权限实施主体，具有主体资格，避免了过去权限“收”和“放”之间的不确定性和随意性。

二是机构重整。张浦镇在全国率先打破了传统行政机构与事业单位的界限,将原来五办二所七个事业单位及下属机构共涉及34家单位进行重组整合,组建了9个职能机构,分别是党政办、行政审批局、便民服务中心、组织人事和社会保障局、经济促进局、建设与管理局、社会事业发展与管理局、财政与资产管理局、综合执法局。与改革之前相比,机构精简了大约76%。同时,撤销镇以下所设的2个办事处,其职责划入社会事业发展与管理局,减少管理层级。

三是优化人员配置。在地方编制总量不增加的情况下,打破了人员身份界限,根据机构设置和岗位职责对人员进行统一管理,设立人事服务中心,破解"人员统一使用"难题。遵循"人随事走"的思路,选拔有能力、能干事的人员到重要岗位。

四是构建"前台+后台"的运行机制。张浦镇积极探索决策权、执行权和监督权既相对独立又相互制约、相互协调的"前台+后台"的运行机制。"前台"为镇便民服务中心和综合执法局两大"窗口",直接面对基层群众、企业和其他组织,开展公共服务和综合行政执法;"后台"是其他7个职能机构,履行政策指导、政令传递、监督问责等功能。

按照"集中审批、集成服务、公开透明、高效便民"的原则组建了镇便民服务中心。便民服务中心实行"政府授权、自主审批、审管分离、组团服务",将行政审批职能涉及的"人、事、权"进行全面整合,实现"人、事、权"三必进中心。即"人"必进中心,原先在七站八所从事审批服务工作的业务骨干全部抽调到中心,由中心统一管理;"事"必进中心,中心承接和进驻了全镇所有许可、审批和公共服务,实现全镇区域范围内审批职能的集中受理,统一办理,切实打造一站式服务平台;"权"必进中心,各部门各单位的所有审批权全部归集到中心。

综合执法局代表镇政府统一行使县级政府下放的665项行政执法权(后来变为655项行政执法权),涉及城管、交通、农业、环保、教育、卫生等众多领域,原先的16顶(后来变为14顶)"大盖帽"整合成1顶"大盖帽",由原先的单兵作战变为集团作战,避免了过去重复执法、推诿扯皮或"多头执法""看得见管不着"等弊端,规范了执法行为,提高了执法效率。

二、镇政府权责清单

昆山市张浦镇作为全国经济发达镇行政管理体制改革试点，根据昆山市委、市政府办公室印发的《昆山市张浦镇行政管理体制改革试点工作实施方案》，张浦镇经历了权力下放、机构重整、优化人员配置等多项改革措施。通过行政管理体制改革，张浦镇政府整合组建9个职能机构，职责权限进行了重大调整变化。具体如下：

表2　主要职责清单

序号	机构	主要职责	具体工作事项	依据	备注
1	党政办	主要负责全镇党务、政务、人大、政协和机关日常事务工作；抓好党委、政府工作部署贯彻落实的督促检查；负责各工作机构之间的综合协调；组织开展全局性重大问题的调查研究；负责重要文稿的起草工作；负责宣传、统战、新闻、外事和精神文明建设等工作；负责指导、协调、检查全镇依法行政工作；负责文秘、信息、机要、档案、会务、接待、电子政务、对外联络、规章制度、后勤保障等工作；负责应急管理工作，协助做好重大突发事件的应急处置工作	文稿起草（各类讲话材料、汇报材料、总结材料等）	《市委办公室、市政府办公室关于印发〈昆山市张浦镇行政管理体制改革试点工作实施方案〉的通知》（昆办发〔2012〕55号）	
			文件收发（来电来文收发，各类工作情况汇总收集，文件规章制度下发等）		
			调研和督查（重点工作、重点工程、交办督办事项等）		
			会务和接待（各类会议的通知和会务保障，各级接待等）		
			档案和保密（档案资料的收集整理归档保存及保密等）		
			应急和保障（各类突发事件的组织、协调、沟通、汇报等）		
			宣传和统战（重大会议、活动，重要思想、思路的宣传报道，重点舆情、信息的管控引导等）		
			团委和妇联（青年、妇女的思想文化建设，健康活动开展，能力素质提升等）		

续表

序号	机构	主要职责	具体工作事项	依据	备注
2	行政审批局(挂便民服务中心牌子)	主要负责市政府授权或相关职能部门下放的行政审批、行政许可、公共服务等,开展镇政府项目招标、政府采购等行政服务工作。协调条线和其他服务部门行政审批、行政许可、公共服务等事项进驻大厅。制定各项行政服务制度和管理办法,对窗口及工作人员进行日常管理和考核,牵头组织协调有关部门对相关事项联审会办。研究总结行政服务的新情况、新经验,创新行政服务方式和工作机制,提高行政服务效能和质量	投资服务科负责发改、国土、建设、规划、环保、水利、城管、安全等部门的事项审批,涉及从发改委立项到领取施工许可证的全部流程	1.《市委办公室、市政府办公室关于印发〈昆山市张浦镇行政管理体制改革试点工作实施方案〉的通知》(昆办发〔2012〕55号) 2.《市政府印发〈关于在张浦镇开展集中行政审批试点工作的意见〉的通知》(昆政发〔2012〕32号) 3.《关于明确党政办公、室等“一办六局一中心”科室设置的通知》(张政发〔2012〕51号)	
			生产服务科负责市监、商务、国地税、CA 等部门的事项审批,涉及营业执照的前后置环节		
			民生服务科负责制订和完善各类公共资源交易活动相关管理办法、管理制度和操作规则负责民政、卫计、公安、出入境、公积金、人社教育、交通、保险等部门的事项审批,涉及民生民计的项目		
			政府采购与招投标中心主要负责20万元(含20万元)以下政府采购项目以及10万元(含10万元)以下政府投资建设项目的网上发包		

续表

序号	机构	主要职责	具体工作事项	依据	备注
3	组织人事和社会保障局	主要负责全镇党的组织建设、机构编制、干部人事、劳动和社会保障工作；制定组织建设、党员队伍建设和干部队伍建设工作计划，并组织实施；按照干部管理权限，负责做好全镇机关及下属单位干部人事管理工作；做好关工委、老龄委、老干部等工作；制定全镇人力资源发展规划，组织、协调人才引进和培训工作；贯彻落实劳动法和相关法律法规；做好全镇企业用工、社会保障、争议处理、调解仲裁等管理工作	负责基层党组织建设，指导各基层党组织规范开展党建工作； 负责党员发展和教育管理，制定发展党员计划及培训安排，常态化开展对党员的教育与管理； 负责组工信息和党建课题调研工作，准确反映全镇组工新情况、新思路、新举措和新经验； 认真贯彻党的干部工作路线、方针、政策，协助做好干部的推荐、考察、任免等工作； 负责规划和协调全镇培养选拔年轻干部和后备干部工作； 负责制定干部培训计划，统筹落实中层干部的政治理论学习和业务培训工作； 负责干部的年度考核和日常管理考核工作；负责干部统计工作和干部信息库的建立、维护； 负责干部管理制度建设，强化对干部的管理和监督，人事档案管理工作； 负责全镇机关、事业单位工作人员及编外职工工资福利日常管理工作； 负责编外职工工资收入分配宏观调控、行业工资收入调节； 负责机构编制管理和行政管理体制改革协调工作	《市委办公室、市政府办公室关于印发〈昆山市张浦镇行政管理体制改革试点工作实施方案〉的通知》(昆办发〔2012〕55号)	

续表

序号	机构	主要职责	具体工作事项	依据	备注
3			负责规范全镇企事业单位用工管理制度,构建和谐劳动关系,做好各项劳动法律法规的宣传和指导工作; 负责处理企业关、停、毕、迁群体性劳资纠纷负责全镇劳动纠纷调解和劳动争议仲裁工作; 负责工伤事故认定的初步审查和认定,做好工伤事故的调解工作; 配合相关执法部门开展非法用工、非法职介等整治工作; 配合市劳动监察部门,做好对用工单位的劳动保障监察年审工作; 配合公积金中心扩面工作		
			负责技能人才、创业人员、灵活就业人员、失业人员、见习青年、特殊群体的就业培训政策宣传; 负责开展全镇创业、再就业、技能人才、职业资格等专项培训工作; 负责企业招聘,不断推广“春风行动”等活动负责做好就业培训支撑平台建设; 负责做好城镇失业率登记、应届高校毕业生实名制登记等信息申报工作		
			负责做好社会保险各项政策的宣传、培训、指导工作; 负责综合管理全镇企事业单位和个人的城镇社会保险、基本医疗保险、基本养老保险; 负责退休人员社会化综合管理,组织退休人员开展体检、健康教育、疾病预防控制,建立并完善健康档案,协助经办机构做好养老金、丧葬补助金和遗属津贴发放; 负责医疗救助的审核、发放工作; 负责物价补贴享受对象的审核、申报和统计工作		

续表

序号	机构	主要职责	具体工作事项	依据	备注
4	经济促进局	负责安全生产综合监督管理工作；做好能源（企业供电、供水、供气的）统筹协调及节能减排等工作；引导、扶持企业科技创新和科技成果推广应用；做好产业统计、统计数据质量监督、各类统计报表编制、经济运行分析及信息化管理工作；负责环境保护规划和环境污染防治工作	制定全镇年度安全生产工作计划；负责镇安委会各项日常工作；负责全镇危险化学品安全生产监督管理；安全生产事故调查处理、事故目标控制；组织企业创建安全生产标准化相关工作；重大危险源监控；新、改、扩建项目“三同时”监管工作；协助监管剧毒化学品；工商贸企业安全生产监督管理；创建规上企业三级安全标准化建设；创建小微企业安全生产标准化建设；企业职业安全健康监督管理；烟花爆竹监督管理；组织全镇安全生产大检查；开展重点领域专项整治；重大事故隐患整改督办；事故应急救援体系建设；组织安全宣传教育培训；重大危险源预警系统运行管理；创建安全示范社区建设；创建安全示范企业建设；处理各类安全来信来访工作	《市委办公室、市政府办公室关于印发〈昆山市张浦镇行政管理体制改革试点工作实施方案〉的通知》（昆办发〔2012〕55号）	
			侧重做好企业后道服务工作。负责协助企业做好用工、有序用电、海关、商检、年检、办证等工作；协助企业做好生产、生活运营工作，帮助企业解决实际困难；创新融资平台，组织企业开展培训、展览、论坛、沙龙等活动；协助相关部门做好企业信访、综治维稳；妥善调处企业投诉、纠纷；积极配合做好企业数据统计，做好企业服务台账记录，提供服务企业情况		

续表

序号	机构	主要职责	具体工作事项	依据	备注
4			负责企业科技创新、高新技术产品、高新技术企业和专利工作,建设一批创业孵化、校企合作基地;积极对接科技局和人社局开展各类高层次创业创新人才申报,人才津贴申报,和国际精英周等人才工作;开展学术交流和学术研究,组织开展科普活动;做好企业三自创新,八个一批,新兴产业,企业技术中心,重点技改,节能技改,专精特新产品,新产品新技术,两化融合,软件产业,指导企业完成其他科技转型升级工作;负责辅导推动企业上市促进经济发展;组织做好企业(行业、国家)标准制定,产品采标等质量技术监督工作,申报名牌产品、质量奖;组织开展版权登记工作		
			建立完善统计网络体系,指导、规范基层统计培训工作,建立基本单位名录库,做好规上工业企业、限上商贸餐饮企业、建筑企业、房地产开发、农副业等统计,建立健全各类统计台账,按规定开展统计调查、资料收集和汇总上报;对本镇国民经济和社会发展情况进行统计调查、普查、统计分析、监测评估、统计监督,参与镇党委、政府目标管理考核,做好统计分析,为镇领导提供管理决策服务;做好进出口、企业开工投产、固定资产投资、企业生产经营、注册资本、到账外资、新兴产业、服务业发展等统计、编报工作		

续表

序号	机构	主要职责	具体工作事项	依据	备注
4			组织、指导、协调环境保护教育、宣传工作；拟订环境保护规划和工作计划；节能减排，完成年度万元GDP能耗下降目标；建立污染源及治理情况档案，定期对治理设施进行监督、检查；严格控制污染企业；参与监督检查和竣工验收；妥善调处环境污染来信来访、纠纷、投诉；积极开展生态村、绿色社区创建工作，积极开展循环经济、清洁生产审核、环境质量体系认证和环境友好企业活动，开展环保网格化检查活动		
5	建设与管理局	主要负责全镇规划、建设、人防、水利、房屋征收等工作；在市总规指导下，编制全镇总体规划、专业规划和控制性详规、修正性详规，经批准后，具体组织实施和管理；负责新建、改建、扩建项目的规划选址、定点、项目建设规划设计方案、基础设施建设规划设计方案的审核工作；负责办理建设用地规划许可证和建设工程规划许可证的审核工作；负责建筑市场及各类建设工程的施工管理工作；负责村镇建设、人防、水利和全镇道路、桥梁、供水、供	负责本镇多子女、离婚增宅申请人是否享受过房改政策的审核工作；负责对本镇农房翻建申请户旧房屋产权情况审核，配合做好农房翻建相关管理工作；负责本镇提前动迁申请户是否符合本镇规划审核，农村房屋权属查询；负责本镇直管公房收租、维护、保养等的协调工作；负责本镇无产权房屋办理工商营业执照所需证明房屋权属问题等工作	《市委办公室、市政府办公室关于印发〈昆山市张浦镇行政管理体制改革试点工作实施方案〉的通知》（昆办发〔2012〕55号）	

续表

序号	机构	主要职责	具体工作事项	依据	备注
5		电、供气、通信、绿化等管理工作;做好土地、房屋征收和补偿安置工作	负责组织编制专业规划和控制性详细规划、修建性详细规划,经批准后,具体组织实施和管理;负责新建项目的规划预选址工作;负责镇非生态单元内工业、市政类项目规划设计方案审批;负责对规划部门已受理行政许可但尚未批准即进行建设、已经规划部门批准的在建项目未按照规划设计或者许可条件建设、临时建筑到期后未经续批的违法建设的巡查、发现、认定和移送工作;店招店牌、广告牌、道路开口等规划方案审核,涉农项目的规划选址工作		
			负责本镇报建道路、桥梁、给排水及燃气管道等市政工程质量、安全生产和施工现场的监督管理;负责对本镇报建的供电工程管沟、基础等施工现场管理;负责对本镇燃气企业的安全监管并配合执法,对非法行为进行检查上报及配合处理;负责本镇报建绿化工程的施工管理负责本镇企业排污接管的管理;负责本镇市政及绿化工程民工工资纠纷的调处工作		
			负责本镇限额以上报建建筑工程的日常监督检查工作(不含民房);负责本镇建筑工程民工工资纠纷的调处工作;负责本镇房屋质量投诉的调处工作;负责本镇限额以下建筑工程的日常监督检查及验收工作(不含民房)		

续表

序号	机构	主要职责	具体工作事项	依据	备注
6	社会事业发展和管理局	主要负责全镇社会事务工作;制定社会事业和社区建设发展规划,并组织实施;组织协调教育、文化、体育、卫生、防疫、民政、残联、司法、信访、人口和计划生育等工作;指导、协调社区服务管理工作,推进社会化服务体系的建立和发展;组织开展环境综合整治活动和社区环境管理工作;组织协调社会公用事业、社会福利事业工作	负责本镇教育工作,包括招生政策的贯彻落实教育建设工程的规划监督;学校招聘、校园安全、学前教育的管理服务;教育政策咨询及信访接待;负责本镇医疗卫生(红十字会)工作,包括公共医疗卫生机构、疾病疫情防控、非法行医的检查监督;卫生系统信访管理;红十字会政策贯彻宣传;红十字救助、红十字活动、无偿献血的服务及活动开展	《市委办公室、市政府办公室关于印发〈昆山市张浦镇行政管理体制改革试点工作实施方案〉的通知》(昆办发〔2012〕55号)、《人口与计划生育法》《江苏省人口与计划生育条例》《印刷业管理条例》《文物保护法实施条例》《营业性演出管理条例》《音像制品管理条例》《出版物管理条例》《互联网上网服务营业场所管理条例》《娱乐场所管理条例》《艺术品经营管理办法》	
			负责民政工作,包括救灾救助、养老事业、社区政权建设、社会组织、地名区划、双拥优抚、殡葬事业、社会福利、慈善事业的管理和服务工作,各类民政资金的发放和管理		
			负责指导、协调社区服务管理工作,推进社会化服务体系的建立和发展;组织开展环境综合整治活动和社区环境管理工作;建立社区考核制度,推进社区自治共建		
			负责统筹辖区内物业服务管理;指导辖区内物业管理项目招标投标工作,以及物业房屋维修资金的使用和本区域内物业企业资质的初审工作;统筹辖区内物业服务质量检查、考核工作;建立物业管理联席会议制度,健全小区纠纷快速调处机制,妥善解决物业管理中的矛盾纠纷		

续表

序号	机构	主要职责	具体工作事项	依据	备注
			主要负责全镇计划生育工作,主要涉及宣传教育、基础管理、政策法规、流动人口管理、科技服务及协会工作		
6			负责全镇各项文化活动、文化培训、非物质文化遗产工作,负责全镇各项体育活动、体育培训、全镇各体育协会工作,负责全镇图书分馆、新昆山人文化俱乐部、文化书场、公共文化设施建设工作,负责全镇文化市场管理、扫黄打非日常工作,负责全镇公益电影放映工作	《残疾人保障法》《昆山市残疾人工作有关政策性文件编选》	
			负责准确调查、掌握残疾人情况和需求;热情接待、密切联系残疾人,认真处理残疾人来信来访,沟通政府和残疾人的联系,尊重帮助残疾人;宣传、贯彻残疾人保障法和有关残疾人事业的法规,维护残疾人合法权益,协助政府研究、制定、落实残疾人事业法规,发展和管理残疾人事业;开展残疾人康复、教育、培训、劳动就业、扶贫解困、社会保障、文化、体育等工作,促进残疾人“平等参与共享”		

续表

序号	机构	主要职责	具体工作事项	依据	备注
7	财政和资产管理局	主要负责全镇财政、审计、资产管理工作；贯彻落实财经法律、法规、规章和方针、政策；编制镇级财政年度预算草案，执行人代会批准的年度财政预算，完善预算编制，实行国库集中收付，统筹财政收支，编制年度财政决算；负责镇级非税收入征管及土地出让金管理工作，协调国税、地税部门做好税收征收入库工作，做好财源建设的调查分析及财政收支执行情况分析；负责实施预算绩效管理和政府采购管理工作；负责监督相关单位的财务活动，检查财税政策、法规、财务会计制度执行情况，对违反财经纪律的事项进行检查和处理；负责会计管理工作，依法监督会计人员的从业资格和会计信息，协助上级财政部门进行业务培训；负责提供财税政策的咨询服务，为党委政府提供政策或决策建议；组织开	负责全镇财政、审计、资产管理工作；贯彻落实财经法律、法规、规章和方针、政策；编制镇级财政年度预算草案，执行人代会批准的年度财政预算，完善预算编制，实行国库集中收付，统筹财政收支，编制年度财政决算	《市委办公室、市政府办公室关于印发〈昆山市张浦镇行政管理体制改革试点工作实施方案〉的通知》（昆办发〔2012〕55号）	
			负责镇级非税收入征管及土地出让金管理工作，协调国税、地税部门做好税收征收入库工作，做好财源建设的调查分析及财政收支执行情况分析		
			负责实施预算绩效管理和政府采购管理工作；负责监督相关单位的财务活动，检查财税政策、法规、财务会计制度执行情况，对违反财经纪律的事项进行检查和处理		
			负责会计管理工作，依法监督会计人员的从业资格和会计信息，协助上级财政部门进行业务培训		
			负责提供财税政策的咨询服务，为党委政府提供政策或决策建议		
			负责组织开展财务会审和单位负责人离任审计，配合监察审计室做好相关工作		
			负责全镇国有（集体）资产的管理和处置		

续表

序号	机构	主要职责	具体工作事项	依据	备注
7		展财务会审和单位负责人离任审计;负责全镇国有(集体)资产的管理和处置;指导农村经营、农村集体资产管理等工作;管理并指导全镇企事业单位和村级财务会计工作	负责指导农村经营、农村集体资产管理等工作		
			负责做好管理并指导全镇企事业单位和村级财务会计工作		
			负责做好农村土地征收补偿工作		
8	综合执法局	主要负责依法行使镇域范围的行政处罚,以及与之相关的监督检查职能和行政强制措施,加强综合管理。按照"总体设计、先易后难、分步实施、重点突破"的方法推进综合行政执法工作	负责城管、商务等领域执法权限的行政强制权、监督检查权和行政执法活动	《市委办公室、市政府办公室关于印发〈昆山市张浦镇行政管理体制改革试点工作实施方案〉的通知》(昆办发〔2012〕55号)	
			负责文广、卫生、食药、农业、教育、计生、质监等领域执法权限的行政强制权、监督检查权和行政执法活动		
			负责规划、城建、民防、水利等领域执法权限的行政强制权、监督检查权和行政执法活动		
			加强对执法案件办理过程的督查和指导,加强执法案件的监督检查,落实行政执法案件过错责任追究制度		
			负责安监、劳保、环保等领域执法权限的行政强制权、监督检查权和行政执法活动		

续表

序号	机构	主要职责	具体工作事项	依据	备注
8			负责行政处罚职能的法律、法规的适用工作负责指导、协调执法案件办理工作；负责有关行政执法规范性文件的调研、起草、审核、备案工作；负责行政执法人员的业务、法律培训工作，负责法制教育工作；负责执法人员执法证件和执法文书的管理工作；负责行政执法责任制的制订与监督；负责行政执法案件的审核工作；负责受理对行政处罚决定不服的行政复议及行政诉讼应诉工作；组织听证工作		
			开展行政指导		
9	农村工作局	负责农业农村发展和美丽乡村建设工作；参与拟订全镇农业开发规划；引导农业产业结构的调整、农业资源的配置和农产品品质的改善；研究拟定全镇农业产业化经营的原则、目标、办法和大宗农产品市场体系建设与发展规划；组织协调"菜篮子"工程建设和农业生产资料市场体系建设；指导"一村一品"发展工作做好有关农业资源区划、生态农业和农业可持续发展的组织工作；建设高标准农田，扶持农业龙	负责新农村建设及美丽乡村建设	《关于同意增设昆山市张浦镇农村工作局的批复》（昆编〔2013〕30号）	
			探索农产品营销		
			负责农房翻建管理工作		
			负责农田环境整治工作		
			负责农业产业项目规划、管理及组织实施工作		
			负责全镇粮作类、经作类、水产类种养殖物技术指导和推广		
			负责全镇农机管理、农业发包、农业保险、生产统计等工作		
			负责农产品监管、检测抽样上报，指导种养殖户标准化生产，监管农药、化肥等生产资料的使用检测		

续表

序号	机构	主要职责	具体工作事项	依据	备注
9		头企业,实现产业化经营;制定农业科研、教育、技术推广及其队伍建设的发展规划和有关规定,实施科教兴农战略;负责全镇农业教育和农业职业技能开发工作;负责农机化服务体系建设;负责全镇水利、动物防疫、渔业工作			
10	社会综合治理办公室(挂司法所牌子)	负责全镇综合治理、法治平安创建社会矛盾纠纷调解工作;负责归口管理全镇信访工作;负责刑释解教人员安置帮教、社区矫正等司法工作;负责法制宣传、法律援助工作;负责治保调解队伍建设工作;负责协调社会治安基础防范工作,指导、督促辖区社会治安防控措施的落实;组织协调有关部门和单位做好流动人口管理服务、预防青少年违法犯罪、禁毒、国家安全和反邪教、网络舆情导控等工作;负责社会稳定风险评估工作;负责各类突发案事件的指挥协调	负责全镇综合治理、法治平安创建、社会矛盾纠纷调解工作	《关于同意增设昆山市张浦镇社会综合治理办公室的批复》(苏编办复〔2016〕86号)	
			负责归口管理全镇信访工作		
			负责刑释解教人员安置帮教、社区矫正等司法工作		
			负责法制宣传、法律援助工作		
			负责治保调解队伍建设工作;负责协调社会治安基础防范工作,指导、督促辖区社会治安防控措施的落实		
			组织协调有关部门和单位做好流动人口管理服务、预防青少年违法犯罪、禁毒、国家安全和反邪教、网络舆情导控等工作		
			负责社会稳定风险评估工作		
			负责各类突发案事件的指挥协调		

三、镇政府议事规则和决策程序

(一)议事规则

2015年5月,张浦镇党政办发布了《关于进一步完善张浦镇党政领导班子议事规则的通知》,进一步加强镇党委政府领导班子自身建设,更好地健全党委领导下的集体决策和分工负责制,明确议事权限,健全民主集中制,提高议事决策水平,做到领导成员各司其职、各负其责。主要包括如下:

1. 议事范围

(1)镇党委会议议事范围

①贯彻执行党的路线、方针、政策和上级重要文件、重要会议、重要指示精神,根据本镇实际提出实施意见,作出重大决策和部署。

②讨论决定党的思想建设、组织建设、作风建设、制度建设和精神文明建设、民主法制建设的有关事宜。

③研究决定全镇经济建设和社会事业发展的重大问题,部署全镇重大活动和阶段性中心工作。

④研究决定镇管干部、机关工作人员的任免、聘用、调动、借用、考核、奖惩。

⑤研究决定和指导群团组织的重大事项和换届等工作。

⑥讨论通过以镇党委名义发出的涉及全局工作的重要文件和报告。

(2)镇党政班子联席会议的议事范围

①传达讨论上级党委、政府的重要会议、文件精神,结合本镇实际,提出实施意见。

②制定经济社会发展规划,确定年度各项主要经济指标,确定年度各项重点工作、重点实事工程等。

③研究决定转型升级、产业结构调整、项目引进、内外资利用、技改投入等重大事项。

④完善各项经济社会发展制度及年终的考核、分配等。

⑤研究决定镇财政预决算的制定、修改、实施中的有关问题和大额资金的安排使用。

⑥研究决定城市规划、土地利用、重大项目投资、安全稳定等社会事业发

展中的重大事项。

⑦研究决定其他全镇性的重大问题。

(3)镇书记办公会议议事范围

(书记办公会议仅讨论不决策)

①研究贯彻执行党的路线、方针、政策和上级重要文件、重要会议、重要指示精神等问题。

②研究党的思想建设、组织建设、作风建设、制度建设和精神文明建设、民主法制建设的有关事宜。

③研究全镇经济建设和社会事业发展的重大问题。

④研究镇管干部、机关工作人员的任免、聘用、调动、借用、考核、奖惩等事宜。

⑤研究其他需要提交党委会或党政班子联席会的相关议题。

2. 会议召开

(1)会议一般每月召开一次。如有需要可随时召开。

(2)会议一般由正职领导召集并主持,必要时可委托一名副职领导召集和主持。

(3)会议必须有半数以上成员出席方能举行。遇研究干部的任免和推荐名单时,必须有三分之二以上的成员出席方能举行。

(4)召开会议,一般由党政办公室在会前将会议时间、议题通知与会成员。

(5)议题涉及有关部门的,必要时可通知相关部门派员列席。

(6)召开会议时,如参加人员因公、因病或其他原因不能出席的,应事先向主要领导请假,并告知党政办公室。

(7)议题涉及某成员或其直系亲属而需要回避的,该成员应予以回避。

3. 议题的确定

(1)会议议题由各成员提出,主持人确定。也可在征得主持人同意后,由各分管领导负责提出。

(2)如属政府职权范围的议题,需要提交镇党委会或党政班子联席会议讨论的,一般应先经镇政府专题会议讨论并认为确有必要的,然后提交会议讨论。

(3)对于重大决策,应在会议召开之前,进行必要的协商和调研论证,然后再把议题提交会议讨论决定。

4.议题的讨论和表决

(1)会议议事时,应由提出议题的领导或成员就议题作简要说明。

(2)讨论时要发扬民主,充分发表意见。发言要中心突出,观点明确,会议主持人要根据讨论情况进行归纳集中,提出决定或决议草案。

(3)作出决定或决议时应贯彻少数服从多数的原则,对争议较多的问题,可暂缓作出决定,在作深入调查后再行商议。

(4)对少数人的不同意见,应当认真考虑,必要时可在下次会议上再行提出讨论。

(5)讨论干部任免时,如原定人选被否定,应由组织部门按照规定程序重新提出人选。

(6)对因病、因事缺席会议的成员,会后由党政办公室向其转达会议的内容。

(7)与会成员在议事后应对需要保密的内容加以保密,杜绝失职、泄密现象。

(二)"三重一大"集体决策议事清单

根据相关法律规定和昆山市委市政府要求,现将张浦镇重大事项决策、重要干部任免、重要项目安排和大额度资金的使用(以下简称"三重一大")集体决策议事清单明确如下:

1.重大事项类

(1)贯彻执行党的路线、方针、政策相关事宜。包括各级重要文件、重要会议、重要指示精神传达和根据本镇实际提出实施意见,作出决策和部署;

(2)讨论决定党的思想建设、组织建设、作风建设、制度建设和精神文明建设、民主法制建设的有关事宜;

(3)研究决定全镇经济建设和社会事业发展的重大问题,部署全镇性重大活动和阶段性中心工作;

(4)研究决定干部队伍和领导班子建设的重大事项,包括领导班子成员

的分工与调整等问题;

(5)研究决定和指导群团组织的重大事项和换届等工作;

(6)讨论通过需要下发或颁布的有关全局性的重要文件、重要规章制度;

(7)经济社会发展中长期规划编制、年度计划、目标任务等重大事项以及有关民生工作的重要部署、年度工作报告、年度财政(财务)预算的编制和调整;

(8)重大改革方案措施,涉及职工切身利益的重要事项,包括各类考核方案、年终分配方案、涉及敏感事项的工作制度和程序的制定和修改等;

(9)涉及全局性稳定的重大事件处理、重要信访矛盾化解、重大事故处理和重要突发事件应急处置等方面的重大事项;

2. 重要人事类

(10)干部人事管理权限范围内有关人员的推荐、提名、录用、任免、调动、交流、考核、解聘、表彰、奖励、处分和后备干部人选等事项;

3. 重要项目类

(11)重要建设项目安排(含变更),包括本镇基础设施建设和基本建设项目投资、较大工程和实施项目、改造以及征地拆迁项目等;

(12)重要投资项目安排,包括本镇以财政性资金或融资、投资的重大项目,重大招商项目、科研项目、对外投资等;

(13)所有涉及土地使用(特别是项目引进、退二进三)的问题;

(14)重要活动项目安排,包括本镇文化、体育、旅游等重大活动和庆祝活动;

(15)办公场所的装修改造;

(16)其他应由集体决策的重要项目安排;

4. 大额资金使用类

(17)单项支出数额较大的公共性资金安排;

(18)大宗办公设备、固定资产、国有资产的购置和处置方案;

(19)重大活动及重大会议经费开支;

(20)股权转让;

(21)符合国家有关规定的下属单位较大额度的投融资安排及担保;

（22）其他应由集体决策的大额度资金使用。

（三）决策程序

2009 年 3 月，张浦镇政府颁布了《张浦镇人民政府重大行政决策程序规定》，对镇重大事项行政决策程序作了详细规定。主要内容如下：

1. 镇人民政府重大决策具体事项：制定镇人民政府规范性文件；制定镇人民政府经济社会发展中长期规划、镇域总体规划、土地利用总体规划；确定全镇年度各项工作计划和方案、全镇年度财政收支预算方案以及重大项目资金的安排；审议重大建设工程（项目），特别是政府投资和政府采购的重大项目及特殊建设项目用地政策；审议关系劳动就业、社会保障、科技教育、文化卫生、人口与计划生育、环境保护、征地与房屋拆迁、社会治安综合治理等方面的重大政策；人事任免事项；镇人民政府职权范围内的其他重大决策事项。

2. 镇人民政府重大事项集体决策的具体程序：承办单位提出议题的程序；镇人民政府办公室对事项提出部门报送的议题的审查和审核程序；涉及面广以及与群众利益密切相关的决策事项的公示、座谈会、征求意见会、专家论证会、听证会、集体决策等程序。

3. 决策公开程序：重大事项（除保密外）决定后，采用报刊、互联网、广播电视等媒介向社会公布，保障公民、法人和其他组织的知情权，接受社会各界的监督。

4. 决策后执行、评估和反馈修正程序：各执行机构要根据各自职责，全面、及时、正确地贯彻执行政府重大决策，并将执行情况及时向镇人民政府报告，不允许拒不执行、不完全执行、变相执行、推诿执行、拖延执行；根据镇人民政府重大决策执行要求，各决策执行机构应当进行执行评估，并将评估结论报告镇人民政府；决策执行机构在执行过程中，因不可抗力或政府重大决策所依赖的客观条件发生变化导致决策目标全部或部分不能实现的，应及时向镇人民政府提出停止执行、暂缓执行或修正决策的建议。

四、镇政府行政审批

2010 年，张浦镇被列入全国首批经济发达镇行政管理体制改革 25 个试点镇之一。2012 年 8 月，昆山市政府印发《关于在张浦镇开展集中行政审批试点工作的意见》,昆山市政府向张浦镇下放了135项行政审批事项。2013年12月,昆山市政府印发《市政府关于公布市级部门向张浦镇人民政府下放第二批经济社会管理事项的通知》,第二批下放了35项行政审批事项。下放的行政审批事项主要涉及行政许可以及相关的行政确认、行政征收及其他事项。张浦镇按照"放管服"改革总体要求,全新履职,成立拥有自主审批权限的张浦镇便民服务中心。2016年,在各级政府和部门的高度重视和支持肯定下,镇便民服务中心正式挂牌更名为张浦镇行政审批局,同时加挂便民服务中心牌子。

张浦镇行政审批局作为镇政府职能机构,统一受理、集中办理镇属行政许可及各类服务事项。根据2018年统计数据,张浦镇行政审批局设置窗口83个,工作人员102名(其中自有人员42名,条线人员60名),许可服务事项291项,日均办件超3500件,平均办理时间2.5个工作日;共设置了五个科室,包括投资服务科、民生服务科、生产服务科、综合服务科及采购与招投标科。同时,行政审批局还挂牌政府采购与招投标中心,全面推行网上公开发包,通过底价中标、摇号竞标、二次下浮等多种开标形式,努力打造公开、公正、阳光、透明的公共资源交易平台。

作为行政管理体制改革的前台,张浦镇行政审批局紧紧围绕"放管服"改革要求,突破传统运作模式,将148项建设类、民生类、生产类业务自有审批事项统筹办理,有机整合,实现办事群众到一个窗点所有"菜"。以"前台+后台"闭环系统为载体,打好"三张牌",点对点打好前后台"交流牌",心贴心打好群众"服务牌",实打实打好改革"创新牌"。张浦镇行政审批局不断创新政务服务,在"一个门、一个窗、一个章"运行基础上,开创了"一窗式"综合受理审批服务新模式。

所谓"一窗式",是将原本分散在各窗口的事项整合到一个综合窗口,实现"总台咨询服务、一窗综合受理、内部分类审批、统一窗口出件"的高效集成运作方式。"一窗式"窗口直面群众,通过市政务中心延伸的昆山政务服务管理平台接件,将各事项申请材料的受理、初审、分类转办、出件等工作集中处理;后台审批窗口只需审核、踏勘,一切办理过程均在内部流转,通过受理与审批分离,实现综合窗口统一受理所有承接事项,办事人员只要跑一个窗口就可以完成所有审批事项；总台咨询窗口为群众提供咨询辅导、资料分发、申报预审、表格填写等常规性业务帮办指导，从而减轻了受理窗口的咨询及辅导工作量，也减少群众的无效等待时间和低效盲目行为。

“一窗式”运作模式见图1：

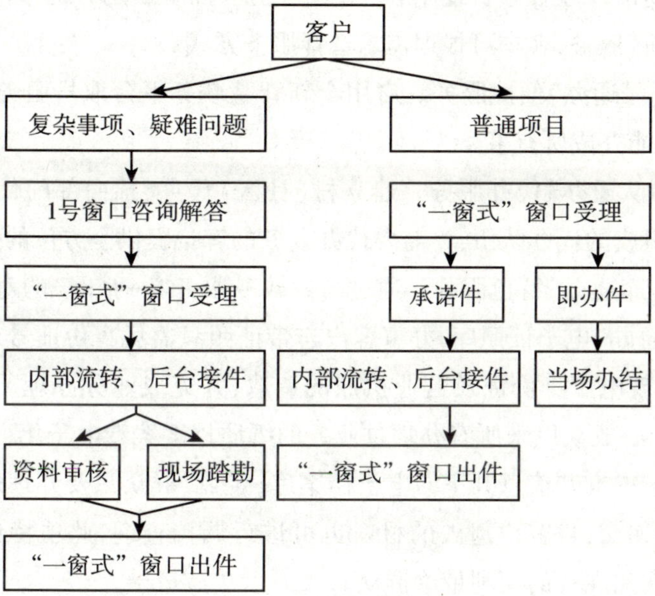

图1　“一窗式”运作模式

张浦镇行政审批局围绕“放管服”改革要求，以“互联网+政务服务”为主抓手，以“一张网、不见面”服务为契机，经过五年多的行政审批制度改革摸底试水，在“一窗式”运行的基础上，从群众需求出发，创新推出“五个通办”新型服务模式，推进“一窗通办”综合受理再升级，“一网通办”主动对接更融合，“一号通办”窗口办事更便捷，“一队通办”代办服务更贴心，“一库通办”电子档案更智能，全面提升办事群众的满意率。具体包括如下：

（1）“一窗通办”领跑服务。截至2018年数据，已实现了148项自主审批事项一窗通办，共开设了8个“一窗式”综合受理窗口，八名全能型工作人员扎根“一窗式”窗口，客户取一个号、排一次队就能通办所有事。同时，推出了“登记服务一窗式”、“税务服务一窗式”及“综合服务一窗式”等多项创新举措；配套制定出台了《张浦镇行政审批局“一窗式”审批服务运行管理办法》，全面规范“一窗式”工作人员服务，提高办事效率。此外，以大直社区为试点，推出村、社区“一窗通办、全科服务”新型社区服务模式，基本实现27个村(社区)全覆盖。

(2)“一网通办”在线服务。目前，已实现与全省政务服务“一张网”的对接工作，借助市政务服务管理平台，所有自主审批事项均开通了“网上办、快递送、不见面”服务，客户可根据需求选择服务方式。

(3)“一号通办”便捷服务。启用全新智慧政务平台取号服务系统，实现取一个号就能办成所有事。

(4)“一队通办”代办服务。建立村(社区)代办、招商部门代办、行政审批局41人组成的代办队伍，为需要代办业务的客户提供全方位的代办服务。

(5)“一库通办”特色服务。通过与省政务服务“一张网”的对接，创新推出了“一库通办”电子证照库，办事客户忘带证照只需凭身份证号或企业统一代码即可实现电子身份证及营业执照的调取，并完成业务办理。同时，将自2012年新中心成立以来所有办理过业务的纸质档案案卷电子化，形成一个完整有序、便于查询和信息共享的电子档案库，企业、群众只要办理过事项的材料无须重复递交，且客户遗失的材料也可进行调档查询，此项特色服务的推出，真正将实实在在的便利带给群众。

作为改革前台的张浦镇行政审批局，以“一枚公章”管审批为着力点，“一窗通办”便民服务为切入点，率先实现集成高效服务。张浦镇行政审批局以互联网、大数据为平台，深入推进“互联网＋政务服务”，优化审批流程，压缩办理时限，提高审批效率，变“群众跑腿”为“数据跑路”，着力打造标准化、智能化、信息化服务体系。

自2012年12月成立以来，年均办件超120万件，日均办件超3500件，平均办理时间2.5个工作日，审批时间提速63%，办事环节缩减57.8%，成为联系群众最直接、服务发展最紧密的“张浦第一客厅”。精准发力，全面提升“三化”服务，为审批制度改革树立可复制、可推广的样板，全心全意致力于服务群众、服务改革、服务发展。

2014年1月，张浦镇的“经济发达镇行政改革与流程再造”获得“第七届中国地方政府创新奖”最高奖；2017年1月，“五个通办”特色服务获得“2017

年度江苏政府服务工作突出贡献集体”荣誉奖等。

五、镇政府监察与审计监督

张浦镇政府监察审计室在昆山市审计局的工作指导和镇党委政府的领导下，主要履行如下职责：

具体来说，主要包括如下几点：

1. 经济责任审计。镇监察审计室负责对当年度离任的单位负责人和任期内单位负责人进行任内经济责任审计。重点对被审计人员任期内各指标完成情况、集体净资产增值保值情况等方面进行全面审查，客观评价其任期内经济责任履行情况，进一步促进党风廉政建设，完善内控制度，对领导干部在任期间内单位资产、负债、经营状况和经济管理等情况进行综合性评价。对审计中发现的问题，实事求是地进行披露，提出意见建议并督促整改。

2. 专项审计。镇监察室对全镇的资产、资源进行了专项审计。通过对各单位、部门、镇属企业、村级集体等不同类型的单位进行分类调查、审计，对全镇资产、资源情况管理情况进行了全面梳理，为党委政府提供决策依据。同时，对发现的问题及时落实镇资产科等加以整改，并督促其进一步完善制度建设，强化资产管理。

3. 市镇联动联合审计。张浦镇监察审计室与相关部门开展联动联合审计，创新审计模式，提高监督效率。2017 年，镇监察审计室与市水利局监察审计室开展了对张浦水利站 2014 ~ 2016 年度小型农田水利工程的联合绩效审计，对新常态下“内审防范风险，提高效益”进行了新探索，为今后市镇联动监督镇域水利工程提供有益探索和创新思路。同时，创新张浦镇绩效审计评价方式，创建同级联合审计模式，创优专项资金监督渠道，为张浦镇今后强化监督起到了积极作用。

4. 配合纪检执纪查案。张浦镇监察审计室配合镇纪委开展执纪查案，根据重要信访线对关键领域、关键部位进行突击检查、专项审计核查，坚持抓早抓小，长效监督，努力为张浦经济社会健康发展保驾护航。2017 年，张浦镇监察审计室协助纪检部门追缴多发选举误工费 5140 元，挽回工程建设领域经济损失 67.61 万元，追回动迁补偿资金 43.53 万元，配合镇纪委对套取财政资金案件审定违纪金额、查处违纪党员6人等。

根据2017年数据统计，张浦镇政府监察审计室共实施审计及财务核实项目49件，其中：财务收支审计18项，领导干部经济责任离任审计2件，专项审计2件，配合审计或调查情况26件，累计审计金额53.24亿元，出具报告48份，提出审计建议54条等。

第二节 行政执法

一、概述

根据《昆山市张浦镇行政管理体制改革试点工作实施方案》要求，2012年9月，昆山市将首批665项行政处罚权直接下放给张浦镇；2013年12月，下放给张浦镇44项劳动行政处罚权；2014年9月，返还191项行政处罚权给昆山市政府相关部门，主要涉及燃气管理、农业投入品、药品医疗器械等专业性强的领域。其后，张浦镇也进行了多次行政处罚权及相关权力的调整。截至2018年，张浦镇政府行使县级政府下放的除限制人身自由以外的655项行政处罚权，以及相关的行政强制措施权和监督检查权。

2012年9月，张浦镇在全国率先打破了传统行政机构与事业单位的界限，将原来五办二所7个事业单位及下属机构涉及的34家单位进行重组整合，组建了9个职能机构，其中包括综合执法局。综合执法局代表镇政府统一行使县级政府下放的除限制人身自由以外的665项行政执法权，并履行与之相关的行政强制措施权和监督检查权，涉及城管、交通、农业、环保、教育、卫生等众多领域。原先的14顶(早先是16顶)"大盖帽"整合成1顶"大盖帽"，由原先的单兵作战变为集团作战，避免了过去重复执法、推诿扯皮或"多头执法""看得见、管不着"等弊端，规范了执法行为，提高了执法效率。

2012年改革之初，张浦镇综合执法局系为副科级建制，下设办公室、法制科、执法一队、执法二队、执法三队。2016年12月，根据《市编办关于同意昆山市张浦镇机构更名和升格的批复》，综合执法局机构建制升格为正科级。2017年1月，根据《关于同意张浦镇行政审批局、综合执法局设置下设科室的批复》，明确综合执法局下设综合科、法制科、执法一队、执法二队、执法三队、安环中队，均为正股级建制。根据2018年数据统计，综合执法局现有执法人员195名，其中在编人员29名（持有执法证22名）、辅助人员166名。

二、主要行政执法领域

张浦镇综合执法局行政执法领域主要涉及市容城管、商务、文广、卫计、食品药品、农业、教育、产品质量监督、城镇规划、城建、民防、水利、安全生产监管、劳动保护、环境保护等。其中，执法一队负责城管、商务88项行政处罚权；执法二队负责文广、卫计、食药、农业、教育、质监134项行政处罚权；执法三队负责规划、城建、民防、水利124项行政处罚权；安环中队负责安监、劳保、环保309项行政处罚权。

从张浦镇来看，主要行政执法领域涉及市容管理、城镇规划建设、农业管理与服务、环保等。（1）市容管理方面，下放城管行政执法权限87项。2018年，已立案处罚41573起，处罚2356350元。其中，一般程序1319起、简易程序40254起，主要是摆摊、占道、绿化违停、偷倒垃圾、道板违停等。（2）城镇规划建设方面，下放行政执法权限28项。2018年，已立案30起，主要是违法建设。（3）农业管理与服务方面，下放农业行政执法权限35项，主要是农产品质量检测等。2018年，已抽检各类瓜果蔬菜20批次，均合格。（4）环保执法方面，下放环保（三产类）行政执法权限21项。2018年，已立案噪声2起（处罚2000元），油烟2起（处罚10000元）等。

三、镇政府综合执法状况

1. 建立健全规章制度。自张浦镇综合执法局成立以来，一方面，建立健全内部管理制度，主要涉及执法人员日常管理规范、考勤制度、值班制度、奖励与惩处办法等30多项制度。完善执法队伍管理机制，强化督查考核，明确结果运用，充分调动执法人员积极性、主动性。另一方面，建立健全执法制度，制定了《张浦镇人民政府行政处罚程序规定》《张浦镇人民政府重大行政处罚案件集体讨论办法》等10多项制度。完善重大案件集体讨论制度，强化执法监督和行政执法错案追究机制，进一步提高办案质量。

2. 主要做法。主要包括:(1)创新放权模式。张浦镇综合执法改革放权规避了“授权”“委托”的方式,采取“直接下放”和“交办”的形式,明确张浦镇政府是行政执法主体,直接享有权力并承担相应责任。(2)有效承接权限。针对市级14个部门分批下放的665项行政处罚权,综合执法局遵循需求点、有效性、承接力三大原则,对下放的权限进行梳理,确保有效承接。(3)完善三大机制。一是执法保障机制,做到执法证件、执法平台、执法专用章、法律文书、服装标识五个统一;二是协调沟通机制,建立市、镇、局三级联席会议制度,沟通、协调、解决执法过程中遇到的各类问题;三是学习培训机制,通过“走出去”与“请进来”的方式,进一步提高执法人员业务能力和办案能力等。

3. 基本工作方式。主要包括:(1)城市管理方面。依托“城警”联动机制,充分发挥组团式执法模式,结合城市管理网格化管理及守点管控,持续开展占道经营、流动摊贩、户外广告、偷倒垃圾等整治活动。(2)控违、拆违方面。统筹消防、国土等驻镇机构执法资源,整合局内安全、劳动等执法权限,通过行政执法案件支撑、列入失信名单等方式,按轻重缓急、分批分次重点拆除堵塞消防通道且易造成人员伤亡的存量违法建设。(3)安全生产方面。牢固树立“劝导十次不如处罚一次”的思想,对重大安全生产隐患和违法行为“零容忍”,坚持问题导向,重点企业重点执法,及时复查隐患整改情况,形成闭环,逐步达到“查处一起、震慑一批、教育一片”的效果等。

4. 创新执法手段。主要包括:(1)道板违停抓拍。探索建立道板停车抓拍系统,于2017年4月正式启用,这在苏州范围内是首创,既精简一线执法力量,又提高执法效率。2018年1~9月,共电子抓拍道板违停24443起。(2)重点企业实时监管。通过信息手段,将执法大屏接入企业监控设备,实现对重点企业的重点部门安全生产工作进行实时、全天候监管,最大限度地减少安全隐患。(3)个别领域案件实现零的突破。深入研习承接权限,边探索边实践,自加压力,主动作为,在全市范围内率先处罚城市排水与污水处理类案件,现已立案处罚5家,罚款金额58万元。(4)进一步完善执法信息化系统。推行执法在线登记、网上审批、网上办案,加快实现与大数据综合指挥中心无缝对接,运用大数据规范执法,提升执法效率等。

2018年1~9月，审核通过行政执法案件41706起，其中，一般程序1452起，简易程序40254起；罚款6865800元（一般程序4853100元、简易程序2012700元）。涉及城管41596起（一般程序1342起、简易程序40254起）、教育2起、水利5起、市监2起、民防1起、卫生4起、环保4起、安监86起、劳动14起九个领域。

四、镇政府执法事项综合协调状况

1.构建前后台衔接机制。探索建立决策权、执行权、监督权既相互制约又相互协调的"前台"+"后台"运行机制。"前台"是镇综合执法局和便民服务中心的两大"窗口"，直接面对基层群众、企业和其他社会组织，开展综合行政执法和公共服务，履行基层政府的外部行政执行功能；"后台"则是镇政府各职能机构，履行政策指导、政令传递、监督问责等内部行政功能，主要行使决策权、监督权。构建"后台"与"前台"的沟通协调和制约制衡机制，"后台"为"前台"提供政策指导，及时传递工作信息，"前台"按规定履行综合执法和便民服务职责，接受"后台"监督，并通过一系列规范化的制度厘清权力行使的边界和各自责任。实现"前台"为群众服务、"后台"为"前台"服务，把方便留给群众，让百姓更加满意。

2.加强与相关单位协同配合机制。一是建立健全"后台"机构与上级职能部门的工作衔接机制，与市级部门保持业务指导关系，跟班培训，完善办局联席会议制度、信息联动抄告制度等，确保信息共享、政令畅通。二是加强与驻镇机构协同配合机制，依托"城警"联动机制，有效整合公安、市监、国土等各部门力量，信息共享，互相协助，以组团式执法模式，有序开展流动摊贩、占道经营、废品回收、违法建设等专项整治活动。三是加强与村组织的协调关系，相互支持各项环境整治工作等。

五、综合执法改革成效

自2012年12月张浦镇实施综合执法改革以来，按照"担当新使命，塑造新形象，开创新局面"这一工作思路，积极承接权限，不断规范综合执法，改革已经取得初步成效，切实解决了基层政府"看得见、管不着"的社会治理难题，

有效提升了张浦镇社会综合治理能力。主要包括如下:

1. 变协调执法为直接执法,解决"看得见、管不着"的难题。综合执法改革后,执法力量得到加强,执法效益得到保障,变协调执法为直接执法,解决"看得见、管不着"的难题。

2. 变交叉执法为集中执法,解决"都能管、都不管"的乱象。16 顶大盖帽合成 1 顶大盖帽,让原先的"物理结合"发生"化学反应",避免了以前多部门重复管理、交叉执法的现象。

3. 变突击执法为长效执法,解决"轻监管、重处罚"的顽症。综合执法平台"再造",体制机制得到创新,方法手段得到优化,逐步形成高效便民的长效执法机制,减少了企业负担。

张浦镇综合执法局通过改革,大力推进执法案件网上审批、办案,创新实施道板抓拍、云存储技术,建立行政执法双随机系统,执法过程更加规范,执法效率进一步提高。深化前后台融合,提高政务信息化水平,完善审批、监管、执法等前后台部门信息共享和联动机制。综合执法局经过一系列的改革创新,避免了过去重复执法、"多头执法"、推诿扯皮、"看得见、管不着"等弊端,规范了执法行为,提高了执法效率;同时,还提升了执法队伍素质和张浦镇的品牌效应,有利于招商引资等。比如改革前某企业一年接待劳动、安全、卫生、环保等各类检查 60 余次,平均每月 5 次;改革后每月例行一次检查就可以包括上述所有检查内容,有效减少了对企业干扰,加强了监管,提高了服务质量。又如在镇控违、拆违等老大难问题上,镇综合执法局借助各种执法力量内生整合的先天优势,真正形成了"组合拳效应",避免了"一条马路多家管""一起违章几家罚"等现象。

自张浦镇被确定为全国经济发达镇行政管理体制改革试点以来,以张浦镇为代表的基层综合执法改革已经逐渐被全国推广。2019 年 1 月,中共中央办公厅、国务院办公厅印发了《关于推进基层整合审批服务执法力量的实施意见》,要求积极推进基层综合行政执法改革。推进行政执法权限和力量向基层延伸和下沉,强化乡镇和街道的统一指挥和统筹协调职责。整合现有站所、分局执法力量和资源,组建统一的综合行政执法机构,按照有关法律规定相对集中行使行政处罚权,以乡镇和街道名义开展执法工作,并接受有关县级主管部门的业务指导和监督，逐步实现基层一支队伍管执法。建立健全乡镇和街道与县直部门行政执法案件移送及协调协作机制。

六、问题与对策

尽管基层综合执法改革取得了许多成效，也是必然发展趋势，但随着改革推向纵深，也存在一些问题，有待于在改革中不断改进与完善。

（一）现实存在的问题

1. 新机制尚在磨合期。“审批、管理、执法”三权分离的体制改革受到传统体制的惯性影响，关系还存在不清晰、沟通还存在不顺畅、工作还存在不流畅等问题。面对全新的工作模式，部分干部及其执法人员还习惯用“老思维”“旧观念”来处理新问题，以批代管、以罚代管的思维还没有根本性转变，导致部分工作有时滞后。另外，张浦镇各职能机构与上级主管部门对接还存在某些不畅等问题。

2. 综合执法权与相关职能协调机制还存在不足。虽然综合执法局把执法职能整合于一身，但与其他管理部门的职能划分、协助机制还不完善，监管权与执法权划分不是很清晰，原来的“条管”变成现在的“块管”容易存在博弈，让矛盾和压力向综合执法局这个“链尾”沉淀，影响执法效率。

3. 专业人才不足。综合执法局承接的权限领域较宽、范围较广、专业较强、种类较多，但业务型专业人员始终有限，需要更多执法人员熟悉更多业务，涉足更多专业领域。基层执法检查人员全科式执法水平在短期内难以达到规定要求。

4. 一线执法力量薄弱。综合执法局现有一线执法人员只有22名（执法一队9名、执法二队5名、执法三队8名），却要在张浦镇行使市级16个部门下放的665项行政处罚权，且基本以年轻力量为主，经验欠缺，基层执法力量严重不足。

5. 执法队伍不稳定。受“市镇”两级待遇差别、执法人员无法进行参公管理及享受执法补贴等影响，执法骨干逐年流失，严重影响了执法工作的正常开展。就2017年而言，现有在编执法人员基本都参加了公务员、事业单位考试及市级部门选聘等，现3名骨干考上公务员、2名骨干考上事业单位、1名中层干部选聘市级部门。

6. 公安和司法保障有待加强。综合执法人员属于事业单位编制,在日常执法过程中没有行政强制权,无法有效保护自身安全。执法过程中一旦出现暴力抗法事件时,只能按照民事纠纷案件来进行调处,这样不仅损害了执法的严肃性,也打击了执法队员的工作积极性。

(二)具体举措

基层综合执法改革是必然要求,也只有在不断深化改革过程中解决改革中遇到的问题。张浦镇综合执法局按照“顶层设计—扫清外围—重点突破—整体推进”的改革路径,寻求解决问题具体办法,不断完善综合行政执法。具体来说,主要包括以下几个方面:

1. 进一步深化改革,加大机构整合力度和协调机制。在机构设置上继续加大整合重组力度,做到横向到边、纵向到底的“无缝衔接”。进一步释放“一人多岗、一岗多能”的体制活力,大胆放权,强化职责,由点到面,逐步建立科学合理、权责清晰、权责一致的行政管理体制。从制度层面理顺前后台关系,清楚界定“审批、管理、执法”的各自职责,将每项权限涉及的职能边界都需要深入梳理,不断强化和完善“前台和后台”“条与块”的磨合,完善综合执法局前后台协调机制以及与相关单位的协同配合机制。

2. 补充执法力量,稳定执法队伍,提升执法人员素能。一是根据执法需求,在人员编制上予以倾斜,配强专业执法力量,特别是法律、食品卫生、安全生产等专业性人才,做大、做强综合执法队伍。二是要进一步完善行政执法人员待遇保障和内部激励机制,加强分类管理,充分调动执法人员工作积极性、主动性,从而稳定执法队伍,提升队伍战斗力。三是加强业务培训,提升基层干部和执法人员的改革思维、执法理念和业务水平。

3. 完善清单制度,提高执法效率。根据法律法规的修订和废止情况,重新梳理665项行政执法权和与之相关的行政强制权,完善行政执法权力清单和职责清单;编制综合执法局职责清单、职责交叉事项清单、行政权力事项清单以及公共服务事项目录清单;厘清界限,明确职责,确保下放的权限承接好、使用好。

4. 完善执法保障,树立执法威信。一是装备保障,科学配置执法车辆、执法设备，做到执法全过程记录，做到有据可查，确保下放权力有效实施。二是安全保障，深入推进“城警”联动机制，进一步畅通与公安、司法等机关的信息共享，增强执法保障，提升执法权威。

第四章 综治与司法工作

第一节 综治工作基本情况

2012 年以来,张浦镇紧紧围绕镇党委“一条主线”“两篇文章”“三稳三提”的发展思路,结合扩权强镇试点特点和社会管理综合治理实际情况,针对社会管理热点、难点问题,创新思路、因地制宜,主动作为,积极探索社会管理创新工作机制,不断提升社会管理工作能力和水平,他们的具体做法是:

1. 探索社会管理综合指挥中心实质性运行。依据《张浦镇社会管理综合指挥中心运行的实施意见》,努力构建社会管理服务信息化、精细化、动态化和一体化格局的社会管理综合平台,切实承担起应急管理、城市管理、综治维稳、安全生产等领域的处置功能。按照事件受理(信息导入)—录入中心数据库—分析研判—处置调度—情况(督查)反馈的步骤和程序有效运行。截至 2018 年年底,通过中心平台运作成功化解了 53 起动拆迁安置、环境污染、城乡建设、劳动保障等有一定影响的苗头性纠纷;成功处置了 4 起跳楼(塔吊)事件、3 起堵门事件;平息了 11 起群体性信访事件;妥善协调调处非正常死亡 16 件;成功抓获了 34 名现行违法犯罪嫌疑人;派发社会综合管理指令 462 条。

2. 扎实推进综合治理社会管理网格化建设。张浦镇构筑“两级组织、三级管理、四级网络”的社会管理网格化体系,推进全镇社会管理网格化建设。依托已有的农村社区服务中心和社区管理服务站等社区管理网络,按照村、社区行政区域和居民相对集中的居住区域分布情况进行网格划分，共划分25个网格、152个责任网格，有效地将人、地、物、情、事、组织全部纳入网格进行管理，逐步实现社会面管理的扁平化、精细化和高效化。

3. 加强社会治安重点地区排查整治工作。建立健全信息共享机制和预警防范机制，推进整治工作制度化、常态化，分别拟订了《张浦镇社会治安重点地区排查整治工作方案》《曹巷治安重点地区排查整治工作具体措施》《治安重点地区“黑网吧”“黑中介”“黑诊所”等无证照经营场所排查整治方案》，加人力度开展曹巷自然村治安重点地区、城乡接合部和外来人口集聚区等易发案重点地区的治理，着力解决群众反映强烈的难点、热点问题。通过整治，重点地区突出问题得到有效整治，治安警情明显下降，社会环境得到净化。

4. 做实社会矛盾纠纷排查化解工作。严格落实政法维稳目标责任制，建立矛盾纠纷源头预防、研判预警和调解处置机制，扎实开展“四项排查”工作，依托综合指挥中心实战平台及时把不稳定因素信息进行汇总、研判、梳理，及早进行社会稳定风险评估，制定处置预案。只要是同一类型或同一纠纷信息出现多次的，即根据纠纷情况启动相应的工作机制，研究部署应对纠纷的处置预案，变“事后处置”为“事前预防”，防止矛盾激化升级。截至2018年10月，共梳理汇总不稳定因素信息433条，研判重大纠纷信息12条，均通过事先处置得到妥善化解，并排查出基层基础工作薄弱环节1项4家企业工会不能正常换届选举。

5. 有效织密路面治安监控网络。截至2018年10月，完成7个中继无线信号发射基站和1个中心基站、一套无线和有线相结合的可移动视频监控网络线路架设，基本实现全镇无线路面治安监控网络全覆盖。同时，加快完善居民散居老小区技防建设，完成各市地区散居居民小区技防监控建设，并实行与镇社会管理综合管理指挥中心联网运行。

6. 加强社会治安环境综合治理工作。综治办把加强社会治安环境综治工作作为服务全镇经济和社会发展的一项重要工作来抓，截至2018年10月，共开展集中整治31次，出动人员2000余人次，清查外来人口3.5万余人，建立高危人员档案45份，排除各类治安隐患41处，严厉打击了黑收废、黑诊所、黑职介、黑网吧和夜间摊点占道经营等行为，共取缔黑收废39家、黑诊所

31家、黑职介29家、黑网吧11家、夜间摊点占道经营67处,查扣“三小车”419辆。

7. 切实做好涉日维稳工作。按照市、镇两级领导工作要求,制定方案、落实措施、统一思想,提高认识,统筹兼顾,全力以赴,着力加强社会面涉日巡防管控,确保社会平稳,共安排涉日维稳力量600人次(不含调往市里警力),通过建立镇应急分队、部门巡查分队、村社区蹲点伏击分队和信息收集分队,定人、定岗、定位、定点,切实做好涉日维稳工作,及时发现处置4次悬挂反日宣传标语活动,有效维护了社会稳定。

第二节 “网格化+社区警务”社会治理新模式

在全市上下大力推进社会治理网格化建设进程中,张浦镇创新“网格化+社区警务”社会治理工作机制,截至2018年10月,已在全镇27个村(社区)实现全覆盖。警网联动新机制推动形成了网格化社会治理和社区警务优势互补、高效协作的良性工作局面,使基层各类风险隐患、不安全不稳定因素第一时间发现和解决、使流动人口和出租房屋的服务管理更加精准和高效,真正实现了“1+1>2”的社会治理效果。

组建网格管理团队,依托村(社区)网格化联动工作站和警务站,建立一支“1+1+N”网格管理团队,即每个村(社区)1个网格工作站长、1名社区民警,N个网格员(由网格长、警辅人员、综合执法队员、楼道长、志愿者等组成)。警辅人员全部“一对一”下沉至各基础网格,与网格长一同进网格开展走访巡查、采集信息和处置问题等工作,以“警网联动”构建起“格内自防,格间联防”的工作体系。

张浦镇周巷社区“1+1+N”网格管理团队,社区民警现场处置问题能力强,但因接处警任务重,巡查防控常常“心有余而力不足”;社会治理网格长一天两次进网格巡查,发现隐患问题能力强,但是现场处置没有“硬抓手”。警网联动新机制改变了以往各自为战工作模式,使警力下沉到网格,同时依托综合执法队伍,帮助基层更加高效地处置各类社会治理难题,同时,网格长

(员)立足日常巡查职责,配合派出所做好治安巡防和流动人口服务管理工作,打造了“警力下沉、社区吹哨、部门报到、联动处置”工作新局面。健全工作运行机制,张浦镇通过明晰工作职责、联动高效处置、信息互通研判、双向评议考核等日常管理机制,建立起一套规范有序的运行管理体系。明晰工作职责。网格长(员)和警辅人员做到“一查、二报、三访、四清”。

联动高效处置,网格长和警辅人员日常巡查时,做到及时发现问题、当场处置问题。现场处置有难度的,通过网格化信息系统,及时上报网格站长和社区民警,由网格站长和民警到场处置或协调相关部门到场综合整治。信息互通研判,网格站长、社区民警每周组织召开网格管理成员会议,通报一周社区发案情况和治安动态,听取各基础网格内人员变动、纠纷调处、社情民意、涉稳动态、群防群治等方面情况,对突出的治安问题和群众反映强烈的问题进行会商研究,有针对性地落实工作措施。

社区民警、工作站长组织召开网格管理成员会议。双向评议考核。网格站长每月对社区民警网格管理工作进行评议;社区民警和网格长每月对警辅人员信息报送、矛盾化解、协助维稳、责任落实、问题反馈、工作作风等方面开展考核评定。此外,实行“一案一奖”“一事一奖”,对网格长和警辅人员在维护稳定、侦查破案等方面提供有价值情报线索的,进行相应的物质奖励。社会治理网格长帮助公安部门分流非警务警情、节约警力、增强巡防力量,同时,警力下沉保障网格事件处置快、流程短、更高效,真正使社会治理网格化机制在风险隐患发现防控、维护一方平安稳定方面的优势得到了充分体现。巡防控案成效明显,实现违法警情数量、入室盗窃数量、扒窃数量同比明显下降。

2018 年 1 ~9 月,张浦镇共上报网格事件 12449 件,人均 98 件,巡查轨迹合格率 91.20% ,事件质量合格率 98.61%。全镇 137 名网格长突出平安稳定主责主业,办结社会治理事件 4712 件。网警联动做好重点人群服务管理工作,排查积分入学对象 537 名,根据不同情况分类施策,主动做好沟通疏导。通过警网联动新机制,拆除违法建设 119970 平方米、整治无证中介 43 家,黑网吧 602 家,工作成效同比显著提升。331 专项行动期间,通过警网联动机制做到上门排查“全覆盖”,隐患整改“闭环化”,排摸工业企业类“三合一”142 家,整改 142 家;排查群租房安全隐患 3087 户,整改 2699 户。同时,注重源头管理,建立网格化动态监管机制。

社会治理人人有责、人人尽责。张浦镇开创“网格化+社区警务”社会治理新模式,民警主动融入社会治理网格化,成为参与者、推动者和受益者,彰显了全局的站位、开放的心态、共治的局面,使社会管理资源得到最优配置和最大效益,做到了网格内基础信息准确、源头防范风险、遇事处置快速、民意反映顺畅,促进了一方长治久安,深化了平安张浦建设。

第三节　调解组织

截至2018年10月底,张浦镇共有人民调解组织37个,其中镇调解委员会1个,村(社区)调解委员会27个,专业性行业性调解委员会6个,调解工作室3个,专兼职调解员152人。

2017年,张浦镇调解委员会调处矛盾纠纷502件,成功调处“7·7”优诺乳业安全生产事故3人工亡赔偿纠纷,全年未发生一起民转刑案件。司法所建立公众评判庭,完善社会矛盾调解机制。建立公众评判嘉宾库,规范公众评判程序,统一公众评判文书格式,提高公众评判实效,全年利用公众评判庭调处矛盾纠纷10件。司法所坚持每月2次排查矛盾纠纷,每月1次矛盾纠纷分析研判,了解掌握全镇矛盾纠纷动态,及时防止矛盾纠纷的发生和激化。

第四节　司法组织

一、人民法庭

1988年2月,江苏省高级人民法院批复,同意昆山市人民法院增设“张浦人民法庭”和“兵希人民法庭”。张浦法庭于1989年7月正式挂牌。张浦镇、南港乡及上海振苏砖瓦厂等地的审判业务工作归由该庭管辖。兵希法庭因故未建,后上报省高级人民法院予以撤建。2000年12月19日,昆山市人民法院对派出机构进行调整,撤并陆家人民法庭、张浦人民法庭,陆家人民法庭并入开发区人民法庭,张浦人民法庭并入千灯人民法庭,保留玉山、陆扬、锦溪人民法庭。2001 年 9 月 1 日,重新划分人民法庭案件受理辖区范围。2006 年 7 月 13 日,经苏州市中级人民法院批准,增设陆家人民法庭、巴城人民法庭、张浦人民法庭。其中陆家人民法庭管辖陆家镇、花桥镇、开发区部分,人口约 23 万;张浦人民法庭,管辖张浦镇、锦溪镇、周庄镇,人口约 15 万;2010 年 1 月 13 日,增设张浦人民法庭,管辖张浦镇、锦溪镇、周庄镇,人口约 33.8 万。张浦法庭于 2010 年 6 月成立,管辖范围为张浦镇、周庄镇、锦溪镇及大市、南港等区域。主要立案受理张浦、锦溪、周庄区域内除劳动争议案件、道路事故赔偿案件外且诉讼标的额在 200 万元以下的各类民商事纠纷案件。

2017 年,张浦镇人民法庭紧紧围绕“让人民群众在每一个司法案件中都感受到公平正义”的目标,坚持司法为民、公正司法的工作理念,切实优化工作模式,建设创新型、服务型基层人民法庭。2017 年,张浦镇人民法庭新收案件 1333 件,相较 2016 年上升 1.6%。共审结 1333 件,相较上年上升 5.46%,结收率 100%。民商事案件调解 408 件,撤诉 312 件,调撤率 54.01%,一审服判息诉率 87.62%。

在员额制改革方面,2017 年 5 月,张浦人民法庭根据员额制改革要求,未入额的审判员、助理审判员、见习助理审判员不再独立分案办案。员额制改革后,张浦镇人民法庭有员额法官 4 名、法官助理 1 名,分别组建“1 员额法官 +1 法官助理 +2 书记员”以及“1 员额法官 +2 书记员”的审判团队。

在裁判文书公开方面,张浦镇人民法庭积极响应最高人民法院《关于人民法院在互联网公布裁判文书的规定》,依法、全面、及时、规范裁判文书上网。2017 年,除调解案件、离婚诉讼或者涉及未成年子女抚养、监护的案件以及其他不宜文书上网的案件,张浦镇人民法庭共计完成文书上网 869 件,以促进司法公正,提升司法公信力。

在繁简分流方面,2017 年内,为解除案多人少矛盾,张浦镇人民法庭建立繁简分流机制,以“简案为原则、繁案为例外”的分流模式为基础,以自动分案为原则与庭长动态调整相结合为具体操作方式,对于机动车交通事故纠纷案件集中处理、集中调解。同时,构建由“庭长牵头、审判人员主导、辅助人员配合”的专业审判团队,细化工作分工,保证各干警之间的工作负担均衡。

在法制宣传方面,2017 年内,张浦镇人民法庭积极通过网络、报纸、期刊等方式进行案件宣传、热点信息报道,全年工作报道 87 次,其中省级报道 2 次。在张浦镇人民法庭辖区内进社区开展"3·15"消费者普法、与民三庭进台企进行企业管理法制宣传,使得法庭宣传职能进社区,提升当地辖区内居民和企业的法制观念。

在法庭建设方面,2017 年 8 月,张浦镇人民法庭自原新吴街 20 号迁至银河路与阳光西路交界口,与检查室、派出所、司法所等部门形成统一政法工作园区。张浦法庭办案用房 2196.5 平方米,共有 6 个审判法庭,配备"三同步"(同步录音录像、同步记录、同步显示庭审记录)和庭审直播设备。设置 2 个专用人民调解工作室,发挥诉前调解、法律咨询等职能作用。

二、派出所

截至 2018 年 10 月,张浦镇派出所现有民警 47 人,其中 50 周岁以上警员 10 人,女性民警 4 人,辅警 550 人。派出所下辖 3 个警务站,日均接警量 90 起左右,流动人口采集率在 85%。2010 年,机构改革之后派出所职能变化不大,仍是在党委政府、昆山市公安局双重领导下开展工作。唯一有所不同的是,基于镇内台资企业、外资企业较多,而特别增加了一个出入境窗口,由市局出入境大队派驻镇办公。总体而言,得益于机制改革的驱动,使得职能调整后的派出所责任分工趋于明确,其原有的非警务事务压力得以疏解,相关隐患得以极大程度的化解,使得派出所能够集中精力解决警务相关事务。

具体而言,基本职能如下:

1. 维护治安稳定。主要通过妥善化解不安因素、处置群体性事件以及化解信访投诉、严密管控"法轮功"分子等,强化对重点人员教育、疏导和管控;配合落地查处重点涉稳、涉恐人员,对之进行教育训诫或行政处罚来完成镇域社区稳定。

2. 打击犯罪、侦破刑事案件。2018 年 1 ~ 9 月,张浦镇派出所共接报违法犯罪警情 3080 起,同比 2017 年上升 15%。破获刑事案件 292 起,刑事抓获 172 人,刑拘 131 人,逮捕 55 人,取保候审 106 人。办理行政案件 293 起,行政拘留 368 人。查处卖淫嫖娼案件 16 起,拘留 38 人;查处赌博案件 9 起,拘留

52人;查处吸毒案件86起,拘留102人。破获侵财类案件288起,抓获侵财类人员252人。"八大类"案件中协助市局破获杀人案2起,强奸案5起,抢劫案4起,故意伤害9起。

3. 着力做好安保工作。在全国、省市"两会""一带一路"、江苏发展大会、十九大等安保期间,派出所强化涉恐情报线索搜集研判,加强管控重点信访人员,避免越级上访情况的发生。组织精干力量开展维稳工作,及时处置堵门等劳资纠纷冲突。加强旅馆、网吧行业检查力度,注意发现可疑人员。加强巡逻防控工作,对辖区汽车站、加油站、商业街、娱乐场所、学校等人员密集的地方强化巡防检查力度。

4. 完善安全监管工作。派出所积极开展人员密集场所、三级重点单位等专项检查行动,狠抓全镇危化品生产、使用、仓储和经营带储存企业安全监管专项整治,主要针对全镇消防安全、厂房等级、"三合一"现象进行检查整改工作,2018年1~9月已对全镇1120家企业单位进行消防安全生产检查,发现隐患1346处,已整改1102处,下发责令整改书508份,当场处罚210处,一般处罚56家。

5. 努力做好服务群众工作。派出所认真践行党的群众路线教育,搭好警民沟通桥梁。通过"警民恳谈""五进走访送平安""六个一"基础走访调研等活动,走访、询问群众情况,聆听群众意见,进行法制讲解和宣传。"大走访"集中攻坚活动中,截至2018年10月,共走访家庭34940个,企事业单位3016家,排摸涉稳风险隐患7处,消防安全隐患79处,整改各类隐患61起,为群众解决实际困难35件,帮助企业解决困难20件。同时,落实便民利民措施,大力推行警务公开,简化办事程序,压缩办事时限,提高办事效率,切实解决门难进、事难办、脸难看的突出问题,进一步提升警民和谐关系。

6. 加强队伍管理工作。围绕队伍管理精细化的工作目标,从加强民警、辅警两支队伍的日常管理、规范执法、重点关心、机制完善等方面入手,着力培养警队严守纪律条令意识和规范执法执勤思维。将全心全意为人民服务的宗旨在推进队伍建设进程中,努力提高思想政治工作能力水平,有力夯实了公安队伍建设根基。

三、检察室

2013年11月,昆山市人民检察院在张浦镇党委政府的支持下,建成张浦镇检察室。截至2018年10月,派驻张浦镇检察室的人员建制为主任1名,检察官1名,辅助人员2名。

在以刑事办案为切入点,全面履行检察职能、强化法律监督、努力推动基层治理法治化的同时,张浦检察室主动参与违法用地集中整治工作,走访基层组织,约谈违法用地当事人,为推进违法用地集中整治给予有力的法律支撑;积极参与社会防控体系建设,设立"社区检察官",为基层党支部、自治组织和普通群众提供有针对性的法制宣传、法律咨询和纠纷化解等服务。

从具体情况来看,在检察职能履行层面,2017~2018年,张浦镇检察室共受理批捕案件56件、71人,逮捕犯罪嫌疑人56人;受理公诉案件110件、143人,起诉犯罪嫌疑人140人。严厉打击盗窃、故意伤害、诈骗等多发性、涉及群众切身利益的刑事犯罪。检察室充分利用贴近基层的优势,对案件审查进行现场走访,实地考察案发现场,全年共走访现场42件次。对于轻微刑事案件,张浦镇检察室努力引导并促成双方和解。对符合条件的行为人,依法不批准逮捕或不起诉,全年不批准逮捕共12件、15人,不起诉3件、3人。

在开展刑事监督方面,张浦镇检察室2017~2018年监督司法所开展社区矫正人员集中教育活动12次。为强化社区矫正执行监督,对社区矫正人员进行入矫、解矫、训诫谈话52人次,走访社区矫正人员3人次,对司法所社区矫正台账检查、抽查30本,与司法所召开工作座谈会,建立信息共享长效机制,实时掌握辖区内缓刑、管制等监外服刑人员的改造情况。

在公益行政监督层面,张浦镇检察室积极配合党委政府开展工作,为行政执法创造良好的外部环境。配合政府推进专项整治,并在监督行政执法的同时提供法律意见。2017~2018年,共约谈违章建筑、无证幼儿园等20余名当事人。主动作为,积极协助张浦镇行政执法部门对相关企业主进行走访、约谈,以案说法,消除企业主与政府的对立情绪,并主动承诺自行拆除违法建筑,关停无证幼儿园。张浦镇检察室紧紧围绕昆山市"263"专项行动实施方案和张浦镇的整治重点,主动出击,协助昆山市环保局和镇民事行政检察部门,对可能污染环境的企业进行摸排、调查核实,助推公益诉讼的启动和证据收集。协助昆山市环保局对吴淞江流域企业检查20余次。

在法治宣传教育方面,加强法治宣传教育,全面推进"社区检察官"工作。为更好地发挥检察职能,服务群众,张浦镇检察室将检察官进社区的活动形成制度,并在张浦镇花园社区设立"社区检察官"办公室,由检察官定期值班,进社区倾听社情民意,开展法治宣传,为居民解答法律问题,调解民间纠纷,化解矛盾。社区检察官还通过社区检察官之窗、讲座、走访基层单位和走上街道发放宣传资料等多种形式进行法制宣传。2017年度在辖区15个社区检察官之窗更新4期宣传海报,发放法律宣传资料700多份,张贴宣传警示横幅20余条,举办检察官大讲堂和检察官现场咨询服务等活动,提升居民法制观念。

在未成年人犯罪预防方面,注重未成年人法治和道德意识的培养,联合检察院未检办和新昆小学共建特色法治学校,制定实施方案,开展检察开放日活动,开设"法治主题班课"11次。在张浦中学开展"控制校园欺凌"主题宣讲活动,在花园社区开设未成年人观护站,受教学生824名,收到学生学习心得50余篇。

在从严治检方面,张浦镇检察室要求工作人员严格把好思想关、能力关、纪律关。严格按照"两学一做"学习教育及上级关于党风廉政建设和反腐败的有关文件精神、工作部署,扎实推进队伍建设。在职务安排方面,采用优势互补的安排模式,每个办公室打造成一个小型工作圈,大大提高工作效率。对于纪律的把控,全面贯彻"三严三实"和"两学一做"要求,认真落实"一岗双责",以上率下,让每位检察人员都能做到知责明责、守责尽责,严守"底线"、不碰"红线"、不越"边线",努力营造风清气正的工作氛围;狠抓工作纪律,强化警车规范使用,做到出车有审批、驾驶有专人、全程有记录;探索上下班并轨和签到制度,工作时间定时巡视,切实转变工作作风,提高工作效率。

第五节 司 法 所

一、机构设置

1981年2月,张浦人民公社建立司法办公室,1987年7月,张浦乡成立法律服务所,司法办与法律服务所挂“两块牌子、一套班子”,合署办公。

二、人员状况

1987 年,张浦司法办有司法助理 1 名和工作人员 1 名。2000 年,三镇司法机构合并,时有司法助理 3 名。2001 年,司法办公室更名为司法所。2002 年,法律服务所改制与司法所脱钩并撤销事业单位编制转为合伙制。至 2018 年全所工作人员增至 11 名,其中政法专编 3 名,编外合同制工作人员 8 名。

三、主要职责

张浦司法所基本职责情况如下:

(1)承担社区矫正日常工作,组织开展对社区服刑人员的管理、教育和帮助;指导管理基层法律服务工作;(2)协调有关部门和单位开展对刑释解教人员的安置帮教工作;(3)组织开展法治宣传教育工作;(4)组织开展基层依法治理工作,为张浦镇镇人民政府依法行政、依法管理提供法律意见和建议;(5)协助政府处理社会矛盾纠纷;(6)参与社会治安综合治理工作;(7)完成上级司法行政机关和镇人民政府交办的维护社会稳定的有关工作。

张浦镇司法所在 2004 年被苏州市司法局评为“苏州市规范司法所”;2005 年被苏州市司法局授予“苏州市司法行政系统集体三等功”,被江苏省司法厅评为“江苏省优秀司法所”和“江苏省规范化司法所”;2013 年被评为“昆山市司法行政系统先进集体”,2015 年“昆山市信访工作先进集体”;2016 年分别被授予“昆山市维护妇女权益示范岗”和“2014 ~ 2016 年昆山市人民调解先进集体”;2017 年被授予“江苏省青少年维权岗”等荣誉。

第六节 法律服务

2003 年以来,张浦镇在着力推进创建法律服务文明行业方面,逐步建立健全服务承诺制、责任追究制,坚持统一受理、统一收费、统一归档制度。镇法律服务所在开展法律有偿服务的同时积极参与各类社会矛盾的调处,充分发挥第一道防线的作用，特别在担任行政村法律顾问过程中，经常协助村调委会进行调解，排查和化解各类民间纠纷，对进一步健全和完善社会矛盾纠纷"大调解"机制，维护社会稳定起到了很大的促进作用。

近年来，张浦镇司法所充分发挥司法行政职能作用，努力为全镇人民提供精准、高效、普惠的公共法律服务。其具体举措如下：

1. 围绕发展主题，找准服务定位，当好党委政府的法律参谋。司法所紧紧围绕镇党委政府中心工作，主动服务于行政管理体制改革，服务于转型升级和创新发展，服务于"工业强镇田园新城"建设，服务于依法行政和法治张浦建设，做好重大行政决策、行政合同合法性审查。

2. 围绕民生主题，提升服务效能，当好公平正义的守护者。司法所坚持以人民为中心，以民生需求为第一信号，以改善民生、保障民生、服务民生为着力点，充分发挥法律保障职能，提升司法惠民的效能，维护社会公平正义，保障公民的正当合法权益。

3. 围绕和谐主题，增强使命意识，当好维护稳定的和谐卫士。司法所坚持以维护社会和谐为己任，牢记使命，不畏艰难，忠诚履职，恪尽职守，有效化解各类矛盾纠纷，努力消除各种不和谐、不稳定的因素。

具体而言，在公共法律服务方面，张浦镇于 2017 年建立张浦镇公共法律服务中心，设立一站式法律服务窗口，方便群众申请法律服务。全镇 27 个村(社区)全部建成司法行政服务站，形成完整的公共法律服务体系。推行法律援助阳光服务、微笑服务、高效服务、廉洁服务。开展法律援助"上门"和"预约"服务，为残疾人、老年人提供上门服务；为有特殊需求的人提供预约服务。开通法律援助绿色通道，对于农民工讨薪，免予经济困难审查。2017 年全年接待咨询 100 多人次，提供法律援助 210 人次，涉及倒闭企业 6 家，为受援人挽回经济损失和取得利益 200 多万元。

在法律顾问方面，健全政府法律顾问制度，推进张浦法治政府建设。镇政府聘请王建华(江苏王建华律师事务所律师)、赵雨兵(江苏同丰律师事务所律师)、赵鹏程[上海申浩(昆山)律师事务所律师]、曹春雨(江苏六典律师事务所律师)、马洪爱(江苏海联海律师事务所律师)担任政府法律顾问。政府法律顾问主要承担以下职能：政府决策咨询；法律风险评估；重大决策合法性审查;事后法律救济;提供法律建议和意见。2017 年,法律顾问为政府出具法律意见书 12 份,提供法律建议 16 份,审查行政合同 8 份,代理行政诉讼 7 起,代理民事诉讼 24 件。此外,还积极推进实施村(社区)法律顾问工作,全镇 27 个行政村(社区)全部配备法律顾问,推行法律顾问每月到村(社区)驻点值班制度,实现法律顾问进村(社区)常态化。仅 2017 年度,法律顾问为村(社区)提供法律建议 20 份,出具律师函 36 件,参与人民调解 17 件,提供法律咨询 106 人次。

第五章 法治宣传教育及法治文化建设

一、概述

开展法治宣传教育，推进法治文化建设是促进社会和谐稳定的重要保障，在张浦镇党委、政府的积极支持下，围绕法治张浦建设，积极开展法治宣传教育与法治文化建设工作，为张浦镇经济发展提供良好的法治氛围。

2012 年以来，张浦镇法治宣传与法治文化建设的工作主要由张浦镇司法所承担。在具体实践中，司法所坚持结合张浦实际，突出普法宣传重点。广泛普及劳动法、工伤保险条例、安全生产、人身损害、婚姻家庭等民计民生方面的法律法规。2012 年以来共开展各类法治宣传活动 100 余次，累计受益群众 5 万余人，发放宣传资料 10 万余份。并于 2016 年有组织地开展“农民工学法活动周”、“法润江苏春风行动”、“反家暴”讲座、“与法治同行，为成长护航”少儿法治书画展、安全生产领域的刑事责任风险防控、“尚法昆山美丽区镇”法治文艺演出、“美好城市法律相伴你我共创”倡议活动等一系列形式多样、内容丰富的宣传活动。此外，深入推进法治宣传教育。围绕本镇经济、社会发展水平，每年制定年度普法计划，抓好重点人员学法教育，积极开展本镇的宪法宣传活动，提高广大民众的学法、尊法、守法、用法、护法的法治意识。

二、举措及效果

1. 提升法治宣传的广度和深度。围绕基础性普法工作，以“法治张浦”建设为中心，聚焦“法律六进”（进机关、进乡村、进社区、进学校、进企业、进单位),运用传统形式与现代手段相结合宣传模式,特别是在重要的节日进行宣传,做好机关工作人员、青少年、企业人员、流动人口等重点对象的法治宣传教育工作,全面提升辖区群众的法治意识。2017 年累计开展普法活动共 28 场次:送法进机关 3 次,进学校 6 次,进企业 2 次,进社区 17 次。张浦镇法治宣传教育工作以完善体系、拓展对象、创新举措、丰富内涵为重点,全面提升公民法律素养。2017 年 3 月 4 日开展"法润江苏春风行动",4 月 8 日开展"4·8"司法日活动,4 月 18 日周巷小学开展"与法治同行,为成长护航"少儿法治书画展,12 月 4 日开展国家宪法日法治宣传活动,开展党政领导班子成员集中学法 4 次,综合执法人员专题培训 1 次,"学法中心户"评比 1 次,全年累计发放宣传资料 12000 余份,解答法律咨询 800 多人次;2018 年更是迎来普法活动高峰期,年内开展全民普法教育 52 场,主要包括 3 月 15 日"3·15 消费维权"专场、4 月 8 日司法日、4 月 15 日全民国家安全教育日宣传、5 月 28 日"331"专项行动法治宣传、6 月 15 日"企业安全生产月"咨询活动、8 月 31 日"海棠花红,正气连心"党风廉政教育、9 月 12 日"远离校园欺凌"青少年专题讲座、12 月 4 日国家宪法日宣传,累计散发各种宣传资料 15600 份。同时,注重领导干部学法、守法、用法,开展党委中心组集体学法 4 次。

2. 探索普法宣传新形式。2017 年,张浦镇司法所编印《小浦说法》法治宣传读本,内容涵盖人民调解、法律援助、公证、劳动保障、消费者权益保护等。建设规矩文化馆、安全教育体验馆两个法治宣传阵地。《挖掘地域文化创新法治宣传》信息被《江苏法制报》录用。完成法治微电影《妈妈,我不想失去你》创作与拍摄,并且通过传播法治书画、法治公益广告等法治文化产品、借力"周周演"活动,为 27 个村、社区建立"法润民生"微信群,发布相关法律资讯和法治案例,接受村民的法律咨询、答疑,进一步提高法治宣传教育的吸引力和渗透力。

2018 年创作影片《妈妈,我不想失去你》参与"中国·昆山市第六届法治微电影"创作大赛,并荣获"最具创意影片奖"和"优秀剧本奖"。上报法治宣传案例 11 篇,落实以案释法制度。成立张浦"小鹿普法"志愿者队伍,编印《小浦说法(2018)》读本,打造"百姓舞台周周演"法治文化宣传阵地,突破"一阵风普法"浅层次运作,逐步构建社会化普法机制。

在具体实践中，全面推进基层民主法治建设，林庄村、亲和社区成功创建省民主法治示范村（社区）。张浦镇下辖村社，如金华村已经成功创建苏州市级法治文化建设示范点——张浦镇金华村法治文化景观，成为积极推进法治文化建设的又一标志性成果，显现着法治文化宣传深入群众、社区，成为群众日常生活的一部分。

第六章　基层自治与社会组织

第一节　基 层 自 治

一、基层治理一般原理

随着改革开放和国家现代化进程的推进，我国经历了从传统的社会管制、社会管理到社会治理的转变过程。正如习近平总书记强调，“治理和管理虽然一字之差，但体现的是系统治理、依法治理、源头治理、综合施策”。

在我国，城乡基层主要指街道（乡镇）、社区居委会（村委会）等。我国城乡基层治理经历了从单位制（或人民公社）、街居制到社区制的转变过程。城乡基层治理重在社区（村）。我国应当推动社会治理重心下移，将社会治理所需求的人财物下沉到基层，实现基层社会治理主体的权责对应，充分调动不同主体参与社会治理的积极性。如同习近平总书记所说，“社区是基层基础，只有基础坚固，国家大厦才能稳固”“社区是党和政府联系、服务居民群众的‘最后一公里’”“要推动社会治理重心向基层下移，把更多资源、服务、管理放到社区”等。

我国历史上“皇权不下县，县下皆自治”。连接这两种秩序的主要是乡绅阶层，包括地方精英主导的宗族、商会以及同乡会馆等社会组织，沟通皇权秩序和乡土秩序。当时的“县下皆自治”是由当时特定的生产力落后、经济发展水平低下、统治能力和手段难以企及基层以及统治者通过隔离层缓解“官民”矛盾等因素决定的。但在新中国成立以后计划经济时期，由于受到传统意识形态和高度集权的政治体制等因素影响,我国城乡基层治理走向另外一个极端,传统社区主要体现为纵向线性行政型治理模式。

随着改革开放和市场经济的发展,我国城乡基层治理逐渐回归“自治”本性。但这不同于传统社会受特定条件和环境限制的低层次“自治”,而是立足于市场经济发展、市民社会生成以及相应的民主法治价值取向目标的“自治”要求。自治是社区治理的应有之义,协商共治是社区治理着重强调的原则,社区服务与管理也是社区自治的主要内容。

二、基层治理概述

2017 年 6 月,中共中央、国务院发布的《关于加强和完善城乡社区治理的意见》明确提出,坚持运用法治思维和法治方式推进改革,建立惩恶扬善长效机制,破解城乡社区治理难题。党的十九大报告强调,通过党建引领加以自治、法治、德治的“三治融合”推动城乡基层治理建设。

昆山市委、市政府始终把基层民主法治工作作为基层民主建设的重要内容,成立了市社区建设指导委员会、村民自治工作领导小组和村务公开民主管理工作领导小组,形成了党政统一领导,民政部门组织协调,市纪委、组织部、农办等有关部门共同参与的领导体制和工作机制,并且每年把此项工作列入市委市政府年度综合目标考核和年度反腐倡廉重点任务之中进行严格考核,使基层民主法治工作不断向纵深发展。为此,昆山市委市政府专门出台了以加强城乡社区建设管理为主题的“1 +5”组合式系列文件,以居(村)民自治、社区服务体系、社区警务、社区党建、新型社区物业管理等工作为重点,为充分发挥村和社区作为创新社会治理基石的重要作用创造了条件,夯实了基础。

昆山市张浦镇社会治安综合治理委员会(镇综治委)是镇党委政府有关基层治理的综合协调机构,下设办公室(镇综治办)作为常设办事机构,与镇党委政法委合署办公。镇综治委下设 9 个领导小组,分别是社会矛盾纠纷化解工作领导小组、实有人口服务管理工作领导小组、特殊人群服务管理工作领导小组、“两新组织”服务管理工作领导小组、社会治安工作领导小组、社会管理政策措施工作领导小组、预防青少年违法犯罪工作领导小组、学校及周边治安综合治理工作领导小组、护路护线联防工作领导小组等。

昆山市张浦镇在中央和各级地方有关政策指引下,多年来一直坚持运用法治思维和法治方法加强基层治理建设。主要包括如下几个方面:

1. 加强党建。以“党建带社建”,把握基层治理改革方向,发挥基层党组织在居委会(村委会)中的政治引领和社会整合功能,建立健全社区党群服务中心,发挥党组织的领导作用和党员模范带头作用。

2. 彰显自治。“自治”是基层治理的核心,城镇社区主要通过居民委员会、物业公司、小区业主委员会等为主体,农村社区主要通过村民委员会、村务监督委员会等为主体,建立健全社区村规民约,完善村(居)民代表会议制度,以社会组织为载体依托,以社工为专业力量,加强居民自治和民主协商。

3. 法治保障。在基层治理中,“自治”为核心,“法治”为保障,以法治思维谋划社区自治,以法治手段解决社区矛盾纠纷。推行法治文化宣传,法治微电影、法治书画、“法润民生”微信群、法治公益广告等,建立普法社会组织;推行多元纠纷解决机制,完善人民调解工作机制,建立“访调对接”机制、成立物业调解委员会,设立公众评判庭;建立健全社会矫正工作组织,加强社区矫正、安置帮教;做好法律援助工作;积极探索基层行政综合执法体制改革,减少或避免了过去重复执法、“多头执法”“看得见管不着”、推诿扯皮等弊端;基层全面推行居(村)法律顾问制度等。

4. 弘扬德治。无论自治还是法治,均需要道德的内心教化和精神信仰。在基层村(社区)普遍推行道德讲堂或法治道德讲堂;普遍把社会主义核心价值观融入村规民约;普遍发挥贤达人士在基层治理中的带头作用,尤其新乡贤在社区治理中的作用较为典型等。

三、基层自治组织

(一)居(村)民委员会

1. 概况

张浦镇截至2018年共有11个社区居民委员会、16个村民委员会。根据《居民委员会组织法》和《村民委员会组织法》等相关法律法规规定,居(村)民委员会是法定的传统基层自治组织。

随着城乡社区一体化进程的推进,将来条件成熟时,所谓“村民”及其“村民委员会”将逐渐被“居民”及其“居民委员会”所取代。这不单纯是简单的文字变换,更是农民身份及其体制的变迁。对于经济发达乡镇而言,城乡社区一体化进程表现更为明显。自2008年以来,昆山市开始全面推进城乡社区一体化进程,把城镇社区建设的理念引入农村,让广大农民享受与城镇居民同样的待遇和生活服务。

张浦镇各社区居委会内部设立经济、综合管理、民事调解、环境卫生、计划生育、工青妇、外来人口管理等组织,下设居民小组和社区医疗卫生、警务等服务机构,依法实行居民自治。

张浦镇各村村委会内部设立有社会保障、生产建设、治安保卫、文教卫生、人民调解委员会等部门,下设村民小组。各村还制订有村规民约、村民自治章程等文件,村老年人协会、民兵、妇女计生组织等协助村委会工作。

居(村)民委员会主要履行以下服务职能:(1)社会管理服务;(2)日常便民服务;(3)文化体育服务;(4)医疗保健服务;(5)社会安全服务;(6)社会保障和救助服务;(7)党建活动服务等。

2. 主要做法

张浦镇通过社区居(村)委会,建立社区成员代表会议制度,制订社区居(村)委会自治章程、推行居(村)务公开活动,加强社区党建工作。建立民意听证会、民事协调会、民情恳谈会、居(村)民议事会等制度;完善财务、居(村)务、事务、党务“四公开”制度;推进以社区居(村)民评议社区居(村)委会工作、社区居(村)委会评议街道和政府机关部门工作为内容的“双评议”工作;每年召开2~3次居(村)民代表会议,社区(村)中重大事务交给居(村)民代表会议讨论决定。

以张浦镇金华村为例,典型做法主要包括如下:

(1)金华村颁布了办公例会制度,进一步规范了村“两委”班子和全体工作人员办事程序。

(2)金华村颁布了“三重一大”集体决策议事清单,进一步规范村“两委”重大事项决策议事程序,保护村民合法权益。

(3)金华村颁布了妇女议事会制度,进一步发挥妇女参与社会管理作用和保护妇女合法权益。

(二)村务监督委员会

根据中共中央办公厅、国务院办公厅《关于建立健全村务监督委员会的指导意见》和《江苏省村务监督委员会工作规则(试行)》等有关规定,按照昆山市委、市政府《关于进一步加强村务监督委员会建设的实施意见(试行)》关于开展村务监督委员会建设、着力推进村级党风廉政建设的总体部署要求,张浦镇切实加强村务监督委员会建设,推进村务监督工作规范化、制度化、常态化。

2018 年 10 月 26 日,张浦镇金华村作为昆山市级试点,正式挂牌村务监督委员会,对照市委《关于进一步加强村务监督委员会建设的实施意见(试行)》,颁布了《金华村村务监督工作制度》,严格落实机构设置、职责权限、监督内容、工作方式、管理考核、保障措施"六个规范",在达到监督有制度、办公有场所、对外有牌子、监审有公章、工作有记录"五有"标准的基础上,公开选举 5 名在村里群众基础好、敢担当善作为的党员担任村监委会成员,以轮流值班"听诉求"、列席会议"督流程"、参加活动"看实效"、定期例会"促反馈"等方式,重点加强对村务决策、重点工作进展、农村集体"三资"管理、工程项目建设、扶贫救助和惠农政策落实、安全环保、村务公开、农村精神文明建设、村干部履职等十项工作的监督。

2018 年 12 月 11 日,张浦镇召开全镇村务监督委员会推进会,全镇 16 个村、6 个涉农社区的村务(居务)监督委员会挂牌实体化运作。每个村务(居务)监督委员会设成员 4 ~ 5 名,其中主任 1 名,委员 3 ~ 4 名。

1. 村务监督委员会职责。村务监督委员会主要工作职责包括如下:(1)监督村民会议和村民代表会议决议的执行情况;(2)监督村民委员会等村级组织依法履行职责情况;(3)监督村务、财务管理等情况;(4)受理和收集村民有关意见建议。

2. 村务监督委员会及其成员权利。主要包括如下:

(1)知情权。列席村民委员会、村民小组、村民代表会议和村"两委"联席会议等,了解掌握情况。

(2)质询权。对村民反映强烈的村务、财务问题进行质询,并请有关方面向村民作出说明。

(3)审核权。对民主理财和村务公开等制度落实情况进行审核,对村务、财务公开内容和财务报账前的原始凭证进行审核。

(4)建议权。向村"两委"提出村务管理建议,必要时可向镇人民政府提出建议。村务监督委员会及其成员要依纪依法、实事求是、客观公正地进行监督,不直接参与具体村务决策和管理,不干预村"两委"日常工作。

(5)主持民主评议权。村民会议或村民代表会议对村民委员会成员以及由村民或村集体承担误工补贴的聘用人员履行职责情况进行民主评议,由村务监督委员会主持。

四、基层选举

根据《村民委员会组织法》《居民委员会组织法》等有关规定,村(居)民委员会是乡镇基层群众性自治组织,村(居)委会每届任期 3 年。自 1983 年第一届村委会成立以来,昆山市张浦镇共组织进行了十二次村民委员会的换届选举;自 1990 年颁布《居民委员会组织法》以来,昆山市张浦镇共组织进行了十次居民委员会的换届选举。

2016 年 12 月,张浦镇开展了第十二届村委会选举工作,且都采用"无候选人直接选举"方式。16 个村中,14 个村一次性选举成功,选举一次性成功率达 87.5%。另有 2 个村(南古山村、白米村)因当选人数不足规定职数,经另行选举也获得成功。村委会选民登记率 100%,参选率 98.83%。

2016 年 12 月,张浦镇开展了第十届居委会选举工作,其中有 1 个新成立的锦和社区报经昆山市政府同意后暂缓半年选举,选举时间为 2017 年 6 月。11 个社区采用"有候选人直接选举"方式,直接选举比例为 100%;其中有 1 个社区(振苏社区)采用"社区成员代表"方式进行选举。社区选民登记率 100%,参选率 85.14%。

张浦镇充分发扬基层民主,不断创新和拓展民主直选方式,大力推行村"两委会"公推直选和无候选人直选。通过扩大推荐范围、改进选举办法,开展竞职承诺等方式,最大限度地调动广大党员和群众参与的积极性,保障选举人的知情权、参与权、选举权,真正把群众基础好、理论素质高、组织能力强的党员群众选进村“两委会”领导班子里。

但同时也要看到基层民主选举工作面临许多新的挑战。随着经济社会的发展变化,尤其张浦镇等经济发达镇,外来务工人员很多,甚至远远超出了本地人口,落户的外来务工人员、外出经商人员和本地经商人员对选举的关心程度不够,对基层组织的依赖性降低;部分居(村)民受法律意识、传统文化等诸方面因素的制约,对民主选举的认识不够,从一定程度上影响了居(村)委会选举的质量。同时,随着民主进程的不断加快,无候选人直接选举的面日益扩大,增大了选举的难度。这些都给社会转型期基层民主选举带来了许多新的挑战,有待于不断改革与完善。

五、推行“减负增能”“政经分开”改革

(一)推进“减负增能”,提升基层自治能力和治理水平

自2012年年底起,昆山市针对村(社区)台账多、创建评比多、任务多、机构多、挂牌多、盖章多、信息系统多等“七多”现象,通过深入调研、精细谋划,坚持清理和规范并举、治标与治本结合,组织开展了村(社区)减负增能专项工程,明晰“行政权力”与“自治权利”界限,积极为基层减负、为基层增能。要求梳理出村(社区)职责清单,严控各种检查评比、台账资料等,切实减轻村(社区)工作负担,让基层有更多时间和精力抓项目促发展、惠民生创和谐。

昆山市专门成立了由市委副书记、政法委书记任组长,市政府法制办、监察、组织、民政等30多个部门为成员的社区减负增能专项工程领导小组,明确各部门工作职责,协调推进此项工作。

张浦镇严格按照昆山市委市政府统一部署,认真推进减负增能工作。及时成立领导小组,成立了以镇长为组长的领导小组,领导小组下设办公室,办公地点设在社会事业发展和管理局。并把减负增能工作内容纳入年度政府工作报告,作为重点工作在全镇推开。

为此,昆山市先后制定出台了《昆山市社区减负增能专项工程实施方案》《昆山市社区减负增能专项工程操作办法》《昆山市社区减负增能双向履约评估指导意见》《昆山市政府向社会购买服务实施办法》《关于加快推进社会组织健康发展的意见》《关于进一步推进村(社区)减负增能工作的意见》等文

件，对村（社区）工作准入、组织机构、台账、创建考评、印章等内容作出明确规定，并梳理出“基层群众自治组织依法履职事项”“基层群众自治组织协助市级部门工作事项”“昆山市级部门面向村（社区）开展达标评比表彰活动事项”“昆山市级部门开展服务管理需村（社区）盖章事项”四份清单，为推进村（社区）减负增能工作提供了政策依据。

经过近几年的努力，包括张浦镇在内的昆山市减负增能工作初见成效，初步解决了村（社区）任务多、创建评比多、挂牌多、盖章多、台账多等问题。截至2018年统计数据，社区的协助工作事项由原来的114项减少到54项，减幅为52.6%；村协助工作事项由原来的123项减少到55项，减幅为55.3%。村（社区）创建评比由原来的43项减少到2项，减幅达为95.3%。市级部门开展服务管理需村（社区）盖章事项由原来的63项减少到9项，减幅为85.7%。社区台账由原来的80本减少到15本，减幅为81.3%；村台账由原来的76本减少到16本，减幅为78.9%。村（社区）对外目前只悬挂村（社区）党组织、村（居）委会两块牌子和统一的社区标识。

张浦镇为了把减负增能工作落到实处，严格规范了各项作制度。一是明确职能定位。村（社区）在《组织法》等法律法规规定的权责范围内依法履行职责，并在协商一致的基础上，承接和办理市级部门委托的相关事项。凡有事项要进入村（社区）的，严格按照《昆山市社区减负增能专项工程操作办法》有关规定执行。二是规范公章使用。将需要村（社区）盖章事项缩减成9项，只对法律法规有明确规定、属于村（社区）职责范围、村（社区）有能力承担并确需村里提供证明的，方可盖章证明，同时加强公章使用情况登记和专人管理。三是精简工作台账。将梳理出的70多本工作台账精简压缩至社区15本（村16本），消去率达80%，并定期检查评估，同时保留村（社区）日常工作相关原始记录，积极推行电子台账，取消纸质台账。四是减少达标评比表彰项目。除国家、省明确提出要求开展的项目外，按照市政府批准保留项目，只参加先进基层党组织和文明村的达标评比。五是整合机构牌子。村（社区）门口只悬挂社区党组织、村（居）委会两块组织机构牌子，以及社区名称标识。

基层减负的目的是增能，坚持以居民需求为导向，不断增强基层自治组织服务居民能力,提升基层治理水平。张浦镇在大力推进社区减负工作的同时,更加注重创新社区管理方式,提升社区服务功能,做到社区“减负不减责”。主要包括如下:

1.建立“一站式”社区服务平台。在全镇各个村、社区都建立社区服务中心,将准入的部门工作统一交由社区服务中心承接,形成社区党组织为领导核心、社区居(村)委会为管理载体、社区服务中心为服务平台工作格局。强化社区服务中心的服务功能,将政府和社会各类服务资源统一整合到服务中心,全面实行“一站式”服务。

2.全面实行社区工作“八访”制度。社区工作人员要对边区范围的居民进行分类管理,对特困家庭、残疾重病家庭、信访家庭、空巢老人、老党员、老干部、老军人、老战士等八种对象要认真走访,让社区工作者沉下心、俯下身,走进居民家庭,与群众进行面对面交流和沟通,在走动中了解群众所思、所想,及时收集各类民情信息和民生诉求,将党和政府的温暖层层传递,逐步构建一种全覆盖、人对人、面对面、心连心的群众工作新格局。

3.建立民情(六情)工作法。开通民情热线。向居民公布热线电话,方便居民反映各类问题和咨询办理各项事务。设立民情QQ号。定期收集居民意见、建议,及时处理反馈,对于公布社区的各项通知和区内情况更加便捷有效。聘请楼道长进行民情联络。楼道长长期居住在社区内,对社区的基本情况了解清楚,聘请楼道长方便掌握民情、热点话题,有利于居民思想动态和需求的反馈。召开民情恳谈会。社区每月就社区内的各项工作召开民情恳谈会,针对居民关注的环境、治安、卫生等问题进行交流。记好民情手记。要求社区居委会工作人员,就走访入户情况记好手记。社区“民情工作法”的实施,可以畅通民意表达渠道,做到了知民情、解民忧、暖民心,及时有效地化解了各种矛盾,维护社区稳定。针对解决民情问题,对所有发现的问题和情况,进行统一梳理,简单的问题留存社区解决,困难的问题镇里解决,疑难的问题一起解决。通过推进“六情”工作法管理服务机制的实施,拉近社区和居民的干群距离,促进干群关系,真正形成“从群众中来,到群众中去”的工作模式。

(二)加强体制机制改革,从根源上推进“减负增能”工作

基层“减负增能”的背后关键是体制机制改革,从而从制度上明晰街道

(乡镇)、和社区(村)的职责权限,明确基层群众性自治组织承担的社区工作事项清单以及协助政府的社区工作事项清单。为此,昆山市将以此次专项督查为契机,进一步深化改革创新,强化责任担当,凝聚智慧力量,加快在理顺社会治理职能、调整社会治理结构、改进社会治理方式等领域下功夫、求突破,更高水平、更富成效的推进村(社区)减负增能工作,不断开创社区治理新局面。主要包括如下:

1. 推进街居体制改革。推进街道(乡镇)社区管理服务体制改革,其目的是实行"政经分开",剥离街道(乡镇)经济任务,强化社会管理和公共服务职能,实现社区管理"去行政化""去经济化",强化社区自治。以此为契机,通过社区管理服务体制改革,转变政府职能,做大街道服务中心,推动社区服务中心转型,培养"全科"社工,从根源上推进减负增能工作。

2017 年 10 月,昆山市发布了《昆山市农村"政经分开"改革工作实施意见(试行)》。根据该意见要求,张浦镇探索剥离村(居)"两委"对集体资产经营管理的职能,明确村(社区)党组织、村(居)民委员会、集体经济组织的职能定位和相互关系,基层自治组织和集体经济组织实行组织功能、选民资格、人员管理、议事决策、财务资产"五个分开"。

2. 推进"政社互动"实践。结合行政体制改革,全面完善政府转移职能、购买服务制度,加大向社会力量购买服务力度,继续依托公益创投、部门创投、区镇微创投、社区公益服务项目招投标等载体,培育发展社会组织,加快政府部门向社会组织转移职能步伐,从而减轻村(社区)负担。探索将部分社区工作经费以居民自治方式、项目化形式向社会组织购买服务,解决社区专业不足、人力不足、资源不足等问题。继续加强社区工作者队伍建设,逐步提高持证上岗率,推进社区工作技能培训,提高社区工作者服务管理能力。

3. 推进社区网格化整合。加快推进"智慧社区"建设,依托社区信息化平台和网络,建立与网格化服务管理相配套的综合式、集成式、共享式的服务管理数据功能模块,开展社区综合大网格管理工作,破解"社区发现但解决不了,部门解决却发现不了"以及"社区工作人员在不同条线的不同网格中无法实现服务对象统一和服务资源整合"的难题,整合各个条线在社区的网格资源,统一网格划分,实现服务对象统一、服务资源统一,提高发现和解决问题的绩效、服务的延续性和服务对象的满意度。

六、村(居)务监督

1. 成立专门监督组织。2018 年 12 月,根据中共中央办公厅、国务院办公厅《关于建立健全村务监督委员会的指导意见》《江苏省村务监督委员会工作规则(试行)》以及昆山市委、市政府《关于进一步加强村务监督委员会建设的实施意见(试行)》等有关文件精神,张浦镇印发了《关于成立张浦镇推进村务监督委员会建设工作领导小组的通知》《张浦镇村务(居务)监督委员会成员工作考核实施意见》和《关于开展村务监督委员会规范化建设工作检查的通知》等,并及时召开全镇村务监督委员会推进会,全镇 16 个村、6 个涉农社区的村务(居务)监督委员会挂牌实体化运作。

2. 完善规章制度。张浦镇根据新修订的《村民委员会组织法》《居民委员会组织法》《昆山市村务公开目录》《昆山市居务公开目录》等要求,指导各村(社区)不断修订和完善《村民自治章程》《村规民约》《居民公约》、村(居)务管理 31 项制度以及村(居)务公开栏制度、村(居)务监督委员会职责等各项管理制度。指导各村(社区)都在醒目位置设立了村(居)务公开栏,公开面达到 100%。2011 年以来,建立"网上村委会",开发村务公开及"三资"信息化监管系统。同时,昆山市大力开展规范化建设,出台了《关于加强全市农村基层组织规范化建设的意见》,编印了《农村(社区)基层工作常用政策资料汇编》《村级组织规范化建设工作手册》等。积极探索以规范村(社区)工作网络设置、工作运行机制、干部队伍管理、重要事项听证决策程序、载体建设管理、监督考评机制为主要内容的"六规范"建设。

3. 建立信息工作平台。根据《张浦镇村务(居务)监督委员会成员工作考核实施意见》,张浦镇进一步细化,制定实施《张浦镇村务(居务)监督委员会工作量化考核表》,实行百分制考核,总分为 100 分,其中监委会规范化建设 30 分,监督履职情况 40 分,民主评议 30 分。村务监督信息工作平台是在该考核细则的基础上,分昆山市、镇、村(社区)三级网络,实现履职记实、线索研判、数据管理三大应用模块。履职记实:平台根据通报工作记录表、督查记录表、会议记录表、坐班记录表、走访登记表、问题意见建议表、问题线索上报表、问题抄告单等8张表单；线索研判：对接昆山市民生诉求、交办督办模块，实时收集社情民意、群众诉求，对村委会履职情况进行再监督，及时督促相关负责人执行清单指标任务，时刻提醒相关责任人按照责任清单的要求，自觉做好村监委监督责任各项日常工作；数据管理：根据村务监督委员会考核表，对各村监委会的录入情况进行统计、大数据分析。

2018年10～11月，张浦镇村务监督信息工作平台共录入村务监督信息545条，通报工作记录33条，督查记录56条，会议记录84条，坐班记录226条，走访记录45条，问题意见建议18条，问题情况上报24条，抄告单收到转办线索59条。

通过不断完善镇部门、村、村民小组三级村务监督工作体系，对接共享市级村务公开、公务接待、采购招投标等数据，形成线上线下、上下贯通、分片负责、一抓到底的全市村务监督工作格局，不断增强群众获得感、幸福感、安全感。

4. 推进民主直评和直决工作。一是推进民主直评工作。在"双述双评"的基础上，稳步推进"民主直评"方式，进一步提高评议成效。每年由镇党委组织对村干部工作进行评议，评议内容为村"两委会"及每个村干部的工作情况。要求村"两委会"及每个成员对照各自工作职责进行总结，并作述职述廉报告。全体党员、村民代表对村"两委会"工作情况及每个村干部的思想、工作情况进行质询和无记名投票评定。

二是推进民主直决工作。不断强化党员和村民在村级各项事务决策中的主体作用，继续做好民主议事和民主决策工作。凡涉及重大决策、重大项目安排、大额资金使用和群众关注的热点问题，都要在村党组织的领导下，村"两委会"通过听证会的形式共同商议、质询论证，让广大党员、村民代表与村"两委会"就村级重大事务直接进行民主对话和协商。党员、村民听证代表通过票决的形式就听证事项是否实施、如何实施、由谁实施等问题进行表决，表决结果当场公布，村"两委会"根据表决结果，作出决策。

5. 落实党务村（居）务公开。为加强农村基层民主政治建设，健全和完善村居级民主管理制度，促进基层党风廉政建设，进一步保障群众知情权、参与权、监督权和表达权，2009年3月24日，昆山市村民自治工作领导小组和昆山市村务公开民主管理协调小组办公室共同编发了《昆山市村务公开目录》,要求各区、镇结合实际,深入贯彻落实村务公开制度,明确村(居)务公开包括政务公开、村(居)务公开和财务公开三个方面。同时,各级党组织还要求党务公开。

党务村(居)务公开栏是村居级组织公布村居级事务的主要窗口,包含党务公开、政务公开、事务公开、财务公开、宣传公告、意见反馈等内容。按照"五规范一满意"的要求进行党务村(居)务公开,努力做到内容具体化、程序规范化。凡上级要求公开的、党员群众关心的、关系群众切身利益的事项,都要按时、即时公开。每轮公开,都要先由村(居)"两委会"确定公开内容,然后由党务村(居)务公开监督小组进行审核完善,村(居)"两委会"讨论确定,最后在公开栏中公开。

在党务村(居)务公开中切实把群众最关心、与群众利益息息相关的问题作为党务村(居)务公开的重点,对公开事项、公开时间、公开地点、受理意见、审核办法等作出具体规定,做到"一事一议";同时要进一步健全并落实党务村(居)务公开民主管理的实施细则,以保障村(居)民的知情权、参与权、决策权和监督权,使群众监督由党务村(居)务活动结果的监督延伸至党务村(居)务决策及其整个执行过程的监督。同时,加大行风监督员的队伍建设。在村(社区)中聘请一部分老党员、老干部担任村(社区)勤政廉洁的监督员、巡视员,加强对村(社区)发展和勤政廉洁监督,确保村(社区)各项事务的发展。

此外,不断创新村(居)务公开形式,提高监督成效。主要包括如下几点:

(1)以村(居)务"点题公开"和"即时公开"为突破,进一步保障居民的"知情权"。实行村(居)务"点题公开",凡是村(居)民对村(社区)事务有疑问、有异议,都可直接向村(社区)干部提出质询,由区镇、村(社区)两级组织限期公开和解答。建立村(居)民反映的热点、难点问题交办反馈制度,把许多矛盾化解到了基层。积极推广村(居)务"即时"公开制度,进一步保障了村(居)民的知情权,提升了村(居)务公开的及时性和透明度。

(2)以"民主日"活动为形式,进一步保障村(居)民的"参与权"。实行"民主日"制度,即各区镇、村(社区)根据本地情况,每月或每季度固定一天时间为村(居)民民主议事日,召集村(居)民代表参加"民主日"活动,由村(社区)干部汇报本月或本季度“两委”工作情况,公布财务收支情况,把需要决策的村(居)务提交“民主日”会议研究讨论后再做决议,保障了村(居)民的“参与权”。

(3)以村(社区)重要事项民主决策“6+6”工作法为抓手,建立健全听证制度,进一步保障村(居)民的“决策权”。在“六步决策法”的基础上,昆山市建立民主决策“6+6”工作制度,拟定了《关于建立昆山市基层重大事项“民主决策6+6”工作制度的实施意见》,对重大事项进行民主决策和科学落实,配套实施提案制、议事制、征询制、听证制、监事制和公开制。进一步增加了村级事项决策的民主性、科学性,深化了民主监督。目前,昆山市100%的村(社区)在资源、资金、资产及基础设施建设的决策中引入民主听证制;100%的村(社区)在小区改造、居民关心的热点、难点等方面实行了全程决策听证机制。

(4)加强财务监督,进一步保障村(居)民的“监督权”。村(居)务中大额开支都要经村(居)务监督委员会参与决定,所有票据都要经村(居)务监督委员会逐笔审核把关;各村(社区)将财务收支明细至少每季度公开一次,接受社会和村(居)民监督。同时,由市村务公开民主管理工作领导小组组成督查组进行定期检查和不定期抽查,认真听取群众的意见和建议,提高财务管理水平,落实村(居)民监督权。

第二节　社会组织

一、社会组织概况

在我国,社会组织除了依托于政府并由政府资助的人民团体(如工会、共青团、妇联、工商联、社科联、文联、侨联、残联、科协、红十字会等)外,还包括大量的民办非企业单位、社会团体、公益组织、社区社会组织等。

为了培育发展社区社会组织,逐步建立贴近民生的社区公共服务体系,昆山市发布了《关于加快推进全市社会组织健康发展的意见》(2013年)、《昆山市社区社会组织备案管理暂行规定》(2014年)、《昆山市公益创投活动实施细则》(2015年)等政策文件。截至2018年,昆山市共注册登记社会组织

885家,其中,社会团体385家,民办非企业单位487家,基金会13家;另有备案的社区社会组织874家;每万人拥有社会组织数为12家。累计持证社工582人,每万人拥有持证社会工作专业人才数8人,取得助理社工师、社会工作师、高级社工师等相应证书的社区(村)干部每月享有100元、300元、500元的相应职业资格补贴。

从张浦镇来看,截至2018年,除了依托于政府并由政府资助的地方人民团体(如工会、共青团、妇联、工商联、文联、残联、科协等)外,张浦镇共有注册登记的社会组织30家(民办非企业单位16家,社会团体14家),另有备案的社区社会组织160家包含文体、教育、助残、帮困、志愿服务等多方面,初步形成了多类型、多层次的社会组织体系,已经成为推动张浦镇经济和社会发展的重要力量。全镇社区工作人员共计181人,其中61人持有"全国社会工作者职业水平证书",其中初级社工53人,中级社工8人。

二、社会组织基本运作情况

昆山市依照政府支持、专业团队运作的模式,启动建设昆山市公益创投中心、区镇公益坊、社区五彩益家等三级社会组织培育基地,集聚社会资本,促进供需对接,提供基层社会服务。所谓"公益坊",是基层政府为了培育社会组织、服务社区需求,创建的汇聚资源、传播公益的创新平台。所谓"五彩益家",是指根据农村社区的实际情况,针对老年人、残障人士、青少年、妇女、文体团队、特殊家庭、志愿者7类在社区中具有典型需求的群体开展的项目化服务。

张浦镇积极拓展政府与社会组织合作渠道,引导和支持各种社会组织、专业机构参与社区服务管理,承接政府部分事务性工作。主要包括如下:(1)加大团队引进。推进社会组织承接政府转移职能,参与社区管理和开展多式的社区服务活动。利用专业的社会组织,使其成为社区减负的好帮手。各类数据统计、经济调查、人口普查等通过政府购买服务,以项目化运作方式委托专业性社会组织来实施。比如2018年新吴社区通过和昆山寸草心事务所签订协议、整合资源,成立了张浦镇第一个由社会组织承接运营管理的老年人日间照料中心,开拓了一条"政府搭建平台、专业化管理"的养老服务新路径。(2)加大自身培育。积极探索社区社会组织“孵化器”建设,在专业社会组织引领下,积极开展社区自身社会组织培育,推进社区五彩益家建设,为社会组织的孵化培育和能力建设提供了技术支撑和方法指导,进一步完善了社区“减负增能”的结构布局。(3)加强志愿队伍建设。将热心于社区工作积极分子组织起来,引导和鼓励他们从事志愿者服务活动。比如大直社区“麦田乐”困难家庭青少年关爱项目,充分调动社区教师志愿者,在星期一至星期五放学后,为社区居民子女开设课后趣味辅导。又如新吴社区组织青年志愿者为老人讲故事,增加居民间交流等,既为社区干部减轻许多负担,也形成了居民自治体系,成为社区居民的贴心人。(4)加大项目扶持。积极尝试社区内公益性、福利性设施“公办民营”等运作模式,鼓励社会资本进入养老服务、慈善救济、爱心助学等非营利性公益服务领域,逐步将群众性、社会性、公益性、服务性等社会管理项目转移给社会组织,进一步减轻社区的工作负担。

张浦镇以公益坊作为链接外部平台的枢纽,引导全镇社区级五彩益家,小区居民活动中心的联动式发展,打造区域社会组织发展生态体系。以公益坊为核心,社区五彩益家、小区居民活动中心为落地支点,构建社会组织孵化培育平台立体网络。具体操作步骤如下:以公益坊支点,引进外部优秀社会组织并推动辖区社会组织孵化培育;以社区五彩益家为链接点,为社区内公益服务项目提供孵化培育,聚焦民生需求,逐步构建社区服务体系;以小区居民活动中心为节点,以需求为导向,构建居民需求与公益服务供给的交流、沟通与服务对接平台;实现社区五彩益家全覆盖,村里要探索五彩益家的建设和运作模式。

截至2018年,张浦镇有公益坊1家、社区五彩益家6家,即新吴社区五彩益家、新巷社区五彩益家、亲和社区五彩益家、南港社区五彩益家、大直社区五彩益家,占全镇社区总数的54.5%,另有锦和等多个社区五彩益家于民政备案待审核,从而能够满足各类社会组织孵化和运转的需求。

在公益项目方面,张浦镇2018年完成了镇首届公益微创投活动,8个项目涉及为老服务、助残服务、少年儿童服务和其他社区公益服务,共投入资金48.86万元。同时,大直、南港、新吴、新巷4个社区为期两年社区服务社区化项目也完成。还有包括团委、妇联、卫计、残联等部门牵头的10多个项目也在开展中。每个社区10万元的党组织为民服务经费,部分社区以项目化形式委托社会组织开展。

截至2018年,张浦镇通过引进和培育各类社会组织,借助于公益坊和其他载体平台,为村(社区)提供各种服务的落地项目共计34项。

三、公益坊

(一)公益坊建设背景

张浦镇公益坊由张浦镇政府、镇社会发展事业局于2016年筹建,于2017年3月正式建成投入运营。公益坊空间面积达1000平方米。

公益坊定位为辖区一个汇聚资源、传播公益的创新平台,是全镇公益事业的资源集散和需求对接平台,是全镇公益事业宣传推广和交流合作的平台。

公益坊使命为:"汇聚资源,本土培育,创新治理";战略为:"搭建共治平台,汇聚多方力量,推动本土参与,创新社区治理"。

(二)公益坊的运营管理

1. 运营管理主体。由于张浦镇社区服务社会化项目是由社会组织昆山市阳光家庭互助中心负责,遂由昆山市阳光家庭互助中心项目团队负责公益坊的日常运营管理。

2. 服务对象和内容。公益坊的服务对象和内容具体如下:

服务对象:社区自组织、区镇公益组织、社区工作人员等;

服务内容:公益咨询、资源链接、项目推介、交流沙龙、能力建设等。

3. 管理制度。运营团队在不断优化运营管理服务的过程中,逐步完善形成了《张浦镇公益坊标准化管理体系》等文件。主要包括如下:一是公益坊筹建,内容涉及公益坊内部功能、公益坊运营规划、管理团队规划、人力资源规划、财务管理规划、场地筹备、内部装修、设备购置、服务职能定位、管理制度编制等;二是公益坊服务平台建设,内容涉及合作伙伴引入与管理、公益坊行政性管理、公益坊项目管理、公益坊财务管理、公益坊志愿者管理、公益坊评估管理等。

(三)公益坊入驻社会组织情况

截至2018年,张浦镇公益坊共有入驻社会组织9家,均为发展期社会组织。其中,直接开展服务的实务型组织 8 家,枢纽型社会组织 1 家。具体包括:(1)昆山市启元青少年服务中心主要服务青少年儿童成长等。(2)昆山市蓝天下特殊儿童关爱服务中心主要从事特殊儿童关爱活动等。(3)昆山市心源社会工作发展服务中心主要从事社会工作专业培训、社会工作项目策划与项目开发、社工项目督导、社工项目评估;面向各类人群提供专业社会工作一线服务;承接政府部门购买社会服务等。(4)昆山市金色摇篮儿童健康发展服务中心主要从事亲子家庭服务等。(5)昆山市阳光家庭互助中心主要从事儿童良好习惯养成、家庭亲子教育、社区管理服务等。(6)昆山市壹方公益慈善发展中心主要从事社会组织培育与孵化;社会工作专业培训;承办政府委托的公益服务,特别是区镇公益坊以及微创投活动的承办等。(7)昆山市心融公益事业发展服务中心主要承办政府委托的社会服务;开展专业社会工作一线服务,特别是社区融合服务等。(8)昆山市征途户外运动俱乐部主要开展户外运动训练;组织开展户外活动交流及比赛等。(9)昆山市欣乐荟公益服务发展中心主要开展妇女儿童、家庭、老年人、残疾人等群体的服务活动及项目,解决个人、家庭及社会问题;开展社区治理类服务活动及项目,增进社区自治和服务功能,促进社会和谐等。

(四)公益服务项目情况

截至 2018 年,张浦镇公益坊共链接、引入公益服务项目 17 个。其中,青少年服务项目 5 个,社区综合治理项目 3 个,党建项目 3 个,阵地运营 1 个,特殊儿童关爱项目 3 个,志愿者培育项目 2 个。

(五)公益坊运营成效

自 2017 年 3 月至今,经过近 2 年的实体化运营,张浦镇公益坊已经取得了一定成效。主要体现在以下几个方面:

1. 区域性公益平台逐步成型。经过近 2 年的运营,运营团队结合公益坊实际,充分链接辖区各层级公益平台、各类型社会组织、积极引入公益服务项目,并建立线上、线下信息发布平台,积极打造公益坊的社会影响力。张浦镇公益坊作为区域性公益平台的功能已经成型。

2. 区域性公益服务体系框架初步构建。相较于张浦镇之前社会公益服务体系缺乏、各类公益服务系统性缺失,经过公益坊的运营,目前辖区公益服务体系框架已经初步构建。公益项目落地于社区,直接服务于社区居民的志愿服务、便民服务、社群活动已经大量涌现;专业社会工作服务、增能、孵化类服务也通过公益坊平台逐步引入。从而为进一步构建完善的公益服务体系奠定了基础与框架。

3. 辖区公益服务品牌稳健孕育。立足于公益坊的张浦公益服务品牌得到了稳健孕育。其中,张浦镇党建引领类服务项目、亲子阅读类项目、志愿服务项目、特殊儿童关爱等项目均以形成较为完备的品牌体系,且在昆山市范围内取得了一定的品牌影响力。除此之外,基于公益坊平台,还有一大批服务品牌正在逐步地孕育之中。

4. 区域性公益资源集聚效应初步呈现。经过近 2 年的运营,公益坊作为辖区公益事业发展的核心平台,其资源聚集的功能已经初步呈现。社区工作者在公益坊进行能力培训,社会组织在公益坊内运营,公益服务项目与活动在公益坊内开展,各方平台与资源在公益坊内进行沟通与交流,公益坊的社会影响力逐步形成。

5. 社会治理创新基础初步奠定。基于公益坊的运营,辖区社会组织已经得到了一定程度发展,基于社区居民的兜底服务、便民服务、公益动员、专业社工服务得到了常态化开展,为深入推动社区治理创新初步奠定了社会基础。

第七章　农村土地制度

第一节　概　　述

新中国成立之初,1950 年,我国颁布了《土地改革法》和《城市郊区土地改革条例》等,广大农民取得了农村土地所有权。1952 年,全国土地改革基本完成后,开始了互助合作社运动。这实际上是一种互助协作关系,并没有改变原有的土地私有性质。

1953 年开始,全国农村经历了初级农业合作社、高级农业合作社和人民公社等几个阶段,我国农村土地从农民私人所有转变为集体所有。1962 年,中共中央发布了《农村人民公社工作条例(修正草案)》,确立了"三级所有,队为基础"的农村集体土地所有权制度。

1978 年 11 月,安徽省凤阳县小岗村 18 位农民在土地承包经营责任书上冒险签字画押,由此拉开了中国农村土地制度改革的序幕。1979 年以后,绝大多数地区逐渐废除了过去"政社合一"的人民公社制度,原来的农村土地集体所有、集体共同使用体制转变为农村土地集体所有、农户承包经营的体制。实行农村土地承包经营责任制虽然没有改变农村土地集体所有性质,但改变了农村土地经营方式,使集体土地所有权与使用权发生了分离,形成了相对稳定的农民财产权,极大调动了农民积极性。我国 1993 年颁布的《农业法》、2002 年颁布的《农村土地承包法》等,均明确承认了土地承包经营权的法律地位,以及农村土地承包经营权流转等法律关系。[1]

2007 年,我国颁布的《物权法》规定了土地承包经营权是一种用益物权,从而将土地承包经营权物权化。在坚持农村土地集体所有的前提下,如何将农村土地权益落实到农民身上,又能适应农村城镇化和土地规模化经营,将成为农村土地改革的发展方向。

2008 年 10 月,中国共产党十七届三中全会发布了中共中央《关于推进农村改革发展若干重大问题的决定》,明确提出"健全严格规范的农村土地管理制度",要求"搞好农村土地确权、登记、颁证工作"。2008 年以来,我国开始开展农村土地确权登记工作。2011 年 5 月,原国土资源部、财政部和原农业部联合下发了《关于加快农村集体土地确权登记发证工作的通知》,要求完成农村集体土地所有权证的确权登记发证工作。2013 年中央一号文件——中共中央、国务院《关于加快发展现代农业,进一步增强农村发展活力的若干意见》提出,全面开展农村土地确权登记颁证工作。健全农村土地承包经营权登记制度,强化对农村耕地、林地等各类土地承包经营权的物权保护。用5 年时间基本完成农村土地承包经营权确权登记颁证工作,妥善解决农户承包地块面积不准、四至不清等问题。加快包括农村宅基地在内的农村集体土地所有权和建设用地使用权地籍调查,尽快完成确权登记颁证工作。

2016 年 10 月,中共中央办公厅、国务院办公厅印发了《关于完善农村土地所有权承包权经营权分置办法的意见》,由此开始了农村土地"三权分置"改革,即确立农村土地所有权、承包权和经营权各自的法律地位和关系,从而在当前农村土地集体所有的情况下,既能确保农村土地规模化经营,又能确保农民土地权益。

第二节　土地承包经营权状况

1979 年,随着全国农村土地承包经营权制度改革,昆山市张浦镇也开展

[1] 陈利根主编:《土地法学》,中国农业出版社 2015 年版,第 39 ~40 页。

了农村土地承包经营权改革，将农村土地集体所有、集体使用转变为集体所有、农民承包经营使用。20 世纪 80 年代，农村实行家庭联产承包经营责任制，农民的生产积极性得到了极大提高。

进入 20 世纪 80 年代中后期到 90 年代，昆山市张浦镇作为江苏省经济发达地区，乡镇企业发达，第二、第三产业发展再次掀起高潮，部分农民抓住机遇，走办厂、经商等多元化致富之路，这些农民就委托他人代种、代收、代管理农田。田多劳动力少、人口变化大的农民也将自己的责任田请人代种、代收、代管理。

针对经济发达地区面临的新情况，当地政府及时调整土地承包政策。1992 ~ 1993 年，张浦镇根据《关于调整和完善土地承包细则》，遵循大稳定、小调整原则，在各村推行"两田分离"（人分口粮田、劳分责任田）、动田不动账的方法，妥善解决因建设动迁、婚丧嫁娶、人口变动、田多劳少而出现的用地矛盾，杜绝农田抛荒现象。1992 年，张浦镇七桥村在全镇率先实行责任田、口粮田分离，由 8 户大农户承包全村的责任田，农村土地规模经营初见端倪。1994 年起，在稳定家庭联产承包责任制基础上，以"一不变、三为主"（原制定的市、镇两级优惠政策不变，以村办、站办、厂办农场为主）的原则，落实昆山市委、市政府《关于创办集体农场、实行规模经营的若干规定》，明确创办集体农场的性质、形式、面积、年限等相关政策。其中，七桥村首举"三大"产业化（规模经营农场化、股份合作集团化、因地开发一体化）大旗，成为张浦镇首富村，被昆山市委、市政府授予"经济发展先进村"的称号。1995 年年末，张浦镇拥有农场、大农户 212 户，规模经营面积达 16300 亩，占全镇农户责任田面积的 96.1%。1996 年起，随着张浦镇工业经济建设突飞猛进、农业结构调整的加快和城镇化进程，农村规模经营的面积也随之逐年减少，截至 1999 年，农村土地规模经营面积不足 10000 亩。

1998 年，张浦镇按照中共中央办公厅、国务院办公厅发布的《关于进一步稳定和完善农村土地承包关系的通知》精神以及昆山市委、市政府的工作部署，坚持"明确所有权，稳定承包权，搞活使用权"的土地承包政策，落实农村第二轮土地承包期自 1998 年秋起再延长 30 年；家庭联产承包责任制和统分结合双层（农户、规模经营者）经营体制长期不变；并及时将《农村集体土地承包经营权证书》发放到户，从而使广大农民承包集体土地的合法权益得到法律保障。

2000年后,随着三镇合一(南港和大市两镇并入张浦镇),张浦镇农业规模经营模式在实践中随着形势变化不断完善,农村土地通过股份专业合作社从家庭承包、分散经营向专业(大户)承包、规模经营集中发展。各村试行农地股份专业合作社,村民以土地承包权入股分红,建立土地股份制度。既确保土地权益落实到农民身上,又能实现土地规模化经营,还能因地制宜调整产业结构,稳定粮食生产,提高经济效益。2008年,张浦镇共建农地股份专业合作社16个,入股农民7880户,入股土地17740亩,当年农户分红总额达到582万元。2017年年底,张浦镇农地股份专业合作社达到18个,入股土地34182亩,农户数9653户,土地规模经营租赁面积19761亩,当年农户分红总额达到3051万元,平均每亩893元。

2007年,我国颁布的《物权法》规定了土地承包经营权是一种用益物权,从而为农村土地股份专业合作社提供了法律依据。农地股份专业合作社就是土地承包经营权物权化的重要体现。2016年10月,中共中央办公厅、国务院办公厅印发了《关于完善农村土地所有权承包权经营权分置办法的意见》,由此开始了农村土地"三权分置"改革,这是适应我国当前国情的一种改革措施。农地股份专业合作社就是"三权分置"改革的重要探索模式。

在我国当前国情环境下,在保持土地集体所有的前提下,通过农村土地股份专业合作社等组织形式的农村集体土地产权改革,让尽可能多的农民把土地承包权入股合作社成为股东,农地股份专业合作社享有经营权,从而把虚设意义上的集体"成员权"转化为实质意义上的股权。农民通过土地股权可以分红,并有条件实现土地流转,确保农民土地权益;并使农民实现有序职业转换,使农民逐渐成为一种职业,而非身份的象征。只有让农民成为股东并享有股权的农村股份合作制才更具有意义。就如同公司尤其股份有限公司。这实际上是土地法人所有权的重要实现形式之一,也是所有权社会化的重要表现形式,从而有别于传统意义上的公有制和私有制。这不仅产权明晰,也符合土地规模化经营和所有权社会化的发展趋势,同时这也是符合中国国情、适应历史惯性的一种平稳转型路径选择。当然,这还涉及企业法人治理结构等问题,从而影响其改革成效,还有待于进一步探索与检验。这既是从法律上对农村土地承包经营权长期不变在土地所有制上的确认和进化,也是从根本上解决农村土地承包经营权流转、集体土地入市流转、土地规模化经营等方面存在的问题。

第三节　宅基地状况

一、农民住宅建设

20 世纪 60 年代，包括昆山市张浦镇在内的苏南一带草屋翻建五路头平瓦房。20 世纪 70 年代，苏南农村纷纷翻建七路头水泥梁平瓦房。进入 20 世纪 80 年代，苏南农村掀起了平房翻建楼房热。

1982～1988 年，昆山市张浦镇农村翻建住房累计 2573 户，计 14770 间，面积 373011 平方米，其中楼房 2021 座。至 1988 年，张浦镇农户楼房率达到 55%，农村人均居住面积达 30 平方米，是新中国成立前的 4 倍。1988 年后，农村建房热情不减。1989～1992 年，张浦镇农村共有 2998 户建房，其中楼房 2963 户。

1993 年以后，农村建房开始呈现饱和态势。从 1994 年开始，农村建房热开始转向城镇购房。至 1999 年，农民在张浦镇、昆山市买房户占总户数的 12%。

1995 年，按照《张浦镇中心村规划总体方案》，实施“依托老村，建设新村，科学布局，节约用地”原则，统一规划，科学论证，张浦镇规划了 15 个中心村，新村采用公寓式或院落式设计建造。至 1999 年，周巷、施条、新塘、七桥等 6 个中心村已经初具规模，形成了农村城镇化风貌。

到 21 世纪，农村建房是在城乡一体化整体规划的指导下严格进行。保留村农户建房，大多是楼房翻建别墅，建筑面积在 300 平方米以上，配有汽车库。2000～2008 年，张浦镇批准农村建房共 200 多户，其中翻建别墅的有 142 户。

2013 年至今，张浦镇农村审批新建或翻建房屋共计 2817 户。具体包括：2013 年 61 户，2014 年 77 户，2015 年 222 户，2016 年 393 户，2017 年 700 户，2018 年 899 户，2019 年至今 465 户。其中，总完工验收 892 户，完工未通过验收 38 户，未建 330 户，在建 1557 户。

2000 年后,随着经济发达地区农村劳动力向第二、第三产业转移,张浦镇农村掀起在城镇的购房热潮。至 2008 年,根据张浦镇 18 个村、5 个社区的 16699 户农民住房的调查,农民在城镇购房的有 7381 户,占总户数的 42.2%;入住动迁农民公寓的有 3142 户,占总户数的 18.8%;合计 10523 户,占农村总户数的 63%,并呈现快速增长态势。

二、农民动迁公寓建设

进入 21 世纪,张浦镇全面推进城乡一体化建设。主要体现在以下两个方面:一是动迁农民公寓建设,农村居民融入城镇;二是社会主义新农村建设,凡保留自然村的公共设施、公共服务城镇化,实施城乡一体化。

截至 2008 年,张浦镇动迁了 14 个自然村,共计 910 户,3597 人。政府共建 5 个农民动迁公寓,分别是牡丹苑、枫情佳苑、名城花园、丽水湾、莲花苑,占地 897 亩,共计 3452 套。至 2008 年,已经入住 3142 户、10926 人(含农民购房入住)。

2008~2018 年,共动迁了 5280 户。动迁小区数据:桃园小区 26.64 万平方米,心泊家园二期 24.6 万平方米,心泊家园一期 21.06 万平方米,杨巷小区 14.6 万平方米,盛巷小区 26.15 万平方米,馨园、馨逸小区 25 万平方米,南港一期 23.55 万平方米,港浦 29.76 万平方米,共计 191.36 万平方米。

其中,2018 年至今,张浦镇正建或续建动迁公寓 12 个,分别是南城亲水佳苑一、二期,亲和佳苑,心泊家园一、二期,馨园小区,盛巷小区,杨巷小区一、二期,桃园小区,江浦路动迁房,南港动迁房等,占地面积 1536.65 亩。

三、农民宅基地管理

20 世纪 90 年代,为了加强土地资源保护,加强农村宅基地管理。张浦镇农民建房原则上不批新宅基地,大多在原有的老宅基地上进行翻建。1989~1998 年,张浦镇农民建房总数 3897 户,其中,在原有老宅基地上建房的有 3470 户,在新批宅基地上建房的有 427 户,共占用耕地面积 126.5 亩。1995~1998 年,农村填没坑塘洼地、整平废宅公场等共 99 亩,新批宅基地实际占用耕地面积 27.5 亩。

1998年8月,张浦镇农村宅基地登记发证工作领导小组成立,通过责任到村,落实到户,经过核实、审查、验收等程序,至1998年12月底,完成了全镇2412亩宅基地的发证工作,宅基地确权登记户数共计11082户,发证率达到99%以上。其后,张浦镇如同全国各地一样,并未有组织性统一开展农村宅基地登记发证工作,但1998年张浦镇宅基地确权登记情况扣除其后发生的村庄整治、拆迁安置而已动迁宅基地后的数据,也能大体反映目前农村社区宅基地实际情况。

表3　1998年张浦镇宅基地确权登记情况统计

序号	行政村	自然村	户数
1	金华村	大窑	75
2	花园社区	吴巷	31
3	三家村	三家村	98
4	南姚村	卫家库	59
5	林庄村	陶家库	50
6		北村	156
7		三家村	10
8	南港社区	东塘村	88
9	吴加村	增家库	66
10		田肚里	38
11		匠人埭	47
12	赵陵村	赵陵	279
13	姜杭村	姜里	253
14	尚明甸村	尚明甸	215
15	星金村	西杨树娄	49
16	林庄村	上市	27
17		新村	36
18		南村	113

续表

序号	行政村	自然村	户数
19	白米村	唐家渠	36
20		横田	84
21		白米新村	263
22	南港社区	大桥湾	28
23		南港村	88
24	南吉山村	老公司	92
25		庙泾	85
26		南农场	33
27		南吉山	45
28		薛家埭	33
29	尚明甸村	律八里	29
30		郁家堰	17
31		金家堰	53
32		李家浜	73
33	大市村	北肖	41
34		江上	146
35	大市社区	吉水	126
36		唐敦上(唐灯)	70
37		塔平头	174
38		油车埭	105
39		顾家潭	56
40	赵陵村	朱家厍	38
41		管家角	57
42	周巷社区	周东村	122

续表

序号	行政村	自然村	户数
43	花园社区	庵前头	40
44		唐家角	105
45		张家角	55
46		顾仙村	25
47		花园村	98
48	张浦社区	横塘岸	20
49		后家浜	68
50		牛水浜	21
51		浦西街	78
52		寺塘街	38
53		乌家浜	13
54		西场头	44
55		薛家浜	82
56		青春一弄二弄	41
57		宝觉新村	53
58		渔业新村	63
59	七桥村	塘桥	40
60		小张浦	47
61		七家桥	152
62	周巷社区	周东新村	104
63		里巷	76
64	三家村	西横泾（施条新村）	98
65		南垌圩	93
66		北垌圩	77
67		曹巷	78
68	大市社区	大市村	125

续表

序号	行政村	自然村	户数
69	林庄村	北林庄	34
70		中林庄	39
71		南林庄	13
72		管家厍	38
73		火腿浜	24
74	南港社区	望江娄	88
75		下北港	27
76	安头村	梅家厍	174
77		安头	137
78		尺里	46
79		毛家浜	46
80		白老鼠港	81
81	七桥村	金家庄	231
82		横泾	75
83		范基	93
84	白米村	渡头	356
85		乌步厍	72
86		千亩潭	97
87		唐村	99
88		西北湾	51
89		娄郎	41
90		黄家港	52
91		杨树庄	47
92		胡家潭	79
93		姜江浜	42

续表

序号	行政村	自然村	户数
94	南姚村	南潘	105
95		姚家港	130
96		小敖	74
97		大敖	69
98		夏华泾	19
99	赵陵村	赵浦	150
100	尚明甸	清水湾	98
101	新龙村	陈邱家浜	143
102		南浜村	162
103		北库	186
104		稍里	257
105		尖田	88
106		西浜	81
107	星金村	杨乌娄	46
108		南湾	85
109		碧石娄	150
110		姚家浜	185
111		石碧	99
112		东杨树娄	92
113		刑家娄	59
114		星金娄	84
115	金华村	南华翔	140
116		北华翔	166
117	吴加村	吴家堰	260
118	南吉山村	陶雪	130

续表

序号	行政村	自然村	户数
119	大市村	罗家浜	69
120		朱家埭	86
121		肖家浜	27
122		椿里	186
123		葫芦浜	42
124		高田浜	105
125		陈墓泾	109
合计	—	—	11082

备注:该户数仅仅为1998年确权的数据(仅做参考),近几年经过村庄整治,拆迁安置到农民动迁房后,数据须扣除已动迁的宅基地后才是目前实际村社区存在的宅基地。

第四节 土地确权状况

一、土地确权概述

2008年10月,随着中国共产党十七届三中全会发布的中共中央《关于推进农村改革发展若干重大问题的决定》以来,我国开始开展农村土地确权登记工作。2011年5月,原国土资源部、财政部和原农业部联合下发了《关于加快农村集体土地确权登记发证工作的通知》,要求完成农村集体土地所有权证的确权登记发证工作。2013年中央一号文件——中共中央、国务院《关于加快发展现代农业,进一步增强农村发展活力的若干意见》提出,全面开展农村土地确权登记颁证工作。

农村土地确权登记不仅包括集体土地所有权、使用权确权登记,还包括农村土地承包经营权、林权、宅基地使用权等确权登记。对于昆山市张浦镇而言,基本不存在林权问题。对于当地农村农民而言,最重要的是农村土地承包经营权和宅基地使用权确权登记。关于宅基地确权登记,张浦镇1998年已经基本完成(见上述第三节内容)。本章节主要阐述农村土地承包经营权确权登记问题。

从昆山市张浦镇农村土地承包经营权确权登记历史沿革来看,第一轮土地承包确权是1983年实行家庭联产承包责任制。第二轮土地承包确权时间点是1998年。1998年7月24日,昆山市委、市政府出台了昆发〔1998〕4号文件,明确了政策规定是对第一轮土地承包关系的延长,延长30年到2028年。第三轮土地承包经营权确权时间是2014年。

二、张浦镇第三轮农村土地承包经营权确权登记

2011年2月,原农业部发布的《关于开展农村承包经营权登记试点工作意见》明确指出,承包经营权登记的主要任务是“查清承包地块的面积和空间位置,建立健全土地承包经营权登记簿,妥善解决承包地块面积不准、四至不清、空间位置不明确、登记簿不健全等问题,把承包地块、面积、合同、权属证书全面落实到户,依法赋予农民更加充分而有保障的土地承包经营权”。这项工作意义十分重大,涉及广大农民的切身利益,对农村经济社会发展影响巨大而深远。

2011年,苏州市发布了《苏州市农村土地承包经营权登记试点工作方案》。2014年6月9日,昆山市委、市政府出台了《关于全面推进农村土地承包经营权登记试点工作的实施意见》(昆办发〔2014〕38号),明确以组为核算单位,以1998年的人口数、现有的土地数为基础,确权到人,发证到户。同年,张浦镇根据昆山市发布的《关于全面推进农村土地承包经营权登记试点工作的实施意见》开展土地承包经营权登记确认。

按照江苏省委农村工作领导小组的总体部署,2014年,昆山市按照确权确股不确地的方式整体推进,全面推进确权登记工作;2015年,在苏州全市范围内全面开展农村土地承包经营权确权登记颁证工作;2016年,苏州全市基本完成农村土地承包经营权确权登记颁证工作。

(一)确权登记的基本原则

1. 稳定完善的原则。这次确权登记颁证工作不是推倒重来,而是对1998年农村土地续包工作的规范和完善,必须保持现有土地承包关系稳定不变。对1998年土地续包过程中存在的错确权和漏确权等问题,要在充分协商的基

础上,在这次确权登记颁证时妥善予以纠正和完善。

2. 依法规范的原则。严格执行《农村土地承包法》《物权法》等有关土地承包经营权登记的相关规定,参照原农业部《农村土地承包经营权证管理办法》规定的登记内容、程序开展确权登记颁证工作。

3. 因地制宜的原则。根据苏州市土地承包的实际情况,因地制宜开展土地承包经营权确权登记颁证工作,可以确权确地,可以确权确股,也可以确权确利。已明确列入三年内开发建设或撤制计划的村、组可暂不进行登记。

4. 民主协商的原则。坚持以农民认可为前提,充分尊重农民意愿,广泛动员农民积极参与,发挥民主协商和民主决策作用。方案的制定和实施要坚持民主决策,严格执行公示制度,结果要得到农民同意。

5. 保持规模经营稳定发展的原则。适度规模经营是苏州城乡发展一体化的重要内容,符合农业现代化的方向。昆山市政府对土地规模经营也有奖补,这是增加农民收入的一条很好途径。

(二)确权登记的内容

1. 摸清农村土地面积底数。以村(组)为单位开展农村土地面积的摸底和清查工作。通过调查摸底,弄清该村(组)的农村土地面积及现状。

2. 完善农村土地承包档案。以1998年土地续包以来建立的农村土地承包档案为基础,依据清查核实的农村土地承包情况,对农村土地承包底册进行一次全面清理核实,进一步规范完善农村土地承包合同、农村土地承包经营权证及相关文件档案,确保农村土地承包档案准确、齐全、完整,建立健全农村土地承包档案信息化管理制度,形成系统化、规范化、经常化的承包地地籍信息。

3. 进一步明确土地承包经营权的归属。依据完善后的农村土地承包档案,按照《农村土地承包经营权证管理办法》的规定,编制农村土地承包经营权登记簿,开展农村土地承包经营权初始登记。依法对承包地被征用、占用面积发生变化的,因分户、人口变动导致承包权分割、合并,经营权转让、互换,以及承包地灭失或全户消亡等情形实施变更登记。

(三)"两不变、三严禁、四不登记"

开展农村土地承包经营权确权登记要做到"两不变、三严禁、四不登记"

的规定。“两不变”，即原土地承包关系不变、承包合同按政策规定年限不变；“三严禁”，即严禁借机违法调整和收回农户承包地、严禁借机乱收费、严禁弄虚作假；“四不登记”，即权属不清的不登记、矛盾集中不解决的不登记、没有开展家庭承包的不登记、依法改变土地用途的不登记。

（四）确权登记颁证的方式

根据昆山市土地承包经营的实际情况，本轮土地承包经营权确权登记颁证，昆山市采取确权确股不确地方式进行确权颁证。

（五）确权登记结果

经过宣传发动、开展培训、成立组织机构、清理核实、农户签字确认、公示确认阶段、建立土地承包档案等七个阶段完成确权登记工作。2014 年 12 月底，张浦镇对 17 个农地股份专业合作社进行土地承包经营权确权登记，确权人数 29857 人，面积 36195.67 亩，户数 9533 户。到 2017 年 10 月底，林庄村新成立一个农地股份专业合作社，白米村农地股份专业合作社增加 3 个组确权登记，总计增加户数 133 户，人数 368，面积 457.69 亩。截至 2017 年年底，张浦镇有 18 个农地股份专业合作社，涉及 17 个村（社区），应发经营权证户数为 9666 户，确权面积为 36653.36 亩，涉及 362 个组；已发证为 9663 户，发证率 99.97%，确权人数 30225 人，涉及面积为 36647.5 亩；未发证 3 户，涉及面积为 5.865 亩，3 户未发证涉及 3 个农地股份专业合作社（安头、椿里、大市）。

张浦镇根据昆山市委农办发布的《关于做好农村土地承包经营权证颁发工作的通知》精神，2016 年 12 月 28 日，由张浦镇农村工作局及张浦镇财政和资产管理局联合发文，进一步明确了发证要求及注意点，由村（社区）书记负总责，村（社区）会计负业务责任，两个人一组负责发证并拍好农户领证照片，并进行存档。张浦镇农地股份专业合作社按文件要求已将土地承包经营权证发放到户。

同时，及时做好土地承包经营权确权登记资料归档工作。2009 年农户自愿入股确权书及股权登记证、2014 年确权登记及农户领证签字表原件等已送入档案馆。2017 年新增 133 户确权相关资料、补发漏确权 9 户有会议纪要，也一并送至档案馆。张浦镇各村确权颁证整套档案复印件资料全部归入村档案室，另外装书两套，一套留村，一套留镇保管。

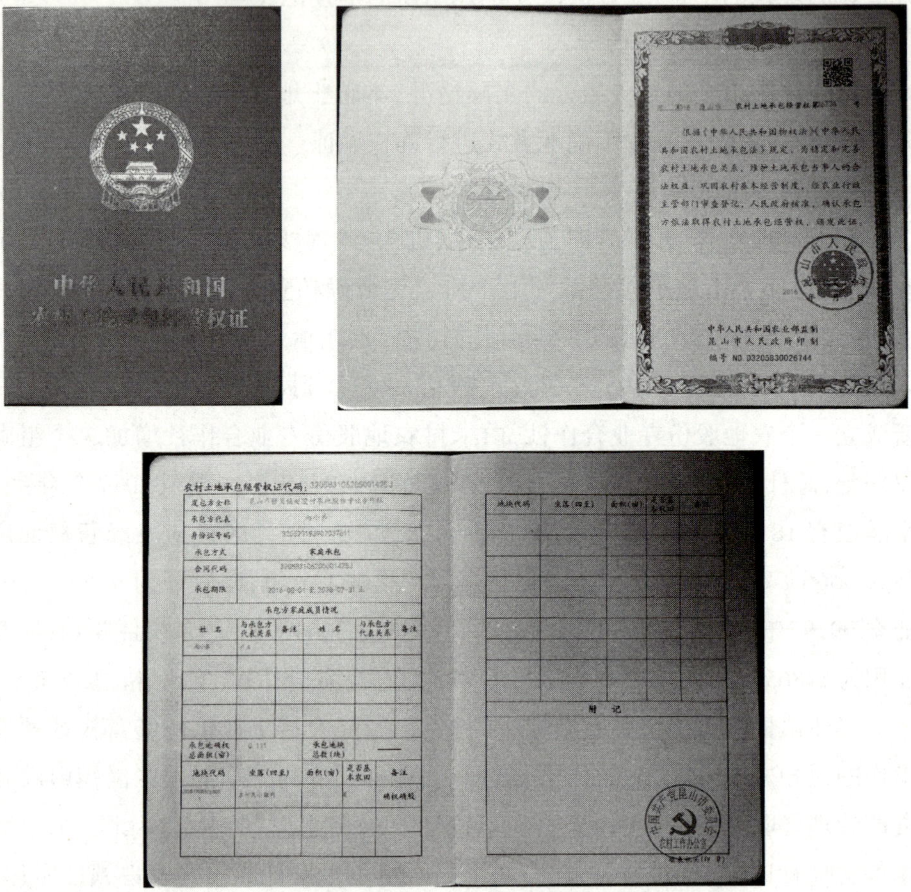

图2　农村土地承包经营权证

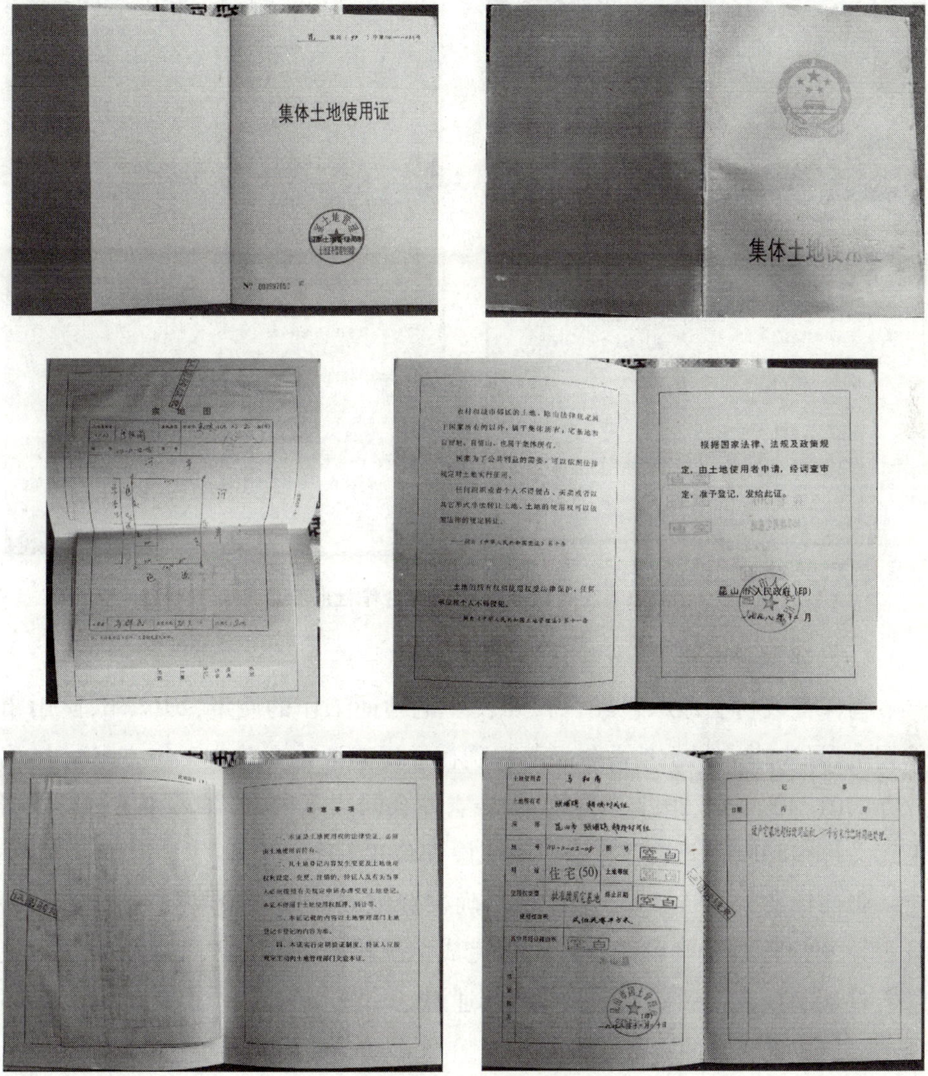
集体土地使用证
集体土地使用证
根据国家法律、法规及政策规定，由土地使用者申请，经调查审定，准予登记，发给此证。
昆山市人民政府（印）
注意事项
住宅(50)
空白

图 3　集体土地使用证

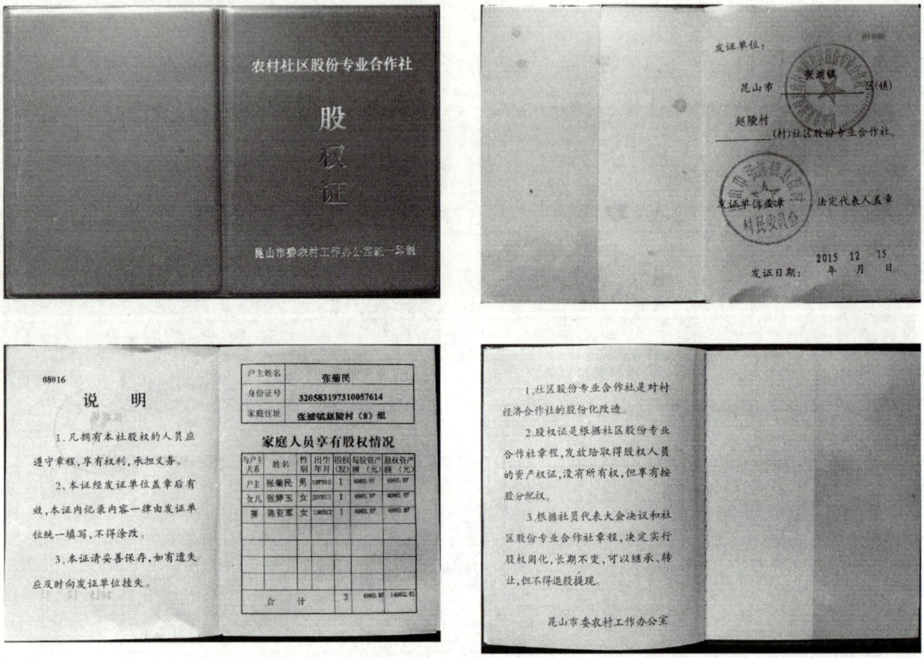

图4　农村社区股份专业合作社股权证

(六)确权登记验收

为保证农村土地承包经营权确权登记颁证工作的质量，2017年，昆山市颁布了《昆山市农村土地承包经营权确权登记颁证检查验收工作方案》(昆确权办〔2017〕2号)。2017年，昆山市委农办会同国土局、档案局和信访局根据上述文件精神联合开展确权登记颁证检查验收工作。

张浦镇各村要认真填写《昆山市确权登记颁证成果验收标准、分工及评分表》《村级检查验收申请表》《总体完成情况检查表》等，从而确保农村承包经营权证确权登记颁证工作验收顺利通过。

第八章　集体经济与农民合作社

第一节　概　　述

20世纪80年代,张浦镇的乡镇企业(包括社、镇办企业和队、村办企业)曾经有过很大的发展。至1989年,张浦镇已有镇办企业27家,职工4364人,固定资产4350万元,总产值11775万元,利润337万元;村办企业71家,职工3057人,固定资产511万元,总产值5244万元,利润312万元。20世纪90年代初,乡镇企业在规模上仍呈现增长的态势。[1] 乡镇企业的发展不仅为当地农民提供了就业机会,而且提高了农户的收入水平和地方政府的税收水平,为当地经济的发展奠定了最初的基础。

进入20世纪90年代以后,乡镇企业发展模式的一系列问题逐步凸显。在体制模式方面,乡镇企业存在"政企不分"产权关系不明晰、经营者负盈不负亏等弊端;在企业模式方面,乡镇企业存在"小而全""小而低"的弊端;而在宏观经济政策领域中,乡镇企业也得不到国家金融、税收等政策的支持。随着中国市场经济体制的不断发展,外资企业和民营经济迅速发展,乡镇企业在日益激烈的国际和国内竞争中经济效益每况愈下,亏损企业增多,负债居高不下,失去了发展的动力。

1994年年底,根据党的十四届五中全会关于实现"两个根本性转变"(经

---

[1] 《张浦镇志(1989~2008)》,张浦镇志编纂委员会编,第190页。

济体制、经济增长模式)和“三个有利于”(有利于发展社会主义生产力、有利于增强综合国力、有利于提高人民生活)的精神,在昆山市委、市政府的统一部署下,张浦镇全面调动镇村办企业改制、转制工作。按照“抓大、调中、放小”的原则,对已关停或陷于破产困境的企业,采取拍卖方式,对小型、微利企业采取公有私营方式,对较大的企业采取“半租半卖”“合股经营”的方式,进行改制或转制。在此轮改制中,全镇共有 91 家镇村企业完成转制,占镇村企业总数的94.8%,其中拍卖租赁23 家,股份制改造18 家,风险抵押3 家,托管1 家,外向型重组1 家,关、停、并、转8 家;到账拍卖资金 172030 万元,租赁费566.20 万元,股权金额3227.9 万元。在此基础上,镇村企业又通过拍卖方式进行了第二轮改制,至 1998 年,全镇 90 家镇村企业已经全部转制为民营企业,镇、村两级共收回资产 16912.5 万元,消化历史债务 7100 万元,盘活镇村企业用地 679 亩。

镇村企业改制完成后,张浦镇的镇、村两级收回了历年投入镇村企业投资,保留了对于镇村企业用地和房产的所有权,这两部分资产构成了重构镇村集体经济的基础。在此基础上,张浦镇集体经济迈上了一条新的发展道路。

从兴办镇村企业的发展模式中退出以后,以区位经济优势、经济发展环境优势和镇村企业发展中积累的资产为基础,张浦镇走上了积极改善投资环境吸引外来投资带动本地经济发展,同时推动农业升级换代,促进新农村建设的发展道路。

第二节 集体经济组织与农民合作社的类型

1998 年,张浦镇完成了第二轮土地承包和镇村企业改制以后,农村集体经济组织的存在形态和功能都发生了重大变化。一方面,在工业领域中,镇、村两级集体经济组织都不再直接兴办实体企业;另一方面,在农业领域中,农业发展规划、集约经营和新农村建设都获得了迅速的发展。与此相适应,资产运营和资产管理公司等新型集体经济组织和农民专业合作社、农地股份合作社等农业经济组织也迅速发展起来。

一、昆山市张浦资产经营有限责任公司

昆山市张浦镇资产经营有限责任公司(以下简称资产公司)是集体所有的资产运营管理公司,成立于2003年,由1998年镇村企业改制中收回的镇办企业资产投资组建。其主要业务范围是受镇政府委托经营管理镇集体所有的建设用地和工业、商业房产,以及公共事业用地、房屋。资产公司的主要收入来源于工业用房和商业用房出租所获得的租金收入,其利润用于再投资,或是由镇政府统一用于当地的社会事业,例如补贴村集体经济组织的收入,提高养老和医疗保障水平等。截至2017年,资产经营公司管理的总资产为:土地面积36557.9平方米,厂房面积9383.37平方米,店铺面积71824.93平方米,学校面积12268.6平方米,办公用房面积1400平方米,广告牌14块。

二、昆山市乐浦强村投资发展有限公司

昆山市乐浦强村投资发展有限公司(以下简称强村公司)是集体所有的资产运营管理公司,成立于2011年,由各村集体经济组织以其在1998年镇村企业改制中收回的村办企业资产入股组建。最初登记的企业经营范围包括:集体资产投资、房屋建设项目投资、市政工程项目投资、农业项目投资;资产租赁;农产品开发与销售;文体用品销售等,以后努力实现多元化发展目标,涉及房地产开发、绿化、市政养护、物业管理、文化制造、农产品包装及销售、三产服务等领域。

与张浦资产公司不同,改制中收回的村级资产中农村建设用地和工业厂房占比较大,构成了强村公司初始资产的主要特征。强村公司的经营利润按各村投入的股份进行分配,成为村集体经济组织重要的收入来源之一。通过村级再分配,转化为农民家庭收入。

2017年强村公司经营收入2000多万元,注册资本从组建时3300万元到2017年年底27365万元,增加了24000多万元,从2014年开始到2017年共分红额6878.52万元,其中强村公司2000万元,政府贴补4878.52万元。

资产公司与强村公司除了所经营的资产分属于镇级集体资产和村级集

体资产以外,在经营活动的主要范围方面没有太大的差别。在组建初期,资产公司与强村公司主要的经营活动是在引进外资和国内投资的过程中,通过出租工业和商业用房,获取租金收益。同时,在新农村建设的过程中,对原有农村建设用地进行整合、开发,提高建设用地的使用效率。随着张浦镇的经济发展逐渐从依靠兴办镇村企业吸纳农业劳动力就业,提高居民收入水平的模式向发挥地区资源优势吸纳外来投资,提高地区城镇化水平的模式转变,资产公司和强村公司也越来越多地服务于当地经济发展和新农村建设的需要,对张浦镇的建设用地资源和集体房产资源进行统一经营和整合,尤其是盘活村级建设用地和工业房产,通过整合、改建、出租、置换、参与重组等多种形式,使村级建设用地和工业房产在支持、实现镇经济发展规划的同时,获取最大收益。

三、农村专业合作社

张浦镇在结束了镇村企业经济时代,进入新农村建设时期以后,农业生产模式发生了很大的变化。大量农村劳动力进入企业务工,农业逐步进入集约化经营时期。农地相对集中耕种,而投入的劳动却大大减少,通常是一个农户承包耕种几个农户,甚至一个村民小组的土地。同时,村、镇两级集体经济组织的工作重点也转向了通过经营土地资源、促进农业升级、建设新农村等路径来提高农民收入,实现城乡一体化,建立农村社会保障体系。在这个过程中,适应农业集约化经营,促进农业升级的农村专业合作社大量出现。

张浦镇的农村专业合作社是在2000年以后逐渐发展起来的。从农业合作社的业务活动看,主要包括两种类型,一种是购销型的农村专业合作社,另一种是生产型的农村专业合作社。前一种主要为当地农业生产提供种子、农药、化肥等农业生产资料采购和大宗农产品销售提供服务,而后一种则主要为当地农业生产提供机械、收割、治虫等专业服务。

农村专业合作社的组织设立也有两种类型,一种是镇、村集体经济组织发起设立的,另一种是农民自发设立的。前一种主要是镇、村集体经济组织为了实现当地的农业发展规划,推动农业生产升级而设立的,例如,2000年以后张浦镇提出建设都市农业的发展目标,对全镇的农业生产布局进行了规划,着力打造万亩亩均效益超万元的高效农业(2000 亩提子葡萄、2000 亩早春红玉、2000 亩桃梨、2000 亩设施蔬菜、2000 亩生态甲鱼),投入 1000 万元规划建设千亩梨园,并且组建了商秧梨业合作社,为梨业生产提供销售渠道。后一种则是农民适应农业集约化经营的需要而自发设立的,例如,农村土地连片集中耕种后,对于农业机械的需求大大增加,提供耕种、收割、治虫等专业机械服务的合作社便应运而生。

农村专业合作社的资金来源也有两种类型:一种是集体经济组织投入资金,提供服务产生收入的,归集体经济组织所有;另一种是农民或社员合股投入资金,提供有偿服务,收入归农户或社员所有。

四、农地股份合作社

2010 年前后,张浦镇开始出现以农地入股为主要特征的农地股份合作社。

张浦镇的工业经济发展起步较早,截至 20 世纪 90 年代后期,当地青壮年劳动力已经几乎不再从事农业劳动。因此,在 1998 年实行第二轮农村土地承包时,当地采取了以村民小组为单位,承包土地确权不确地的政策,即每户农户承包土地的数量是确定的,但是并不确定其承包土地的具体位置,只有整个村民小组的土地位置是确定的。这种情况表明当时张浦镇农村的土地已经不是由承包农户一家一户自己耕种,而是至少在村民小组的层面上统一交由某一农户耕种了。可见,在这一时期,张浦镇已经开始了农业集约化经营的进程。

2010 年以后的农地股份合作社是以村为单位组建的。村民以自己承包经营的土地折价入股,按照股份获得分红;而入股的土地则由农地合作社统一规划、经营。从农业集约化生产的角度看,农地股份合作社的出现,使得张浦镇的农地在以村民小组为单位集约经营的基础上,提高到以村为单位集约经营,大大提高了土地集约化经营的程度。

更重要的是,农地股份合作社的出现,使得农民或农户与土地的关系发生了根本性的转变。在"确权不确地"时期,尽管农户的土地承包经营权与作为物的土地已经没有实际的对应关系,但是土地承包经营权仍然是一种用益物权,并且在村民小组的层面上这种物权仍然是整体性存在的。然而,当农户以自己的土地承包经营权入股以后,其特权形态的土地承包经营权便已经转化为股权,从而标志着农民或农户与土地之间物的联系已经被彻底切断。

这一转变在法律上产生的影响主要是两个方面:一是土地承包经营权入社以后,农民只能作为集体经济组织的成员间接享有对土地的所有权,而不能以农户的身份直接享有对土地的用益物权;二是土地承包经营权转化为股权,为农村产权制度向现代产权制度转化提供了可行的路径。以农户为主体的土地承包经营权无法在农户家庭成员中具体细分,由此而产生的权利转让、继承等一系列行为无法由我国现行的民法制度来加以规范,而转化为股权以后,便产生了权利在农户家庭成员之间进一步细分,从而转化为个人权利,并且纳入我国现行民法规范体系的可能性。

显然,农地股份合作社的出现,是我国农业生产方式向市场经济转变的重要环节,它不仅是以集约化经营为特征的生产力发展的标志,而且是以农村产权制度向现代产权制度转化的生产关系演变的标志。

第三节　集体经济组织与农民合作社的组织形式

现阶段我国农业生产方式和农村社会状况正处在急剧变化的历史时期,张浦镇更是处于旧体制向新体制转变的关键时期。从这一意义上说,张浦镇无论是集体经济组织,还是农民合作社,在组织形式上都处在新老交替的历史阶段。未来向何处发展,值得高度关注。

一、公司制经济组织

在20世纪90年代镇村企业改制完成以后,张浦镇建立了公司制的集体经济组织,包括昆山市张浦资产经营有限责任公司和昆山市乐浦强村投资发展有限公司。此外,一些村级集体经济组织也设立了不同类型的公司。

这些公司在组织形态上是有限责任公司,采取了有限责任公司的组织构架,但是在公司治理机制上,却有其自身的特点。昆山市张浦资产经营有限责任公司是以原有镇集体经济组织的财产为资本设立的,理论上说其资产所有者是全镇的农民或农户集体,但是其登记的实际出资人却不是全镇的农民或农户,而是由镇政府代为出资。实践中,张浦镇镇政府也实际履行着资产所有者职责,不仅将资产经营公司当作政府的下属公司进行管理,委派经理人,决定分配方案,甚至调配公司资金,而且根据镇政府的年度计划,向资产经营公司下达经营任务和考核指标,将其纳入政府的工作考核范围。尽管强村公司的资产主要是由村级集体经济组织以其集体资产投资形成的,但是作为投资人的村集体经济组织并不直接参与公司治理,甚至不实际履行股东权利,在公司与政府的关系方面,强村公司与资产经营公司并无太大的差别,都是由镇政府代行资产所有人责任的。

二、合作社经济组织

张浦镇的合作社组织最初是自发地建立起来的,随着国家相关法律法规的不断出台,合作社组织也处在不断的完善过程之中。总体上看,村集体经济组织设立的农民专业合作社在组织形式上更加规范一些,而村民或农户设立的农村专业合作社规范性要差一些。

目前,张浦镇各村集体经济组织设立的农村专业合作社都是按照《农民专业合作社法》的规范要求组织的。合作社通常由社员大会、理事会、监事会和管理人 3 个层面的权力构架组成。其中社员大会是最高权力机构,理事会是日常决策机构,管理人是执行机构。本村具有民事行为能力、愿意参加合作社的村民都可以申请参加合作社,承担一定的社员义务,享受社员的权利和合作社所提供的服务。

合作社在登记时需要提交经社员大会表决通过的《农村专业合作社章程》,作为其运行的基本依据。《农村专业合作社章程》对社员大会、理事会、监事会和管理人之间的关系,以及各自的权限、决策程序等都有明确的规定。但是在实际运行过程中,《农村专业合作社章程》所规定的内容却往往并不能够得到完全的落实。

村民或农户设立的专业合作社在组织形态上更接近于合伙制企业,通常是由主要的管理人负责日常事务,其他投资人并不参与合作社的决策,更不参与管理,对合作社财务状况的关心也仅限于利润的分配。

三、农地股份合作社经济组织

张浦镇的农地股份合作社通常是在各村专业合作社的基础上,通过吸收农户以其土地承包经营权折价入股而形成的。昆山市和张浦镇政府在从专业合作社到农地股份合作社的转变过程中起到了积极的推动作用。农户可以自由选择是否以自己的土地承包经营权折价入股,如果不愿意入股,则由村委会明确将其承包的土地归入种植果木的地块,以保证入社的农地的完整性。

在完成从专业合作社到农地股份合作社的转变后,合作社在组织形态上没有发生大的变化,仍然沿用原有的《农村专业合作社章程》,保持原有的组织构架,甚至没有对已经以土地承包经营权入股的农户和没有以土地承包经营权入股的农户作出区分,更没有对这两类不同的社员的权利作出区分。然而这两类社员在合作社中的权利实际上是有差别的,例如,已经以土地承包经营权入股的社员可以凭借其股权参与土地收益的分配,而未入股的社员则不享有此种权利等。可见,《农村专业合作社章程》在农地股份合作社的实际运行中所起的作用并不具有太大的意义。

第四节　集体经济组织与农民合作社的运行状况

张浦镇的农村集体经济组织和合作社实际上并非完全按照法律、法规的规定,甚至并非完全按照《公司章程》或《农村专业合作社章程》的规定运行的。其运行方式往往是法律、法规的规范与其实际权利状态二者结合的产物,在表面层次上,公司或合作社具备法律、法规所规定的各种组织机构,并且由章程规定其不同组织机构的权力和关系;而在深层次上,则采取最有利于公司或合作社的实际运作效率,最有利于各种权利之间的实际关系的实现的运行方式。

如前所述,张浦资产公司和强村公司的实际运行是受到镇政府的控制的,镇政府对于这些公司而言,不仅具有资产所有者代表的地位,还在很大程度上对公司运行具有支配权。这种情况表明,张浦镇的公司制集体经济组织中也存在资产所有者缺位的问题,而由镇政府代行资产所有者权利更引发了公司运行行政化的倾向。然而,由于政府是当地新农村建设的主导者,其通过实际控制集体所有的公司,不仅能够更好地实现其新农村建设的整体规划,而且可以更为有效地整合属于集体所有的土地资源和其他资源,使其所有者在新农村建设的过程中充分受益,从这一意义上看,由政府代行资产所有人权利对于促进农村集体资产更好地实现其利益又具有积极的作用。

一、资产公司和强村公司的运行状况

资产公司的主要活动包括:通过出租建设用地及工商业用房等存量资产获取租金,2013 年至 10 月底租金收入 370 万元,2014 年至 9 月底租金收入 574 万元,2017 年至 10 月底租金收入 470 万元;参与全镇建设用地及厂房设施的整合利用,通过收购、置换、新建等方式盘活存量土地及厂房资产;参与镇、村规划改造项目,组织动迁、安置及公共设施配套;配合财政与资产管理局做好张浦镇的资产运作工作,整合盘活国有闲置资产,解决好改制企业遗留问题;为张浦镇的融资提供抵押担保。

强村公司的主要活动包括:通过出租村级建设用地及工商业用房等存量资产获取租金;投资建造房地产项目,例如,2012 年投资 1600 万元建造新张浦人居住中心内打工楼(8～11 栋)项目,投资 4500 万元建造德国工业园内一期厂房项目,投资 1.6 亿元建造张浦生活广场项目等。2013 年投资 4500 万元建造德国工业园内二期厂房项目,总投资 15 亿元分期建造东部邻里中心项目。2014 年投资建设新镇区农贸市场项目;村级建设用地及工业设施的整合与开发,2017 年预计投资 8500 万元左右建设德国工业园三期标准厂房项目;整合开发村级建设用地及房产资源,通过土地整理、改建新建等方式实现资源优化配置;物业管理,包括新建及老旧居住小区的物业管理和农贸市场等公共设施的物业管理。

二、村集体经济组织的运行状况

村级集体经济组织设立的专业合作社和农地股份合作社也存在与村党

支部、村委会的关系问题。按照张浦镇的统一布置,这些合作社的理事长由村党支部分管农业的副书记担任,且实际上通常不设理事,理事长既是合作社日常工作的决策人,也是合作社的实际管理人。合作社通常以村会计担任监事长,亦不再设监事,其主要职责实际上是负责合作社的财务。在这些合作社的实际运行中,很少或几乎没有召开过社员大会,通常召开的是党员和村民小组长的联席会议。由于参加的是村里的全体党员和各村民小组选举产生的小组长,因而联席会议实际上可以被看作社员代表大会。然而党员和村民小组长联席会议实际发挥的作用主要是上传下达,这与社员大会作为合作社最高权力机构的作用相比,仍然是有差别的。村党支部、村委会或合作社理事长在作出事关村民利益的重要决定前,通常会召开党员和村民小组长联席会议听取意见,而在作出决定后,又主要通过联席会议成员将决定传达贯彻下去。

可见,村级合作社实际上构成乡村治理体系的一个组成部分,其运行不仅受到合作社治理结构的影响和相关法律、法规的约束,而且受到当地特有的治理传统和治理机制的影响和约束。张浦镇的村民们将这二者有机地结合起来,形成了自己的合作社运行模式。从这个意义上说,这是农民的创造,其有序、有效运行本身便表明了这种运行模式的合理性。

第九章　典型法治案（事）件

1. 张某兴诉徐某三、昆山市浦新房屋拆迁有限公司房屋动迁补偿协议书、张浦镇区域内动迁房屋安置协议书无效案

原告：张某兴，1932 年生，住河北省保定市徐水县安肃镇振兴东路 265 号（原祖籍张浦镇金华村 4 组）

被告：张浦镇人民政府

第三人：徐某三，1957 年生，系原告长子张某中之妻，住张浦镇金华村南华翔 101 号

涉案房屋位于金华村 4 组，1951 年登记在原告父亲张某官名下。张某官于 1971 年去世后房屋由其妻张某妹居住。张某妹于 1985 年去世。张某兴于 1952 年因参军将户口从金华村迁出，1955 年复员后一直在外地工作，徐某三夫妇一直照顾张某妹老人至去世。2000 年原告回到老家，徐某三夫妇与原告产商量翻建老宅，原告当时表示家中所有财产归徐某三夫妇所有。

2003 年徐某三去夫妇就房屋翻建向张浦镇镇政府提交建设工程申请审批书，村委会签署同意，镇建管所签字批准。随后徐某三取得施工许可，签订了农房建筑施工合同。房屋翻建后一直由徐某三及其家人居住。2008 年、2010 年原告两次回老家，知晓房屋翻建的情况。

徐某三户籍原在天津大港区海滨，2005 年迁入张浦镇茶风新村，同年以所内移居原因迁入金华村 4 组。

2011 年 9 月争议房屋拆迁，徐某三长子一家以徐某三名义与昆山市浦新

房屋拆迁有限公司(以下简称浦新拆迁公司)签订房屋动迁补偿协议书,约定安置房2套,同年搬迁完毕。

2011年9月15日,张某兴向金华村村民委员会致函就涉案房屋拆迁相关事宜进行了解,并与徐某三、浦新拆迁公司交涉无果后,向昆山市人民法院提起诉讼,请求法院依法确认徐某三与浦新拆迁公司于2011年9月15日签订的《张浦镇区域内房屋动迁补偿协议书》无效;依法确认徐某三与浦新拆迁公司于2011年9月16日签订的《张浦镇区域内动迁房屋安置协议书》无效。

2014年昆山市人民法院作出(2014)昆张民初字第00464号民事判决,认为徐某三和浦新拆迁公司签订拆迁补偿协议和相关安置协议所涉的房屋系徐某三对张某兴的祖宅翻建而成。在张某兴父亲张某官、母亲张某妹、妹妹张某花均已过世,且张某花女儿袁某珍、袁某英、袁某玲均放弃继承的情况下,张某兴是其祖宅的唯一合法继承人。所涉拆迁房屋包括地上房屋所有权和宅基地使用权两部分权利,农村房屋拆迁补偿主要包括房屋补偿和宅基地使用权补偿两个组成部分,农村宅基地建造房屋的价值要远远大于建造成本,就是因为其中包含了土地使用权的价值。徐某三在翻建张某兴祖宅时,其户口并不在涉案房屋所在的昆山市张浦镇金华村四组,不是昆山市张浦镇金华村四组集体成员,并未取得涉案房屋宅基地使用权证书。金华村村民委员会在审批徐某三的翻建申请时,考虑到其是代表张某兴全家申请翻建才予以同意。徐某三在未征得房屋权益人张某兴的同意下,就涉案房屋的拆迁安置问题和浦新拆迁公司签订《张浦镇区域内房屋动迁补偿协议书》及《张浦镇区域内动迁房屋安置协议书》,显然侵害了张某兴的权利,属无权处分。房屋权利人张某兴请求确认上述两份合同无效,于法有据,法院予以支持。

一审判决后,被告人徐某三不服,以拆迁房屋系徐某三夫妇出资建造、徐某三系代表张某兴全家申请翻建老宅依据不足、张某兴早已在河北另行结婚成家等理由向苏州市中级人民法院提起上诉。2014年江苏省苏州市中级人民法院作出(2014)苏中民终字第04338号判决,认定张某兴成为老宅的唯一继承人,对老宅及老宅的宅基地使用权享有继承权。被拆迁房屋确系徐某三出资翻建,2005年徐某三将户口迁入被拆迁房屋,并居住使用至拆迁,故徐某三对被拆迁房屋享有财产权益。但本案徐某三对被拆迁房屋享有的财产权益不能排除张某兴对老宅及相应宅基地所有的财产权益。徐某三与浦新拆迁公司签订的两份拆迁协议中包含房屋补偿与宅基地使用权补偿,涉及张某兴的财产权益,在无证据证明徐某三签订拆迁协议时取得张某兴的授权,事后张某兴对拆迁协议也不予认可的情况下,徐某三与浦新拆迁公司签订的两份拆迁协议应属无效。

因此,二审法院判决原审判决认定事实清楚,适用法律正确,应予维持。

本案的典型法治意义,在于它通过一个常见的拆迁补偿协议纠纷案件,将农户家庭成员在农村产权中的权利和地位纳入了司法审判的范围,并且给出了符合现代产权制度的司法判决。

与我们普遍存在的农村产权制度一样,张浦镇的农村产权也是以村民集体或是农户家庭为主体的。这与我们城市地区存在的以个人为主体的产权制度有着本质的差别。长期以来,在我国农村地区,农村产权制度稳定存续的基础,是以家庭为基本生产单位的农业生产方式和村民自治的社会治理体系。农村家庭既是农村产权的主体,也是产权对象的使用主体;既是使用土地进行生产的基本单位,也是使用宅地、房屋用于居住的主体。即使是农户作为产权主体与其他农户发生产权纠纷,也会在村集体所有权的基础之上,在村民自治的框架之下得以有效解决。

然而,随着我们农业生产方式的变革,包括农村家庭土地承包经营权、宅基地使用权、房屋所有权在内的农村产权开始进入流通领域,农户作为产权主体的制度设计无论是在内部还是在外部的矛盾与冲突都开始表现出来。就其内部而言,农户的权利与农户家庭成员个人权利之间的关系如何？农户家庭成员在农村产权中享有独立的、可以表达的权利吗？就其外部而言,农户的决策机制和代表形式具有法定的制度基础吗？与农户发生产权交易关系的当事人如何确定交易的有效性和安全性呢？这些矛盾和冲突在我国现有的法律体系中无法解决,因而无法进入司法程序。例如,本案当事人张某兴向人民法院提起一个确权之诉,请求确认其在徐某三一家享有房屋所有权、宅基地使用权的农户产权中享有权利,则人民法院无法立案,也无法作出判决,因为张某兴不是徐某三家庭的成员。

然而,当涉案房屋因拆迁而进入产权交易,物权形态的权利转化为货币形态的权利时,物权形态所具有的专属性、特定用途、不可分割性等特征都发生了根本性的变化,这些变化消除了原有的农村产权在适用现代产权制度时存在的制度障碍,从而使得农户家庭成员个人的权利可以在法律上得到承认。

在本案的处理中,昆山市人民法院和苏州市中级人民法院表现出了既遵循现有的法律制度,又创造性地解决了实际问题的法治精神和智慧。原告张某兴主张其在徐某三名下的宅基地及房屋上的权利,基于我国现行行政法的相关规定,这一主张在物权形态上难以实现,然而基于我国财产法的一般规定,张某兴的主张却应当得到支持。两级法院避开了物权意义上的确权之诉,选择合同之诉使张某兴的主张能够进入诉讼程序,而在合同之诉的审理过程中,确认张某兴的财产权利。这便使得本案具有了重要的法治意义。

2. 强村公司参与破产企业资产拍卖重组资产

昆山市台辰电子科技有限公司(以下简称台辰公司)是韩资独资企业,成立于2004年1月16日,位于昆山市张浦镇长顺路33号,因破产而于2013年进入资产拍卖程序。

昆山市强村公司于2013年5月15日以1690万元拍得台辰公司位于张浦镇长顺路的土地、厂房、设备等资产,包括土地使用权16.06亩,厂房9450平方米,设备263.58万元。

拍卖完成后,强村公司对拍得资产中的动产部分进行了处置,聘请专业评估公司对机器设备、附属设施、车辆等动产进行评估后,委托政府指定拍卖行国信拍卖公司进行拍卖,拍得总金额109.8万元。

就拍得资产中的不动产部分,强村公司与拍得地块所属的金华村签订了《土地厂房及附属设施转让协议书》,以1217万元的价款完成了资产转让。

昆山市台辰公司破产资产的拍卖和重组过程,表现了张浦镇各集体经济组织之间的财产关系,以及农村集体产权的实际运行状态。

强村公司是张浦镇各村集体组织投资设立的。最初的投资是乡镇企业改制过程中收回的农村建设用地使用权及厂房等存量资产。昆山市台辰公司存续期间使用的是属于金华村所有的农村建设用地,对此地块的使用权构成了其破产财产。强生公司不仅通过破产财产拍卖获得了台辰公司名下的土地使用权,而且通过直接向金华村支付拍卖款,并且与之签订资产转让协议来最终完成资产转让,使所涉土地使用权完全转入强村公司名下。

从法律上看,强村公司在本案中所实施的行为包含两种不同性质的行为:其一,通过拍卖获得台辰公司名下的破产财产的行为,基于这一行为,强村公司已经获得了台辰公司基于其与金华村签订的建设用地使用合同约定的使用期限中的土地使用权,其支付拍卖款的对象,是台辰公司破产资产管理小组,而非金华村,在支付拍卖款后,强村公司只需依据法院的裁定即可完成资产转让程序;其二,通过与金华村签订的资产转让协议而获得的建设用地使用权,显然,强村公司通过拍卖所获得的土地使用权与通过与金华村签订资产转让协议所获得的土地使用村不是同一个标的,拍卖所得的土地使用权是台辰公司土地使用期限内的土地使用权,而签订资产转让协议所获得的土地使用权却是台辰公司土地使用期限到期以后的土地使用权。然而我们却无法确切地说,强村公司在与金华村签订的资产转让协议中所支付的对价不是其应当支付给台辰公司破产财产管理小组,并且由破产财产小组再支付给作为债权人的金华公司拍卖款。事实上,从强村公司自己的表述看,它是通过直接向金华村支付拍卖款而获得了涉案土地的永久使用权,而这一使用权的转移很可能构成了以自己的建设用地使用权向强村公司投资入股的形式。

本案对于我们观察张浦镇农村产权的实际状况具有典型意义。一方面,张浦镇仍然存在农村产权关系不清晰的情况,至少是在表达形式的层面上,存在产权不清晰的状况;另一方面,在不同层级的集体经济组织之间,存在非农业资产使用权向更高层级的集体经济组织转移的趋势。相对于金华村而言,强村公司是更高层级的集体经济组织,尽管本案中所涉及的建设用地的所有权仍然归属于金华村,但是通过台辰公司破产案,其土地使用权已经转移到了强村公司手中,对于金华村而言,其土地使用权已经转化为对强村公司的股权。导致这种转移的原因可能多种多样,但是基于不同的原因而持续发生的这种转移,却是实实在在地存在,成为一种发展趋势。这也使本案具有了重要的法治意义。

3. 金华村村民委员会工作制度

《金华村办公例会制度》

为进一步加强村干部之间的联系和交流,规范办事程序,提高工作的质量和效率,特建立金华村办公例会制度。

一、参加人员

村“两委”班子和全体工作人员。

二、列席人员

劳动协管员、巡视员。

三、会议时间

金华村办公例会原则上每2周一次,时间:周一下午3:00;地点:金华村中会议室。

会议由村党委书记召集主持,书记不能参加会议时可委托副书记或村主任召集并主持。

四、会议内容

(一)传达学习上级工作的指示或要求,落实工作任务。

(二)听取每位村干部近期工作情况的报告,沟通协调涉及多方的难点、重点村务问题。

(三)研究村务工作计划、工作总结和制定村级管理各项规章制度等问题。

(四)开展村干部学习、交流、提升等相关活动。

(五)讨论研究其他需商议的问题。

五、会议纪律

(一)参会人员应按照会议要求,认真做好准备,在会上充分发表意见。

(二)参会人员应准时到会。因故不能出席会议的,必须向会议召集人请假。

(三)参会人员应提前10分钟到场,做好会前准备,并认真做好会议记录。

(四)参会人员要严格遵守纪律,必要时做好保密工作。

《金华村“三重一大”集体决策议事清单》

根据相关法律规定和市委市政府要求以及《张浦镇“三重一大”事项决策管理办法》，结合本村实际，现将金华村重大事项决策、重要人事聘用、重要项目安排和大额度资金的使用(简称“三重一大”)集体决策议事清单明确如下：

一、重大事项类

1. 贯彻执行党的路线、方针、政策相关事宜。包括各级重要文件、重要会议、重要指示精神传达和根据本村实际提出实施意见，作出决策和部署。

2. 讨论决定党的思想建设、组织建设、作风建设、制度建设和精神文明建设、民主法制建设的有关事宜。

3. 研究决定全村经济建设和民生事业发展的重大问题，部署村级重大活动和阶段性中心工作。

4. 研究决定干部队伍和领导班子建设的重大事项，包括村两委班子成员的分工与调整等问题。

5. 研究决定和指导群团组织的重大事项、征兵和换届等工作。

6. 讨论通过需要下发或颁布的有关全局性的重要文件、重要规章制度。

7. 经济社会发展中长期规划编制、年度计划、目标任务等重大事项以及有关民生工作的重要部署、年度工作报告、年度财政(财务)预算的编制和调整。

8. 重大改革方案措施，涉及干部职工切身利益的重要事项，包括各类考核方案、年终分配方案、涉及敏感事项的工作制度和程序的制定和修改等。

9. 涉及全局性稳定的重大事件处理、重要信访矛盾化解、重大事故处理和重要突发事件应急处置等方面的重大事项。

二、重要人事类

10. 人事聘用管理权限范围内有关人员的推荐、提名、录用、任免、调动、交流、考核、解聘、表彰、奖励、处分等事项。

三、重要项目类

11. 重要建设项目安排(含变更)，包括本村基础设施建设和基本建设项目投资、较大工程和实施项目、改造以及征地拆迁项目等。

12. 重要投资项目安排，包括本村以财政性资金或融资投资的重大项目，重大招商项目、科研项目、对外投资等。

13. 所有涉及土地使用(特别是项目引进、三老资产)的问题。

14. 重要活动项目安排,包括本村文化、体育、旅游等重大活动和庆祝活动。

15. 投资额较大的办公场所装修改造。

16. 其他应由集体决策的重要项目安排。

四、大额资金使用类

17. 单项支出数额较大的公共性资金安排。

18. 大宗办公设备、固定资产、国有资产的购置和处置方案。

19. 重大活动及重大会议经费开支。

20. 股权和分红事宜。

21. 符合国家有关规定的较大额度的投融资安排及担保。

22. 其他应由集体决策的大额度资金使用。

《金华村妇女议事会制度》

一、例会制度

每两月召开一次妇女议事会,议社会事、议全镇发展事、议家庭事、议身边事,充分发挥妇女议事参与社会管理创新作用。

二、议事主体

工作或生活在本村的妇女干部、巾帼志愿者、退休女干部、文艺表演代表、以妇女为主体的社会团体,以及热心于妇女儿童事业的妇女群众代表。

三、议事内容

1. 关乎女性的法律法规、政策文件的贯彻实施情况。

2. 对金华村经济、旅游发展和"美丽昆山"建设的建议和意见。

3. 对妇女儿童工作的建议和意见。

4. 妇女群众关心的生活中的热点难点问题,以及在工作、学习、生活等方面遇到的困难和需要帮助解决的问题等。

5. 贯彻落实上级关于妇女工作部署的具体措施。

四、议事形式

1. 采取集中议事、现场议事、走访议事、上门议事、接待议事等灵活多样的形式,保证议事及时高效。

2. 充分发扬民主、畅所欲言，议事的内容一旦形成决议后要认真贯彻执行。

3. 对于重要议题，邀请镇党委相关领导或相关部门单位的负责人参加，并及时给予解答。

4. 要有专门的记录，存档备案。

《金华村村务监督工作制度》

2017年年底，中共中央办公厅、国务院办公厅印发《关于建立健全村务监督委员会的指导意见》，对村务监督委员会的人员组成、职责权限、监督内容、工作方式等方面提出了具体的指导意见。为深化落实村务监督工作，进一步加强村级民主管理和监督，推进农村治理现代化，金华村村务监督委员会正式挂牌成立并开展实体化工作。

一、成立金华村村务监督委员会

统一挂牌：名称为“金华村村务监督委员会”，设立专门的办公室，开展实体化工作。

二、金华村村务监督委员会成员名单和主要工作职责

主任：丁新良；成员：盛杏珍、王冬泉、贾福根、梅建华。

金华村村务监督委员会的主要工作职责：

1. 监督村民会议和村民代表会议决议的执行情况；

2. 监督村民委员会等村级组织依法履行职责情况；

3. 监督村务、财务管理等情况；

4. 受理和收集村民有关意见建议。

三、金华村村务监督委员会及其成员的权利

1. 知情权。列席村民委员会、村民小组、村民代表会议和村“两委”联席会议等，了解掌握情况。

2. 质询权。对村民反映强烈的村务、财务问题进行质询，并请有关方面向村民作出说明。

3. 审核权。对民主理财和村务公开等制度落实情况进行审核，对村务、财务公开内容和财务报账前的原始凭证进行审核。

4. 建议权。向村“两委”提出村务管理建议，必要时可向镇人民政府提出

建议。村务监督委员会及其成员要依纪依法、实事求是、客观公正地进行监督,不直接参与具体村务决策和管理,不干预村"两委"日常工作。

5. 主持民主评议权。村民会议或村民代表会议对村民委员会成员以及由村民或村集体承担误工补贴的聘用人员履行职责情况进行民主评议,由村务监督委员会主持。

四、金华村村务监督委员会的监督内容

1. 村务决策监督。农村集体资产(资源)的租赁(发包)、重大投资(入股)、集体举债、集体资产处置、债权债务核销、大额固定资产购置、工程项目建设、财务预决算、收益分配计划等与农民群众切身利益密切相关事项的讨论决策情况。

2. 重点工作进展监督。村"两委"推进上级党委、政府部署的重点工作情况,涉及群众利益的重要事务管理的情况。

3. 农村集体"三资"管理监督。村级财务管理和支出、农村集体资产资源清查、农村集体产权交易、村(合作社、集体企业)等村集体组织经济合同履约、大宗物品物资采购等情况。

4. 工程项目建设监督。基础设施和公共服务建设等工程项目立项、招投标、预决算、建设施工、质量验收情况。

5. 扶贫救助和惠农政策落实监督。支农和扶贫资金使用、各项农业补贴资金发放、农村社会救助资金申请和发放等情况。

6. 安全环保监督。集体资产出租安全环保情况,安全隐患排查、整治、防范情况,农村大环境综合整治,村容村貌提升等情况。

7. 村务公开监督。村务、政务、事务、财务、服务公开的情况,阳光村务监督平台(e阳光微信公众号)公开事项是否全面、及时等情况。

8. 农村精神文明建设监督。建设文明乡风、创建文明村镇、加强公共文化建设、推动移风易俗等情况。

9. 村干部履职监督。村干部工作作风、办事效率、廉洁自律、公道正派、带头移风易俗等情况。

10. 根据镇党委的要求和群众反映集中的突出问题,对其他事项进行监督。

五、金华村村务监督委员会的工作制度

1. 工作例会制度。村务监督委员会会议一般每季度召开一次例会,梳理总结、研究安排村务监督工作。如遇特殊情况可随时召开。

2. 学习培训制度。村务监督委员会应定期组织集体学习,并积极参加村党组织和上级部门组织的学习培训活动。村务监督委员会主任一般由市一级负责培训,其他成员由镇级层面负责培训。

3. 报告工作制度。村务监督委员会每半年向村党组织报告一次工作,内容包括履行职责情况、群众对村务工作的意见建议等。每年向村民会议或村民代表会议报告一次工作,由村民会议或村民代表会议对村务监督委员会及其成员进行民主评议,评议档次设满意、基本满意、不满意三档。评议结果及时向村民公开。

4. 监督回避制度。村务监督委员会成员在开展监督工作时,涉及本人或者近亲属以及姻亲利害关系的,或具有其他可能影响公平公正开展监督工作的,应当自行回避,不得以任何形式施加影响。本人未自行回避的,村党组织负责人或镇党委可责令其回避。

5. 申诉制度。村务监督委员会在受到无理阻挠导致无法正常开展工作时,或其成员受到打击报复时,可向村党组织、镇党委反映情况,村党组织、镇党委应及时协调和处理,保证村务监督委员会依法开展工作。

上述各项制度较为完整地展现了金华村村民委员会在实现村民自治过程中形成的制度。既明确了村民委员会权利行使的范围和程序,也明确了妇女的参与村民自治权利和维护女性自身权益的路径和方法,具有重要的法治意义和推广价值。

第二编　泰兴市黄桥镇

第一章 概 述

第一节 历史沿革

一、1949 年以前

(一)古代黄桥

黄桥镇,南濒长江,东连如皋,北接姜堰,是苏中、苏北地区通往苏南的重要门户,也是苏中、苏北地区规模最大的城镇之一。早在 2000 多年前的汉代,汉吴王刘濞就已设海陵仓于今泰州市,黄桥因仓取名"永丰里"。南唐升元元年(937 年),泰兴建县,在其之下设了太平乡,而永丰里则隶属于太平乡,并在经济与人口方面不断发展。至北宋神宗熙宁年间(1075 年左右),朝廷将永丰里升为永丰镇,此为黄桥建镇的肇始。到了南宋绍兴年间,岳飞将军曾奉旨从广德移兵泰州,在此抗击金军进犯。元末明初,其正式改名为黄桥镇,并且一直沿用于今。

据明代黄桥地区相关地方志的记载,当时泰兴县划分为了 4 个乡:东北部为太平乡,西北部为顺德乡,东南部为保全乡,西南部为依仁乡。乡以下设都,都以下为里,根据明制所定,一里所辖范围为 110 户。其时,黄桥为太平乡——都永丰里。彼时,农业仍是在黄桥经济中占据主导性地位,明人周崇儒曾作诗《八景诗次谢侯韵 · 丰里春云》来描述这一景象:"紫气东南浮,郁郁出烟屿,岁旱方虫虫,望尔作霖雨。"在黄桥镇的镇南建有官家"预备仓",西寺旁建有"社仓",粮食储备极其丰富。

时至清代的康熙一朝,黄桥已成为巨镇。雍正十三年,朝廷裁革里甲,乡都之名不甚显著,群以巡检所治之区域别之。在这次改革中,把泰兴全县境内分为了四辖,即捕辖、黄辖、口辖、印辖。黄桥被称为“黄辖”,在其治下的自然错落,超过了150个,它的地域:东接如皋县,北连泰州,西临口辖,以境内吴家垈、张梧桐、谢家荡、卢家荡、肖家利、野庙口、官沟与口辖为界;南至印辖,以境内王家垈、七姓庄、珊瑚庄、八甲庄、八角井、太平庄、盐泥厂、仇家巷、王家庄、殷家庄、鹤脚湾、张家营与印辖为界,并由巡检司署驻黄桥。乾隆二年“右哨把总自凌家港调驻黄桥”,“今制黄桥汛右哨把总一名协防”,黄桥变为了防汛抗涝的重要阵地。到了晚清末期,黄桥在近代教育、实业等方面也留下过一段耀眼的历史,光绪二十九年(1903年)丁氏绿野堂募资在纯阳宫创办“私立崇实小学”(今黄桥小学前身),此乃黄桥创新式学堂之始,丁西林、韩士元、章力挥等文化名人,均曾在该校就读。光绪三十一年(1905年)黄桥设邮政代办所。

(二)民国时期

民国元年(1912年),黄桥镇被撤镇改市。1929年,当时的政府将黄桥市列为泰兴第四区,下辖整洁、廉耻、简朴、礼义、古溪五个镇,溪北、分界、长生、诸葛等24个乡,区公所驻黄桥。

1940年7月,新四军攻克黄桥;8月,陈毅进驻黄桥,同时建立了“泰兴县抗日民主政府”,这也是我党在当地的一个重要根据地,黄桥的人民群众也给予了抗战活动巨大的支持,在中国抗战史上书写了光辉的一笔。1945年8月15日,日本宣布无条件投降。28日,陈玉生司令领导的三分区主力攻打了黄桥,日寇连夜逃跑。29日,黄桥光复;30日,我党便成立中共黄桥市委、市政府,分属苏中第三地委及第三专员公署领导。

二、1949年以后

1949年1月3日,华东野战军攻占黄桥,宣告了黄桥镇的解放,与此同时成立军管会,并将泰县县政府和黄桥市政府迁入黄桥,具体地点在米巷丁万昌。6月,泰县县政府迁出,黄桥市划归泰兴县管辖;7月,撤黄桥市改为黄桥区,辖解放、团结、胜利、民主四镇,西洋、江堡、西安、太平、三里、浩堡、焦庄、金堡8个乡。改革开放后,黄桥镇再一次迎来了巨大的发展变化,1994年4月,三里乡并入黄桥镇,辖镇8个居委会,33个村民委员会。辖区40平方公里,人口近5万人。2000年3月,横巷乡并入黄桥镇,镇辖9个居民委员会,50个村民委员会,辖区范围变为70多平方公里,人口涨至近9.8万人,老镇区人口3.3万人。2010年4月,原溪桥、刘陈、黄桥合并为新黄桥镇,全镇下辖12个社区、55个行政村,辖区总面积175.95平方公里,人口19.16万人。

第二节 行政区划

一、概述(历史沿革)

1956年,黄桥经历原各镇合并,属泰兴县领导。

1957年11月29日,国务院第63次会议通过决议设立黄桥县,后因故未实施。

1958年组建黄桥人民公社。

1962年复为黄桥镇。

1994年三里乡并入黄桥镇。

2000年横巷乡部分村(17个村),并入黄桥。

2001年撤并村组,行政村委会精简为23个。

2010年溪桥(含南沙乡)、刘陈合并入黄桥镇。

二、地理位置

黄桥镇,在行政区划上,隶属于江苏省泰兴市,地处长江北岸的苏中平原,为长江三角洲北翼,位于泰兴、如皋、海安、姜堰、靖江县(市)交界处,介于北纬31°~32°,东经119°~120°,全境总面积175.95平方公里。东接如皋市,南界靖江市,西濒长江,与扬中市、常州市武进区隔江相望。北邻泰州市姜堰区,东北与海安县接壤,西北与泰州市高港区毗连。

黄桥地处如皋、海安、泰州、姜堰、靖江、泰兴六县(市)等地的要冲,水陆交通四通八达。

公路:黄桥镇境内有多条高速公路,盐靖高速、新长铁路、334 省道、229 省道均穿境而过,直通江阴长江大桥的出入口就在黄桥工业园区内,其距南京、上海也仅 2 小时车程。

铁路:新长铁路贯穿黄桥南北,与国家铁路主干线“陇海线”“京沪线”交叉相连,并在工业园区内设有泰兴站。

港口:距黄桥半小时车程的泰兴港口为国家一类开放港口,可直接停泊外籍船只,现最大泊位 2.5 万吨,还有化工、建材、液化气、油品等多座码头。

航空:距上海虹桥机场、南京禄口机场、盐城南洋机场 2 小时车程,距无锡、常州、南通机场 1 小时车程。

三、自然环境

(一)气候条件

黄桥镇属于亚热带季风气候,森林覆盖率高,四季分明,气候温和,雨量充沛,无霜期较长。常年主导风为东南风,其次为东北风,农业自然资源丰富,适宜发展种养业。3～6 月,随着暖湿空气的逐步活跃,7～8 月受副热带高压控制,天气晴热,容易出现伏旱,9 月开始,冷空气逐渐活跃,10 月后受冷空气控制,气温逐渐下降,进入低温少雨季节。该镇年平均温度 15℃,历史记载的极端最高气温为 40.5℃,出现在 2017 年 7 月 24 日。

(二)自然资源

黄桥镇境内各种自然资源丰富,森林覆盖率极高,因此造就了其发达的种植产业。当地雨量充沛,一年之中,降水相对集中在汛期 6～9 月,对作物生长非常有利,对土壤的发育,干湿交替、淋溶和淀积作用也十分强烈。另外,温热的气候条件对自然资源也产生了一些负面影响,例如高温逼熟,这种状况一般出现在 5 月和 6 月下旬至 8 月下旬,22 年中出现在 5 月的有 5 年,概率为 23%,造成小麦早衰、千粒重下降;出现在 6～8 月的有 6 年,概率为 27%,造成玉米高温杀雄或早、中稻火莠。

四、辖区村组

黄桥镇目前(数据截至 2018 年年底)有 8 个社区,行政村有 57 个,分别是：

8个社区：北街社区、南街社区、东街社区、西街社区、布巷社区、米巷社区、口巷社区、永丰社区。

57个行政村：白庄村、陈桥村、大张村、东场村、东顾村、东闾村、樊家集村、封家庄村、革新村、朱何村、果园村、秦庄村、双桥村、王庄村、韩庄村、华溪村、勤丰村、胜利村、太平村、翁庄村、海顾村、华庄村、三里村、双联村、唐港村、吴韩村、浩堡村、朱徐村、南岱村、南殷村、钱葛村、合心村、江堡村、鞠垛村、路庄村、南沙村、前进村、横巷村、黄坍村、金堡村、刘陈村、祁巷村、吴庄村、西洋庄村、严徐村、野向村、诸马村、中盐村、杨春村、印家院村、余家庄村、直来桥村、西寺桥村、新洋村、野屋村、印院村、站东村。

五、区域特点

黄桥镇作为泰兴市市域“副中心”，其具有独特的人文与历史底蕴，在社会经济发展过程中，也找到了符合自身定位的道路。其区域主要特点有：

（一）革命老区

在解放战争期间，黄桥曾发生过震今中外的“黄桥决战”，当年黄桥的村民们纷纷表现出了对解放军的支持，在物资和宣传等方面提供了重要支持，这也为我军的最终胜利起到了至关重要的作用，当时流行的“黄桥烧饼歌”充分表达了当地群众对共产党解放军的热爱。黄桥镇作为“全国爱国主义教育示范基地”，从中央到地方，各级领导都非常关注和关心。

（二）千年古镇

黄桥建镇于北宋神宗元丰年间，至今已逾千年，因而是一座拥有深厚文化底蕴的古镇，历史遗存丰厚独特，现有东、西、南三片明清古街区23万平方米，各级历史文物保护单位26处，其中国家级4处、省级1处、市级21处，有2300多间保留完好的成片明清建筑，黄桥老街也被评为了“中国历史文化名街”。

（三）名人故里

人文荟萃名家辈出，古有载入国史的宋孝子顾昕，抗倭殉国的王良父子，一门“四进士、十举人、三百秀才”的何氏望族，现代有中国现代地质学之父丁文江，喜剧大师、原文化部副部长丁西林，生命科学家、中科院院士王德宝，著名机械工程学家、书画家、诗人韩秋岩,辛亥革命元老朱履先中将等。可谓名家辈出、人杰地灵。

(四)旅游名镇

黄桥镇在旅游产业方面,已经形成了以古镇旅游为核心、红色旅游为龙头、提琴文化旅游为辅助、现代农业休闲旅游为配套的大旅游发展格局,并成功创建为"全国特色景观旅游名镇"。目前建成的旅游纪念地标有新四军黄桥战役纪念馆、小南湖风景区、裕泰和茶叶店、何氏宗祠、中将府等16个,年接待旅游人数180万人次,被评为"长三角最佳慢生活旅游目的地"和"2015年第二届中国最具价值文化旅游目的地"。

(五)发改重镇

黄桥是全国发展改革试点小城镇,国家建制镇示范试点镇,国家新型城镇化综合试点镇,也是江苏省20个经济发达镇行政管理体制改革试点镇之一,副处级建制,享受县级管理权限,现已有效承接1119项县级经济社会管理权限。

(六)琴韵小镇

文化艺术是黄桥自身不可磨灭的独特韵味,在提琴产业方面,黄桥被美誉为是"中国提琴产业之都""中国·黄桥乐器文化产业园"被认定为省级文化产业示范园,成为江苏省重点文化产业园区,已成功举办"6·21国际乐器演奏日"中国·黄桥主会场活动,全国音乐教育服务联盟(黄桥)示范基地通过验收。黄桥镇乐器文化产业已有50多年的发展历史,以小提琴为主打的乐器文化产业已成为该镇的特色产业、富民产业,产销量占全国市场的70%以上、世界市场的30%以上,远销欧美89个国家和地区,黄桥已成为全球最大的提琴生产基地。2012年,黄桥镇党委、政府决定规划建设"中国黄桥乐器文化产业园",2015年成立了黄桥乐器文化产业园管委会,系统推进园区建设。在此基础上,2016年,黄桥镇率先提出了打造"琴韵小镇"的总体规划。"琴韵小镇"规划面积为3平方公里,核心区面积1.2平方公里。重点建设"一湖一厅两片区",即音乐湖、小镇客厅、乐器产业集聚片区和琴韵文化拓展片区,并将与黄桥新城建设、古镇保护开发同步规划、同步建设。注重生产、生活、生态"三生融合",打造宜居、宜业、宜游空间。现已成为江苏省首批25家特色小镇创建单位之一。

(七)苏中新城

黄桥重点打造18平方公里小城市,以季黄河为界,东边是12平方公里老镇区,西边是6平方公里新城。其中,黄桥新城人口规模6万人,其基本定位是教育中心、医疗中心、文体中心、便民中心、商贸中心、金融中心、休闲中心、邻里中心,力图辐射带动泰兴市东部区域7镇2园60万人口的新型城镇化发展。

(八)投资热土

黄桥由于在地理区位方面具有明显的优势,同时拥有省级开发区,人力资源丰富,投资政策优惠,因而成为一片投资热土。黄桥园区规划范围18平方公里,先后被命名为中国新型绿色纤维材料产业基地、国家国际科技合作基地、江苏省现代装备科技产业园,企业达1348家,规上企业82家,已正式获批省级经济开发区,并设立"江阴高新技术产业开发区黄桥工业园",享受江苏省南北共建各项优惠政策。"上海金桥集团黄桥产业园"正式挂牌。近年来,工业总产值、国税开票销售、工商税收增幅均在25%以上,2016年实现国税开票销售100.7亿元、工商税收收入7.12亿元。

第三节 人口与社会

一、人口及其分布

黄桥镇作为泰兴东部地区经济、文化、商贸和交通中心,辖区总面积176平方公里,截至2017年,总人口为19.3308万人,其中男性98342人,占总人口数的50.87%;女性94966人,占总人口的49.13%。年龄结构上,0~17岁年龄段,共有29068人;18~34岁年龄段,共有38276人;35~59岁年龄段,共有78623人;60~89岁年龄段,共有46497人;90~100岁以上年龄段,共有843人,当中90~94岁年龄段,有666人(男性199人,女性467人),95~99岁年龄段,有155人(男性33人,女性122人),100岁以上22人(男性3人,女性19人)。较上年相比,新出生1315人,死亡1380人,省内迁入237人,省外迁入239人。总体人口密度较高,每平方公里1099人,主要集中在镇上。

二、就业状况

近年来,黄桥镇坚持把产业振兴作为创造就业机会的重要抓手,2018年近三年每年开发实施亿元以上重大项目40个以上,2.3万名农民成为家门口的产业工人。同时发挥农业大镇优势,发展高效农业面积5万亩,发展各类专业合作组织200多个,形成了"公司+基地+农户"的农业产业化体系,吸收更多农民就地就近就业。为扎实推进"十三五"脱贫致富奔小康工程,黄桥镇多次召开党委会、党政联席会,研究落实扶贫措施,精准制定"时间表"、绘制"路线图"。截至2016年年底,黄桥镇建档立卡低收入户脱贫1580户、2427人,脱贫率43.86%。

2016年,黄桥镇设立的扶贫基金,基金来源为村级按上年集体经营性收入实绩的10%筹资,镇财政按村筹资的1∶1配套,并动员其他单位和社会个人捐助,2016年共筹集资金469.8万元。扶贫基金专门用于扶持低收入户发展设施农业、家庭养殖等项目和节日慰问等,让低收入户实现"家门口"创业就业。目前已落实帮扶项目1000多个,安排公益性岗位100多人,落实劳务输出1100多人。

第四节　经济发展

一、概况

黄桥企业产权制度改革起步较早,到1998年年底,镇属、村属集体企业已基本转制为以股份制、股份合作制、个体私营为主要形式的非公有制企业。依托灵活的经营机制和积极的鼓励政策,全街道非公有制经济得到了迅速发展,共有非公有制企业800多家,其中规模型企业80多家。非公有制企业为解决本地就业、繁荣村镇、促进本地经济和社会事业发展做出了重要贡献。

截至2017年12月31日,主要经济指标持续走高。2017年完成工业国税开票销售120亿元,同比增长19.2%,占全市比重达8.1%;完成工商税收收入9.8亿元,增幅达29.1%,高于全市平均增幅10.5个百分点,占全市比重达10.1%,获泰兴市财政收入二等奖;开放型经济水平有新提升。全年完成协议利用外资9380万美元,实际利用外资995万美元,实现自营进出口8051万美元,同比增长5.8%,入选泰州市开放型经济工作目标考核先进开发(园)区;主导产业优势不断放大。产业结构持续优化,高端装备制造、新能源新材料、乐器制造三大主导产业实现产值190.8亿元,同比增长24.3%,占规上工业产值比重达81.2%,2017年工业国税开票销售超亿元企业8家,工商税收超千万元工业企业4家;突出双赢发展,跨区合作持续深化。抢抓南北共建宝贵机遇,积极有效推进跨区合作。在2016年度全省南北共建园区特色发展考核中名列第一,泰州地区3个共建园仅有黄桥入围;全面实施科技创新驱动战略,2017年成功获批中国产学研合作创新示范基地。

二、产业结构

(一)小提琴产业

黄桥镇素有“东方小提琴之乡”之美誉。黄桥镇有220多家提琴生产及配套企业,3万多名乐器行业从业人员,每年生产各类提琴70余万只,约占世界总量的30%,全国总量的70%。黄桥提琴目前销往欧美90多个国家,年产值约24亿元人民币,已成为当地支柱产业。黄桥镇经过50多年的发展,从生产提琴配件开始,实现了从无到有,从配角到主角的转变。

黄桥的乐器产业起源于20世纪60年代,起初只是以提琴产品为主。改革开放的春风给提琴产业的发展带来了勃勃生机。1985年,当时溪桥公社乐器厂与上海提琴厂合作,成立了上海提琴厂泰兴分厂,1996年与美国一家公司合作成立泰兴凤灵乐器有限公司,现如今已成为闻名全球的“江苏凤灵集团”。另外,黄桥镇党委政府认真贯彻落实省委、省政府有关乡土人才“三带”行动计划,在“人才强市”政策引领下,通过引进大师、培养人才、传承技艺、技术革新等途径,培养了提琴制作大师26人,专业的提琴制作室18家,有力地带动了小提琴产业的健康蓬勃发展。

黄桥已成为我国乐器产业集聚度最高的基地,全镇乐器及配套的企业220多家,年加工提琴产量75.6万套,吉他120万套,钢琴5000套,各类乐器配件100多万套,取得进出口自营权的企业30多家。

(二)黄桥经济开发区

黄桥经济开发区前身为黄桥工业园区,创建于2003年。2013年8月,经省政府批准,纳入省级经济开发区管理系列;2013年11月,与江阴高新技术产业开发区合作成立江阴高新技术产业开发区黄桥工业园;2016年度全省南北共建园区特色发展考核中,江阴高新区黄桥工业园名列第一,泰州地区3个共建园仅有黄桥入围,成功培育了惠尔信、九天光电、三杰新能源等一批骨干企业;2016年黄桥经济开发区又与上海金桥开发区合作共建了"上海金桥·黄桥产业园",共同打造高科技产业化基地。经泰兴市编委会同意开发区成立了跨区合作办公室,为副科级建制。

2017年,开发区新签约亿元以上项目39个,新开工亿元以上项目24个,计划总投资47.25亿元。新签约总投资120亿元的中氢新能项目,刷新了黄桥经济开发区单体项目投资纪录。新竣工亿元以上项目16个,累计完成投资33.5亿元。

三、农村人口收入

黄桥镇全镇总人口近20万人,其中农业人口16.86万人,农村劳动力9.27万人。2014年,黄桥镇的农业总产值为157983万元。其中多种经营产值90635万元,粮食总产量达11.2016万吨,出栏生猪504304头,出栏家禽226.6479万羽,水果4151吨,蔬菜15.4146万吨。

4万亩的现代农业产业园区内农民通过土地租金、合作经营和打工,人均新增1500元,年人均纯收入接近1.6万元。2016年农村居民人均可支配收入18899元。根据调查结果表明:2017年上半年,全镇家庭经营收入160.17亿元,其中第一、第二、第三产业总收入分别为12.24亿元、107.58亿元、40.35亿元,第一、第二、第三产业所占比重分别为7.64%、67.17%、25.19%。农民家庭经营纯收入12.95亿元,工资报酬性收入5.98亿元,其中在本乡镇内获得的报酬性收入4493万元,在本乡镇外获报酬性收入5.53亿元,纯收入总额19.1亿元,按2016年年报人口16.87万人计算人均可支配收入11320元,比上年同期的10433元增加887元,增长8.5%。

四、镇级公共财政收入

黄桥镇的公共财政收入情况，如表 4 所示。在地区生产总值上，近年来稳步攀升，显示出了较为强劲的发展势头。而随着整体经济形势的蓬勃向上，黄桥镇的公共财政预算收入也得到了大幅的提升，2012～2016 年，增长了 5 亿多元。整个黄桥镇的社会保障体系（尤以养老、医疗保险为主）在公共财政逐步增加的大背景之下，也几乎实现了对农村人口的全覆盖，真正做到了农村人口的老有所养、病有所医。

表 4　黄桥镇公共财产收入情况

<table>
<tr><td rowspan="3">基本情况</td><td colspan="4">区域面积</td><td colspan="4">人口数量</td><td rowspan="3"></td></tr>
<tr><td colspan="2">总面积</td><td colspan="2">镇区面积</td><td colspan="2">常住人口数量</td><td colspan="2">建成区人口数量</td></tr>
<tr><td colspan="2">17595 公顷</td><td colspan="2">2531 公顷</td><td colspan="2">195623 人</td><td colspan="2">66681 人</td></tr>
<tr><td rowspan="3">数据对比</td><td>年份</td><td>地区生产总值（亿元）</td><td>公共财政预算收入（亿元）</td><td>工业总产值（亿元）</td><td>服务业增加值（亿元）</td><td>人均农民纯收入（元）</td><td>常住人口城市化率（%）</td><td>农村社会养老保险覆盖率（%）</td><td>农村新型合作医疗保险覆盖率（%）</td></tr>
<tr><td>2012</td><td>55.29</td><td>1.8</td><td>154.4</td><td>20.1</td><td>12370</td><td>34</td><td>96</td><td>98</td></tr>
<tr><td>2016</td><td>75:85</td><td>7.12</td><td>293.9</td><td>41.7</td><td>17250</td><td>40</td><td>97</td><td>99</td></tr>
</table>

五、村级集体经济收入

黄桥镇村级集体的经济收入同样表现出了较高的水准（见表 5），并且收入的来源呈现出多样化的趋势，尤其是经营类项目的收入，明显占据了很大的比重。但总体上，仍然存在一些问题，特别是各村落间收入不均、差距较大，发展不够均衡，并且在收入结构上，有许多村落的招商引资力度明显不够，需要抓住深度改革开放的伟大契机，去谋求更进一步的发展。

表 5　黄桥镇村级集体经济收入情况

村别	指标（万元）	实绩	占指标比例（%）	可持续增收项目收入（万元）									当年经营项目收入（万元）			
				小计	分档扶持资金	标房收益	融资收益	资产资源发包上交	合作组织创收	土地流转收入	招商引税返还	其他经营净收入	小计	用地布局调整净收入	无访村收入	征地协调费收入
太平	26	230400	88.62	154400	80000	40000	11000	6400	—	17000	—	—	76000	52000	24000	—
横巷	39	390479	100.12	275579	100000	60000	27343	72636	—	—	15600	—	114900	34900	80000	—
西洋	48	491750	102.45	143370	100000	—	28370	15000	—	—	—	—	348380	348380	—	—
韩庄	95	1005500	105.84	656500	—	—	622500	31800	—	—	—	2200	349000	—	32000	317000
祁巷	110	1686447	153.31	1396647	—	—	56753	124450	—	650000	—	565444	289800	239800	50000	—
余庄	38	461000	121.32	320000	20000	—	121000	—	15000	—	—	164000	141000	45000	32000	64000
站东	28	283800	101.36	193100	100000	65000	13000	13800	—	1300	—	—	90700	60700	—	30000
朱何	23	228836	99.49	188836	—	—	—	144093	27500	17243	—	—	40000	—	40000	—
胜利	132	781715	59.22	757835	—	—	50000	210000	—	—	19991	477844	23880	—	—	23880
东场	73	823228	112.77	795228	—	140000	57228	598000	—	—	—	—	28000	—	28000	—
直来	43	483900	112.53	451900	—	—	396900	55000	—	—	—	—	32000	—	32000	—
西寺	45	481808	107.07	387935	—	—	253428	61001	—	—	—	73506	93873	—	—	93873
合心	26	296639	114.09	128979	20000	—	—	13990	40000	—	52925	2064	167660	127660	—	40000
勤丰	28	311645	111.30	174245	80000	40000	—	21000	31735	1010	—	500	137400	97400	40000	—
浩堡	35	331276	94.65	291276	20000	—	—	217000	—	54276	—	—	40000	—	40000	—

续表

村别	指标(万元)	实绩	占指标比例(%)	可持续增收项目收入(万元)									当年经营项目收入(万元)			
				小计	分档扶持资金	标房收益	融资收益	资产资源发包上交	合作组织创收	土地流转收入	招商引税返还	其他经营净收入	小计	用地布局调整净收入	无访村收入	征地协调费收入
野屋	46	492253	107.01	318353	80000	40000	27449	75728	—	—	—	95176	173900	173900	—	—
封庄	29	312228	107.66	217128	60000	40000	9627	72630	—	28871	—	6000	95100	63100	32000	—
三里	35	409898	117.11	377898	20000	—	39840	50960	—	267098	—	—	32000	—	32000	—
东间	24	311555	129.81	206480	—	—	38075	33800	—	131629	2976	—	105075	77075	28000	—
革新	36	263900	73.31	69400	20000	—	26800	—	—	—	22600	—	194500	162500	32000	—
前进	44	448700	101.98	300700	80000	40000	16400	99400	—	63200	1700	—	148000	108000	40000	—
双桥	75	974350	129.91	698350	—	—	91652	606698	—	—	—	—	276000	248000	28000	—
樊集	31	310805	100.26	153805	60000	40000	—	53805	—	—	—	—	157000	117000	40000	—
华庄	57	750428	131.65	559718	—	—	310105	218926	—	—	12087	18600	190710	151600	32000	7110
野向	87	1007158	115.77	460527	100000	40000	132316	49674	—	112240	26297	—	546631	—	28000	518631
吴韩	84	741394	88.26	664792	—	—	314191	46150	—	162517	15905	126029	76602	—	28000	48602
唐港	37	363495	98.24	331495	80000	60000	69443	2300	—	—	119752	—	32000	—	32000	—
秦庄	22	227278	103.31	168988	100000	40000	6007	—	—	13000	9981	—	58290	30290	28000	—
印院	36	363931	101.09	173931	80000	40000	4381	49550	—	—	—	—	190000	150000	40000	—

续表

村别	指标(万元)	实绩	占指标比例(%)	可持续增收项目收入(万元)									当年经营项目收入(万元)			
				小计	分档扶持资金	标房收益	融资收益	资产资源发包上交	合作组织创收	土地流转收入	招商引税返还	其他经营净收入	小计	用地布局调整净收入	无访村收入	征地协调费收入
陈桥	45	522094	116.02	431694	80000	40000	25493	124400	—	20500	—	141301	90400	50400	40000	—
朱徐	46	467757	101.69	439757	—	—	43419	156526	—	12674	—	227138	28000	—	28000	—
南殷	56	769140	137.35	554220	—	—	7726	364094	—	110000	—	72400	214920	186920	28000	—
翁庄	53	687638	129.74	525638	—	—	5797	353746	—	156979	9116	—	162000	122000	40000	—
钱葛	42	505319	120.31	375119	80000	40000	5963	40000	43856	—	—	165300	130200	102200	28000	—
江堡	31	399929	129.01	319929	80000	40000	39978	82851	—	75500	—	1600	80000	40000	40000	—
华溪	33	360557	109.26	320557	20000	—	34402	266155	—	—	—	—	40000	—	40000	—
诸马	61	770142	126.25	450342	40000	60000	174680	84789	—	88492	2381	—	319800	279800	40000	—
金堡	26	374400	144.00	328600	80000	50000	42800	23800	—	3400	—	128600	45800	17800	28000	—
路庄	32	334854	104.64	302854	80000	50000	90204	22650	50000	10000	—	—	32000	—	32000	—
中盐	26	283000	108.85	140000	100000	40000	—	—	—	—	—	—	143000	143000	—	—
新洋	42	579000	137.86	363400	80000	40000	53000	150000	—	40000	400	—	215600	175600	40000	—
南沙	31	306796	98.97	235296	60000	40000	13548	105748	1000	—	—	15000	71500	43500	28000	—
南垈	35	444991	127.14	400811	40000	50000	151964	747	—	—	156100	2000	44180	16180	28000	—

续表

村别	指标(万元)	实绩	占指标比例(%)	可持续增收项目收入(万元)									当年经营项目收入(万元)			
				小计	分档扶持资金	标房收益	融资收益	资产资源发包上交	合作组织创收	土地流转收入	招商引税返还	其他经营净收入	小计	用地布局调整净收入	无访村收入	征地协调费收入
王庄	24	282223	117.59	172765	100000	40000	2090	13200	17475	—	—	—	109458	81458	28000	—
严徐	37	379300	102.51	314400	100000	40000	4900	119900	—	44200	5400	—	64900	24900	40000	—
吴庄	29	317716	109.56	273752	—	40000	50785	154806	—	—	27161	1000	43964	3964	40000	—
果园	41	415700	101.39	375700	—	40000	62300	9600	—	263800	—	—	40000	—	40000	—
扬春	27	295004	109.26	255004	100000	40000	7437	36842	—	22825	41275	6625	40000	—	40000	—
海顾	29	346959	119.64	306959	80000	140000	45243	41716	—	—	—	—	40000	—	40000	—
东顾	54	373053	69.08	269083	—	—	8435	198690	55817	—	6141	—	103970	71970	32000	—
大张	30	308490	102.83	233090	100000	40000	13990	68900	4100	6100	—	—	75400	35400	40000	—
刘陈	33	419577	127.14	379577	100000	40000	6978	73772	—	136448	22379	—	40000	—	40000	—
黄坍	23	239384	104.08	165234	100000	40000	9554	12410	—	2070	1200	—	74150	34150	40000	—
双联	40	414100	103.53	323500	100000	60000	41000	95000	—	—	27500	—	90600	50600	40000	—
印家院	26	275691	106.04	189468	100000	40000	6548	20000	—	—	—	22920	86223	46223	40000	—
鞠垛	32	323000	100.94	130000	—	40000	—	75000	—	15000	—	—	193000	153000	40000	—
白庄	37	488031	131.90	448031	—	—	227354	209277	—	—	—	11400	40000	—	40000	—
合计	2453	26949641	109.86	20042175	2820000	1735000	3899396	5848410	286483	2527372	598867	2326647	6907466	3966370	1798000	1143096

六、企业状况

在总体经济状况向好的环境下,黄桥镇的一系列乡镇企业都呈现了蓬勃发展的势头,为当地民众致富奔小康增添了动力。

(一)光科真空科技(泰兴)有限公司

光科真空科技(泰兴)有限公司是黄桥镇的知名企业,始终以打造高端产品为己任。2019 年计划全面进军真空行业的国家战略新兴领域,包括 5G 通信、光学光电子、太阳能薄膜、半导体等大型高端装备制造,力争全年实现 1 亿元营收。公司将通过两方面实现这一目标:一是加速推进转型,全力开拓高端市场;二是强强联合、高位嫁接助升级,力求把企业做大做强。

(二)长虹三杰新能源有限公司

江苏三杰新能源有限公司成立于 2015 年 3 月,主要生产动力性锂离子电池。以高倍率电性能、高安全性指标领先于国内同行,产品广泛应用于电动汽车、电动工具、吸尘器等多种新能源领域,远销日本、韩国、欧美及国内市场。2018 年正式更名为“长虹三杰新能源有限公司”。2018 年实现工业国税开票 3.3 亿元,净利润 3600 万元,利税 4649 万元。

(三)江苏黑松林粘合剂厂有限公司

该企业是黄桥镇的一家知名公司,也是全市著名企业。主营业务为胶粘剂和胶粘带相关产品。该公司系国内大型胶粘剂专业生产厂家,属于高新技术类企业。在生产经营过程中,不仅立足于国内市场,而且放眼国际,与多家世界 500 强企业合作,与几十家国内知名企业形成稳固的合作关系,并参与制定了 11 项国家标准,其提出的“心力管理”模式,在国内得到广泛认同与传播。

第五节　社会事业

一、中小学与幼教事业

截至 2018 年 12 月 31 日,黄桥镇共有中学 8 所,小学 8 所,高中有江苏省黄桥中学、泰兴四高,其中黄桥中学为江苏省重点中学;初中有黄桥初中教育集团银杏校区、黄桥初中教育集团新城校区、三里实验学校(初中部)、刘陈初中、南沙初中;小学有黄桥小学教育集团新城校区、黄桥小学教育集团十桥校区、横巷小学、东街小学、刘陈小学、南沙小学、东街小学、南街小学、三里实验学校(小学部)。

镇内幼儿园包括公立幼儿园5所,私立幼儿园4所。公立幼儿园有中心幼儿园、东街幼儿园、南街幼儿园、横巷幼儿园、刘陈幼儿园;私立幼儿园有溪桥幼儿园、南沙幼儿园、金苹果幼儿园、启乐幼儿园。

截至2018年年底,新城中小学土建全面完成,强弱电、室内外管网等进场施工;新城幼儿园基础部分基本完成;今年开展了东街园创省优、中心园省优复验工作;建成祁巷三农教育基地;会同公安、交警、交通等部门对校车、校园安保开展常态化检查整改,并在部分小学幼儿园开展"一校一品"艺术素质教育。

二、传统文化

(一)历史风貌

黄桥镇区内现有东、南、西3片传统风貌古街区,总面积达28万平方米,共有24条古街巷。特别是珠巷、罗家巷、王家巷、米巷等街巷原汁原味地保留了明清以来的历史原貌。这些街巷沿街多以店面房为主,前店后作。巷道较宽,两旁建筑屋檐低矮,青砖小瓦,硬山屋面,用材粗大,举折平缓,矮挞子门,完整地反映了黄桥原有的城镇风貌、适当的街区尺度和地方特色。

黄桥镇境内有福慧寺、宗镜庵、真武庙古寺庙3座,以及何氏、韩氏、王氏、钱氏、张氏、间氏、沈氏7个宗祠,有文明桥、致富桥古桥2座,镇内还保存有大批唐、宋、明、清石刻、木匾。拥有国家级文物保护单位4处:通如靖泰临时行政委员会旧址、新四军苏北指挥部旧址、新四军第三纵队司令部旧址、黄桥决战支前站旧址;江苏省级文物保护单位1处:明清民居建筑群;泰兴市文物保护单位15处:如牛皋洗马池、顾孝子墓、丁文江故居、丁西林故居、新四军黄桥战役革命烈士纪念塔、粟裕骨灰安放处等。

(二)饮食特产:黄桥烧饼

黄桥烧饼之所以出名,与著名的黄桥战役是紧密相连的。黄桥决战期间,黄桥人民发动镇内60多家烧饼店,18家磨坊日夜赶制黄桥烧饼,男女老幼,车推肩扛,支援前线将士,创造了新四军建军史上以少胜多的战例。1949年,黄桥烧饼被选入开国大典国宴,1952年4月,毛泽东主席盛赞:"黄桥烧饼好出名的。"为进一步扩大黄桥烧饼和黄桥的知名度,2001年、2004年黄桥镇成功举办了第一届和第二届"中国·黄桥烧饼节"。据《随园食单》载称,烧饼"用松子仁、胡桃仁敲碎,加冰糖屑、脂油和面炙之"。黄桥烧饼保持香甜两面黄,外撒芝麻内擦酥这一传统特色,已从一般的"擦酥饼""麻饼""脆烧饼"等大众品种,发展到葱油、肉松、鸡丁、香肠、白糖、桔饼、桂花、细沙等十多个不同馅的精美品种。黄桥烧饼,或咸或甜,咸的以肉丁、肉松、火腿、虾米、香料等做馅心。烧饼出炉,色呈蟹壳红,不焦、不糊、不生。1983年被评为"江苏省名特食品"。2013年第十四届国际餐饮博览会上,被评为"天下第一饼"。

三、医疗卫生事业

2013年,黄桥镇新创建卫生村1个,完成9个村的改厕任务。成功创建成泰州餐饮放心消费工程示范镇,顺利通过省级卫生镇的复核验收。镇计生协会被省计生协会表彰为先进单位。

2017年黄桥镇新创建11个村卫生室;完成5个村改厕2773座;双联村成功创建"省卫生村",翁庄村创建为"省健康村";红十字方面,成功开展了"5·8世界红十字日""6·14世界献血日""红十字博爱月""世界急救日"等活动,取得了良好的社会反响,2017年红十字累计捐款70000余元。

2018年完成泰兴市交三年35个村卫生室提升改造任务和至少4个村1500户改厕;完成市交1100人次公益性应急救护;开展"5·8世界红十字日"、世界急救日、世界艾滋病日等红十字重大纪念日活动;完成2018年市交无偿献血250人,捐献造血干细胞采样15人的任务;社区红十字服务、募捐活动得到有序开展。

四、社会服务

在社会服务领域,黄桥镇尤以米巷社区的表现最为突出,它以党支部为核心,探索创新社会治理方式,寓治理于服务之中,放大"518爱心服务联盟"

（“518 工作室”每天安排专人值班，随时接待“求助”群众，其成员之间实行“AB 岗”，加强周末、节假日的值班服务，做到“换人不换岗、服务不断档”，确保“求助”居民的诉求得到及时的回应）的品牌效应，组织联盟爱心志愿者以精准的服务温暖民心、优质的服务赢得民心、高效的服务聚集民心，在全社区形成了“人人帮我、我帮人人”的浓厚氛围，推动了温馨幸福家园的共建、共治、共享米巷社区的新思路、新成效，得到了市委政法委的肯定和认可。

以米巷社区为例。米巷社区共有 19 个居民小组，共有住户 1938 户，居民 6358 人，具体按照“民有所需、我有所应，民有所求、我有所帮”的原则，根据志愿者的职业爱好和特长，在社区服务方面，共组建了风尚引领、呵护平安、尊老爱幼、心理咨询 4 个专业爱心服务分队，形成了“1 + 4”联盟组织新架构，实行精准服务，达到了“党建工作联做、社区资源联享、精神文明联创、服务难题联解、公益事业联办、和谐社区联建”的目的。健全完善首问负责、服务承诺、限时办结、服务评价四项工作制度，为社区居民提供优质高效的服务。

五、民政工作

多年来，黄桥镇党委和政府一直注重民生建设，并着力通过以下三个方面建设民生工程。

第一，依托新建便民中心，打造政府政务服务超市，加快新中心的建设。新便民中心是一个集政务、服务、公共资源交易为一体的综合体，依托近 2 万平方米的新便民中心的建成运行，按照“应进尽进、便民高效”的原则，不仅要让镇政府的所有便民服务事项全部进驻中心，而且要让公安、供电、供水、燃气、数字电视、电信、交通公安出入境、身份证办理、税务、银行等与群众生产生活密切相关的民生服务事项全部在中心设置窗口直接为群众服务，实现便民服务事项多流域、全方位、广覆盖，让群众进一个门、办全所有事。实现“一个窗口受理、一站式审批、一条龙服务”，做到让群众进中心就像进超市，“像买菜一样办事”“像购物一样简单”。

第二，坚持便民利民惠民，打造东部政务服务中心。黄桥镇作为市域副中心，自全省行政管理体制改革试点以来，便民服务中心不仅为该镇 20 多万人民群众的生产生活带来了方便，促进了全镇经济社会事业的快速发展，在改革试点过程中,东片乡镇也充分享受到了权力下放为其带来的便利。黄桥的市场监管、公积金、国地税已覆盖东部地区。同时黄桥镇承担着辐射、带领东部乡镇发展振兴的重任,辐射人口近60万人,接近全市总人口的1/2。东部乡镇到泰兴主城区平均距离为35公里,最远乡镇古溪镇到泰兴城区43.5公里。随着新便民中心的建成,目前硬件条件已经具备,将新中心设立为东部政务服务分中心后,东部乡镇群众办事的直线距离将下降至平均15公里,不仅方便了黄桥镇的群众,还能惠及东部乡镇广大百姓。同时,中心将向上争取更多的行政许可和非行政许可审批权力,例如,不动产登记、婚姻登记、有限公司设立等。

第三,构建线上线下平台,打造"互联网+政务服务"示范载体。推进"互联网+政务服务"是贯彻落实党中央、国务院决策部署,把简政放权、放管结合、优化服务改革推向纵深的关键环节,对加快转变政府职能,提高政府服务效率和透明度,便利群众办事创业,进一步激发市场活力和社会创造力具有重要意义。中心将按照建设法治中心、创新中心、廉洁中心和服务型中心的要求,不断优化服务流程,创新服务方式,最大限度地利企便民,让企业和群众少跑腿、好办事、不添堵,共享"互联网+政务服务"发展成果。通过提升政务服务智慧化水平,让政府服务更聪明,让企业和群众办事更方便、更快捷、更有效率。中心将推进实体政务大厅与网上服务平台融合发展,形成线上线下功能互补、相辅相成的政务服务新模式,同时推进实体政务大厅向网上延伸,力争早日实现政务服务"一号申请、一窗受理、一网通办"的目标。

第六节 民情与风俗

黄桥镇作为有着悠久历史的千年古镇,当地百姓有着自身独特的风俗习惯和传统礼仪。

一、掸尘

每年腊月二十四,家家户户开始打扫卫生,掸尘除尘,清理家柴,准备迎接新年。关于掸尘有这样的传说,古时候有三个“尸神”,经常就民间日常生活向天庭造谣,说人间常常大骂玉帝,妄图谋反天庭,玉帝即令三尸神下凡,将对象户抄列清册,命王令官满门抄斩。民间凡是未拍三尸神马屁的,三尸神都在其住家用蜘蛛网做记号,意图抄列时报复。此事被灶家菩萨知道了,便通知各户将屋檐的蛛网记号打扫干净,等天兵天将前来拿人时,一个记号都没有发现,并且家家供奉玉帝,玉帝得知是三尸神蓄意刁难百姓,立刻将其打入天牢,但是掸尘这一习俗一直流传了下来。

二、送灶

农历的腊月二十四家家户户“送灶”,即送灶老爷、灶家菩萨、灶神。此日用麦芽糖放在碗里敬供,请尼姑念经,同时将灶神像及两旁对联“上天言好事,下界保平安”焚化。也有文人骚客用对联为“名为五祀首,位列九阳春”。灶神上天后,将人间的事向玉帝汇报,只说好事、不说坏事。

三、六月十九吃冷面

相传很久以前,泰兴东北有个罗塘镇(今姜堰),镇上有个大财主,剥削老百姓,大斗进,小斗出,无所不用其极。五月里新麦登场,他立即收租,百姓几乎所剩无几,大财主六月放粮,派家丁向小麦洒水,可过了好长时间,村民齐心未借,大财主下乡视察,家家都在吃冷面,财主气得两腿发直,回到家打开仓门一看,被洒水的麦子全都坏了,当场气死,百姓无不高兴。从那以后,每年六月十九吃冷面,纪念他们“罢借”成功。

四、冬至祭祖

冬至过节源于汉代,盛于唐宋,相沿至今。黄桥人把冬至这一天作为祭祖的重要日子。在外地工作的子女都纷纷回家祭祖,家里人早早准备祭品,有“锡箔”“摇钱树”“十箱十库”“家堂”等。在饮食上,要吃扁糰和清香奇异的新荞麦。

第七节　民族与宗教

一、民族构成

黄桥镇少数民族人口主要由以下几部分组成:土家族77人、苗族71人、布依族55人、侗族29人、彝族14人、黎族9人、蒙古族136人、回族14人、瑶族7人、白族6人、朝鲜族2人、傈僳族2人、壮族9人、满族9人、傣族2人、水族2人。在民族人数结构上,以蒙古族、土家族、苗族及布依族居多数,其他民族的人数均少于50人。

二、宗教信仰

黄桥镇在坚决贯彻党和政府宗教事业方针的框架下,充分引导当地宗教团体活动的良性发展,使得一切宗教活动都能够自觉适应社会主义的相应要求,为人民群众提供便利与帮助。主要宗教为佛教、基督教,现在共有市级宗教团体6个(市佛教协会、道教协会、伊斯兰教协会、天主教爱国会、基督教三自爱国会、基督教协会)、县级宗教团体14个,依法设立的宗教活动场所237处,其中寺观教堂34所。经认定备案的宗教教职人员500余人,信教群众约2.7万人(佛教信众约1.1万人,道教信众约0.4万人,伊斯兰教信众约0.3万人,天主教信徒155人,基督教信徒约0.9万人)。

(一)佛教

佛教的有关活动主要集中在福慧禅寺与刘猛寺。福慧禅寺始建于北宋仁宗天圣四年(1026年),五进院落,红墙碧瓦,巍峨庄严。历史上福慧禅寺曾遭毁坏。2001年,江苏省人民政府同意募款重新修复,各界仁人志士慷慨解囊,于2001年腊月初八修复后开放。修复后的禅寺引得香客络绎不绝,成为泰州市境内的一大佛教重地。刘猛寺则是另一佛教活动的聚集场所,因刘猛大将军而闻名,直到现在,依旧有许多纪念刘猛将军的游人在此驻足。

(二)基督教

当地基督教信徒的活动主要是在印家院聚会点。

第二章　党的组织与地方政权

第一节　党 的 组 织

一、基本情况

截至2019年1月底，黄桥镇共有326个党组织；其中基层党委6个(含镇党委)、党总支54个、党支部269个、党员8301名。一直以来，黄桥镇党委以“为民党建”为导向、以富民惠民为目标，大力弘扬新时期黄桥决战精神，充分发挥基层党组织的领导核心作用和战斗堡垒作用，推动经济社会科学跨越发展，形成了基层党组织建设与经济社会发展相融并进的良好格局。

二、党建情况

黄桥镇基层党建，主要涵盖以下几个方面：

1. 围绕“强”基层基础，实施固本培元工程。牢固树立“抓实党建促发展”的意识，充分发挥基层党组织的战斗堡垒作用和党员先锋模范作用，夯实基层党建工作基础。一是扎实做好村(居)党组织换届工作。2016年9月，在村(居)党组织换届前摸清、摸透基层党组织存在的现状和问题，集中精干力量进行梳理和解决。在充分地调研、反复酝酿和商榷的基础上形成了班子配备方案，全镇61个村(居)党组织全部顺利完成了换届工作，一批能力强、威信高、口碑好的同志进入支委班子，村(居)党组织委员会班子结构进一步改善，40岁以下占比提升8个百分点；整体素质进一步增强，大专以上占比提升13

个百分点。二是强化基层党组织领导核心地位。重点抓好带头人特别是支部书记队伍建设,认真执行"四议两公开"制度,加强对解决基层问题的指导督促和检查,集中力量对软弱涣散党组织进行整顿,督促党员自觉参加组织生活,加强教育和培训,基层村(居)党组织的战斗力得到增强。经济社会发展、村容村貌改善、民生工程实施工作成效明显,50%的村集体经营性收入达35万元以上。三是加强党委成员联系点制度的统筹指导。在进一步完善班子成员联系点制度的基础上,把基层党建工作与各项中心工作结合起来,以党建工作带动其他中心工作的完成,帮助基层解决更多实际困难,推动联系点工作取得实效。2017年上半年有效化解信访积案22件,去京信访总量同比下降33.3%,去省信访总量同比下降85.71%。

2. 围绕"鼓"干事劲头,实施学教引领工程。坚持以主题教育为重点,以实践为民为抓手,深入开展群众路线、"三严三实""两学一做""大走访大落实"等系列活动,坚定党员的政治信念,着力解决基层党员干部"不想为""不能为""不作为"问题。一是建立定期学习机制。黄桥镇党委将每周六下午定为支部学习日,通过邀请专家、学者上课,观看爱国主义影片、警示教育片、举办《道德讲堂》等多种形式进行学习教育,强调实效性,提高基层党员的综合素质。二是积极搭建学习平台。在各支部创建党员教育园地,并充分利用黄桥镇的红色教育资源,对党员干部进行教育。广泛运用微平台,每个党员干部都关注"江苏大走访""先锋泰州""江苏先锋""泰兴组工"等公众号。三是畅通问题解决渠道。组织全体镇村干部深入基层一线,紧扣精准服务靶点,聚焦惠民富民根本,结对帮扶困难家庭212户,收集群众关切的问题1794个,处理解决1392个,电灌站全面收回,农村改厕完成1482座,疏浚整治黑臭河塘37条,改造泵站36座,安装路灯300多盏,背后街巷改造铺设路面1220平方米。

3. 围绕"树"先锋形象,实施品牌带动工程。创新党建工作载体,打造特色亮点,把党建工作渗透到全镇经济社会生活的各个领域,渗透到创业富民和脱贫攻坚的关键环节上去,使党建工作更加贴近群众、贴近生活。一是推进联合支部建设。按照地域相邻、产业相近的原则,通过村村联建、村企共建、村社合建等方式,优化党组织设置。建立党建扶贫长效机制,变村(居)

"单一党建"为"党建+扶贫项目",切实解决贫困农户无劳力、无技术、无资金等问题。截至2018年年底,筹集扶贫基金425.58万元,落实养猪281户、养鸡452户、养羊390户、高效农业种植20户,安排公益性岗位100人。二是打造非公党建品牌。强化非公企业党建工作建设,建立单独党组织83个(其中党委建制企业4家、总支2家、支部78家),建立联合党组织67个,覆盖企业649家,规模以上企业党组织组建率达100%。着力打造"责任党建""融合党建""心力管理党建"等非公企业党建品牌。以党建促进发展,以发展带动党建,实现非公企业党建工作和生产效益双丰收。三是构建区域党建联盟。在全镇325个基层党组织中全面铺开区域化党建工作,以横巷、溪桥、刘陈、南沙四大社区服务中心为核心,成立了四个党建联盟,吸纳各自区域内的机关单位、村(居)、非公企业党组织加入联盟,广泛集聚党建力量,共享党建资源、共建服务项目,做到思想上"合心"、工作上"合力"、感情上"合弦"、行动上"合拍",共同提高基层党建工作总体水平。2017年,聚焦党员群众反映比较突出的问题和比较迫切的服务需求,形成镇区域化党建项目16项,村居项目23项,以项目化服务助力党组织建设。

第二节　镇人民代表大会

一、镇人大

截至2019年1月底,黄桥镇有人大代表160人,配有1名人大主席,2名人大副主席。设立人大办公室并挂牌,配备1名办公室副主任,1名人大秘书和1名工作人员,保证了人大工作的正常开展。在泰兴市人大常委会的科学指导下,在镇党委的正确领导下,在镇政府的全力支持下,黄桥镇人大不断加强自身建设,全力服务中心工作。

二、镇人大主席团

(一)人大主席团

在黄桥镇第二届人民代表大会第一次会议上,共选举产生了15人组成的主席团。新一届主席团严格按照相关要求和规定,在人代会期间按程序认真组织召开主席团会议,讨论确定大会各项事宜。人代会召开前,召开大会筹备会议,决定大会的相关事项;闭会期间,坚持每季度由人大主席或副主席主持至少召开1次会议,由2/3以上的主席团成员出席,研究、讨论各季度、各阶段人大重点工作及具体安排。

(二)人大主席团的工作制度与职责

黄桥镇人大主席团的工作制度及工作职责包括以下几个方面:(1)定时召开(一般为一季度)主席团会议,学习党的路线、方针、政策、宪法、法律及有关文件材料。(2)听取镇政府及所属办、所、站的工作报告,总结研究工作,交流经验。(3)主席团成员每月至少一天时间学习党的方针政策、国家法律、法规及业务知识。学习时间可采取集中于分散学习的方法,但集中学习每一季度至少有一次。(4)主席团成员以所在选区为主,坚持每季度进行一次走访活动,广泛听取、汇集代表及选民的意见、建议和要求。(5)做好人民代表及人民群众的来信、来访工作,建立相关档案,及时办理、及时反馈,做到不积不拖。

三、镇人大履职状况

(一)坚持党的领导,明晰工作思路

紧紧围绕镇党委中心工作来安排人大的工作,坚持高起点谋划全年工作目标,牢固树立主动作为、积极创新、奋力争先的工作理念,认真讨论制定全年人大工作计划,使人大工作融入全局工作之中,与党委工作、政府工作协调有序,形成合力,共同把各项工作做好。紧紧围绕全镇工作大局,认真贯彻有关法律和制度,依法行使职权,把握工作重点,深入扎实地开展工作。

(二)努力务实创新,夯实人大工作基础

(1)坚持开好人代会,强化“双联”纽带作用。(2)依法履行监督职能,加强监督效果。组织代表开展视察活动,重点围绕小城市建设、园区提档升级和为民办实事工程开展活动;重点对环境保护法的执行情况开展检查,组织代表实地视察污水处理厂的运转、城市环境保护工作、农村畜禽污染处理情况等,让代表有针对性地提出建议和要求,推动政府更好地依法行政,让群众能够拥有更好的生产生活环境;按照评议工作规程,组织了对环保科和黄桥水务分局的专项评议活动。(3)常态开展代表工作,不断增强代表履职水平。根据工作需要,重新整合资源,精心规划设置12个代表之家,做到制度全部上墙,设施配备到位,环境更加优美,活动更加方便;组织代表开展活动,完善人大代表之家,充分发挥“代表之家”履职平台、“双联”平台、学习平台、活动平台的作用,组织开展代表集中学习、代表联系选民、代表接待选民等活动;黄桥镇人大切实重视和改进代表建议的办理落实工作。2016年,直接主办的市代表建议和政协提案共3件,会办共5件,主办的3件中有1件代表建议和2件政协提案,分管负责人均已落实相关部门办理并及时将答复件的拟稿行文,已跟代表、委员多次当面沟通和答复工作,5件会办件均已发函至市相关部门。黄桥镇两次人代会共收到代表建议32条,按照交办理程序,建立主席团成员分工抓建议办理制度,开展跟踪督办落实工作,代表满意率达到99%,代表建议办理落实率达到85%。

(三)加强自身建设,不断提高人大工作水平

(1)以完善机构配置、充实人员力量为基础。配有1名人大主席,2名人大副主席。设立人大办公室并挂牌,配备1名办公室副主任,1名人大秘书和1名工作人员,保证了人大工作的正常开展。(2)以解放思想、与时俱进为先导。抓住主席团会议、办公室会议和镇上其他学习培训活动之机,组织镇人大主席团成员和工作人员,习近平新时代中国特色社会主义理论,学习宪法、法律,不断提高理论水平和工作能力,为代表行使民主权利提供优质服务,在提高活动效率上做文章,努力提高人大工作业务水平。(3)以服务改革发展、服务民生惠民为重点。坚持在依法履职的前提下,在监督中服务,在服务中支持,在工作实践中不断总结提高,强化监督职能,改进服务方式,促进政府工作有力开展,促进全镇经济社会事业蓬勃发展、民生事项有效落实。(4)以争先创优、提升工作水平为目标。不断务实创新,勇于担当。进一步规范人大工作制度。制订和完善镇人大主席团议事规则、主席团工作职责、主席团成员联系代表、代表联系选民、议案建议办理等制度,使人大工作制度化、规范化。进一步做好人大宣传工作。积极向市人大投发稿件,做到每月至少一篇。另外,黄桥镇人大着眼在三个方面创造特色:一是继续坚持每月向党委

报告工作制度,使人大工作列入党委月度重点工作;二是在代表建议办理上,综合运用视察、调研、评议等手段,不断推进办理速度,提高办理质量;三是注重工作实效,在代表履职方面,利用平台和手段,推进代表工作有声有色有实效。

第三节　镇人民政府

一、镇政府组织部门

2012 年,黄桥镇结合地方实际,大胆创新,先行先试,初步探索出一条符合改革的新路子。

特别是 2012 年行政管理体制改革之后,黄桥镇政府将原有的 30 多个内设机构(含事业单位),整合为"两办七局一中心",即党政办公室、政法和社会管理办公室、组织人事和社会保障局、经济发展和改革局、财政和资产管理局、建设局、社会事业局、综合执法局、农村工作局、便民服务中心。保留镇属原事业单位,但不实际运转,其承担的职责与相关办、局、中心整合归并,人员由党委政府统一调配使用,机构整体精简率 74%。同时,保留市以上部门设在黄桥镇的国税、地税和工商分局等机构(机构改革后,国税与地税合并为税务分局)。

二、镇政府职能权限

根据中共泰兴市委、泰兴市人民政府关于印发《黄桥镇行政管理体制改革试点工作实施意见》(泰委发〔2012〕103 号)的通知精神,黄桥镇机关主要职责内设机构和人员编制实施方案如下:

(一)职责调整

首先,将镇机关和事业单位职责试行整合使用;其次,承接市级赋予镇级的部分县(市)级经济社会管理权限;再次,将黄桥工业园区部分与镇相近职责予以整合使用;最后,发挥镇在市东部区域经济社会发展中的辐射带动作用。

(二)主要职责

黄桥镇机关主要承担的职责包括以下几个方面:一是宣传贯彻执行党和国家各项方针、政策,落实市委、市政府的决策、决定;研究制定辖区经济社会发展的全面规划并组织实施;积极发挥在市东部区域经济发展中的辐射带动作用。负责党的建设工作,抓好村、镇机关企事业单位和指导市直部门派驻机构党组建设;负责党的纪律检查、行政监察、宣传、精神文明和统战等工作;负责人民武装、工青妇工作。二是负责加强对干部的管理、教育、培训、考核,按干部管理权限做好干部任免和奖惩工作;对市直部门派驻机构干部的调动、任免、奖惩提出意见和建议。负责人力资源管理工作,贯彻落实《劳动法》和相关法律法规,配合上级有关部门做好社会保障工作。三是研究制定工业、服务业发展规划并组织实施;积极发展内源经济和外源经济,增强经济综合实力;负责镇内安全生产宣传教育、监督检查和管理工作。研究制定农业发展和新农村建设规划,并抓好组织实施和指导工作;负责对镇国有、集体经济活动及村级财务实施审计监督;负责农村土地承包、农村集体资产、农村财务和农民负担的监督管理工作。研究制定科技、教育、文化、卫生、体育、计划生育等事业的发展规划,并组织实施;做好食品药品监管、民政和残疾人帮扶工作。四是负责开展社会管理和综合治理工作,维护社会稳定;处理群众来信来访和各种突发事件,重大问题及时向上级汇报。负责镇规划建设和管理,保护土地资源,做好基础设施建设和环境保护工作。负责编制镇财政预算、决算,报告预算、决算执行情况。负责镇级预算内外收入和支出的组织与管理;负责对镇国有(集体)资产的管理。五是负责行使市政府授权或市相关职能部门委托的权限;指导协调和监督市有关职能部门派驻机构的工作。六是承办市委、市政府交办的其他事项。

三、内设机构

黄桥镇政府内设“两办六局一中心”,均按副科级管理,其具体职能权限如下:

(一)党政办公室

负责宣传和贯彻落实法律、法规、规章、上级规范性文件和方针、政策;负责公文处理和公务安排;负责应急、信息、档案、保密、镇志、政务公开、电子政务、机关财务、后勤接待等工作;监督检查党委政府工作部署的贯彻落实、重大事项进展情况、主要领导批示件的办理情况;负责规范性文件的审核、备案;负责对职能机构的执法监督;办理镇政府相关的行政复议和应诉案件;负责对职能机构的执法监督,办理镇政府相关的行政复议和应诉案件;负责镇人大日常事务;办理人大代表建议、政协委员提案等;负责本镇纪检监察、党风廉政建设和反腐败工作;负责宣传、文明创建、统一战线、侨务、民族宗教和对台工作;负责工青妇日常工作。主要职位:主任、副主任、党委秘书、人大秘书、团委书记、妇联主席、工会主席、人武部副部长、综合调研助理、统战助理(民宗助理)、监察助理、干事、办事员等。

(二)组织人事和社会保障局负责组织、人事、劳动和社会保障工作

制定组织建设、党员发展、培训和干部队伍建设工作计划并组织实施;负责党员干部教育和干部考察工作;负责人事调动、年度考核和奖惩、工资福利工作;制定和组织实施人力资源发展规划,组织、协调人才引进、培训、选拔、推荐、职称评聘及人才优惠政策待遇的申报、落实等工作;贯彻落实劳动法和相关法律法规。协助市人社部门做好社会保障等管理工作。负责离退休干部和老干部管理服务工作,承接市相关职能部门下放委托行使的管理职能和权限。主要职位:局长、副局长、组织助理(老干部助理)、人事助理、社会保障助理、劳动监察助理、干事、办事员等。

(三)政法和社会管理办公室

负责贯彻落实相关的法律、法规、规章和方针、政策;负责社会治安综合治理、来信来访、社会稳定等工作,做好重大突发事件和应急处置工作,预防群体事件发生;负责加强社会管理综合治理工作队伍建设,部署排查矛盾,协调专项治理;负责指导人民调解和基层法律服务工作,指导开展普法宣传和法制教育工作,协调处理民间纠纷;负责对刑满释放、解除劳教人员的帮教和过渡性安置工作;负责安全生产宣传教育工作,做好安全生产的检查、安全生产事故的处理,协调和督促企业安全生产措施的落实;负责社区管理工作;负责民政事务和残联工作;指导村(居)民委员会工作。主要职位:主任、副主任、综治助理(应急助理)、司法助理(法制助理)、民政助理(残联助理)、信访

助理、安全助理、社区助理、干事、办事员等。

(四)经济发展和改革局

制定并组织实施本镇经济发展规划;负责政府核准的投资项目目录以外企业投资项目备案、企业服务、科技服务、招商服务工作,负责政府投资项目的审批,负责产业政策的宣传、指导和企业投资咨询服务;负责第一、第二、第三产业统计调查工作,收集、审核、汇总、分析和上报经济运行和社会发展情况,为领导决策提供依据;研究制定农业发展和新农村建设规划,并抓好组织实施和指导工作;负责农村土地承包、农村集体资产、农村财务和农民负担的监督管理工作;承担村级集体账务和资金的"双代管"服务,培训村级会计和辅导村级财务;负责农民专业合作经济组织发展工作,负责农民的培训、教育管理工作,维护农民的合法权益;负责多种经营、农业产业结构调整和农业产业化发展的规划、指导、协调、监督和服务工作;负责古镇旅游建设工作;负责服务业管理工作;承接市相关职能部门下放、委托行使的管理职能和权限。主要职位:局长、副局长、招商助理、企业服务助理、农经助理(统计物价助理)、农林助理、服务业助理(景区办主任)、办事员等。

(五)财政和资产管理局

负责财政预算、决算的编制和执行;负责镇级预算内外收入和支出的组织与管理;负责上级财政投入的各类专项资金的核算、管理和监督以及村级财政转移支付资金的管理工作;负责涉农补助资金的核实、管理和发放;负责镇企事业单位和村级财务会计的管理和指导工作;负责镇国有(集体)资产的管理;承接市相关职能部门下放、委托行使的管理职能和权限。主要职位:局长、副局长、预算助理、农财助理、集中支付核算主任、经建助理(资产管理助理)、审计助理、办事员等。

(六)建设局

贯彻落实上级有关规划、建设事业的方针、政策;负责编制镇内总体规划、详细规划、村庄规划并组织实施;负责全镇规划建设、建筑行业的管理工作;负责全镇建设工程的质量和安全管理工作;负责住房保障及房屋登记发证等工作;负责交通运输、道路、桥梁、水、电、气、绿化等基础设施的建设管理工作;负责环境保护的宣传、教育、服务和监督管理工作;负责保护和改善生活环境和生态环境工作;负责环境污染事故和污染纠纷的调解处理;承接市相关职能部门下放、委托行使的管理职能和权限。主要职位:局长、副局长、规划助理、城建助理、村建助理(农村公路管理)、环保助理、房管助理、办事员等。

(七)社会事业局

研究制定科技、教育、文化、卫生、体育、计划生育等事业的发展规划,并组织实施;负责做好控制人口与数量、提高人口素质等人口与计划生育工作;负责食品药品监管工作;承接市相关职能部门下放、委托行使的管理职能和权限。主要职位:局长、副局长、科教助理、文体助理、计生助理、卫生助理(食品药品监管助理)、办事员等。

(八)综合执法局

拟订行政执法工作规划、计划、行政措施及规范性文件,并组织实施;负责城市管理、简述、规划、环境保护等综合执法工作;负责办理行政处罚、行政复议等工作;负责执法工作中的协调;负责召集市有关部门对行政执法案件处理进行协调、会审。承接市相关职能部门下放、委托行使的执法职能。主要职位:局长、副局长、法规助理、城管执法助理、违建(殡改)执法助理、办事员等。

(九)便民服务中心

负责制定便民服务中心的各项规章制度、管理办法并组织实施;负责行使政府授权或市相关职能部门下放、委托的行政许可、非行政许可审批和公共服务事项;负责下放、委托事项办理的组织协调、监督管理和指导服务;负责对便民服务队伍的监督、管理与考核;负责协调服务对象的投诉或质询等事项;负责起草关于招标采购交易工作的规范性文件;负责收集政府采购物品的信息;负责镇招投标管理和组织实施工作;承接市招标采购部门下放行使的管理职能和权限。主要职位:主任、副主任、综合助理、督查助理、招投标中心主任助理、办事员等。

四、镇政府管理体制

作为全省20个改革试点之一,黄桥镇被赋予部分县级管理权限,整合设置9大机构。根据省委、省政府批准的《泰兴市黄桥镇行政管理体制改革试点方案》，黄桥镇将依法被赋予部分县级经济社会管理权限，重点扩大该镇在产业发展、规划建设、项目投资、安全生产、环境保护、市场监管、社会管理、民生事业等方面的行政管理权限。按照事权与财权相统一的原则，该镇在事权合理划分的基础上构建合理的财政管理体制和财政超收激励机制，扩大镇级财政自主权。

黄桥镇小城市建设、房地产开发、基础设施建设及安置工程所涉及的土地出让金、城市建设维护税地方留成部分、营业税新增高于泰兴全市平均增幅部分等市级本身收取的各项规费，将全额返还或用于黄桥镇相应项目。该市财政还将加大对黄桥镇产业项目、基础设施和重要社会事业功能设施建设的倾斜扶持力度。社会管理方面，全面推行一委一居一站一办社区服务管理新模式，理顺镇与社区（村）、镇与社会组织之间的关系，创新基层社会管理机制，适应城乡发展一体化的新形势。统筹城乡医疗卫生、教育科技、文化体育、劳动就业、社会保障等民生事业发展，统筹基本公共服务资源的科学配置与合理布局，实现基层基本公共服务均等化。随着管理权限的扩大，黄桥镇试行建立行政事业机构整合设置、人员编制精干、管理扁平高效、运行机制灵活的新型基层政府架构。

根据中共泰兴市委、泰兴市人民政府关于印发《黄桥镇行政管理体系改革试点工作实施意见》的通知，黄桥镇组建党政办公室、组织人事和社会保障局、政法和社会管理办公室、经济发展和改革局、财政和资产管理局、建设局、社会事业局、综合执法局、便民服务中心9大机构，通过机构的整合设置，简化行政审批手续，提高办事效率，突出便民导向，进一步增强服务经济主体和城镇居民的能力。其中，综合执法局和便民服务中心是这次试点工作机构设置的重点，在场地、网络等硬件设施上进行高标准建设，在资金、业务、人员等需求保障上全方位支持，以方便群众办事。开展各项培训活动，提高各机构工作人员的业务水平和能力，切实承担起经济发展、社会管理等职责。

黄桥镇走出了一条“工业强镇”的发展路子，城镇化水平初具规模，此次行政管理体制改革，着力调整财力分配，优化组织机构，强化公共服务，从而破解体制和机制等方面的障碍，有助于进一步加快推进黄桥新型工业化、城市特色化和城乡一体化建设进程。在推进泰兴实现“学赶苏南、领先苏中”目标追求的进程中,黄桥镇乃至黄桥老区占据重要位置。

五、镇政府公共服务

按照泰兴市黄桥镇行政管理体制改革试点方案,黄桥镇政府将从以下几个方面强化政府公共相关服务。

(1)健全公共服务体系。健全公共文化和基本医疗服务体系,促进义务教育均衡发展,稳步推进城乡社保对接,不断完善社会保障体系,努力形成城乡一体、全面覆盖、综合配套、便捷高效的社会化公共服务体系。(2)推进基本公共服务均等化。统筹城乡一体化的基础设施建设,统筹城乡医疗卫生、教育科技、文化体育、劳动就业、社会保障等民生事业的发展,统筹基本公共服务资源的科学配置与合理布局,确保向基层群众提供均等化的基本公共服务。(3)提高公共服务质量和效率。所有下放、委托的行政审批、行政许可和公共服务事项原则上进入镇便民服务中心,实行“一站式”服务。推行办事代理制、首问负责制、办理限时制、跟踪问效制等,减少办事程序和环节,切实提高直接面向基层和群众的“窗口”机构服务质量和效率。加大政务公开力度,落实公众的知情权、表达权、参与权和监督权。

第三章　依法行政与行政执法

第一节　依 法 行 政

一、镇政府权力清单

黄桥镇便民服务中心，是根据省经济发达镇行政管理体制改革试点的要求，于2012年11月成立，副科级建制。便民服务中心共有两层，建筑面积1600平方米，一层是综合便民服务大厅；二层是国地税联合办税服务大厅和公共资源交易中心。截至2018年，中心共设27个窗口，工作人员59名，其中垂直派驻单位工作人员19名。

便民服务中心代表镇人民政府有效承接了泰兴市政府下放的299项政务服务类行政权力和镇政府20多项便民服务事项，以及国土、国税、地税、市场监管、公积金等垂直单位的70多项政务服务事项，累计办件量超过50万件，权力的下放运行和便民服务事项的集中办理不仅为黄桥镇20多万人民群众的生产生活带来了方便，而且有力地促进了全镇经济社会事业的快速健康发展。黄桥镇先后承接下放权限921项（首批380项，第二批541项）。其中，将下放、委托299项行政许可、行政审批和公共服务项目，一律进入黄桥镇便民服务中心。

二、镇政府决策程序

为规范行政决策行为，减少决策失误，保证决策质量，体现决策民主化、科学化,根据中共中央《关于加强党的执政能力建设的决定》和国务院《全面推进依法行政实施纲要》的要求,镇政府决策程序具体包括以下七项:

(一)重大行政决策听取意见制度

黄桥镇政府重大行政决策听取意见制度主要包括以下重要内容:第一,听取意见的内容。听取意见的事项包括:(1)制定规范性文件;(2)编制专项规划和总体工作计划;(3)一次性支付1万元以上的财政性资金支出项目(上级规定的除外);(4)制定重大突发性公共事件应急预案或重大活动方案;(5)重大行政处罚、行政强制和行政许可事项;(6)其他具有长期性、全局性的重大事项。第二,听取意见的形式。听取意见的形式包括:(1)沟通信息渠道,采取设立局长信箱、建立局长接待日、个别谈心、召开征求意见会、听证会等形式,听取干部职工对城管工作的意见建议;(2)定期召开退休干部职工座谈会,走访为城管事业做出过重大贡献的老领导,使他们的建议和意见得到借鉴和发扬;(3)大力推行政务公开,通过设立政务公开专栏、触摸屏、城管网站、召开新闻发布会等形式,及时公布政务、财务活动中的重要事项。第三,对群众意见的处理形式。对群众意见的处理形式包括:(1)及时召开专题会议研究收集到的群众意见,对其中合理合法的意见要予以采纳,对其中不合法、不合理或暂时不能实现的意见,要落实专人向群众做好解释工作,以求得群众的理解和支持;(2)重大问题研究决策后,要进行公示,在公示期间要再次征求群众意见;如有不同意见,则还要再次召开专题会议研究;如没有,则公示期满后方能实施。

(二)重大行政决策听证制度

为增强镇政府重大事项决策的科学性、民主性和透明度,依法保障公民知情权、参与权、表达权、监督权,防止决策失误和行为失范,接受社会监督,促进依法行政,依照有关规定,结合黄桥镇实际,黄桥镇政府制定了重大行政决策听证制度,具体内容包括:第一,镇政府作出社会涉及面广、与人民群众利益密切相关等重大决策事项前,应征求并听取社会各界团体的意见建议,必要时可直接听取公民、法人或者其他组织的意见。第二,听证是社会公众参与本局决策的特定形式之一,凡涉及公民、法人和其他组织的重大利益的决策及行政行为,原则上应进行听证。听证的主要形式是听证会。除涉及国家秘密、商业机密或个人隐私外，听证会一律公开举行。第三，有下列情形之一的，可以举行听证：(1)对重大决策事项的必要性有较大争议的；(2)对公民、法人或者其他组织的切身利益及对社会公共利益有较大影响的；(3)涉及不同利益群体之间有明显利益冲突的；(4)涉及人民群众反映集中的热点、难点问题的；(5)需要进一步了解情况、广泛听取群众意见的重大决策事项。听证会代表应当具有一定的广泛性、代表性。听证会代表有权提问和发表意见，可以向主持单位提出质询，查阅听证笔录和听证纪要。听证会绝大多数代表不同意决策方案，决策单位应修订决策方案，再次进行听证。相关科室(单位)将决策方案报上级机关审批时，凡举行听证会的，应将听证会笔录同时报送审查。

(三)重大行政事项决策制度

为规范行政决策行为，明确决策责任，减少决策失误，保证决策质量，根据中共中央《关于加强党的执政能力建设的决定》和国务院《全面推进依法行政实施纲要》的要求，结合黄桥镇实际，黄桥镇政府制定了重大行政事项决策制度，具体内容包括：第一，镇政府作出各项重大事项决策适用本制度，但突发性或应急性的重大决策除外。第二，重大事项决策包括下列事项：(1)制定规范性文件；(2)编制专项规划和总体工作计划；(3)一次性支付1万元以上的财政性资金支出项目(上级规定的除外)；(4)制定重大突发性公共事件应急预案或重大活动方案；(5)重大行政处罚、行政强制和行政许可事项；(6)其他具有长期性、全局性的重大事项。第三，重大事项决策应当坚持下列原则：(1)科学决策原则。尊重客观规律，运用科学的方式，做到现实性和前瞻性相结合，使决策符合社会发展规律。(2)民主决策原则。反映民意，集中民智，做到公众参与、专家论证和行政机关决定相结合，体现和反映最广大人民群众的根本利益。(3)依法决策原则。按法定权限和程序进行，正确履行法定职责。承办部门在前期工作中，应当主动征求法制、政策研究、决策咨询等机构及法律顾问的意见，必要时可以依法委托专家、专业服务机构或者其他有相应能力的组织完成专业性工作。承办部门应当深入开展调研工作，全面、准确掌握决策所需的有关情况，采取多种形式广泛听取公众意见和建议，形成决策调研报告。涉及资源配置的决策，应当进行成本效益分析，其结果可以量化的应当量化。根据决策需要,承办部门应当组织专家评审及相关部门对决策备选方案进行评审,形成综合评审意见。对涉及面广、与群众利益密切相关的重大决策事项,承办部门应当通过新闻媒体、网络等媒介公布,或者采取座谈会、听证会、论证会等方式,充分听取社会公众对重大决策备选方案的意见,并将意见及采纳情况形成报告。会议审议重大事项方案,应当遵守下列规定:(1)有半数以上组成人员到会方可举行。(2)承办部门向会议作决策方案说明,回答会议组成人员的询问。(3)分管负责人重点阐述意见,并提出决策建议。因故不能到会的,应当书面提出决策建议。(4)其他参会人员发表意见。……第十,主要负责人代表本行政机关对重大事项行使决策权。可对审议的事项作出同意、不同意、修改、搁置及再次审议的决定。一般应当根据多数组成人员的意见作出决定,也可以根据少数组成人员的意见或综合判断作出决定,但应当说明理由。第十一,违反本制度规定导致重大决策失误的,依法追究决策人和直接责任人员的责任。

(四)重大行政决策合法性审查制度

为规范行政决策行为,保证行政决策行为符合法律相关规定,结合黄桥镇实际,黄桥镇城市管理局制定了重大行政事项决策制度,具体内容包括:

第一,重大行政决策作出之前,应当进行合法性审查;重大行政决策按照《泰兴市城市管理局重大行政事项决策制度》规定的决策范围确定。第二,局政策法规科负责对重大行政决策进行合法性审查。对决定进行合法性审查的重大行政决策,承办部门或者科室在送局政策法规科审查时,应同时提供下列材料,并对其真实性、可靠性、完整性负责。第三,重大行政决策承办部门或者科室按本制度向局政策法规科提供的材料齐备之日为受理日。局政策法规科对重大行政决策进行法律审查。第四,对重大行政决策进行合法性审查时,需要通过新闻媒体公开向社会征求意见的,应当在本局网站或者市级新闻媒体上刊载。第五,重大行政决策合法性审查过程中的座谈会、征求意见会、论证会,由局政策法规科负责召集和主持,并根据重大行政决策涉及的范围确定会议规模和参会单位。第六,召开研究决定重大行政决策的相关会议时,局政策法规科负责人应当出席会议,并就该重大行政决策进行合法性审查的情况作说明。第七,重大行政决策未经合法性审查或者未通过合法性审查的,不得提交局行政办公会或者局党组会议审议。

(五)重大行政决策跟踪评估制度

为确保行政决策的顺利实施,及时查找决策实施过程中存在的问题,减少因决策失误造成的损失,结合黄桥镇的实际制定了重大行政决策跟踪评估制度。具体内容包括:第一,经研究确定实施的决策事项,必须指定专人负责,对实施全过程进行有效监督。第二,定期对决策事项进行检查,并进行集体讨论研究,对决策事项实施效果可聘请有关专家或专业人员进行合理评估,发现问题,及时调整实施方案。第三,经评估认为决策事项存在重大问题,及时报请上级机关停止决策的实施,并组织对决策事项进行重新论证。第四,因决策失误,造成损失的,追究主要领导责任;经集体讨论确定的决策造成重大损失的,追究行政一把手和主要领导责任。

(六)重大行政决策责任追究制度

为规范行政决策行为,明确决策责任,减少决策失误,保证决策质量,做到政府权责统一,结合黄桥镇实际,黄桥镇政府制定了重大行政事项决策责任追究制度。决策责任追究,是指本行政机关及其工作人员,在实施行政决策过程中,因其过错而应当承担的责任。具体内容包括:第一,决策责任追究应当坚持实事求是、有错必究、过责相当、教育与惩戒相结合的原则。第二,决策责任追究范围:决策人超越法定职权实施决策的;决策内容违反法律、法规及国家政策的;决策人未按科学决策程序进行决策的;决策人明知决策错误,未及时采取措施加以纠正的;对应由本人做出的决策进行推诿或者拖延,不做决策的。第三,决策责任追究方式:责令改正;责令做出书面检查;通报批评;调离工作岗位或者停职;行政处分;以上责任追究方式,在不相冲突的情况下可依据过错情况并处。涉嫌犯罪的,应依法移交司法机关处理。决策责任分为:直接责任、主要领导责任和重要领导责任。

(七)部门协商制度

为切实加强全市城市管理工作的领导,实现宏观决策、重点管理、综合协调、监督检查,根据《泰兴市城市管理相对集中行政处罚权试行办法》,市城市管理局制定了部门协商制度,黄桥镇认真落实此项协商制度的内容。具体制度包括:

第一,市城市管理成员单位全体会议制度。一是会议时间。每年召开一次。经分管市长决定,可随时召开。二是主要内容:(1)围绕市委、市政府确定的中心工作研究制定城市管理领域的相关政策、决议;(2)通报城市管理中的重大事项,研究分析城市管理工作中的热点、难点问题,布置年度城市管理工作;(3)研究城市管理运行体制、机制和相关制度问题。三是参加人员。市城市管理成员单位成员。邀请与会议议题相关的其他单位、部门负责人列席。

第二,市城管局办公会议制度。一是会议时间。每半年召开一次。根据城市管理工作需要,经城管局局长同意,可随时召开。二是主要内容:(1)定期分析城市管理工作形势,研究加强城市管理的办法和措施;(2)研究分析城市管理中突出问题,制定解决办法;(3)组织开展城市管理集中整治和联合执法;(4)研究需报请市城市管理成员单位全会审定的城市管理方面的议题;(5)协调部署多部门联动执法相关重要事项;协调解决城市管理中的有关问题;(6)通报落实"市城市管理成员单位全会"精神情况。三是参加人员。会议由市城管局长主持召开,市城管局班子成员参加。根据主持人提议,相关单位业务科室负责人列席会议。会议视情邀请"两代表一委员"、新闻单位记者、市民代表参加旁听。

三、镇政府行政审批

黄桥镇行政体制改革之后,黄桥镇政府将行政审批权全部下放到黄桥镇便民服务中心。黄桥镇便民服务中心设置窗口 27 个,涉及计生、民政、卫生、人社、建设、规划、房管、国土、安监、食药监、国地税、市场监管、住房公积金等 15 个部门单位,承接泰兴市政府下放到黄桥镇的全部权力事项 299 项和镇区内公共服务事项 79 项。

根据省经济发达镇行政管理体制改革试点的要求,黄桥镇于 2012 年 11 月成立便民服务中心,中心设综合科、督查科、业务科、招标中心四个科室。截至 2018 年,共有工作人员 77 名,派驻单位人员 38 名。2012 ~ 2017 年,便民服务中心办件量超过 70 万件,新中心日均办件量超过 1000 多件。中心完成了"审批流程的再造",实现了"一枚公章管审批"。所有行政审批均实行"中心窗口受理(初审)、中心业务科审核、中心负责人审批"的三步终审模式。同时,所有行政审批事项统一盖黄桥镇人民政府审批专用章,审批效率比改革前提高了70%,办结率达100%。

2018年,中心将政府的便民服务窗口进行了人员和资源整合,设置了6个综合服务窗口,实现了政府审批服务事项一窗通办服务,并采取"线上办理、线下办理"的方式,进一步方便了群众,提高了工作效率。"线上办理"模式,主要是围绕"外网申请、内网办理、网上审批、快递送达"16个字实施。"线下办理"模式,就是办事人员到实体大厅现场办理各类审批服务事项。

四、镇政府行政问责

为保证镇政府权责统一,黄桥镇政府制定了重大行政决策责任追究制度。决策责任追究,是指本行政机关及其工作人员,在实施行政决策过程中,因其过错而应当承担的责任。其具体内容包括:

第一,决策责任追究应当坚持实事求是、有错必究、过责相当、教育与惩戒相结合的原则。第二,决策责任追究范围:(1)决策人超越法定职权实施决策的;(2)决策内容违反法律、法规及国家政策的;(3)决策人未按科学决策程序进行决策的;(4)决策人明知决策错误,未及时采取措施加以纠正的;(5)对应由本人做出的决策进行推诿或者拖延,不做决策的。第三,决策责任追究方式:(1)责令改正;(2)责令做出书面检查;(3)通报批评;(4)调离工作岗位或者停职;(5)行政处分。以上责任追究方式,在不相冲突的情况下可依据过错情况并处。涉嫌犯罪的,应依法移交司法机关处理。第四,决策责任分为:直接责任、主要领导责任和重要领导责任。第五,承办人不履行或者不正确履行职责,导致决策过错后果发生的,负直接责任;审核人、批准人应当发现而没有发现,或者发现后未予纠正,导致决策过错后果发生的,审核人负主要领导责任,批准人负重要领导责任。第六,审核人改变承办部门负责人的正确意见,导致主要领导发生决策过错的,审核人负直接责任,批准人负主要领导责任。审核人应报请而不报请批准人批准直接作出决定,导致决策过错后果发生的,审核人负直接责任。未经承办人拟办,审核人审核,批准人直接作出决定或者改变承办人、审核人正确意见,导致决策过错后果发生的,批准人负直接责任。

第二节 行政执法

一、概述

黄桥镇行政执法权限主要由黄桥镇综合执法局承担。根据江苏省、泰州市和泰兴市关于经济发达镇行政管理体制改革试点工作的要求,黄桥镇综合执法局于 2012 年 11 月正式组建并运行,系黄桥镇人民政府的内设机构。

截至 2018 年,黄桥镇综合执法局共有各类执法、管理人员 124 名,其中大专以上学历 54 名,按照执法、管理职能,下设综合科、法制科 2 个业务科室(综合科、法制科)和 5 个综合执法中队。其中,综合科负责执法局对外联络及内务管理。

综合执法局共承接泰兴市级下放的 829 项行政处罚权和行政强制权,执法范围涉及住建规划、城市管理、食药安全、人防科技、劳动保护、文广新体等 10 多个领域。黄桥镇围绕"综合执法一队伍"的改革目标要求,创新基层执法管理运行体制,打破条线部门束缚,整合镇内城市管理、食品药品监管、安全、环保、民政、教育、文化等各类执法力量,基本实现了"一支队伍管执法"。截至 2016 年,黄桥镇综合执法局共查处各类案件近 9500 起,其中简易程序 8550 起,一般程序 268 起;参与社会维稳工作 180 多次;处理违法人员 265 余人次;挽回经济损失 300 余万元。

二、镇政府综合执法状况

行政管理体制改革前,有 10 多家部门参与管理、执法,管理和执法工作混乱,权责不清。改革后,只有黄桥镇综合执法局 1 家执法部门,全面承接了 829 项除限制人身自由以外的行政处罚权与行政处罚相关的行政强制措施权、监督检查权,改变了以往无权执法、分散执法、多头执法的现象,有效地提高了执法效率,保证了执法质量,努力实现"一套清单管权责,一张表格管检查,一个平台管指挥,一个号码管服务,一套机制管监察,一支队伍管执法"。概括而言,黄桥镇综合执法局主要通过以下几个方面综合提升执法效能,破解执法难题。

(1)创建“全能型”执法队伍

按照“一专多能”的工作要求，黄桥镇综合执法局设立5个综合执法局中队，代表镇政府统一行使城管、环保、安监、建设、规划、民政、劳动监察等与社会管理相关的829项行政执法权限，执法范围涉及住建规划、城市管理、食药安全、人防科技、劳动保护、文广新体等10多个领域。

(2)实现“全覆盖”执法巡查监管

按照“网中有格、格中有人、人在格上、事在格中”网格管理要求，将综合执法事项全部纳入“1+65+210”三级网格监管体系中，明确综合执法队员担任网格巡查员，推行定格、定人、定责、定时、定标准、定奖惩的“六定”管理模式。

(3)运用“数字化”执法平台

①信息指挥中心。信息指挥中心建成于2011年7月，前身是数字化城管中心。2016年9月，为全面适应行政管理工作的需要，镇党委、政府投入200余万元进行提档升级，配备及整合监控点位近700个，形成了覆盖面广、精准度高、监管力强的网络监控体系。②数字化+执法外勤平台。充分发挥“互联网+”的优势，建成数字化+执法外勤平台，有效实现了“问题发现最迅速，现场处置最快捷，执法目标最精准”的目标。③ERE数字执法综合信息处理平台。建立ERE数字执法综合信息处理平台，将行政许可、行政监督检查、行政强制、行政处罚等环节相结合，实现了行政执法事务的数字智能化。

黄桥镇行政管理体制改革与行政权力下放之后，镇政府将行政执法权，包括城市管理、控违纠乱、食品药品监督、安全监督等，交由综合执法局，代表镇政府统一行使镇政府承接的除限制人身自由以外的行政处罚权和与行政处罚相关的行政强制措施权、监督检查权。

三、推行网格化管理

黄桥镇坚持“党建引领、村(居)民自治、多元参与、智慧服务”的基层治理理念，充分整合基层社区管理资源，实行镇村治理“一张网”管理服务模式，实现了“部门端口互联、信息数据共享，小事一格解决、大事全网联动”的社会治理格局，凸显了“人在干、数在转、云在算、社会在看”的新时代特征。具体做到“三个统一、一个及时”。

(1)统一划分网格

全镇划分成三级网格,其中一级网格1个,为全镇区域范围,一级网格由镇主要领导担任网格长;二级网格65个,为65个行政村(居),二级网格由镇领导班子其他成员担任网格长;三级网格210个,为原有的自然村或庄台,三级网格由村党组织书记担任网格长。同时,对三级网格内的党建、环保、国土、人社、民政、司法、安监、食药监、综合执法等10多个部门的工作内容和职责进行整合,将公共场所、企事业单位、个私企业、各类店面等全部纳入网格,做到“联系无障碍、管理无盲区、服务无遗漏、安全无隐患、和谐有保障”。

(2)统一配备人员

在三级网格内统一配备好“一长两员”,“一长”为网格长,由分工片区的村(居)干部担任;“两员”分别为网格员和巡查员,其中网格员由村里现有的中心户长担任,共有1073人。巡查员由综合执法局分工到村片区的工作人员担任。

(3)统一采集信息

要求“一长两员”充分发挥网格末梢的信息优势,综合管理服务网格内的政策法规宣传、治安防控、纠纷调解、环境保护、安全监管、防违治违、特殊人群监管、社情民意等工作,并通过全要素网格移动终端、公众版App,采用图片、文字、音频、位置信息等形式,将发现的社会治理问题上报到智能应用平台的“9+X”模块,实现了“信息一网采集”,通过智能平台就能全面掌握网格内的户籍人口、出租房、流动人口、重点管控人员等信息。

(4)及时受理处置

对网上发现和网格员上报的各类问题信息,镇综治办通过综治信息系统平台,及时受理交办。其中,一般性问题由村在第一时间处置到位;较为复杂需镇职能部门联合解决的问题,依托智能平台对10个机关内设局室和公安、市场监管、供电、水务、国土、司法等驻镇单位进行流转交办。同时,每个月依托智能平台进行矛盾纠纷分析研判,全程进行督办考核,对问题的受理处置实行“黄红双色百分管理”。

截至2018年,全镇划分为5大网格,在此之下,再细分为74个二级网络,每个区域对应一名网格巡查员，不再以条线分工为基准，而以区域为基准。(1)网格巡查员对区域内的所有可能涉及综合执法的事项负责，且每个区域还对应有一名村中的网格管理员，实现上下对接，共同治理本网格。(2)综合执法。由于网格化管理在一方面使得权力分化与下放，另一方面其实是将条线管理中的各项执法权整合，所以，原来专攻某一领域的执法人员为了与其现有的分工对接、与现有的责任匹配，综合执法局的执法人员确实需要做到具备“综合”执法能力。(3)对事件的处遇、反应基础迅速。条线之下原有的案源，即线索来源仍然存在(举报热线、上访)，并且能与现有网格管理对接。在网格化管理之下，整体的执法工作重心下移，巡查员的执法呈现能动化倾向。(4)增强工作协调性。过去，不同的条线之间没有太多的瓜葛，镇里的执法人员与村干部，前者身着制服，后者穿便衣，无形间增加距离感，执法的配合效果很差。现在网格化管理，镇—村治理一张网，执法人员之间距离感拉近。

四、网格巡查员工作职责

(一)“两违”管控职责

1. 正常开展日常巡检，加强对违法用地和违法建设的督查，对“两违”事件做到第一时间发现，第一时间上报，第一时间依法拆除；2. 做好辖区企业和群众的法治宣传、教育工作，通过法治宣讲、算账对比，提高企业和群众对“两违”危害性的认识；3. 认真填报“两违”巡查报表。

(二)安全监管职责

1. 开展日常消防安全检查，对辖区内各消防重点单位、劳动密集型生产企业和医院、学校、居民区等人员密集场所进行重点关注；2. 每周至少开展一次安全生产监督检查，监督检查生产经营单位执行国家安全生产法律、法规、规章、国家标准、行业标准情况；3. 及时了解、掌握辖区内生产经营单位的安全生产情况。

(三)市容管理职责

1. 正常开展日常巡查，确保市容环卫清洁有序；2. 加强绿化管护，及时查处毁绿违法行为；3. 加强市政公共设施监管，对破坏、占用市政公共设施违法行为进行及时有效地制止、查处;4. 规范整治流动摊点、占道经营、噪声扰民、露天烧烤等行为;5. 整治城市"牛皮癣"。

(四)食药监察职责

1. 结合日常巡查,宣传《食品安全法》;2. 加强辖区内餐饮单位食品安全检查,对不按规定程序从事经营活动的违法行为进行及时有效的查处;3. 加强辖区内农村家宴管理,严格落实报备监督制度;4. 加强辖区内食品小作坊监管。严把原材料进口关、卫生检查关、生产销售关,确保食品安全;5. 加强辖区内保健食品、化妆品、医疗器械经营活动的监督管理工作。

(五)环境保护职责

1. 定期开展辖区内企业巡查,重点关注企业雨污分流、废水废气排放、噪声扰民等情况;2. 强化工业固体废物处置监管,规范处置工业垃圾和生活垃圾;3. 强化夜间巡查,严防焚烧垃圾、秸秆现象;4. 对重点污染单位进行严密监督和防范;5. 定期开展燃气巡查,特别是国家法定假日期间重点抓好燃气企业、瓶装供应站巡查工作;每年组织一次对辖区范围内所有燃气用户进行专项检查;严格查处辖区内未经许可实施的管道铺设等违法行为。

第四章　综治与司法工作

第一节　综 治 组 织

黄桥镇历来积极开展综合治理相关工作，严格按照上级党委政府的要求，由乡镇党委牵头，依托黄桥镇群众的力量，进行普法教育、预防犯罪。同时与司法机关相配合，有效维护了地方治安稳定。

近年来，黄桥镇各项改革逐步进入深水区，城市化进程的不断加快，经济也日益蓬勃发展，但伴随经济社会发展而来的，必然是社会结构的复杂化和一系列纠纷与冲突的显现，因此全方位的社会综合治理成为黄桥发展命题中的迫切需求，在这一背景之下，综治组织在缓和社会矛盾、平衡各方利益方面起着极为关键的作用。

第一，设立调解组织。黄桥镇在各村及大型企业设立村级人民调委会，调委会由三人至五人组成，村民委员会主任、企业工会主席兼任调委会主任。黄桥镇人民调解委员会，负责镇一级的人民调解和社区矫正工作。同时，成立了镇矛盾纠纷排查调处中心，调整充实镇、村各级调委会调解员，完善矛盾纠纷排查调处信息员网络。

第二，落实调解任务。黄桥镇调解的要求："纵向到底、横向到边、无缝衔接"要求，筑牢村居人民调解末梢防线，构建镇、村(居)、村民小组三级调解责任体系，创新建立的"1+3+N"调解网络及运行机制被全市推广。与此同时，打响人民调解品牌，率先在全市建立的"星级专职调解员"评比制度，调动人民调解员积极性和创造性,率先建立重大矛盾纠纷风险评估、应急、调解听证机制,通过构建集信息、分析研调、实时反馈于一体的信息化、动态化、立体化工作机制,有效预防和提高了各类矛盾纠纷的发生、发展和及时调处的效能。

第二节　司法组织

一、人民法庭

(一)黄桥人民法庭基本情况

泰兴市人民法院黄桥法庭成立于 1954 年 1 月,2000 年元月与原横巷法庭、横垛法庭合并组成现黄桥法庭。现辖黄桥镇、古溪镇、元竹镇、分界镇、珊瑚镇,辖区人口近 40 万人。

截至 2018 年年底,黄桥法庭共有员额法官 5 名、法官助理 1 名、书记员 4 名。在泰兴市人民法院党组的正确领导下,法庭以"两学一做"教育实践活动为载体,克服困难,努力践行"公正、廉洁、为民"的人民法庭庭训,结合群众诉求,不断创新、优化审判队伍,进一步提升"情暖民心、法润黄桥"品牌,使法庭工作符合民情、体现民意、赢得民心。

2015 年以来(截至 2018 年 3 月),法庭共办结案件 5508 件,结收案比 98.06%,法定正常审限结案率 90.29%,调解率 40.45%,一审服判息诉率 92%;84%,一审判决案件改判发回重审率 0.51%,主要质效指标均居泰州市各基层法庭前列。该庭还连续六年被评为泰兴市法院先进集体,荣立集体二等功、三等功各一次,被表彰为全省优秀人民法庭、全省法院文化建设示范单位、省市法院推进社会管理创新和维护社会稳定工作先进集体、泰州市妇联"市级维权示范岗"。庭长宋炳忠被评为江苏省优秀人民法庭庭长、泰州市优秀人民法庭庭长、泰兴市优秀共产党员;蒋鹏飞被表彰为全省法院系统调解能手;王云被评为全国法院办案标兵、"20 年新泰州建设功臣"、最美巾帼、泰兴市优秀共产党员;陈纪平获个人三等功等。

(二)以审判权运行改革为导向,做好执法办案第一要务

1. 优化审判队伍。为积极适应员额制改革的各项措施,黄桥法庭将 5 位

员额制法官分别安排在泰兴和黄桥两处办公，各处均有一位副庭长负责，老中青结合、以老带新、各展所长，并用员额制管理方式引领他们积极适应改革、投身工作，有效解决了审判庭紧张的问题，大大提高了审判效率。2.完善考核机制。及时对审判质效在全庭进行公布，促进司法人员互学赶帮。法庭在严格贯彻《党内政治生活准则》、充分发扬民主、集体商定的基础上，适应员额制改革要求，完善以审判绩效为核心的管理制度，既注重考评办案数量、结案率，又考评案件调解率、撤诉率、群众满意度等办案质量指标。在这一系列措施的设立之下，法庭涌现出"专家法官""调解能手""办案状元""办案新星"等一批阶梯式成长先进人物。

（三）努力攻坚克难，解决疑难复杂案件

1.借助社会各方之力化解重大矛盾案件。对部分因意外导致生活困难的群众，法庭在审案过程中，均积极与有关当事方及其他社会群体沟通、做工作，帮助当事人渡过难关，在实现案结事了的情况下，还能够情暖民心，为人民群众送去温暖。例如，2016 年 5 月，朱某因交通事故受伤到泰兴市第二人民医院进行治疗导致的医疗损害责任纠纷一案，经承办人宋炳忠主持调解，双方达成调解协议。由于朱某发生交通事故后无法工作，家中有两个子女上学，母亲老年痴呆，仅靠其妻子一人打工维持生计，家中困难至此，根本无法进行二次治疗。为此，该法庭在结案后仍积极与泰兴市第二人民医院及其他社会群体沟通、做工作，最终帮朱某筹得 2 万元资助，帮助朱某走出困境。2.诉调对接、敢于担当，化解多年矛盾纠纷。2013 年 6 月 6 日，陈某购买泰州市某房产公司开发的坐落于黄桥镇文明路房屋。陈某认为协议签订后某公司不按照《商品房买卖协议》和我国现行法律履行交房义务，双方多次交涉未达成一致意见。陈某于 2016 年 7 月 5 日在泰州高港区人民法院起诉该房产公司，房产公司向泰州高港区人民法院出示了办理在陈某名下的相关商品房登记手续，但陈某已先行住进房屋并认为存在质量问题。为此，陈某多次向当地政府、房管局、国土局、住建局及上级有关政府部门实名投诉举报且提起行政、民事、刑事等一系列诉讼。薛永江法官受理陈某与房产公司商品房销售合同纠纷一案后，在查明案情的基础上整合社会各方面资源多次组织调解，释疑解惑，终于促成双方当事人达成和解，陈某申请撤回起诉。由此，一起纠缠多年的纠纷成功化解。3. 耐心细致、反复调解,将矛盾化解在法庭。2017 年 5 月,周贵龙法官收到一件涉及 29 人的拖欠劳动报酬纠纷案件。某服装厂因经营不善倒闭,拖欠了 29 人的工资。虽然案情简单、事实明了,但是考虑到以前类似案件中有一些工人胜诉后却拿不到钱,周贵龙多次电话联系,通过镇司法所、村干部做工作,周末到村委会进行调解,最终感化该服装厂老板,称其即使自己打工也会还上工人的钱。这件案件在周贵龙的耐心细致、反复工作下最终得到化解,维护了农民工的权益。

(四)以创新促审判,提高法庭的公信力

1. 开展、推广"民心审判"。2013 年黄桥法庭创新开展"民心审判",截至 2017 年,已在各乡镇挂牌了"民心审判工作站",设立调解工作室。"民心审判"通过网上发布案例、村居巡回审判等方式,加强了与群众的沟通和交流,充分引导当事人在合法的基础上进行调解,顺应公序良俗,实现案结事了。2. 创设"当事人之家"微信群,用交流化解矛盾。黄桥法庭在本地区率先创新成立了"当事人之家"微信群,庭审时当事人可以通过微信群交换电子证据,庭后当事人可以通过微信群咨询相关事宜,群主及全庭法官有针对性地发布相关的法律规定和文章,如《离婚对孩子的不良影响》《各类民事官司需要的材料汇总》等,对当事人进行引导,群内成员可以互相讨论、交流,从而帮助某些当事人,使少数偏激的当事人深受影响,达到了案结事了的目的。

(五)以文化建设为底蕴,弘扬"不怕苦,敢争先"的敬业精神

1. 黄桥法庭在全国优先建立了"民心文化展厅",至今已有十批近百人次参观,使法庭工作符合民情、体现民意、赢得民心。2. 法庭院内有两株雌雄相依的银杏树,两棵树相依相偎、不离不弃。法庭在树下设立铭牌,以此教育当事人,让多起离婚诉讼当事人深受感动,截至 2018 年,已有 50 多对离婚案件当事人在和好树下重归于好。3. 编印法庭年鉴和画册,让全体干警有成就感。近年来,法庭评选法庭"年度大事记""十件经典案例""十件经典文书",并有全体人员合影及审判团队单独合影,编成法庭年鉴、陈列庭史室。2017 年,法庭将法庭简介、法庭庭训、法庭荣誉、经典案例、优秀法官等编印成法庭画册,发送给全庭每位干警,让大家在年鉴和画册中看到自己努力的成果,提高个人成就感、归属感和集体荣誉感。4. 试用新兴媒体,进行法治宣传。2016 年 3

月，根据泰州市中级人民法院要求，泰州学院何根林教授与黄桥文化站同志一起策划小品《下辈子做你的亲生儿子》，该小品获得泰兴市市级机关文化会演二等奖、泰州学院20周年文艺汇演三等奖。12月，微电影《神奇的和好树》在全省获奖，该微电影拍摄于法庭、取材于法庭审理的离婚夫妇调解并和好的真实案例，剧中许多台词都是法庭法官在平时的调解工作中经常使用的，使该剧具有很强的真实性和可看性，树立了新时期法官司法为民的良好形象。

二、检察室

黄桥镇检察室，作为泰兴市人民检察院派驻检察室于2012年设立。在泰兴市人民检察院领导下，检察室始终坚持三个不相信原则，即“不相信有完成不了的任务，不相信有克服不了的困难，不相信有实现不了的目标”。

在这一原则的指导下，相关工作人员表现优异、成绩突出。现任黄桥检察室副主任鞠晓曦，在网络安全与信息化研发建设应用工作中，做出了重大贡献并取得优异成绩，被评为“全省网信建设能手”，成功入选全省检察研究人才库，并被省检察院记个人三等功。

三、派出所

（一）黄桥公安历史沿革

黄桥公安分局于1949年3月解放之初成立。1950年6月撤销黄桥公安分局成立黄桥派出所。1951年9月恢复黄桥公安分局撤销黄桥派出所。1956年12月黄桥公安分局改编为黄桥派出所。1986年5月恢复黄桥公安分局，管辖东半县12个乡镇。1994年5月原东进派出所并入黄桥派出所。1999年1月黄桥分局与黄桥派出所合并。2003年2月原横巷派出所并入黄桥派出所。2007年3月黄桥公安分局撤销。2012年11月黄桥镇原黄桥派出所、溪桥派出所、刘陈派出所合并成立黄桥公安分局，2014年1月正式挂牌，3月开始一体化运作。

（二）黄桥公安分局简况

伴随黄桥镇的历史发展，黄桥公安分局与黄桥派出所时而单立，时而合并。现在的黄桥公安局共有民警42名、辅警86名。分局实行“四队一室”的警务运行机制,内设办公室(含勤务指挥室)、社区民警队、刑侦民警队、治安民警队和“110”巡防队,其中社区民警队下设5个社区警务工作站22个责任区,另在黄桥、溪桥、刘陈设3个户籍服务窗口。

(三)案件办理的基本情况

以近三年为例,2016年度,分局接处警10463起,占全局总数113291起的9.24%,同比上升5.1%。立刑事案件578起,占全局总数3447起的16.77%,与上年同期580起下降2起,其中八类案件4起,侵财类案件568起(盗窃466起,通信网络诈骗96起,上年同期559起),占全局总数1354名的8.05%,破获105起(八类4起,盗窃95起,诈骗2起),抓获刑事作案成员109名,比上年127名少18名,其中刑事拘留58名,逮捕44名,取保候审48名,公诉79名(侵财29名,涉毒1名,涉娼4名,食药环2名,经济犯罪1名),占全局总数1050名的7.52%。受理查处治安行政案件1383起,占全局总数7377起的18.75%,比上年1775起减少392起,查处吸毒人员12名(全市297名,占比4.04%),涉娼人员32名(全市240名,占比13.33%),涉赌人员125名(全市541名,占比23.1%)。打击“全能神”34名(全市66名,占比51.52%),其中刑事15名、治安处罚19名。

2017年度,分局共接警11752起,约占泰兴市局接警总数的1/11。立刑事案件500起,约占泰兴市局刑案总数的1/7,破获刑事案件103起,抓获刑事作案成员126人,刑事拘留38人,逮捕35人,公诉70人,公诉数量约占泰兴市局公诉总数的1/13;受理治安行政案件1956起(含简易治安纠纷调解),约占泰兴市局治安行政案件总数的1/5,查处吸毒人员21人,涉娼人员73人,涉赌人员252人,摧毁涉黑涉恶团伙4个共21人。在打击“全能神”邪教方面,年内分局公诉8人,治安处罚14人。

2018年度,分局共接警11506起。立刑事案件574起(其中侵财类案件526起,盗窃案件421起,入室盗窃案件188起,诈骗案件101起,通信网络诈骗案件77起,盗窃电动车案件62起,盗窃机动车2起,可防性案件330起)。受理治安行政案件2024起(含简易治安纠纷调解1001起),查处各类治安行政案件522起,抓获刑事作案成员96名,破获刑事案件95起,现行案件破案率16.5%(侵财类案件破案率10.3%),刑事拘留78人,逮捕46人,取保候审

40人,公诉71人,抓获网上逃犯18名,摧毁涉黑涉恶犯罪团伙7个32人。分局全年行政拘留106人,罚款299人,罚款总金额179200元,警告40人,查处吸毒人员9人,涉娼人员30人,涉赌人员155人,涉邪人员29人(其中逮捕1人,取保候审4人,行政拘留20人)。

(四)工作成绩与荣誉

黄桥公安先后获得公安部一级公安派出所、全省公安机关执法规范化建设成绩突出集体、泰州市基层站所作风建设五星级单位、泰州市先进基层党组织、泰州市政法机关争创陈燕萍式所队先进单位、创建法治泰州规范执法活动先进单位、泰州市公安局先进基层党组织、泰州市公安局十佳科技强警示范所队、泰州市公安局集体三等功、泰州市公安局基层所队创建党风廉政建设示范单位活动先进单位、泰州市公安局优秀执法单位、泰兴市先进基层党组织、泰兴市廉政文化建设示范点等荣誉。

第三节　司　法　所

黄桥司法所作为本地区重要的司法机构,服务辖区拥有常住人口20万人、外来流动人口3万人、下辖67个村(居)、41家企事业单位、21家双管单位、商家店铺数千家。

一、机构和人员状况

截至2018年年底,黄桥司法所共有工作人员11名,其中政法专项编制5人,专职调解员2人、专职社区矫正工作人员5人。

司法所已形成了具有一定特色的三色(红色、黄色、绿色)社区矫正管理制度。该制度是由黄桥司法所于2013年首创,之后由于效果显著,在全泰兴市都推广开来。到2018年,近四年来,泰兴市16家司法所已全部落实"三色管理"工作制度,有效提升社区矫正工作效率。切实增强社区矫正工作的针对性、科学性和系统性。与此相配套的措施是"分级管理",它是指按照社区服刑人员既往罪错和再犯可能性大小,结合现实表现,将其纳入"严管、普管、宽管”三级动态管理模式,分别以“红色、黄色、绿色”进行区分,分别寓意“警示”“提示”“相对安全”,实行挂图作战、动态性管理,并根据矫正成效及时调整社区服刑人员的管理级别。管理中,制作卡片式“社区服刑人员联系卡”(含社区服刑人员基本情况等信息),并建立站牌式“社区服刑人员分级管理联系表”,实施挂图作业,保持实时跟踪,确保矫正管理情况一目了然。

在此项制度下,黄桥镇已经基本形成了“档案分类存放一清二楚、人员分级管理一目了然、资料无缝衔接百无一失、监管工作措施一着不让”的良性互动工作格局。仅以黄桥镇为例,常年在册社区服刑人员100余名,从2014年至2018年,累计接收社区服刑人员363名,无一脱管、漏管,杜绝了相关人员重新犯罪的现象。

二、工作职责与事项

增强履职理念,化解矛盾纠纷。到2018年,近三年中,共受理各类社会矛盾纠纷1120件,成功调解1117件,调处率达100%,调解成功率达99.8%。

打造两级平台,健全服务体系。黄桥镇便民服务中心现已打造了办公面积近200平方米的服务窗口,将法律援助、社区矫正、人民调解、法律服务等多种功能整合一体,落实专人负责平台受理事项的协调、分流、督办和汇总,实现“一扇大门进、一个窗口服务、一揽子解决问题”,确保了“件件有落实、事事有回音”。全镇村(居)司法站实现了统一标牌、统一标识、统一工作台账、统一配备法律顾问,村(居)司法行政服务站覆盖率达100%。

加大矫正力度,落实监管举措。该镇已经建设了集矫正宣告、心理咨询、集中学习、集中服务、转化教育于一体的社区矫正工作中心。在泰州市首推与基层各单位签订“社区矫正安全监管责任状”,发动全社会力量参与社区矫正,实行联防、联控、联管。采用挂图作战、分级管理的方法,首创运用“三色管理”理念实施社区矫正分类矫正。借鉴监狱奖惩管理模式,在社区服刑人员中开展“社区矫正之星”评选活动。从2015~2017年,累计管理社区服刑人员506名,衔接安置帮教人员195名,无一脱管、漏管,无一差错,无一例重新犯罪发生。

坚持法治引领,打造法治品牌。坚持深挖黄桥老区文化底蕴,打造具有黄桥特色的法治文化品牌，将法治理念融合到黄桥小城市、新农村、古巷道的开发和建设中。全镇实现镇有法治公园、村（居）有法治广场、企业有法治长廊、学校有法治课堂。

第四节　法律服务

一、人员配置

黄桥镇当前的法律服务工作，主要以法律顾问为其主要方式。法律顾问的聘用与管理要求，由有以下几方面构成：(1)聘用条件。在册专职律师以及法律工作者，须从事法律工作5年以上。(2)组成办法。法律顾问采取双向选择和定向指派两种方式，双向选择即由镇政府和律师（法律工作者）所在单位签订合作协议，与律师及法律工作者签订聘用合同；定向指派是司法所结合区域、人员属地等因素，指派律师及法律工作者与村（社区）结对担任法律顾问。政府聘请法律顾问由1～3名专职律师组成，其中1名律师专业对口城建领域、1名律师专业对口综合执法领域；村（社区）法律顾问每人兼职最多不超过5个村（社区）。(3)日常管理。政府法律顾问、村（社区）法律顾问的配备和管理工作，由司法所所长任协调员，分别向政法办、政法委书记汇报，为法律顾问工作提供保障。(4)政府法律顾问工作职责：为政府制定规范性文件、政府及其所属部门的重大决策行为、具体行政行为、合同行为及其他非诉讼法律事务提供咨询或建议，对决策进行法律论证；为涉及政府的有关调解、仲裁、诉讼、执行等法律事务提供法律意见，参与涉及政府的重大案件、事件的研究讨论，并提供法律意见；受政府委派代理镇政府的诉讼、仲裁、执行和其他法律事务等。

二、相关工作要求

（一）法律顾问工作要求

1. 政府法律顾问每周与政府进行1次电话沟通，每月到镇不少于1天。政府法律顾问每月应积极参加“三排查”工作例会，对矛盾纠纷、信访案件的处理提出法律意见。2. 村(社区)法律顾问每周到村(社区)服务不少于1天,具体服务方式、服务时间、服务地点由法律顾问与村(居)委会商定后予以公示。对可能影响社会稳定或涉及镇、村(社区)群众重大利益的事情,应及时到场或通过电话提出法律意见。3. 法律顾问每年举办或至少参与1次户外法治宣传活动。

(二)政府工作要求

1. 政府负责组织所辖村(社区)与法律顾问签订聘用协议,负责政府、村(社区)法律顾问的日常管理和年度考核工作,年度考核结果作为法律顾问是否续聘的依据。2. 司法所指导各村(社区)依托司法行政服务站,在办公场所设立法律顾问工作室,为法律顾问开展工作提供办公条件。各村(社区)如遇:(1)涉及本辖区集体诉讼或上访案件;(2)涉及重大经营决策和涉及面广、影响较大的涉法问题;(3)涉及农村违法行为,可能引发不稳定因素的事项;(4)涉及农村重大突发事件;(5)涉及农村稳定的其他重大事项等,应及时通知法律顾问参与处理。3. 司法所负责在各村(社区)办公场所等醒目位置张贴统一制作的法律顾问公示牌,内容包括法律顾问照片、姓名、所属单位名称、联系方式及服务区域。4. 法律顾问所属单位负责制作法律顾问联系卡,内容包括法律顾问姓名,所属法律服务机构、执业证号、联系方式。5. 经费保障。政府聘用法律顾问的费用,由镇统筹支付;村(社区)法律顾问的费用,由各村(社区)按合同约定时间支付。

第五章　法治宣传教育与法治文化建设

第一节　概　　述

一、“五五”普法

2009 年 3 月，黄桥镇政府为使“法治溪桥”建设的奖惩工作规范化、制度化，确保建成“法治合格溪桥”，根据上级要求结合镇实际，制定《关于开展“法治溪桥”工作奖励办法的通知》。“法治溪桥”建设工作奖励分为先进集体和先进个人两类，同时，对于开展“法治溪桥”工作不力的三种情形，应视情节轻重，按有关规定和程序给单位主要领导、分管领导和直接责任人以警告、记过、记大过、降级等行政处分，或实行社会治安综合治理一票否决。

2009 年 5 月，黄桥镇政府为深入贯彻依法治国基本方略，全面实施党中央、国务院批转的“五五”普法规划，进一步加强对青少年学生的法制教育，推进青少年学生法制教育工作的科学化、制度化、规范化建设，特制定《关于加强青少年学生法制教育工作的若干意见》。主要根据不同学龄阶段学生的生理、心理特点和接受能力，有针对性地开展法制教育。

二、“六五”普法

2012 年，在被遴选为镇行政体制改革试点单位后，黄桥镇更加重视法治宣传教育与法治文化建设工作。2013 年 9 月 2 日，黄桥镇政府根据泰兴市政法委法治办、政府法制办工作部署，结合相关文件要求，考虑镇工作实际，为便于统筹安排,印发了《黄桥镇法治创建暨依法行政工作考核任务分解细则》,对考核任务进行分解,以确保黄桥镇在新一轮创建中不失分、得高分。

2014 年 4 月 29 日,黄桥镇为进一步做好法制宣传工作,提前谋划“六五”普法终期考核验收,结合上级文件精神和相关要求,制定了《2014 年黄桥镇法制宣传教育工作要点》。

2014 年 11 月 12 日,黄桥镇政府为加快推进新农村建设,努力创造有利于农业农村经济社会发展的法制基础和环境,发布《关于深化开展“法律服务进乡村”活动的通知》。要立足农村,面向农民,广泛开展与农村民主法治建设、与农民切身利益密切相关法律法规、党在农村的路线方针政策、新修订法律法规宣传教育的基础上,重点开展多项法律服务活动。

2015 年,黄桥镇开展以宪法为核心的中国特色社会主义法律体系的宣传普及,深入实施“法律六进”长效机制创建延伸工程,认真做好“六五”普法终期检查验收各项工作,力争创成“六五”普法先进单位。探索实行国家机关“谁执法谁普法”的普法责任制,建立法官、行政执法人员、律师等以案释法制度。同时,强化重点对象学法用法。落实镇党委中心组学法、领导班子和领导干部年终述法、领导干部任前法律知识考试等制度,落实国家工作人员向宪法宣誓制度,健全学校、家庭、社会“三位一体”的青少年法治教育体系。

三、“七五”普法

2016 年 3 月 30 日,黄桥镇人民政府发布《2016 年度领导干部学法用法工作实施意见》(黄政发〔2016〕13 号)。中心组学法与“七五”普法规划要求紧密结合起来,依据规划要求的形式、内容、措施,有条不紊地开展法律学习,形成领导干部学法制度化、经常化。中心组成员要高度重视和严肃对待学习形式,要把学习法律作为提高自身法律素质的重要途径,将严格学习纪律,增强学习效果。

2016 年 3 月 22 日,黄桥镇人民政府发布《2016 年度公务员、机关干部学法用法工作实施意见》(黄政发〔2016〕21 号)。该意见以黄桥镇党政机关、社会团体中的公务员和参照国家公务员管理的人员、纳入公务员管理序列的事业单位的公职人员、政府聘用工作人员为普法对象。公务员学法用法考试成绩将作为公务员年度考核、任职、定级和晋升的重要依据。

黄桥镇为夯实“七五”普法“谁主管谁普法、谁执法谁普法”工作责任制，进一步明确普法主体责任和工作机制，转发了泰兴市法治办、市法宣办《关于建立国家机关“谁执法谁普法”责任清单制度的工作意见》，并请各单位、各部门结合《黄桥镇“七五”普法责任清单》（黄委发〔2016〕94号），充分发挥职能优势、人才优势、资源优势，向主管对象、执法对象、服务对象以及社会公众宣传、普及基本法律知识，自觉承担起应尽的普法工作社会责任。

2017年，黄桥镇深入学习宣传习近平总书记关于法治建设的重要论述精神，贯彻落实关于全面依法治国的部署要求，推动领导干部切实履行推进法治宣传教育的工作职责，自觉运用法治思维和法治方式深化改革、推动发展、化解矛盾、维护稳定，推动全社会形成浓厚法治氛围。

2018年2月10日，黄桥镇开展留守儿童法治驿站冬令营活动，进一步丰富全镇留守儿童寒假文化生活，提高他们的法治意识和安全意识，充分发挥法治宣传教育的作用。2018年7月21日，黄桥镇开展2018年暑期留守儿童法治驿站——模拟法庭活动。由留守儿童扮演法官、检察官、律师等，模拟审判案件，通过亲身经历案件审理的流程、细节，让留守儿童掌握相关法律知识，增强法律意识。

第二节　主要措施

一、“五五”普法主要措施

（一）逐步将法制教育纳入教学大纲，纳入教学计划，真正做到计划、教材、课时、师资“四落实”；同时，坚持校内教育与校外教育相结合，组织生动活泼、寓教于乐的法制实践活动。

（二）提高法制课教师的授课水平。要有计划、有针对性地对法制课教师进行法律知识的培训。可采取脱产进修、短期培训、专家辅导、以会代训等方式进行。“五五”普法期间，将所有中小学法制课老师轮训一遍。有条件的中学要引进法律专业的毕业生充实师资队伍。

(三)完善兼职法制副校长和法制辅导员制度。在中小学推行兼职法制副校长制度,从政法机关选派政治觉悟高、有责任感、业务精、宣讲能力强的政法干部到所在辖区中小学校兼任法制副校长。

(四)完善和规范青少年学生法制教育的内容,编写系统性、阶梯式的精品教材,制作和编写一批适合青少年特点和需要的法制影视作品、辅导读物。

(五)积极开辟第二课堂,开展学法用法实践活动。举办法律知识竞赛、开展有奖征文、模拟法庭等活动,对青少年学生进行生动、直观、形式多样的法制教育。

二、"六五"普法主要措施

(一)加强法制教育阵地建设。健全镇法制辅导站,司法所明确专人负责法制宣传工作,免费发放《每月一法》等法制宣传资料;每个行政村都要设立村民法制学校、法律图书室(角)和法制宣传栏,定期更新宣传内容,普及农民群众生活生产密切相关的法律知识。

(二)加大涉农纠纷的调处力度。充分发挥司法所和各级人民调解组织的基础性作用,将人民调解作为服务农民群众的重头戏。及时化解以征地拆迁、环境保护、土地承包、农民工工资拖欠为重点的涉法、涉政等矛盾纠纷,做到农民群众合法利益纠纷"零冲突"。

(三)建立和完善村(社区)法律顾问制度。采取政府引导的方式,依托司法行政服务站,为每个村(社区)选派法律顾问(名单附后),全面推进一村一社区一法律顾问工作。

(四)推进"民主法治村(社区)"建设。从满足农民群众现实需求出发,广泛开展法治宣传教育,把"法律服务进乡村"活动纳入"民主法治村"创建之中,充分调动广大农村干部群众学法、用法的积极性,加强村民自治,推进基层民主法治化建设,促进农村各项事业逐步走上规范化、法治化轨道。

(五)加强对农民群众的法律援助工作。及时了解农民群众的法律援助需求,向农村残疾人、五保户、困难户等弱势群体发放"法律援助卡",开辟法律援助"绿色通道"。

三、“七五”普法主要措施

（一）围绕宪法学习，组织开展中国特色社会主义法治体系宣传。在全镇普遍开展宪法的学习和教育，让宪法精神根植于人民心底，让守护宪法成为每个公民的自觉行动，推动全社会共同维护宪法权威，树立对宪法的信仰。组织开展“12·4”国家宪法日暨全国法制宣传日系列宣传活动。

（二）围绕弘扬社会主义核心价值观，组织开展社会主义法治理念宣传。大力弘扬宪法法律至上、法律面前人人平等、权由法定、权依法使、尊重和保障人权等基本法治观念。

（三）围绕贯彻实施“七五”普法规划，组织开展与五大发展理念相关法律法规的宣传。为推动全社会坚持创新、协调、绿色、开放、共享发展，落实好“十三五”时期各项任务营造良好的法治氛围。继续深化“增强全民法治观念服务全面深化改革”主题教育活动。

（四）着力培育领导干部法治思维。贯彻落实《关于完善国家机关工作人员学法用法制度的意见》的要求，将宪法法律作为党委中心组理论学习内容，依托领导干部、公职人员学法用法无纸化系统组织在线学法考法，切实增强以考促学的实际效果。贯彻落实新修订的《中国共产党廉洁自律准则》《中国共产党纪律处分条例》，在全镇持续深入开展有关反腐倡廉建设的法治宣传教育，引导领导干部和公务员遵纪守法、廉洁奉公，促进公正廉洁执法。

（五）着力提升特定人群法治素养。认真贯彻《江苏省企业学法用法考评办法（试行）》，组织开展中小型企业防范法律风险普法活动。加强非公有制经济领域法治宣传教育，开展面向非公有制企业和商会的法治宣传活动。组织“农民工学法活动周”，引导妇女、儿童、老年人、残疾人、农民工等重点人群主动学习与维护自身合法权益相关的法律法规，提高他们依法寻求法律帮助、维护合法权益的能力。

（六）着力打造法治宣传教育全覆盖升级版。结合全市法治宣传教育135工程总结推进会，坚持问题导向、需求导向，总结全覆盖体系建设中的经验，研究分析存在的问题，明确下一阶段工作目标和思路，实现法治宣传教育全覆盖从“有形覆盖”向“有效覆盖”转变。积极开展“互联网+法治宣传”行动。

(七)推动落实国家机关"谁执法、谁普法"的普法责任制。积极探索建立普法责任清单制度,推动各级国家机关履行普法责任,在做好本部门本系统内普法的同时,积极向社会开展普法努力构建大普法工作格局。在全镇执法司法实践中广泛开展以案释法和警示教育,使案件审判、行政执法、纠纷调解和法律服务的过程成为向群众弘扬法治精神的过程。

第三节　普法活动与法治文化建设效果

通过有组织、有计划的培训和深入学法,进一步增强了全镇行政执法人员特别是领导干部的法治意识和法治理念,不断提高了领导干部队伍的法律素质和依法决策、依法行政、依法管理、依法办事的能力,规范行政执法行为,做到严格、规范、公正、文明执法,实现由注重依靠行政手段管理向注重运用法律手段管理的转变,进而为全面推进法治政府建设奠定坚实基础。

通过深入开展"法律服务进乡村"活动,教育了广大干部群众自觉学法律、讲权利、讲义务、讲责任,进一步增强宪法和法律意识,引导农村干部群众依法管理、依法办事,不断提高农村法治化管理水平,不断改善党群、干群关系,为建设法治黄桥,全面建设社会主义新农村营造良好的法治环境。引导广大农民群众依法参与村民自治活动和其他社会管理,了解和掌握了维护自身合法权益、解决矛盾纠纷的法律常识和法律途径;使农村各类矛盾纠纷得到依法化解,农民的合法权益得到依法保护;使农村突出的治安问题得到依法整治,农民安全感和满意度进一步增强;使农民遵纪守法、诚实守信的自觉性进一步提高,农村和谐稳定,农民安居乐业,促进社会主义新农村建设健康发展。

通过"亲身、亲历"参与模拟法庭活动,使学生熟悉司法审判的实际程序、流程。利用身边的真人和真事的案例对学生进行法治教育,增强学生法律意识,自我保护意识,同时也锻炼学生的社会适应能力,提高他们分析判断、辨别是非的能力;让更多的学生去关注法律,学法、懂法、守法、用法,做一个真正的法治公民。加强对未成年人的法治宣传教育,传播法律知识,弘扬法治精神,进而成功建设和谐平安校园,形成了人人知法、懂法、守法的校园氛围。

第六章 社会团体

第一节 概 述

黄桥镇是全国重点镇、江苏省重点镇,是泰兴市的经济、文化、商贸、交通"副中心",泰州市重点小城市,江苏省"扩权强镇"试点镇,村民自治与居民自治得到了很好的落实。每个村都成立了村委会,每个社区也都成立了居委会,它们作为基层群众自治组织,在黄桥镇的社会治理体系中具有基石性的作用。

除基层自治组织以外,社会团体也是社会组织的重要形式,是社会治理体系的重要环节,是服务民众工作、生活的重要纽带和桥梁。黄桥镇历来注重培育、鼓励和支持社会团体的建设和发展。截至 2018 年,在黄桥镇便民服务中心登记的社团就有 38 个,涉及农村发展、社会发展、工商业服务、城乡社区服务等多个方面。此外,黄桥镇还有 91 个民办非营利机构,业务范围涵盖民办教育、民办民政事业、民办文化事业、民办体育事业、社会服务、城乡社区服务等。这些社会团体和民办非营利性机构,均是立足黄桥镇的实际情况、针对具体的工作而形成的具有专业和职业色彩的社会自治性组织,种类多元、内容多样,为丰富群众生活形式、提高群众生活质量发挥了重要作用。

第二节　基层自治

黄桥镇历来重视扶持和发展基层群众自治,以党的政策方针为指导,以《村民委员会组织法》《居民委员会组织法》《江苏省村民委员会选举规程》等为准绳,切实加强了村(居)委会组织建设和基层民主政治建设,夯实了村(居)民自治的组织基础,提高了村(居)委会建设的整体水平。在基层自治活动中,坚持党的领导,充分发扬民主,严格依法办事,按照公开、公平、公正和直接、普遍、差额的原则进行民主选举,努力把政治素质好、热心服务群众、带领发展能力强、善于做群众工作、作风公道正派的人选进村(居)委会班子,保证了基层自治良性、稳定、可持续地发展,为黄桥镇的创新转型跨越发展黄金期提供了强有力的基层组织保证。

一、村民自治:以翁庄村为例

翁庄村是黄桥镇55个行政村中的一个,是著名的江苏省文明村,地处334省道北(城黄公路),如泰运河南岸,现辖东坍村、大翁庄村、小翁庄村3个自然村,有20个村民小组。现有住户858户,总人口3046人,村党总支部直管党员118人,支部委员5人。翁庄村先后荣获江苏省“管理民主示范村”“民主法治示范村”“财务规范化管理示范村”,泰州市“党风廉政建设示范村”“党务公开示范点”,泰兴市“先进基层党组织”“党务公开示范点”等多个荣誉称号。

(一)自治组织

翁庄根据原先的东坍、大翁庄、小翁庄三个自然村的划分,分别组建各自的村民理事会,负责主持召开村民大会和村民代表大会(户代表大会),以管理本村公共事务、组织本村公益事业建设、制定本村发展规划、协助村委会工作、维护村民合法权益等。为了保障上述工作的顺利运行,翁庄村还制定了《翁庄村村民理事会章程》《村民理事会工作职责》《村民理事会民主议事制度》等基本规章制度,还根据本村治理的实际需要,制定了《红白喜事办理从简管理制度》《矛盾纠纷化解工作机制》《公共事业办理工作规程》等专项制度。并在专门场所将上述制度文件张贴,向村民公开。

(二)具体制度

1.民主选举制度。村民理事会实行民主选举,由村民代表(或户代表)大会直接选举产生,理事会任期和村委会的任期相同,每届任期三年,届满进行换届选举,理事会成员可连选连任。理事会成员由村党组织提名,村民选举产生,理事会设理事长一名、副理事长一名、监事一名、执行理事若干名。具体的选举工作,在村"两委"(村党支部委员会和村民委员会)的领导下,成立村民理事会选举领导小组负责指导选举工作,理事会选举监票人、唱票人、计票人等由村"两委"组织推荐并经村民代表大会表决通过(也可由村民代表大会推选通过)。理事会成员候选人由村党组织提名进行推选,实行差额选举。选举采取无记名投票、公开计票的办法,选举结果当场公布。

2.民主议事制度。翁庄村建立了比较完善的村民理事会民主议事制度。议事范围和内容包括村经济和社会发展规划、财务预决算、资金使用投资方案、村级建设项目、土地征收、生活卫生、救灾济困等工作。上述事项由村民理事会提出议事主题,并负责召集村党员、群众代表参加会议。各参会者对议事内容提出评价、批评、建议、质询。民主议事表决以投票的方式进行,作出的决定以少数服从多数的原则通过。所有议事资料都有会议记录,记录人和会议主持人在记录簿上签名,记录簿妥善保管。议事过程中提出方案、民主决策、决策结果和组织实施过程中等各类纸质及照片资料均归档立卷,交村统一管理。

3.例会制度。为了保障村理事会工作的顺利开展,翁庄村制定了两级会议制度和临时会议制度。所谓两级会议制度,指的是村民理事会要每季召开一次"两级会议"——户代表会议和理事会议。户代表会议和理事会议均由理事长召集,集体讨论自然村内重要事务,由本村内2/3以上满18周岁的村民或本组2/3以上的户代表参加,所作提议经到会人员的过半数以上同意后通过。理事会开展的活动与村党组织开展活动经常结合起来,采取小组事务决策的形式,开展民主决策、民主管理、民主监督。所谓临时会议制度,指的是涉及与村民利益相关的公共事务,10名以上村民可以口头或以书面形式联合提请理事长召开临时会议。理事长接申请后一周内安排会议。

4. 工作制度。为了保障村理事会工作的有序进行和公平公正,翁庄村理事会在长期的工作中,探索总结出了一系列具体的工作制度,包括“一事一议”管理制度、矛盾纠纷排查工作制度、自我服务制度和矛盾纠纷调处制度和红白喜事工作制度等。所谓“一事一议”管理制度,指的是在自然村范围内兴办水利、农田基本建设、修建村级道路和桥梁、植树造林等集体生产、公益事业所需资金和劳务用工,要通过“一事一议”筹集,并遵循“量力而行、群众受益、民主决策、上限控制、使用公开”的原则。对于所议事项,由理事会提出预算方案,经村民代表会议讨论通过,报镇政府审核。按每户选一名代表,进行投票,75%以上同意筹资筹劳的予以通过。对“一事一议”资金的收支情况要张榜公布,接受群众监督。所谓矛盾纠纷排查工作制度,指的是村民理事会坚持每周排查一次矛盾纠纷,对排查出来的问题落实调处责任人。排查方式以不定期排查与集中排查、普遍排查与重点排查相结合,实行全覆盖、全方位、多层次排查,努力做到情况早发现、早报告、工作早到位、问题早解决。所谓矛盾纠纷调处制度,指的是坚持公平、公正原则,及时发现、受理、调处各类民事纠纷,严防民转刑案件的发生,严防群体性事件的发生。同时,健全村民理事会的调解组织,做到小事不出自然村。涉及两个或多个理事会之间的矛盾纠纷,由村民理事会理事长负责上报村委会,由村级调委会组织涉及的村民理事会成员共同召开会议,协商调处措施并组织实施。所谓自我服务制度,指的是为了稳步推进村民小组开展自我服务,加强群众和基层组织沟通交流而形成的工作制度。包括:(1)走访调查制度,即理事会成员经常到组内进行巡查,了解组内群众生产生活情况,及时将困难群众生产生活情况上报村委会。(2)下情上报制度,对于社情民意要及时收集并及时上报小组内动态信息、群众的合理诉求,做到与村委会及时沟通,发挥桥梁纽带作用。(3)上情下达制度,即理事会要积极参与镇村组织的会议并及时将会议的精神传达给村民。保障村民对重大村务和组务的知情权、参与权和监督权,主动接受组内群众监督,提升群众满意度。所谓红白喜事工作制度,指的是为了减轻村民负担,响应上级的指示精神,针对红事白事大操大办的不良现象,破除婚丧陋习,推动红白喜事文明从简,在全村范围内提倡的红事新办,白事从俭,反对铺张浪费的制度。

二、居民自治:以米巷社区为例

米巷社区地处黄桥老镇区中心,辖区内古巷纵横,明清建筑连绵成片,每年来此参观的游客络绎不绝,是黄桥古镇对外展示的窗口。辖区面积广阔,东临口巷社区,西至十桥中路,南起珠巷,北到东岳路,面积近1平方公里。社区设有19个行政小组,现有住户1753户,居民4595人。其中户籍人口3779人,流动人口816人。近年来,社区先后被评为"泰州市绿色社区""泰州市六无社区""泰州市和谐示范社区""江苏省和谐示范社区""江苏省民主法制社区",并连续三年被评为"泰兴市无访社区"。

(一)自治组织

1."米巷四会"。2018年10月26日,米巷社区集中通过了村民议事会、红白理事会、道德评议会和禁毒禁赌会共四个协会章程,形成了"米巷四会"的村民自治格局,取得了良好的社区治理效果,并为基层居民自治新的组织形式做出了有益的探索。村民议事会是由居委会成员、党员、居民代表、办事公道的群众自愿组成的联合性、非营利性社会组织。主要负责宣传、解释党和国家及地方法律、法规,各项方针、政策;了解、掌握社情民意,收集、整理、调查群众反映的热点和难点问题;组织交流培训,提高议事能力和议事水平;不定期商议村级自治事务,参与化解矛盾纠纷;参与制定村规民约,监督村规民约的执行。红白理事会是由在群众中有威望、有影响、责任心强,并热爱此项工作的老党员、老教师、老军人等自愿组成的专业性、非营利性社会组织。红白理事会的宗旨是教育群众在婚丧嫁娶活动中,建立移风易俗,文明理事,破除陈规陋习,反对封建迷信,坚持节俭理事,婚事新办,丧事简办,反对大操大办,铺张浪费,坚持依法办事,纠正或制止违法婚姻。道德评议会的组成人员结构与红白理事会一致,其宗旨是在居民中倡导"爱国守法、明礼诚信、团结友善、勤俭自强、敬业奉献"的基本道德规范,践行家庭美德、职业道德和社会公德,培养文明行为,抵制消极丑陋现象,提高居民文明素质。禁毒禁赌会组成人员结构与红白理事会也一致,其宗旨主要是弘扬社会正气,宣传禁赌禁毒,监督、劝阻和制止赌博、吸毒行为。

2. 组织架构。“米巷四会”会员大会是最高权力机构,其职权是:制定和修改章程;制定和修改会费标准;制定和修改理事、负责人产生办法;选举或者罢免理事、监事;审议理事会的工作报告和财务报告;审议监事会的工作报告;审议监事的工作报告;决定名称变更、终止等重大事宜。会员大会每5年召开1次。经理事会或者协会2/3以上的会员提议,应当召开临时会员大会。会员大会须有2/3以上的会员出席方能召开。理事会是会员大会的执行机构,在会员大会闭会期间领导协会开展工作,对会员大会负责。理事人数为会员的10%。

“米巷四会”都建立了各自的财务制度。协会收入主要来源有会费、捐赠、政府资助、在核准的业务范围内开展活动或服务的收入、利息以及其他合法收入。协会的收入及其使用情况应当向会员大会公布,接受会员大会的监督检查。协会接受境外捐赠收入的,须将接受捐赠和使用的情况向登记管理机关报告。

(二)基本制度

1. 社区公约。为了全面深化基层民主法治建设,推进解决社区治理中的实际问题,努力把社区建设成邻里和睦、家园和美、平安和谐的生活共同体,加强基层政权建设,黄桥镇米巷社区在2017年订立了社区公约,涉及婚姻家庭、邻里关系、公共秩序、美丽家园、平安建设等与居民日常事务密切相关的内容。

2. 居务公开。居务公开的内容和要求如下:居务公开事项至少每季度公开一次(4月、7月、10月及下年度1月10日前)按“政务公示”“居务公示”“财务公示”“服务公示”“即时公示”五大块设置栏目,在具体的板块下面公示相对应的内容。每个板块内公示的内容逐条列出,条目清晰。为了保证居务公开的及时、准确和公正,米巷社区还成立了居务监督委员会。

3. 免费服务。按照《泰州市村(社区)综合性文化服务中心建设标准》,从2015年起米巷社区实现了综合文化站全面免费开放,开辟了与其职能相适应的公共空间设施场地,明确了基本服务项目,规定了免费开放时间。形成了规章制度健全、职责任务清晰、服务内容明确、保障机制完善的基层公共文化服务体系。

第三节 社会团体与社会组织

一、人民团体

(一)工会

泰兴市黄桥镇总工会成立于2015年6月,是泰兴市首家乡镇级总工会。

工会下属185个独立基层工会,55个村级联合工会,13个区域、行业联合工会,覆盖企业415个,截至2018年,会员总数达48346人。基层工会组织网络纵向到底,横向到边,实现了无缝隙覆盖。近年来,黄桥镇总工会在上级工会和镇党委的正确领导下,充分发挥党联系职工的桥梁和纽带作用,努力加强基层民主建设,依法维护职工合法权益,团结和带领全镇职工积极投身推动黄桥经济发展的“三大战役”,为黄桥经济社会更快更好地发展做出了积极的贡献,为谱写“中国梦黄桥新篇章”凝聚了广大职工的正能量。

黄桥镇的工会工作得到了镇党委镇政府的肯定,连续多年被泰兴市总评为“目标管理先进集体”“十佳满意工会”;先后获泰州市委组织部、泰州市总工会“党工共建先进集体”;江苏省总工会“农民工入会工作先进集体”;江苏省“劳动争议调解工作先进集体”;中华全国总工会“送温暖工作先进集体”称号;2007年获“全国百家示范乡镇工会”殊荣;2014年度再次被评为“全国百家示范乡镇工会”。

(二)共青团

截至2018年年底,黄桥镇28岁以下的青年人数约3万余人。近年来,黄桥镇共青团委认真贯彻落实党的十八大、十九大精神以及习近平新时代中国特色社会主义理论,在镇党委和上级团委的精心指导下,积极发挥党的后备军作用,以团的先进性教育为着力点,以促进青年成长成才为落脚点,以工作创新为出发点,以竭诚服务青年为切入点,团的工作在继承中创新,于探索中前进,为打赢新时期“黄桥决战”注入了生机勃勃的活力。黄桥镇的共青团建设主要围绕以下几个方面进行:

其一,以“服务型”团组织创建为平台,打造联系青年新阵地。坚持“青年在哪里,团组织就建在哪里"的理念,以镇区为重点,指导和推动基层团组织建设,让团的建设和工作融入青年的日常生活中。如黄桥镇青年创业蜂鸟驿站、电子商务服务站、祁巷村大学生村官创业基地。

其二,以"创新型"团组织创建为引领,构建青年工作新高地。在工作内容方面,联合知名网络社区"黄桥在线"宣传古镇微公益志愿者招募活动、与"张斌古镇"联合开展"爱心接力·美育圆梦"留守儿童古筝公益课、与润峰科技联合开展电子商务培训班,与小桔灯作文学校联合开展"小桔灯杯"青少年征文比赛等活动,取得了良好的社会反响。在工作方法层面,开展青年交流座谈会、邀请主流媒体宣传青年、通过"互联网+"模式助推青年发展,帮助青年扩大宣传。新颖的宣传形式、新潮的宣传载体、新生的宣传力量,促进了青年工作深入人心。

其三,以"活力型"团组织创建为载体,激发团员青年新动力。在各村(居)开展留守儿童驿站活动,与泰兴市图书馆、泰兴三馆联合举办"黄桥镇青少年读书夏令营"等活动。同时,专注青年发展。园区团工委开展每周一期的青春微讲堂,为青年搭建学习钻研技能、成长成才交流、业务创新攻关、分享工作和经验的平台。镇团委通过每月一期的道德讲堂活动,广泛开展讲座知识、廉政教育、文艺汇演等活动。

(三)妇联

黄桥镇妇联在镇党委、政府的正确领导下,在市妇联的关心指导下,以加快新黄桥建设、构建和谐黄桥为目标,服从服务于党委、政府工作大局,切实维护妇女儿童合法权益,促进男女平等,富有创造性地开展了一系列工作,为黄桥镇的经济和社会各项事业的发展做出了不懈的努力。

在组织管理方面,2016年,根据中央、省及市主管部门的文件精神要求,结合黄桥镇实际,妇联于11月在全镇范围内开展了妇代会改建妇联工作,努力形成组织健全、队伍活跃、阵地完善、工作规范、妇女认可的崭新格局,为推进黄桥镇妇女工作提供强有力的基层组织保障。

在社会活动方面,在2014年黄桥镇党委颁发了《关于在"两新"组织中开展妇女组织建设全覆盖工作的通知》(黄委发〔2014〕28号)。妇联紧紧围绕这个主题开展了以"提升素质、展示形象、服务妇女、构建和谐"的系列活动,一是面向全镇留守、流动、孤残、单亲及贫困家庭的儿童，征集孩子的微心愿，开展了“你的微心愿我来帮实现”公益活动。此后又相济为留守流动儿童组织实施了“大手拉小手，爱心齐步走”关爱留守流动儿童“蒲公英行动”，在“5·15”国际家庭日，广泛开展了“与爱同行——巾帼志愿者关爱孤困老人、残疾人、单亲、贫困母亲、贫困孤儿”志愿结对帮扶活动，“与爱同行——‘社会妈妈’关爱流动留守儿童”活动，“与爱同行——‘社会儿女’关爱空巢老人”三大系列活动。依法维护和保障妇女儿童的合法权益是妇联的一项义不容辞的职责。黄桥镇妇联积极开展法制宣传，与司法所、计生办、人社所等部门开展《妇女权益保障法》《劳动法》《未成年人保护法》《婚姻法》《母婴保健法》等法律法规的宣传；并做好来信来访工作，积极化解家庭矛盾纠纷，及时提供法律援助，很好地发挥了妇联职能作用。此外，在政策允许的范围内，妇联还积极协助多职能部门向妇女和儿童倾斜。

二、社会组织

（一）妇女儿童活动中心

黄桥镇党委政府十分重视妇女儿童工作，并成立了妇女儿童活动中心。中心自 2011 年 3 月挂牌投入使用，培训室设有音响投影空调等设备，为黄桥镇妇女儿童开展教育培训、文化娱乐活动提供了良好的场所；阅览议事室共收录了上万套书籍、刊物，包括科普、文史、常识等各类图书，为广大妇女儿童学习提高提供了充足的资源保障；自活动中心投入使用以来，黄桥镇妇联已正常开展活动，达到充分利用，为全镇妇女儿童提供丰富多彩的文体活动，确保全镇妇女儿童事业的健康发展。

妇女儿童活动中心经常举办特色教育培训公益项目。一是正常开展儿童培训。采取参与和互动式培训活动模式，教“学校未教的功课”，以“品格修养”“才艺技能”“健康成长”“服务与责任”为目标，把自尊、自信、自立、自强的理念，融入儿童能理解、能践行的生活常识与技能之中，让儿童在快乐中学习并逐渐养成健全的人格。二是定期举办再就业培训。自中心成立以来共为 4250 名女性劳动力找到了再就业之路。三是开展妇女维权和信息服务。截至 2018 年，黄桥镇共有 4388 名低保户享受到低保政策，近 3000 名贫困妇女儿童得到帮扶。这些活动有力地推进了妇女儿童的权益保障事业,取得了很好的社会成效。

(二)红十字会

红十字会是黄桥镇从事人道主义工作的社会救助团体,主要从事救助难民、赈济灾民,为减轻遭受战乱和自然灾害侵袭的民众的痛苦做出了重大贡献。黄桥镇红十字会定期开展“5·8 世界红十字日”“6·14 世界献血者日”“红十字博爱月”“世界急救日”等活动,取得了良好的社会反响,2017 年红十字会累计捐款 70000 余元,2018 年完成红十字博爱万人捐累计 84825 元。

在具体工作方面,黄桥镇红十字会在全镇 65 个村(居)设立红十字工作站,带领基层红十字志愿者们为各村(居)的老、弱、病、残提供力所能及的帮助及服务。自 2013 年起,每年组织全镇集中开展无偿献血和造血干细胞采样,均超额完成市交任务(市交任务 250 人献血,15 个造血干细胞采样)。为机关事业单位、工矿企业、村(居)志愿者们组织开展各类应急救护培训近 30 场次,培训人员近 5000 人。每年动员爱心人士热心参与到红十字“博爱万人捐”活动中来,累计筹集捐款 40 余万元。开展各种救济救助活动 30 余次,受益人数近 2000 人。

(三)黄桥镇巾帼志愿服务队

巾帼志愿服务队是黄桥镇妇联按照“立足基层、面向家庭、见诸日常、细致入微、持续发展”的思路而成立的服务团队。自成立巾帼志愿服务队以来,结合黄桥镇实际积极进行探索创新,把巾帼志愿服务工作与参与社会管理、提供公共服务相结合,形成了富有黄桥特色的工作品牌。同时,志愿服务队还吸引了新生力量不断加入,力量不断壮大,有“牵手夕阳、情暖老人”志愿服务队、姐妹拒赌(毒)心灵驿站、代理妈妈、“春蕾计划”志愿团、广场舞志愿队等各具特色的巾帼志愿服务团队。它们立足妇女儿童需求,常年不间断地开展志愿帮扶活动,形成了自己的特色品牌,赢得了广泛赞誉,并吸引了更多的爱心人士不断加入志愿服务中来。截至 2018 年,黄桥镇共有在册巾帼志愿者队伍 20 支,在册人数 400 多人,进行志愿服务百余次。

(四)工商业联合会(总商会)

泰兴市黄桥镇工商联合会(总商会)是黄桥镇乃至泰兴市经济发展的必

然趋势和要求，它对完善黄桥镇非公有制经济的管理，促进黄桥镇乃至泰兴市的经济都有着十分积极的意义。黄桥镇现有初具规模的个私企业近200家，根据市委统战部和市工商业联合会的要求，在镇工商联的批准下，成立了泰兴市黄桥镇商会，商会成立后涉及黄桥镇的精细化工、机械制造、电子、建筑装潢、餐饮、房地产开发、纺织、服装、商贸、乐器制造等各个领域。纺织服装是黄桥镇的传统产业，也是支柱产业，是中国纺织协会命名的“中国牛仔布名镇”；乐器也是黄桥镇支柱产业之一。现有乐器产品及配件生产企业181家，其中提琴生产企业63家、吉他生产企业6家、其他乐器4家、配件企业21家、琴盒企业8家、琴弓企业11家、琴弦企业4家、琴头等半成品加工企业5家，家庭代工作坊50家，手工制作室9家，年产成品琴90万把，成品吉他85万把，成品尤格利利38万把，成品儿童手风琴3万把，成品销售额达4.18亿元，加上各类其他配套产品年销售额达5.85亿元。

（五）黄桥烧饼协会

为了继承传统工艺，持续推进黄桥烧饼行业的规范化发展，2001年特成立了黄桥烧饼协会。2013年，黄桥镇政府专门召开烧饼产业发展工作会议，对黄桥烧饼协会进行重组，聘请了行业资深老同志为协会顾问。同时，在2013年，经烧饼协会申请，有着1000多年历史的黄桥镇的特产黄桥烧饼终于正式有了作为商品的最基本的身份标志——商标。这个商标是一个证明商标。在获得证明商标的注册后，黄桥烧饼协会开始更加积极履行自己的义务，在企业准入、质量监督和把控、产品包装等各方面都对黄桥烧饼这个品牌进行维护，带动了整个产业的发展。

烧饼协会与会员单位抱成团，凝聚成一股劲儿，不断把黄桥烧饼产业做大做强。2014年，协会会员单位实现销售总额近2.5亿元，“黄桥烧饼”在泰州地区唯一被评为“2014年度江苏省农产品和地理标志产品20强”产品。

截至2018年12月底，黄桥烧饼协会已发展会员200多家，500家黄桥烧饼店已遍布全国各地，在各主要高速公路服务区，你都可以吃到现烤的黄桥烧饼。据初步统计，黄桥烧饼的年销售总额已突破3亿元以上，成为名扬天下的“中华名小吃”。

三、慈善组织

(一)黄桥镇蓓蕾爱心协会

2013年,泰兴市“三解三促”群众工作团黄桥工作队入驻黄桥后,对未成年人生活状况开展了全面深入的走访调研。面对家境特殊、生活贫困的未成年人群体,工作队创设爱心协会,并针对协会可能出现的问题提出了“政府牵头组建协会、基金实施封闭管理、社会实施全程监督、志愿者实现跟踪服务”解决方案。征询有关部门意见后,决定成立“黄桥镇蓓蕾爱心协会”,参照基金会的标准进行管理,并适时过渡为“黄桥镇蓓蕾爱心基金会”。2017年,首批20万元善款已经上缴镇财政专门账户,并将存入镇经营账户,按照每年10%的收益返还协会,作为协会帮扶和运转资金来源。协会已吸收会员112名,150余名爱心人士提交了志愿申请表。

(二)古镇微公益志愿者队伍

黄桥古镇微公益志愿者队伍成立于2015年3月,是一支由机关青年党员干部自发组建的志愿者队伍。2016年面向社会招募志愿者以来,志愿者服务队不断发展壮大,由成立之初的几个人到现在的近百人,由之前以单位名义开展志愿者活动到以志愿者身份服务于社会。古镇微公益志愿者献爱心、做帮扶,在传播文明新风、推动社会发展、构建和谐社会等方面发挥了积极作用,得到了党委政府的充分肯定,受到了人民群众的高度认可。

(三)“518爱心服务联盟”

黄桥镇米巷社区老年人较多,年轻人大多在外务工,日常生活中的琐事、困难没人帮助解决。“518爱心服务联盟”创立的初衷就是在社区内部,在邻里之间形成一种党员示范带头、群众踊跃参与、困难有人帮、关心处处有的温馨和谐氛围。2017年年初,社区党组织在充分调研的基础上,联合辖区周边的超市、水暖器材、餐饮饭店、家政服务等行业的负责人、能工巧匠、党员志愿者组建了“518爱心服务联盟”,探索形成了以党员义工、能人为骨干,常态化开展服务的党建新模式。联盟现有志愿者85名,其中党员51名,社会能人、爱心人士34人,队伍初具规模;社区累计投入5万余元用于联盟运营支出、改善办公场所、开设培训课堂等。自成立以来,已经开展各类爱心帮扶500余次，开展社区文化活动40余场，调节矛盾纠纷20余次，赢得了社区群众及社会各界的广泛肯定和赞扬，文明和谐的社区环境正在形成。“518爱心服务联盟”先后被泰州发布客户端、凤城泰州网、《泰兴日报》等多家媒体报道，成为黄桥镇社区服务团体的一面旗帜。

第七章　农村土地制度

第一节　土地确权状况

土地确权工作是地方党委政府与广大村民关心的头等大事，事关党和政府三农工作的方针、政策与国家法律、法规能否落地生根的政治问题，特别是2012年被确定为经济发达镇行政体制改革试点之后。

2015年，黄桥镇开始扎实推进土地承包经营权登记颁证工作。全镇除集镇规划范围的8个村暂缓确权，其余的49个村、776个村民小组已全面开展确权登记颁证工作，严格按照前期准备、入户调查、测量制图、审核公示、登记发证、建档入库的“六步工作法”有序推进。年初将土地确权颁证工作列入年度目标管理考核内容，制定考核办法，对每个工作阶段完成任务进度，在年度目标管理考核总分中实行加减分考核。截至2016年年初，通过及早筹划，统筹安排，精心组织，严格操作规程，注重化解矛盾，严格考核奖惩，已全面完成前期准备、入户调查、测量制图、二轮核实公示阶段性工作，处在全市领先地位。

2016年，黄桥镇继续有序开展土地承包经营权确权登记颁证工作。严格按照前期准备、入户调查、测量制图、审核公示、登记发证、建档入库“六步工作法”，有序推进49个村、774个村民小组的土地承包经营权登记颁证工作，并纳入村居年度目标管理考核，分阶段进行考核。确权村均签订了工作承诺书，确保农户所有基础信息和测绘成果都按规范程序和手续进行了认定，农户承包地块及面积告知到户，农户签字真实，为下一步颁证打好基础。截至2017年3月，已全面完成前期准备、入户调查、测量制图、二轮核实公示、农户承包合同到户签字、档案收集等工作，在全市处于领先位置。

截至2017年6月26日，黄桥镇共有57个涉农村居，945个村民小组，此次确权除集镇规划范围内的8个村外，其余49个村，775个村民小组全面开展确权登记颁证工作。2017年上半年主要任务是发放农户土地承包权证书和配合软件公司做好农户档案整理，截至今年6月农户档案整理已全部完成，农户已领取土地承包权证书36560本，发证率达98.68%，农户领证时，均有家庭成员签字，并拍照留存影像资料。在各村组自查合格的基础上，镇组织三个组到村验收，采取每村必查，按每个自然村随机抽查一个组，每组抽查5户，通过抽查，农户对此次土地确权满意度达99%。

第二节　土地流转状况

一、土地流转的统计状况

2010年，黄桥镇为加快土地流转，积极开展土地整理，进一步加大土地复垦整理力度，以市场化、公司化运作方式为主体，促进土地向能人集中，向大户集中，向规模经营集中，宜种则种、宜养则养、宜渔则渔，加快形成地成方、水如镜，水土相间的景观格局。积极推进农村土地经营权流转，加强与农业产业化龙头企业的合作，实现农业生产经营规模化、现代化。

2012年，黄桥镇积极引导开展农村土地流转，推进农业适度规模经营，推动了农业向规模化、产业化方向发展。

黄桥镇党委、政府把高效规模农业发展作为致富农民的重要抓手，镇财政投入扶持奖励资金，通过挖掘能人，解决发展高效规模农业的资金、技术“瓶颈”。仅2015年该镇高效农业面积新增近万亩，全镇土地流转突破5万多亩，占耕地总面积的50%以上。黄桥镇按照集聚、辐射、带动发展思路，大力发展高效规模农业，高效农业占比超过50%，已连续5年被泰州市表彰为高效农业十强乡镇。

自土地二轮承包以来,截至 2017 年 6 月 19 日,黄桥镇农村土地累计流转总面积 68055 亩,累计流转总户数 35815 户。按照土地流转的用途,黄桥镇流转土地全部属于出租使用,不存在转包、互换、转让或入股情况。除了韩庄村、东场村、直来桥村、西寺桥村外,其余乡村均有土地参与流转,其中累计出租土地面积前三位的乡村依次为刘陈(3610 亩)、祁巷(2833 亩)、双桥(2614 亩),累计出租户数前三位的乡村依次是双桥(2000 户)、刘陈(1875 户)和前进(1600 户)。

截至 2017 年 6 月,全年新增土地流转面积总计 6238 亩,截至统计日当季新增流转土地总面积 4036 亩,新增流转户数 2712 户。其中该季度新增出租土地的乡村较少,只有 14 个,按出租土地面积大小依次为东顾(950 亩)、南岱(915 亩)、诸马(610 亩)、野屋村(366 亩)、白庄(356 亩)、王庄(312 亩)、华庄(168 亩)、余家庄(120 亩)、西洋(107 亩)、刘陈(92 亩)、胜利(37 亩)、横巷(28 亩)、吴韩(11.5 亩)、大张(11.3 亩)。该季度存在新增出租户的乡村也只有 14 个,依次是东顾(655 户)、南岱(580 户)、诸马(423 户)、王庄(255 户)、野屋(239 户)、白庄(175 户)、华庄(74 户)、刘陈(64 户)、西洋(62 户)、余家庄(53 户)、胜利(46 户)、吴韩(32 户)、横巷(31 户)、大张(23 户)。

在上述流转土地中,按照土地流入方类型,黄桥镇土地流入以种养大户为主,也有部分流入到农业龙头企业和城镇居民及其他组织,具体为流入种养大户面积 60249 亩,流入农业龙头企业 6324 亩,流入城镇居民及其他组织 1482 亩。按照流转土地使用情况,流转土地的用途绝大多数被用在种植业上,流转土地用于种植业的面积有 65527 亩,用于养殖业的面积有 991 亩,用于兴办第二、第三产业的面积有 0 亩,其他有 1537 亩。土地流转价(乡村组织和中介组织参与流转的价格),除了太平、横巷、野屋、江堡、南沙 800 元/亩/年,勤丰 900 元/亩/年,华庄 1050 元/亩/年,西洋 1100 元/亩/年,站东、野向 1200 元/亩/年外,其余乡村的土地流转价则为统一设定,价格为 1000 元/亩/年。在土地流转期限上,流转土地期限在 6~10 年的面积最多,达 54367 亩。流转土地期限在 5 年以下的面积有 4012 亩,在 2011~2020 年的面积有 9676 亩,没有土地流转期限在 21 年以上。

二、土地流转的规范状况

黄桥镇农村土地流转呈加快之势，各村（居）积极性较高，发展势头较足，总体健康平稳，为发展现代农业、繁荣农村经济、增加农民收入发挥了积极作用。但是，在土地流转中还存在一些值得注意的问题，比如有的经营主体不顾自身经济实力和经营能力，盲目贪大求快；有的经营主体不能按合同履约，特别是租金不能及时兑现；有的经营主体经营管理不善，降低了土地综合生产能力和产出效益；有的经营主体已经书面或口头提出退租降租申请。诸如此类问题，容易产生风险隐患，引发矛盾纠纷，影响农村社会和谐稳定。建立农村土地承包经营权流转规范运行机制，是保障农村土地流转健康发展的有效措施。

2016年11月4日，为进一步促进农村土地流转健康发展，根据《关于进一步规范农村土地经营权流转行为的通知》（泰委农发〔2016〕4号）精神，黄桥镇政府发布《关于进一步规范全镇农村土地经营权流转行为的指导意见》。该意见提出，在土地流转过程中，必须始终坚持把强农惠农作为工作的根本出发点和落脚点，遵循“依法、自愿、有偿”原则，严守“不违背群众意愿、不损害群众利益、不改变耕地性质”三条底线；坚持积极稳妥、注重实效、规范有序，做到既准确把握发展大势，积极发展适度规模经营，不能“因噎废食”，又稳步推进土地流转，超前防范各类风险，不搞大跃进，从而更好地保护土地流转双方合法权益，促进农民增收、农业发展和农村社会和谐稳定。此外，还形成了农村土地流转的准入机制、监管机制、退出机制以及矛盾纠纷的依法化解机制四大工作机制，具体而言，准入机制又包括：(1)加强流入主体资格审查；(2)组织农业生产项目评估；(3)建立能力评估制度；(4)完善流转定价机制。监管机制包括：(1)合理把握土地流转规模；(2)加强土地流转价格指导；(3)严格规范土地流转程序。退出机制包括：(1)强化流转土地用途监管；(2)加强流转金兑付监督；(3)规范退出处理程序。最后，要切实加强土地承包与流转矛盾纠纷调处工作，建立健全“民间协商、镇村调解、市级仲裁、司法保障”相结合的农村土地承包经营纠纷调处机制，努力提高土地承包及流转纠纷的调解能力。

第三节 土地征收状况

一、土地征收情况汇总

2016 年,黄桥镇各村征用土地面积总计 1005.4933 亩。其中工业园区共征收土地 627.317 亩,镇政府共征收土地 378.1763 亩。在工业园区征收的土地中,征收祁巷新姜八线西侧土地 125.1 亩,征收韩庄新姜八线西侧土地 431.4 亩,征收西洋新姜八线西侧土地 60.2 亩,征收吴韩新姜八线西侧土地 10.617 亩。在镇政府征收的土地中,征收华庄土地便民中心、初中和初中南处共 234.4722 亩,征收野向乐城内土地 93.17 亩,征收西寺桥便民中心土地 30.5241 亩,征收三里生猪屠宰场土地 20.01 亩。

2017 年,黄桥镇工业园区、政府征用各村土地共计 1061.2633 亩,征地补偿金额共计 4894.2943 万元。其中征收祁巷村土地 53.315 亩,征地补偿金额为 280.4052 万元;征收余庄村土地 500.035 亩,征地补偿金额为 2229.1875 万元(含租赁土地);征收胜利村 52.435 亩,267.5661 万元;征收西洋村 99.48 亩,征地补偿金额为 404.1411 万元;征收韩庄村 267.4663 亩,征地补偿金额为 1285.8595 万元;征收吴韩村 47.01 亩,征地补偿金额为 245.5051 万元(含租赁土地款);征收诸马村 20.792 亩,征地补偿金额为 76.5361 万元;征收金堡村 3.114 亩,征地补偿金额为 12.4249 万元;征收朱何村 17.616 亩,征地补偿金额为 92.6688 万元。

2017 年,黄桥镇新城征地总计 501.6495 亩,合计补偿 2349.3559 万元,协调费用总计 50.1649 万元。在野向村,征收耕地总计 207.0674 亩,协调费总计 20.7067 万元,其中欧美嘉及东侧征地项目合计补偿 595.1655 万元,琴海乐器征地项目合计补偿 210 万元,人工湖征地项目中的集体和 3 小组部分合计补偿分别为 5.4054 万元和 153.5586 万元。在直来桥村,西河路东侧、通站路北侧服务业项目征地面积为 84.0130 亩,除耕地外包含小庄小组 8.7245 亩四地土地,合计补偿 497.2404 万元,协调费使用 8.4013 万元。在吴韩村,西河路东侧、通站路北侧服务业项目征地面积为 16.9270 亩,除耕地外包含十组四地土地 1.8020 亩和十一组四地土地 1.7615 亩，合计补偿 64.5939 万元，协调费使用 1.6927 万元。在西寺桥村，服务业项目征收耕地面积为 1.21 亩，合计补偿费 5.7953 万元，使用协调费 0.121 万元。在华庄村，征地面积总计 165.4861 亩，使用协调费 16.5486 万元，其中建筑业孵化基地及北侧项目征收耕地 128.0263 亩，征收水面 10.1498 亩，合计补偿费 572.9530 万元；原村办公室、西华中沟东坎和三拆迁企业项目合计补偿费 116.7884 万元。在东闾村，北环路、金溪路项目征地 2.0490 亩，合计补偿费 8.6790 万元，协调费使用 0.2049 万元。在诸马村，定慧加油站项目征地面积为 1.3620 亩，合计补偿费 4.8561 万元，协调费使用 0.1362 万元。在金堡村，定慧加油站项目征地面积为 3.1140 亩，合计补偿 12.1135 万元，协调费使用 0.3114 万元。在祁巷村，民宿项目征地面积为 2.8050 亩，合计补偿 11.2996 万元，协调费使用 0.2805 万元。在朱何村，黑松林东侧项目征地面积为 17.6160 亩，合计补偿 90.9072 万元，协调费使用 1.7616 万元。2018 年共征地 1317.2885 亩。

二、镇区和园区规划范围内征收及动迁

2011 年 2 月，黄桥镇为进一步加快小城市和工业园区建设步伐，切实维护动迁当事人的合法权益，保障镇区、园区建设顺利进行，黄桥镇政府根据《土地管理法》《江苏省土地管理条例》《江苏省征地补偿和被征地农民基本生活保障暂行办法》等文件精神，结合本地区实际发布了《黄桥镇征收集体土地房屋动迁补偿安置实施意见》。该意见适用于黄桥镇区和园区规划范围内征收农民集体所有土地及集体土地上实施房屋动迁，并需要对被征收农民、农村集体经济组织补偿，对被动迁人补偿安置的情形。

三、征地补偿和被征地农民社会保障的依据

黄桥镇的征地补偿和被征地农民社会保障均以泰兴市发布实施的文件为准。2013 年 12 月 25 日，泰兴市政府制定实施了《泰兴市贯彻实施〈江苏省征地补偿和被征地农民社会保障实施办法〉若干问题的规定》（泰政发〔2013〕157 号，以下简称《规定》）。2014 年 5 月 30 日发布泰政发〔2014〕61 号文对《规定》进行修订，从而将《规定》第 20 条修订为“被征地农民社会保障资金主

要包括安置补助费及其增值收益和市政府从土地出让金、划拨供地成本中安排的统筹社会保障费用。按照‘以支定收、收支平衡、不留缺口’的原则,从土地出让金和划拨供地成本中足额提取社会保障费用。社会保障费用标准按应安置人数×(本市农村最低生活保障标准的1.1倍×139个月—安置补助费)计算。经营性用地每亩增提7万元作为被征地农民社会保障资金市级统筹”。将《规定》第31条修订为“本规定自2013年12月1日起施行。从本规定施行之日起,新征收土地不再执行《泰兴市征地补偿和被征地农民基本生活保障暂行办法》(泰政发〔2004〕145号)、《泰兴市被征地农民基本生活保障补充办法》(泰政发〔2006〕150号)、《泰兴市被征地和自愿放弃土地承包经营权的农民社会保障暂行办法》(泰政发〔2009〕89号)、《市政府办公室关于进一步完善我市被征地农民社会保障制度的通知》(泰政办发〔2012〕23号)。2005年1月1日至2009年10月15日已依法征收土地的,按《泰兴市被征地农民基本生活保障补充办法》(泰政发〔2006〕150号)执行。2009年10月16日至2013年11月30日依法征收土地的,于2014年8月31日前向市社会保险经办机构申报办理,仍按《泰兴市被征地和自愿放弃土地承包经营权的农民社会保障暂行办法》(泰政发〔2009〕89号)执行;2014年9月1日后申报办理的,按本规定执行”。

2016年6月10日,黄桥镇根据省市被征地农民社会保障政策文件精神,现就进一步规范工作程序,提高工作效率,专门发布《关于进一步做好被征地农民社会保障工作的意见》,为全面实施被征地农民社会保障工作,切实维护被征地农民的合法权益,为经济健康可持续发展营造良好的社会环境提供规范指导。

四、征地补偿的程序和标准

黄桥镇土地征收的程序简称“三公告一登记”,即征地告知书、补偿安置方案公告、土地征收公告和登记办实体保险。黄桥镇的征地补偿一般按照以下标准执行:土地补偿费标准为2.7万元/公顷×10(未利用地:1.35万元/公顷×10),安置补助费标准为1.7万元/人,青苗补偿费标准为1.35万元/公顷,地上附着物补偿标准按照泰政发〔2015〕59号规定的补偿标准对征地所涉及的附着物的产权人进行补偿。

2015 年 8 月 17 日，泰兴市人民政府根据《江苏省征地补偿和被征地农民社会保障办法》和《泰兴市贯彻实施〈江苏省征地补偿和被征地农民社会保障实施办法〉若干问题的规定》（泰政发〔2014〕61 号）文件精神，发布泰政发〔2015〕59 号文件以调整征地附着物补偿标准。例如，规定可以移植的树木、苗木、花草以及多年生经济林木，支付移植费用；不能移植的作价收购或按附表所列标准进行补偿；果园、鱼塘或其他养殖业按当年实际损失补偿；其他地上附着物按附表规定的补偿标准对征地所涉及的附着物的产权人进行补偿。突击栽种的花草、林木、青苗一律不予补偿。调整后的附着物补偿标准从 2015 年 8 月 1 日起实施。在此之前经依法批准征地补偿安置方案的项目，按原补偿标准执行。

第四节　宅基地状况

宅基地是农村的农户或个人用作住宅基地而占有、利用本集体所有的土地，包括建了房屋、建过房屋或者决定用于建造房屋的土地，建了房屋的土地、建过房屋但已无上盖物或不能居住的土地以及准备建房用的规划地三种类型。宅基地的所有权属于农村集体经济组织。

2017 年，黄桥镇共网上审批个人建房 126 宗，用地预审 26 宗，设施农用地备案 65 宗，临时用地 3 宗，案件审理 14 宗，不动产登记发证 195 宗。2018 年，黄桥镇共发放不动产证 455 本，审核办理个人建房 733 宗。

黄桥镇对宅基地的管理以上一级泰兴市的文件为依据。2016 年 9 月 12 日，针对《泰兴市宅基地管理办法》已不再适用宅基地管理工作实际的问题，泰兴市局组织规划科、法规科和各分局主要负责人召开《泰兴市宅基地管理办法》修订工作座谈会。就基层宅基地管理工作遇到的新情况、新问题进行深入座谈，共形成初步意见 20 余条。下一步，将根据汇总梳理的各方意见进行修订，报局务会会商，经专家论证后，尽早提请市政府出台，进一步规范全市宅基地管理秩序。但至今尚未出台，因此目前仍适用《泰兴市宅基地管理办法》。

第五节　土地市场状况

2016 年,黄桥镇新城国有建设用地使用权挂牌出让的面积合计 101411 平方米,涉及 6 宗地块,出让土地用途均为商用。其中(以下按宗地编号排序),挂牌出让清华园路西侧、东华村路北侧地块面积 8057 平方米,起始价 925 万元;金溪路东侧、东华村路北侧地块面积 6221 平方米,起始价 645 万元;金溪路西侧、银杏路北侧地块面积 3946 平方米,起始价 700 万元;龙溪路西侧、东进西路南侧地块面积 32514.4 平方米,起始价 5073 万元;金溪路东侧、东进西路北侧地块面积 37127 平方米,起始价 7128 万元;横过线南侧地块面积 13546 平方米,起始价 1280 万元。除了金溪路东侧、东进西路北侧地块出让年限达 70 年以外,其余五大地块出让年限均为 40 年。

2016 年,黄桥镇园区国有建设用地使用权挂牌出让的面积合计 534339 平方米,涉及 15 宗地块,出让土地用途均为工业使用,出让年限均为 50 年,实缴出让金 21582.38 万元。其中(以下以宗地编号排序),黄桥镇胜利村焦庄 7、8 组和余庄村顾何 2、4 组地块出让面积 19321 平方米,挂牌起始价 287.51 万元;韩庄村何韩 6、7 组地块出让面积 89104 平方米,起始价 891.16 万元;韩庄村何韩 1 组地块面积 14884 平方米,起始价 148.36 万元;余庄村顾何 2、4 组,胜利村焦庄 8 组地块面积 10543 平方米,起始价 105.72 万元;余庄村顾何 2 组地块面积 7618 平方米,起始价 75.72 万元;韩庄村王韩 1、2 组地块面积 5282 平方米,起始价 61.2 万元;祁巷村周堡 2、3、4、5、6、7 组,西洋村西洋 3 组,韩庄村王韩 8 组地块面积 76098 平方米,起始价 760.92 万元;韩庄村何韩 1、6 组地块面积 33714 平方米,起始价 337.56 万元;野向村野向 1、2、3 组地块面积 32703 平方米,起始价 327.12 万元;野向村野向 2、3、5 组地块面积 46407 平方米,起始价 464.28 万元;韩庄村何韩 1、6、7 组地块面积 93520 平方米,起始价 934.8 万元;韩庄村何韩 1、7 组地块面积 10000 平方米,起始价 100 万元;韩庄村何韩 7 组地块面积 20000 平方米,起始价 200 万元;;韩庄村王韩 1 组、余庄村顾何 3 组地块面积 13353 平方米,起始价 133.12 万元;韩庄村王韩

1、2、8 组地块面积 61792 平方米，起始价 617.68 万元。

2017 年，黄桥镇圆满完成了泰兴市第三季度国家计划、试点计划、挂钩计划批次涉及的 28 宗地 1112 亩的土地供应工作，为地方经济社会发展提供了有力的保障，盘活存量土地 4 宗 130 亩，新建高标准厂房 2 宗 122 亩，建筑面积达 12 万平方米，彰显了土地价值的最大化。

依据泰兴市自然资源和规划局公布的土地使用权挂牌出让公告，截至 2018 年 12 月，黄桥镇以挂牌方式出让土地 21（幅）地块，土地挂牌出让面积 449584 平方米。其中：工业用地 16（幅）地块，土地挂牌出让面积 397922 平方米；经营性用地 5（幅）地块，土地挂牌出让面积 51662 平方米。黄桥镇以协议方式出让土地 3（幅）地块，土地协议出让面积 338 平方米。仅 2018 年，黄桥镇办理农用地转用 36 宗，面积 973.9145 亩，挂牌出让土地 10 宗，面积 498 亩，盘活了虹安、蓝帕、兴达 3 宗 70 亩存量土地，为黄桥镇经济发展提供有力保障。

第六节　土地利用规划

依据国家、江苏省有关法律法规及政策要求，黄桥镇人民政府组织编制了《泰兴市黄桥镇土地利用总体规划（2006 ~ 2020 年）》（调整方案），规划于 2017 年 7 月通过江苏省人民政府审批，并于 2018 年 8 月正式发布。规划是黄桥镇土地利用与管理的纲领性文件，是落实土地宏观调控和土地用途管制、规划城乡建设的重要依据。

规划控制目标为，到 2020 年，耕地保有量不少于 10989.5000 公顷，基本农田保护面积不低于 9377.6900 公顷，建设用地总规模控制在 3860.4100 公顷，核定 2010 ~ 2020 年新增城乡建设用地上图规模 215.1600 公顷，核定 2010 ~ 2020 年新增交通水利用地规模 8.0900 公顷。

依据《江苏省国土资源厅关于泰兴市土地利用总体规划（2006 ~ 2020 年）实施评估报告审查意见的通知》，同意安排泰兴市规划流量指标 1000.0000 公顷（1.50 万亩）。泰兴市人民政府结合区域经济社会发展、新型城镇化、生态文明建设的需求情况,分配黄桥镇流量指标84.7212公顷。规划修改前后,黄桥镇基本农田保护目标保持不变,耕地保有量目标调整为11033.8700公顷。规划修改后,黄桥镇建设用地总规模减少55.4683公顷,新增城乡建设用地上图规模增加84.0812公顷,新增交通水利用地规模增加0.6400公顷。

规划修改严格遵循集中布局、集聚建设的原则,通过各类管制分区的调整,优化土地利用结构与布局,提高土地节约集约利用水平,实现土地资源与产业布局的优化配置。其中,在允许建设区,本次规划修改调入允许建设区面积155.0253公顷,其中:有条件建设区调为允许建设区37.1377公顷,限制建设区调为允许建设117.8876公顷。调出允许建设区面积293.0012公顷,其中:调为有条件建设区6.8974公顷,调为限制建设区286.1038公顷。规划修改后允许建设区规模减少了137.9759公顷。在有条件建设区,本次规划修改调入有条件建设区面积40.8258公顷,其中:允许建设区调为有条件建设区6.8974公顷,限制建设区调为有条件建设区33.9284公顷。调出有条件建设区面积42.4942公顷,其中:调为允许建设区37.1377公顷,调为限制建设区5.3565公顷。规划修改后有条件建设区规模减少了1.6684公顷。在限制建设区,本次规划修改调入限制建设区面积291.4603公顷,其中:允许建设区调为限制建设区286.1038公顷,有条件建设区调为限制建设区5.3565公顷。调出限制建设区面积151.8160公顷,其中:调为允许建设区117.8876公顷,调为有条件建设区33.9284公顷。规划修改后限制建设区规模增加了139.6443公顷。

本次规划修改涉及用途分区中一般农地区、城镇建设用地区、村镇建设用地区、独立工矿区、林业用地区和其他用地区六种类型。本次规划修改调出一般农地区193.5114公顷,调入一般农地区332.2861公顷,增加138.7747公顷。本次规划修改调出城镇建设用地区10.9131公顷,调入城镇建设用地区94.5049公顷,增加83.5918公顷。调出村镇建设用地区278.7553公顷,调入村镇建设用地区60.5204公顷,减少218.2349公顷。调出独立工矿用地区3.3328公顷,减少3.3328公顷。调出林业用地区0.0002公顷,减少0.0002公顷。本次规划修改调出其他用地区0.7986公顷,减少0.7986公顷。

第八章　农民合作社

第一节　农民合作社概况

农村经济合作社，是指在农村双层经营体制下，集体所有、合作经营、民主管理、服务成员的具有法人资格的社区性农村集体经济组织。黄桥镇历来高度重视新型农业经营主体培育工作，把加快发展新型农业经营主体作为发展现代农业、转变农业发展方式、促进农民持续增收的重要举措来抓，不断加大政策引导和资金扶持力度。专业合作社、家庭农场和种养大户等新型农业经营主体呈现快速发展的良好态势，对构建现代农业经营体系，促进农业转型升级，加快农业现代化进程起到了关键性作用。

截至 2018 年年底，黄桥镇共有 57 个涉农村居，945 个村民小组；小麦种植面积 8.7 万亩、水稻种植面积 6.8 万亩，其中粮食规模经营面积 3.6 万亩。

黄桥镇着力引导农民专业合作社在发展中规范，组织化程度明显提高。全镇经工商登记的合作社达 246 家，成员 4.76 万户。在促进农民专业合作社加快发展的同时，黄桥镇也高度重视农民专业合作社质的提升，按照“星级示范社创建标准”，积极推进农民专业合作社规范化建设。

第二节　农民合作社类型

一、市级示范家庭农场

所谓市级示范家庭农场,指的是以家庭为基本组织单位,家庭成员以农业生产为主,从事农业规模化、集约化、商品化生产经营,以家庭农场收入为家庭主要收入来源(占80%以上),农场主须为本地农村常住人口(3年以上)的标准化、规范化农场。市级示范家庭农场,一般需要应符合“三有三化三好”要求,即农场经营“有人员、有规模、有配套”,生产实现“生产标准化、管理制度化、风险最小化”,最终达到“经济效益好、生态效益好、社会效益好”。市级示范家庭农场是农民合作社的标杆和典范,也是促进农业发展、创新农业生产体制和经营管理体制的试验先驱,对农业现代化的建设具有重要意义。

二、黄桥镇星级示范社

为了促进农民合作社良好竞争、奖励先进,黄桥镇从2015年起开始开展了星级示范社创建的任务。任务数共下达一星级示范合作社39个,其中二星级示范合作社8个,三星级示范合作社3个,四星级示范合作社1个。

星级示范社的创建有利于规范农民专业合作社的发展,提升农民组织化程度。按照“星级示范社”标准,通过健全产权制度、完善分配机制、强化民主管理等,推进农民专业合作社的规范化建设,大部分合作社特别是创星级合作社都定期召开了成员代表会议和换届选举,进行了成员核实,对成员出资进行了清理核实。同时,鼓励合作社在经营规模、品牌提升、科技进步、市场影响、加工能力、商业潜力上下功夫;鼓励和扶持合作社与现代商业组织直接对接;鼓励合作社提高开放性,探索多层次、多功能、覆盖大多数农民的合作经济组织体系。加大扶持力度,鼓励农民兴办专业合作和股份合作等多元化、多类型合作社。深入推进示范社创建行动,促进合作社规范化建设。完善示范社评定、动态监测机制,把示范社作为政策扶持重点。

三、敬跃波尔山羊专业合作社

泰兴市黄桥镇敬跃波尔山羊专业合作社成立于2009年7月24日,主要从事组织收购、销售成员养殖的波尔山羊,并为成员提供相关技术指导和信息服务。在2016年敬跃波尔山羊专业合作社被认定为江苏省省级农民合作社示范社。

该合作社根据泰兴市委农工办的要求,结合自身实际情况,围绕成员真、出资实、经营服务规范、财务规范、收益分配合理、民主管理等方面的问题作了一些探讨,取得了一定成绩,为促进合作社健全规章制度、完善运行机制、加强民主管理、提升发展实力奠定了基础。

该社的优势和特点在于:(1)成员真。合作社通过调查,对过去挂名、与本社业务无关联的成员做好思想工作,劝其退出,保留了19户从事养羊业,且愿继续合作的专业大户。(2)出资实。成员全部以现金向合作社出资低收入农户由镇政府以扶贫款代为出资,确保了成员出资真实。(3)经营服务规范。19户各家各户养殖,35户低收入农户由合作社统一代养。(4)财务规范。合作社聘请会计服务机构代理记账,严格执行农民专业合作社财务会计制度。收支合理,票据完善,报批手续齐全,记账及时。(5)收益分配合理。实行成本核算、销售收入兼顾后续发展基金、人工工资和农户收入各项按预定比例公平分配。(6)民主管理。合作社组织机构健全,重大事项民主协商。合作社章程、机构设置以及财务管理、内部管理等基本制度公示上墙。合作社收入、支出明细放置在办公室,随时随地供成员查阅。

第三节　运行状况

一、运作方式

从2015年以来,黄桥镇按照“提升档次、凸现亮点”的要求,集中精力抓好农民增收工作,确保农民收入持续稳定增长。具体运作方式包括:

1. 强化农业基础设施建设,夯实农民增收基础。继续实施国家级农业综合开发工程等项目,有效完善、提高农田灌排功能,实现路道拓宽,为农作物丰产丰收提供有力的保障,夯实了农民增收基础。

2. 狠抓农村承包土地确权颁证,促进农民增收积极性。通过尽早筹划、统筹安排、精心组织,严格操作规程、严格考核奖惩,积极与测绘公司沟通,协调、配合。及时发放农户土地承包权证书和配合软件公司做好农户档案整理。

3. 加快推进农业现代化,挖掘农民增收潜力。建成设施蔬菜、优质林果、粮食规模经营三个万亩基地。省级"菜篮子"工程永久性蔬菜基地基本建设到位。通过发展现代农业特色产业,最大限度地挖掘农民增收潜力,促进农民持续增收。

4. 推进改革试点工作,增强农民创业发展活力。深入推进省经济发达镇行政管理体制改革试点工作,设立职能机构13个,重点抓好便民服务建设,有效承接了1119项县级行政权力。

5. 完善农村产权交易程序,增加农民收入。农村产权交易市场为农村各类产权资源提供了商品化、规模化的交易平台,为家庭农场、农业合作社、企办农场等新型农业经营主体的培育和发展提供了深厚的土壤。

6. 加强引导,促进新型经营主体转型发展,健全农民增收机制。增强风险防范意识,推动农业转型发展,在各类政策支持重点倾斜。

7. 发展乡村旅游,带动农民增收。充分盘活我镇旅游资源,以镇区14个旅游景点,串联新四军黄桥战役纪念地、永丰客栈、游客集散中心,黄桥战役旧址等景点,以黄桥老街成为全国第五批中国历史文化名街为招牌,形成了古镇旅游、红色旅游、工业旅游、生态休闲旅游为一体的新格局。

8. 组建扶贫基金,落实精准扶贫,切实增加农民收入。围绕"帮扶对象落实、帮扶措施落实、帮扶责任落实、确保精准脱贫"的总目标,因户施策,多措并举,因户制宜发展养殖项目、安排村庄环境保洁员等公益性岗位、对无劳动能力的低保户、对所有低收入农户进行节日慰问等。

二、运作成效

为了加快建设"经济强、百姓富、环境美、社会文明程度高"的新黄桥,坚持把促进村级集体经济发展、构建农民增收长效机制作为推进新农村建设和城乡一体化发展的重要举措来抓，积极推进富民强村工作，农村合作社采取了许多行之有效的办法，全镇村级财力较快增长，农民收入持续增加。

截至2017年，全镇总人口19.1万人，其中农业人口16.86万人，农村劳动力9.27万人，2016年农村居民人均可支配收入18899元。根据调查结果表明：2017年上半年，全镇家庭经营收入160.17亿元，其中第一、第二、第三产业总收入分别为：12.24亿元、107.58亿元、40.35亿元，第一、第二、第三产业所占比重分别为：7.64%、67.17%、25.19%。农民家庭经营纯收入12.95亿元，工资报酬性收入5.98亿元，其中在本乡镇内获得的报酬性收入4493万元，在本乡镇外获报酬性收入5.53亿元，纯收入总额19.1亿元，按2016年年报人口16.87万人计算人均可支配收入11320元，比上年同期的10433元增加887元，增长8.5%。

第九章　典型法治案（事）件

——黄桥法庭“民心审判”活动

针对黄桥法庭连年增长的诉讼案件，黄桥“打会事件”后续影响的持续发酵以及当前部分案件中当事人存在恶意诉讼，缺乏基本的诚信道德的情况下，结合最高人民法院提出的司法改革创新内容，黄桥法庭在2003年适时打造“民心审判”工程。

“民心审判”，指的是在审理案件的过程中，加强与群众沟通和交流，听取群众的意见和建议，接受群众监督和检验，让广大群众参与到案件的审理和调解中，把群众心声作为审理民事案件的参考。为此，黄桥法庭在审判工作中积极创新、勇于探索，广泛倾听民意、及时回应民意、积极运用民意，以法律为准绳，以民意为参考，促进审判和调解，实现案结事了，锻造了“民心审判”文化品牌。

为此，黄桥法庭一方面在本地较有影响的“黄桥在线”论坛上开辟了“民心审判——大家做法官”专栏，另一方面充分利用巡回审理开展“民心审判”活动，均取得了良好的社会效果与法律效果。这一创新在全省人民法庭庭长会议上做了经验交流，被泰州市中级人民法院发文推广。

一、“民心审判”的源流：“民心文化”

黄桥法庭“民心文化”的开创者，是黄桥法庭第一任庭长陆健。他于1954

年1月至1960年2月担任黄桥法庭第一任庭长。办案中,他坚持依靠群众调解纠纷,在继承、赡养、扶养等案件上,采用亲劝亲、邻劝邻、知心人劝知心人的方法解除矛盾,增强团结,稳定社会秩序。因成绩显著,被评为全国审判工作先进工作者,受到党和国家领导人刘少奇、宋庆龄、董必武、周恩来、陈云、邓小平、彭真等接见。

根据原黄桥法庭庭长宋炳忠介绍,近年来,作为服务黄桥老区5个乡镇、近40万人口的大法庭,面对案多人少的司法审判新形势,该法庭大力传承红色经典"民心文化",围绕"情暖民心、法润黄桥"庭训的新追求,不断开拓创新,努力践行"公正、廉洁、为民"司法核心价值观,锻造了具有时代特征、富有地方特色、赢得百姓称赞的司法"民心文化"。

得益于"民心文化"的开花结果,黄桥法庭近年来涌现了省法院系统调解能手、泰州市十佳法官、泰州市"百姓喜爱的好法官"、泰州市最美巾帼等先进个人;连续六年被评为泰兴市法院先进集体,荣立集体二等功、三等功各一次,2012年被省、市法院表彰为推进社会管理创新和维护社会稳定工作先进集体,2014年被省高院评为全省优秀人民法庭。

二、"民心审判"的方式

根据江苏省泰州市中级人民法院《关于在全市人民法庭推进"民心审判"活动、拓宽民意沟通渠道的通知》,"民心审判"活动主要包含以下方式:

(一)在"黄桥在线"论坛开辟"民心审判——大家做法官"专栏。2013年,前黄桥法庭庭长宋炳忠无意中在电视上看到一档调解家庭纠纷的节目,矛盾双方坐在电视节目现场,你说你的理,我说我的理。这给宋炳忠庭长很大的启发。随后,黄桥法庭与"黄桥在线"网站合作,精心挑选了一些老百姓关心的离婚、邻里纠纷、借贷等民事案件,隐去当事人的真实姓名后,将主要案情发布在"黄桥在线"论坛上,由网民分析讨论,收集网民们的意见。法庭审理过程中同步进行网络投票;结案后,主审法官在网络上发布判决结果,梳理双方症结,阐明适用法律,答复网友疑惑。

"养女该不该看望并赡养生父"是放在论坛上讨论投票的首起案件,短短6天有5000多人浏览,70多人参与投票。其中,不少人进行留言,表达自己的观点与看法。关于赡养问题,网友几乎形成了一致意见。但是在“看望”老人的问题上,网友们存在不同观点。之后,承办法官将调解的法律文书,隐去了相关当事人的详细信息后,发布到“黄桥在线”之上,与网友进行互动,积极宣传“精神赡养”,呼吁网友们“常回家看看”,形成了良好的社会舆情,也进一步普及了《婚姻法》《老年人权益保障法》《中华人民共和国收养法》。

“阿斌是否应当承担赔偿责任”为论坛上讨论投票的第二期案例,其浏览量更是达到了6394人,共有81人进行了投票。许多网友根据案例提出了相关的法律疑惑。例如,有网友提出:“阿斌的奶奶能否作为证人?”对此,承包法官也在论坛上认真回答了网友提问:证人是当事人以外知道案件情况的人,生理上、精神上有缺陷或者年幼、不能辨别是非、不能正确表达的人,不能作为证人。本案中,阿斌的奶奶符合证人的条件,可以作为证人,只是其证明力大小的问题。承办法官全面的解释与认真的态度鼓励了广大网友积极参与到案件讨论之中,不少网友也提出了相对中肯的建议。

第三期案例“协议是否有效”一经提出就在网上引起了广泛讨论。因为这起案例非常接近大众生活。这则案例也警示了不少网友,在房屋买卖过程中,除了挑选自己合适的房产外,签订一份合法有效的房屋买卖合同对于维护自己的权益也同样重要。

第四期案例“甲还款了吗?”在短短数日浏览量便达到了4666次,跟帖回复的有42人。一个简单的借贷小案例,拷问的不仅是法律事实,还有社会诚信、道德等一系列问题,有网民一针见血地指出:“这个案件肯定有一方虚假陈述。无论是谁,它都反映了我们当前社会诚信的缺失,拜金主义的泛滥。”承办法官在提出纠纷难点的同时也善意提醒广大网友,发生借贷往来时,书写借条一定要认真规范,从而避免一些不必要的纠纷。

(二)利用巡回审理开展“民心审判”工程。自2013年以来,黄桥法庭加大巡回审判,选择典型案例,在案件发生地进行公开审判,选择当地村民代表或社区村居民代表进行旁听,对双方争议焦点进行归纳,根据案件情况进行释明,组织现场旁听人员进行投票,在调解时向当事人告知投票结果,促进当事人服判息诉。此举既促进了案件调解,又扩大了普法效果。

2013年4月7日,时任黄桥法庭庭长宋炳忠、副庭长蒋鹏飞来到泰兴市元竹镇申庄村,开展了一场别开生面的“巡回审判”活动。其间,蒋鹏飞公开开庭审理了一起赡养纠纷,以案释法,为全体村民送上了一堂深入浅出的法治讲座。在处理该案时,黄桥法庭创新运用“民心审判”,进一步激发村民对学法、懂法、用法的浓厚兴趣。通过发放《民心审判意见表》的形式让全体村民积极参与到案件审理中,既给当事人形成道德压力,又教育了全体村民。案件最终也圆满解决,法律效果和社会效果得到了统一。庭审结束后,宋炳忠庭长与村民面对面积极互动,并向村民赠送了相关法律法规。

(三)“观察员”参与调解。在辖区内招募“民心审判”观察员,为其颁发观察员证,凭证进入法庭旁听。对选择的“民心审判”案件在法庭审判现场进行投票,参与调解,并协助做当事人服判息诉的工作。

三、“民心审判”的工作要求

就“民心审判”活动的工作要求而言,江苏省泰州市中级人民法院《关于在全市人民法庭推进“民心审判”活动、拓宽民意沟通渠道的通知》作出以下几个方面的规定:

1. 提高认识,加强领导。要充分认识开展“民心审判”活动对推进司法公开、加强司法民主的重要作用,并将“民心审判”活动与正在开展的党的群众路线教育实践活动有机结合起来,通过活动的开展,让法庭法官进一步增强群众观念和司法为民的理念。各基层法院分管领导要切实加强领导,法庭庭长和全体法庭干警要按照市中院的统一部署和要求,精心组织实施,务求取得明显成效。

2. 统筹安排,力求实效。要按照活动的部署和要求,结合自身实际,制定实施计划,把“民心审判”活动融入审判业务中去,统筹安排,协调推进。要以积极的态度推动“民心审判”活动有序开展,积极创新活动形式和内容。对活动开展情况,市中院民四庭将适时进行检查、督促、通报。

3. 加强宣传,营造氛围。要在各法庭深入进行思想发动,广泛进行宣传,既要练好内功求实效,又要亮出牌子造声势。要加强与宣传、调研职能部门的沟通协调,对活动信息及时进行交流和反馈,大力宣传活动中涌现的新人新事,及时报道推广好的做法和经验,推进活动广泛深入开展。各法院法庭指导办每月底前要将辖区内各法庭开展“民心审判”活动的情况汇总后报市中院民四庭。

四、“民心审判”典型案例

黄桥法庭开展“民心审判”活动多年，在这些年内涌现了许多案例。在此，我们选取了以下三个典型案例进行简要介绍：

(一)叔侄握手言和。老王和小王是亲叔侄。二人为了祖坟上法庭打官司，闹得不可开交。泰兴法院黄桥法庭受理了这起“奇葩”案件后，活用民心审判，利用群众的力量化解了矛盾，让叔侄握手言和。

两年前，村里统一动迁祖坟，小王家的祖坟迁回家门前的自留地。谁知，不到半年的时间，小王的父母相继去世。小王认为祖坟在自家门前风水不好，要求叔叔老王将祖坟迁走，老王认为迁祖坟不是儿戏，怎么能频繁动迁?!每天一开门就能看见坟头，小王一气之下将自家装修的建筑垃圾都堆在了坟上，还不允许老王前来祭祖，双方的矛盾彻底激化。

在了解了基本案件后，前黄桥法庭庭长宋炳忠决定调出黄桥法庭的“法宝”——民心审判，到村里去和群众一起来处理这个案件。下午，村委会小小的活动室里坐了近百人，宋炳忠并没有着急介入调解，而是先请旁听的村民上前发表意见。随着王家几位德高望重的老人发表意见后，小王和老王都陷入了沉默，宋炳忠敏锐地察觉到，转机到了！他建议叔侄二人先握个手，小王的媳妇也适时给老王送上一瓶冰镇的饮料，活动室里顿时掌声雷动。随后，宋炳忠请王家的几位老人作为代表，拿出一个调解方案。一周内，小王将祖坟上的垃圾清理干净，老王择日将祖坟迁移。至此，叔侄两言归于好，案结事了。

黄桥法庭的“民心审判”，符合最高人民法院“群众说事、法官说法”活动要求，将村民自治与法治手段、法治思维相结合，通过公开评议促进纠纷解决，将矛盾纠纷化解在基层，受到了人民群众的一致好评。

(二)民心审判，还路于民。正值秋收秋播时节，分界镇野庙村11组村民却因为个别农户堵路不能正常通行，影响秋收秋播。村民王德兴等多次找到镇村干部反映情况，但一直没有得到彻底解决。无奈之外，王德兴和张平成一纸诉状,将张某告上黄桥法庭。时任黄桥法庭庭长宋炳忠到现场调查后,进行了民心审判,整个11队有7户是群众代表,有2户是原告,但没有进行投票。最终,5户群众代表通过民心审判全部支持原告的诉讼请求。黄桥法庭依法决定先予强制执行,还路于民。

(三)女法官王云——以情释法。在一次赡养纠纷开庭时,面对无声哭泣、年近八旬的母亲,6个儿子竟然相互推诿,并似乎有说不完的理由。看着这一幕,王云痛在心里,急在行动上。先后7次登门,苦口婆心地劝说、做思想工作,分头向6位被告宣讲老年人权益保障法,灌输尊老敬老的传统美德。最终,在庭审现场,6位被告主动向母亲承认错误,并保证今后一定会"孝敬母亲,兄弟和睦"。结案后,王云握着老人的手,并资助了她200元,亲切地说"您有6个儿子,没有女儿,以后我就是您的女儿,有困难直接来找我。"老人感动得直掉眼泪,"好法官,好女儿,我有一个女儿是法官,以后他们再也不敢欺负我了。"

五、"民心审判"的价值与意义

司法活动,不是一个简单的法律适用过程,它是司法裁判中情理法相统一的依法、说理与讲情,让当事人服判、老百姓认可的过程。黄桥法庭在司法活动中,按照司法要求与司法规律,尤其是结合司法的"地方性知识",创设了"民心审判"机制,充分发挥道德、良知、社会习俗与老百姓朴素正义感、是非观在司法中的作用。

(一)"民心审判"工程的一个作用就是深层次的普法宣传。在解决矛盾的同时,提出纠纷的一些难点、争议点,让老百姓进行讨论、探讨,再由法官依照法律进行剖析、诠释。用老百姓能够听得懂的语言来解释法律,用老百姓能够理解的方式来阐释案例,用老百姓能够接受的方式来化解矛盾。这与长期简单的宣传法律法规普法工作相比有了明显的进步。通过法庭精心挑选的、贴近老百姓生产生活的真实案例,进一步激发了老百姓学法、用法热情,在宣传和表彰善良风俗,批评和反对陈规陋习的同时,让老百姓理解和拥护法院以及法官工作。

(二)选择"民心审判"的案件涉及的都是关系老百姓基本民生的案件,与司法民主、与老百姓的基本是非观、正义观紧密关联。黄桥法庭选择在辖区内有影响的民生案件,如相邻权、赡养、农村土地承包、民间借贷、买卖合同等纠纷以及在当地有较大影响的案件,安排审判工作经验丰富的法官,采取巡回审判旁听群众投票、“观察员”参与等方式,开展“民心审判”活动,直接与人民群众进行沟通交流,倾听人民群众的意见和建议,将能反映广大人民群众内心真实意愿的民意引进审判,供法官在案件审理中进行参考,将充分听取民意与依法裁判相结合,确保案件的社会效果与法律效果的有机统一,让裁判结果获得广大人民群众的认可。

(三)“民心审判”方式,将法、情、理最大限度的融合,实现了司法活动中天理、国法与人情的统一,也实现了司法效果的最优化。通过这种“民心审判”方式,拉进与老百姓之间的距离,形成广泛有力的正确舆论氛围,促使案件当事人自我警醒、自我反思。这种工作方法不仅促进普法活动更加生动形象,深入人心,也能将矛盾真正化解在基层。黄桥法庭所开展的“民心审判”活动,得到了《泰州日报》《江苏法制报》等多家媒体的深入报道,具有积极、广泛的社会影响。黄桥法庭创设的这一审判方式,对于加强司法民主、推进司法公开,实现“努力让人民群众在每一个司法案件中都感受到公平正义”,切实提高司法公信力,助推社会诚信体系建设,以更好地服务民生、服务发展、服务社会,具有重要的实践价值与理论意义。

第三编　兴化市戴南镇

第一章 概 述

第一节 历史沿革

戴南镇,别称"戴家泽",江苏省泰州市下设县级市兴化市的一个大镇,是江苏省重点镇("强镇扩权"20镇之一),也是中国不锈钢名镇。戴南镇有着数千年的历史。可追溯到唐代贞观二十年(647年)春,李世民敕令尉迟敬德于七星庄(戴南)原破败小庙处监建禅寺,并亲笔题"护国寺",以旌表"护佑大唐国"之功。

东吴五凤元年(254年),孙亮复置海陵县,首居此者姓戴,且邻近满月湖荡沼泽而得名戴家泽。清圣祖康熙二十三年(1684年),康熙帝南巡时,从随其南巡的内阁大学士王士祯口中得知护国寺与唐太宗李世民的历史渊源,遂御题"敕封"二字,冠于"护国寺"前。清高宗乾隆三十三年(1768年),分泰州东北境设东台县,戴南镇属东台县时堰乡,乡以下为都、图。

自1912年起,中国实行地方自治区制,东台县设27个市乡自治区,戴南镇东部属东台县时堰市,南部属三里泽市(今姜堰区兴泰镇),西部属唐港乡,以下都、图废,改为闾邻。1926年,因戴家泽与南朱庄相连,"户过千,亩过万",且商业、手工业均具有一定规模,东台县政府令设戴南镇。

1929年,实行新的县组织法,市乡改设行政局,东部属东台县第六区(驻时堰),南部属第七区(驻溱潼),西部属第八区。区以下为乡,乡以下仍为闾邻,1934年改行保甲制。1943年4月,紫石县抗日民主政府成立,今戴南镇部分村庄划入该县仇时区,同年6月又划入时堰区。同年9月,苏中行政公署决定,在范公堤以西,兴化车路河以南地区建立堤西办事处,同年11月改设兴东行署,次年5月撤销行署建立兴东县。

1944年5月,该镇西部及西北部划入兴东县圩南区。同年11月,兴东县并入兴化县。1945年8月,圩南区划分为溱北、蒲场2区。同年10月,今戴南镇境域分属溱潼县溱北区、双港区、茅山区和边城区。

中共苏中第一地委决定,原兴东县所辖地区成立兴化县兴南办事处。1945年10月,又改建为溱潼县。同年11月,时堰区则由紫石县划归东台县。

1949年5月19日,中共苏中区委决定,撤销溱潼县,戴南镇并入兴化县。1950年,该镇东部属戴南区,西部属茅山区。1956年春,对区、乡、镇调整、撤并后,除镇西部冯唐乡属周庄区外,其余均在戴南区范围以内。1958年2月,撤销区级建制,建立大乡制。该镇设戴南乡和德崇乡(后改为顾庄乡)。同年9月,农村实行"政社合一"的人民公社体制,该镇分属戴南、茅山人民公社。1959年,人民公社规模调整,境内戴南、顾庄、刁冯3个公社属唐刘片。1960年3月,刁冯公社并入顾庄公社。1963年,全县重建11个区,戴南、顾庄公社属戴南区。1968年,以区建立革命领导小组,公社建立革命委员会。1979年3月,撤销公社,改为乡。1985年10月,经兴化市人民政府批准,戴南撤乡建镇,实行镇管村体制。2000年2月,顾庄乡与戴南镇合并,形成现在的戴南镇。

第二节　地理环境及区划

戴南镇总面积107.8平方公里。地处江苏省中部、泰州市中部、兴化市东南部、里下河平原腹地,东与东台市溱东镇相邻,南与泰州市姜堰区接壤,南临长江,北接淮河,地处长江三角洲北翼,处在以上海为中心的"世界第六大都市圈"范围内,受到上海、南京、扬州、南通及泰州等城市的经济辐射。

戴南镇在北亚热带半湿润季风气候区,受季风环流的影响,具有明显的季风性特征。戴南常年主导风向以东南风居多,春、夏两季多东南风,秋季多东北风,冬季以偏北风为主。这里四季分明,阳光充足,雨水充沛。夏季高温多雨,冬季温和少雨,年平均气温 13 ~ 16℃,气温最高在 7 月,最低在 1 月,年无霜期 200 ~ 240 天左右,年平均降水量 1000 毫升。

戴南镇一般在 3 月底、4 月初进入春季,6 月上、中旬进入夏季,9 月中旬开始进入秋季,11 月中旬转入冬季。大致上每年冬季有 4 个多月,夏季有 3 个多月,春、秋季各 2 个多月。

寒潮是该镇冬半年主要的气象灾害。寒潮入侵时,会造成剧烈降温,有时还会出现大风、大雪、冻害等灾害性天气,这对农业生产、水陆交通、市政建设及人民的生活等都会造成严重的危害。

戴南镇辖下有 33 个行政村,4 个居委会,分别是:永丰村南朱村、中迎村、戴泽村、裴马村、东陈村、罗顾村、张万村、赵家村、双沐村、董北村、史堡村、雁土伦、陈祁村、北姜村、石万村、孙堡村、北孙村、丁吉村、徐顾村、光孝村、顾庄村、帅垛村、姜何村、张合村、黄夏村、花杨村、季家村、小良村、刁家村、冯田村、管家村、徐唐村、集镇居委会、水产居委会、顾中居委会、兴达居委会。

第三节 人口与社会

一、人口数量

1949 年年末,该镇共 11086 户,55351 人。其中原戴南境内 5835 户,24106 人;顾庄境内 5251 户,31245 人。1953 年第一次人口普查统计,原戴南和顾庄境分别为 26681 人和 32593 人,合计 59274 人,比 1949 年增长 7.08%。1964 年第二次人口普查统计,原戴南和顾庄公社分别为 27024 人和 28784 人,合计 55808 人,比 1949 年增长 0.83%。1982 年第三次人口普查统计,原戴南和顾庄公社分别为 42923 人和 41060 人,合计 83983 人,比 1949 年增长 52%。1990 年第四次人口普查统计,原戴南镇和顾庄乡分别为 45940 人和 43244 人,合计 89184 人,比 1949 年增长 61.12%。2000 年,第五次人口普查统计,全镇共 30708 户,90192 人,比 1949 年增长 62.95%。2016 年,戴南镇拥有常住人口 14.26 万,户籍人口 9.26 万人,外来人口 5 万多人。

二、就业状况

发展市场经济，提高人民生活水平随着农村经济改革的深入，产业结构的调整，引导、组织农村富余劳动力向第二、第三产业转移。20世纪80年代以来，戴南镇就业人口逐年增多，劳动力就业面临困难。镇政府通过原有的全民、集体企事业单位安置就业，开放劳动力市场，引导待业人员自谋职业。

组织农村富余劳动力外出做工或到城镇经商。随着全民、集体企业的改制，个体私营企业的迅速壮大，带动了第三产业的发展，劳动力需求量大增。冯田村是个有2700多人口的村庄，耕地面积3900多亩，除大部分劳动力转入民营企业做工或经商、办企业以外，留在村内从事种植业、养殖业的部分农民同样得到丰厚回报，有的一年纯收入达五六万元左右，全镇93%的家庭都有致富门路。

发展市场经济，提高人民生活水平随着农村经济改革的深入，产业结构的调整，引导、组织农村富余劳动力向第二、第三产业转移。20世纪80年代以来，戴南镇就业人口逐年增多，劳动力就业面临困难。镇政府通过原有的全民、集体企事业单位安置就业，开放劳动力市场，引导待业人员自谋职业。

2002年6月，镇政府投资1000多万元兴建不锈钢市场，占地面积10万平方米。吸纳1700多户废旧不锈钢材料贩运户设点销售，为镇内1000多家加工企业提供原材料。同时也吸引浙江、安徽、山东等地客商常驻戴南镇采购，每年成交量超过10万吨，成交额10亿元以上。每个经营户年均收入10万元左右，全镇累计纯收入1亿元以上。场区每年装卸工作量25万吨，装卸费用千万元以上，吸纳农村富余劳动力1000多人，使市场周围10多个村有劳动能力的贫困人口逐步实现脱贫致富。

此外，镇政府还为农民经商营造宽松环境，提供多方优惠。全镇有各类商业网点5000余家，从业人员一万余人。此外，戴南人在全国大中城市开设商店四百余家，从业人员千余人。

第四节 经济发展

一、概况

戴南镇在长江三角洲城市群境内，境内有宁盐公路和京沪高速的支线盐靖高速，南临长江，北接淮水，是里下河地区著名的“鱼米之乡”。作为中国著名的不锈钢强镇、国家园林城镇，戴南镇的不锈钢产量在江苏省名列前茅。此外，戴南镇还是首批全国25家、江苏省4家经济发达乡镇行政管理体制改革试点乡镇之一。

“十二五”期间(2011～2015年)年均增长16%。第一、第二、第三产业增加值占全镇生产总值的比重由1.4:72:26.6(2010年年底)变为1.5:58.1:40.4(2015年年底)。

2018年，全年实现地区生产总值245.9亿元，财政收入11.7亿元，公共财政预算收入6.2亿元，城乡居民人均可支配收入34528元。

戴南镇以占兴化5%的土地和人口，创造了兴化30%的地区生产总值和财政贡献份额，在泰州连续十多年稳居“十强乡镇”首位；拥有国内首家设在乡镇的国家级不锈钢质检中心；省级物流园区集采购、仓储、配送及综合配套等多种服务功能为一体，开设广东、成都、西安、哈尔滨等30多条专线，每天承运量达4000多吨，年吞吐量达到130万吨左右。

二、产业结构

(一)发展工业生产，优化产业和产品结构

在发展工业中，镇政府立足当地，博采众长，走“苏南模式”与“温州模式”相结合的发展道路。通过实施“改革推动，规模滚动，外向带动，技改联动”的战略，使镇、村办集体工业结构不断优化，素质不断提高，培育壮大规模企业。同时主动解决“二马争槽”的矛盾，大胆进行产权制度改革，将一批产品让位给个体、私营企业，按照“积极引导、放手发展”的思路，通过大力扶持，正确引导，“腾笼换鸟”，拓宽发展空间；兴办实事，提供各种服务；加强领导，健全管理网络等措施,促进了个体私营经济的迅猛发展。

2010 年以来,戴南镇淘汰落后产能。按照国家和省市决策部署,拆除不符合产业政策的中频炉设备,并建立“一拆除两封闭三包保”的监管模式,坚决杜绝使用中频炉生产不锈钢。开展轧制企业专项整治,推动轧制企业整合重组,形成加工结构合理的轧制企业 23 家。谋定转型方案,研究制定《戴南不锈钢产业转型升级实施方案》《不锈钢产业转型升级发展指南》,并在北京分别通过了专家评审论证;全力推进集中冶炼项目,产能置换网上公示。

同时,戴南镇聚力聚焦项目建设。成功招引苏州锦峰、上海正先交通等项目落户,兴达、明璐、兆驰等技改项目技术处于行业领先,兴达特种钢丝绳、天津金桥焊材、紧固件产业园等转型升级重大项目进展顺利。2018 年共完成招商引资实绩 23.8 亿元,泰州认定新开工亿元项目 6 个、竣工亿元项目 6 个。创新能力不断增强。

戴南镇特别重视产业机构调整中的科技创新。持续发挥好“一中心两院”的作用,鼓励引导企业创新发展,新获批高新技术企业 14 家,新增发明专利 63 项,兴达公司国际化战略迈出新步伐,兴海公司荣获泰州市市长质量奖,新宏大集团入选省科技小巨人企业,兴海、亚盛公司获批省级博士后工作站。

(二)加强农业基础建设,促进农业稳定发展

在 20 世纪 60 年代末期完成“沤改旱”的基础上,公社改革种植制度,改良作物品种,扩大复种指数,粮棉产量稳步上升,使境内成为国家商品粮和优质棉生产基地。

1983 年以来,调整农村产业结构,综合开发土地、水面资源,加强土地管理,稳定耕地面积。自 1986 年起建立农业发展基金,鼓励各行各业支持农业,积极实施以振兴农业经济为主体的“星火计划”,普及推广高产、低本、省工的农业技术,确保种植业和林牧副渔业全面增长。多年来原戴南镇通过不断加强对农业的投入,优化农业内部结构,逐步实现由传统农业向现代农业的转变,基本上连年获得丰收。

2015 年,戴南镇实现农业增加值 3.3 亿元,“十二五”(2011 ~ 2015 年)年均增长 18.7%,新增农民专业合作社 9 家、家庭农场 43 家,新流转土地 3520 亩,累计成立农民专业合作社 133 家,组建家庭农场 131 家,粮食种植土地流

转比例达83%。

三、企业状况

解放初,该镇经济以私有制为主。1949年起,供销社、粮站先后建立并稳步发展,使全民所有制和集体所有制经济成分逐渐处于主导地位。1956年,基本完成对生产资料所有制的社会主义改造,全民所有制和劳动人民集体所有制经济成分在全镇经济中占绝对优势。自1962年起,贯彻中共中央一系列指示、决议,先后下放农业核算单位,实行公社、生产大队、生产队三级所有,以生产队为基本核算单位,逐步恢复自留地和社员家庭副业,开放集市贸易,除粮、油、棉等统购统销物资外,其他农副产品和小型手工制品允许上市交易。经过3年调整,个体经济得到一定恢复和发展。

实行改革、开放以来,农村推行联产承包责任制,大批私营、个体工厂出现。1990年,全镇(含顾庄,下同)工业产值12490万元,其中集体企业占76.99%,私营、个体企业占23.01%。2000年,全镇工业总产值160673万元,其中乡镇集体工业占13.92%,村办集体工业占7.81%,私营、个体工业占78.27%。商品零售总额6.1亿元。其中:国营、集体商业占14.06%,私营、个体商业占85.94%。2005年,全镇工业总产值868628万元,其中股份制工业250237万元,占28.8%;私营、个体工业618391万元,占71.2%。商品销售总额51.17亿元,私营、个体商业占100%。

戴南镇2006年的工业产值已达103.66亿元,占全镇经济的88%,吸纳劳动力5万多人,发放工资5亿多元。戴南镇共有工业企业1000千家,其中年销售1000万元以上的企业160家,5000万元以上的企业22家,超亿元企业16家。工业产值超亿元的村17家,形成了不锈钢制品、汽车轮胎用钢帘线、汽车配件、自行车配件、劳保用品和棉纱纺织六大门类30多个系列,6400多个品种的工业基础。其中,不锈钢制品、汽车轮胎用钢帘线、软轴软管、自行车链轮曲柄、劳保浸塑手套五个主导产品成为全国同行业单打冠军。戴南镇不锈钢年产量占全国年产量的1/7。

截至2015年,戴南镇有1200家不锈钢制品企业,多数是中小企业。在戴南镇的企业中,兴达公司已成为亚洲第一、世界第二的钢帘线生产基地,新宏大集团、兴海特钢、星火特钢等一大批科技型企业名列同行业的前列。全镇已拥有高新技术企业近20家、省创新型企业6家和省民营科技型企业80家。先后开发不锈钢、特钢类新产品1000多个,其中:18个新产品填补国内空白或实现进口替代,28个项目获得国家、省级科技计划立项,49个产品被认定为高新技术产品,共申请专利1100项,授权专利650项。新宏大集团开发的系列石化工程机械国内市场占有率达70%以上,拥有10多项发明专利;兴达公司自主研发的"子午线轮胎专用高性能钢帘线生产技术开发与应用"项目荣获"国家科技进步二等奖"。构筑科技服务平台。投入10亿元完善兴化特种合金材料省级科技产业园区基础设施,投资近亿元先后建成国家级不锈钢制品质量监督检验中心、兴化特种不锈钢产业研究院、省级不锈钢产业技术创新公共服务中心等产业技术公共服务平台。全镇拥有国家企业技术中心1家、博士后科研工作站1家、省级院士工作站2家、省级工程技术研究中心6家、省级企业技术中心3家。戴南镇经济发展局统计资料表明,2015年,全镇实施工业技改项目57项,技改投入38.76亿元;新申请专利126项,其中发明专利42项。

2015年,戴南镇实现规模以上工业产值650.46亿元、销售640亿元、利税59亿元,分别同比2014年增长10.16%、10%和9.8%,是"十一五"期末(2010年)的2.79倍、2.75倍、2.68倍。

2018年,面对环评"区域限批"、中频炉专项整治、焦点访谈报道等矛盾的叠加重合,始终保持发展定力,坚定不移稳增长、调结构、促转型,全年实现工业开票销售226.6亿元,增长13.4%,其中兴达集团销售突破100亿元,为全镇经济发展发挥了支撑引领作用。现代服务业质态提升。全年实现服务业增加值117.8亿元、服务业税收3.6亿元,兴达东园宾馆建成,现代物流园二期工程稳步推进,董北村被认定为省电子商务示范村,金融科技、电子商务、交通运输等服务水平加快提升。农业水平稳步发展。全镇水稻机插秧率94.9%,无人机飞防面积10560亩,农业机械化率93%;农田水利设施建设力度加大,投入资金2140万元,新建排涝站2座,疏浚生产河10条、4.7万方,高标准农田建设和林业绿化工作有序推进。

经济发展过程中,戴南镇金融企业功不可没。除已有的工业银行、农业银行、中国银行、建设银行等国有银行以及兴化市农村商业银行和江苏银行外，南京银行、交通银行、华夏银行等商业银行也在戴南设立机构或拓展业务。

第五节 社会事业

一、教育

20 世纪 90 年代初，群众普遍反映学校办学条件差，与戴南经济发展不协调。原戴南镇政府经讨论，作出《关于大力发展我镇教育事业的决议》，镇财政每年拨出经费用于发展教育事业，政府把扩大规模办学、优化办学条件作为大事来抓。通过撤并，学校布局趋于合理。筹集资金 60 多万元，先后新建、改建了北朱、马家、罗顾等小学校舍，改变了上述村小的面貌。1995 年 6 月 3 日经兴化市控制和减轻农民负担领导小组同意，顾庄乡人民政府筹集 50 万元，其中向农民集资 14.5 万元新建顾庄初级中学。每年教师节，镇领导带队慰问在职和离退休教师。

2015 年以来，教育工程建设加快。镇政府投入近 3000 万元，新增校舍 5080 多平方米。同时接受镇内人民捐款 80 多万元新建戴泽中学。董北村投资 200 多万元建成泰州市内第一所村级实验小学。顾庄乡克服资金困难，动员群众捐资小学。

建成顾庄幼儿园，董北实小教学楼建设完成戴南中心小学分校过渡方案；推进“兴达英才班”建设，董北实小、顾庄学校、戴南中心小学获得全市小学教学质量考核优秀奖，戴泽中学中考、戴南高级中学高考取得新突破。

教育教学质量稳步提升。戴南高级中学体育馆、顾庄学校教学楼、戴泽初级中学宿舍楼加固工程完成并投入使用，戴南中心小学、戴南董北小学新教学楼开工建设，史堡幼儿园成功申报泰州市优质园，戴南高中成功创建四星级高中。

职业教育发展步伐不断加快，五年累计培训初、中、高级工 5091 人，2015 年戴南职校被江苏省职业教育技能鉴定中心评为全省企业技能人才评价质量年活动先进单位。

二、科技、文化、卫生

在发展教育事业的同时,乡、镇人民政府大力发展科技事业。2017 年,戴南科技园区成功申报国家级“城市矿产”示范基地。园区占地面积 13 平方公里,已投入 8 亿元用于园区的配套建设,实现了基础设施“八通一平”,并做到绿化、亮化、美化、净化“四化”工程同步进行,绿化率达到 35%。

园区紧紧围绕打造“中国·戴南”千亿级不锈钢产业集群的目标,着力夯实产业基础,西部新城、循环经济产业园、大学生创业园、兴达公司、兴海公司、金阳公司、兴化市特种不锈钢中试基地等一批重大项目相继在园区内开工建设。积极争创名牌产品,现已形成 5 个江苏省名牌产品、12 个泰州市名牌产品、1 个中国驰名商标、6 个江苏省著名商标、11 个泰州市知名商标。截至 2018 年,园区拥有规模企业 348 家,总资产 153.4 亿元,职工 35279 人。

文化建设扎实推进,先后建成功能齐全的文化艺术中心、周志高书法馆、潘高鹏艺术馆、朱仁安古玩藏品馆、图书馆和 3D 影院,戴南被命名为省公共文化服务体系示范区。开展群众性文化、体育活动,发展广播、电视事业,1997 年率先完成电视光纤联网工程,可转播 32 套节目,入户 1.5 万余户。加强文化市场管理,促进群众文化体育活动健康发展。

戴南广电中心成立于 1964 年,受江苏省人民政府表彰 1 次,连年被评为泰州地市级文明单位。戴南广电中心地处镇区东北首,占地面积 8700 平方米,建筑面积 3200 平方米,总投资 700 万元。戴南广电中心集日常办公、有线电视收费服务、广播电视信号转播、电视新闻采编播制等多功能于一体,是戴南全镇广播、电视传输中心和宣传场所。

认真贯彻“预防为主”的方针,发展医疗卫生事业,群众“看病难”的问题得到逐步解决。戴南人民医院于 2008 年 5 月投资 1.1 亿元新建,占地面积 100 亩,建筑面积 4 万多平方米,设计床位 410 张,辐射范围达三市七镇 40 多万人。戴南人民医院全院共有职工 200 多人,其中高级职称 13 人,中级职称 68 人,拥有双排螺旋 CT 机、腹腔镜、超声乳化、手术显微镜、钼钯机、CR、五分类血球计数仪和四维彩超等 30 多件高档进口设备和一大批先进的国产设备。2011 年 7 月戴南人民医院已经整体搬迁投入使用,并挂牌为南京医科大学第二附属医院戴南分院。

推行农村卫生室统一管理,全镇24家村卫生室和14个医疗点全面实施国家基本药物制度。创建成省级幸福家庭示范镇和省级人口协调先进镇。

三、民政

社会保障不断加强、健全。2015年以来戴南镇精准脱贫扎实推进,全镇建档立卡贫困户基本实现脱贫;深入推进创业富民,新建创业富民服务中心,发放创业培训券、创业贴息券、创业租房补贴券;积极开展劳动监察执法活动,共调处劳资纠纷,为劳动者追讨工资近五百余万元。

深入开展企业职工养老保险三年行动计划,工作成效明显,新型农村社会养老保险参保率达80%、新型农村合作医疗保险参保率达100%,全镇中心福利院集中供养五保老人近千人,纳入最低生活保障一千余人。

开展城乡居民医疗保险筹资解缴工作。完成养老保险续缴两万余人,新增灵活就业参保养老、医疗人数两千余人。政府每年出资为全镇农民办理新型农村医疗保险,全镇五保人员按每人每年按标准实行财政供养;困难户每人每年领取最低生活保障金。

积极发展慈善事业,成立戴南镇红十字会、慈善会,累计募集慈善本金超千万元。加大保障房建设力度,城东、城西小区建成交付,城北雁伦小区、锦绣南苑等拆迁安置房主体竣工。2012年至2017年累计建成公共租赁房、经济适用房、拆迁安置房18.95万平方米。

民生供给更加完善。村级卫生室提档工程稳步实施,省级基层综合服务文化中心建设全部通过验收,深化戴南人民医院改革,协调处理戴南医院历史遗留矛盾。

社会治理更加高效。法治建设扎实推进,"七五"普法成效明显;狠抓事故防控、隐患治理,安全生产形势持续稳定,2018年安全事故同比下降17.5%;严控食品安全风险,切实保障"舌尖上的安全";深入推进平安戴南建设,滚动开展矛盾纠纷排查化解,推动"五项攻坚"基层基础建设,大力开展"三个专项行动",破获各类刑事案件,打击处理违法犯罪嫌疑人,追回在逃人员,违法犯罪警情同比下降10%,人民群众安全感持续增强。

第六节 民情风俗

一、节日

戴南镇有贺岁拜年、闹元宵走桥、清明踏青、端午吃粽子、中元节等民俗风情。

除夕合家团聚吃“年夜饭”,新妇盛服向尊长献鞋履,名“辞岁”,尊长给钱与新妇及孩童,名“压岁钱”。当晚并有拜利事、接灶神等活动。初一晨起,开门放鞭炮,焚香拜天神,名“接天”,次拜祖宗,再拜高堂,长幼循拜,然后会亲朋、贺新岁,统称“拜年”。近代已逐渐简化,不再跪拜。初一都不会客,出门走“喜神方”,初二起亲友互访,至元宵乃罢。

清明是二十四节气之一,唐代以后与寒食节合而为一。祭祖扫墓、洗头插花、踏青赏春,各地皆然。而戴南镇更有许多与养蚕相关的习俗,前一夕“清明夜”,做青团、裹粽子、设祭“禳白虎”,门前用石灰画弓矢,煮螺蛳,以针挑食螺肉,名“挑青”。清明日起四乡蚕农齐赴普静寺烧香祈福,名“香市”,届时商贩云集,游人如蚁,旷地上售货摊、演艺场鳞次栉比,河港中踏白船、打拳船竞技斗勇,前后持续半月有余,成为水乡蚕农的狂欢节。

农历五月初五为端午节,亦称“天中节”,家家裹粽子,亲友互相馈赠,相传此俗源于对屈原的纪念,古人都以“重五”为“毒气横溢,鬼魅活跃”的“恶日”。于是挂钟馗图、贴天师符,门前悬艾蒿、菖蒲、桃枝、大蒜以避邪,食黄鱼、饮雄黄酒,乃至啖蛇虫以毒攻毒,孩童穿戴虎形服饰,妇女剖缯为囊贮雄黄佩之以示强健。正午用苍树、白芷、鳖甲、芸香“打蚊烟”,墙边屋角喷雄黄酒、撒生石灰水以驱虫豸,凡此种种都带有禳解的性质。

农历七月十五为中元节,俗称“七月半”,当日,道观作斋醮荐福,佛寺行“盂兰盆会”,释道两教共举法事,民间则家家户户祭祀祖先,故又称“鬼节”。南宋后已有中元夜入河灯的风俗流行,篾编纸糊的各式花形灯笼,灯中燃烛,下托木板,或用各色彩纸糊成船形,内装少许灯草油类点燃,入夜到水边或驾小船至河中摆放,烛火闪闪,随波逐流,蔚为奇观,佛徒为此乃“慈航普度”,道徒称这是“照冥引路”，而老百姓们只当是一种娱乐。

二、服饰

旧时，男子发式有和尚头、陆军头（平顶，前推后剪）、高桩平顶（小平头）。男童剃桃子头，惯宝宝脑后留小辫子。中青年有偏分头、长发。妇女发式，农村妇女旧时多窝鬏，蟹壳形，外罩网子，插簪子、银梳、耳扒、花朵为饰，未嫁者前额梳“刻海”，少女剪发、打辫子。集镇中年以上妇女窝鬏，但簪花、插梳者极少。年轻的多剪二道毛（俗称“鸭屁股”）、打双辫。

解放前，富有者夏穿丝绸短装或长衫，冬穿皮袄、皮袍。公教人员和商店职员春秋二季穿“洋布”长衫，冬穿棉袄、棉泡。集镇妇女穿大襟上衣，秋冬外罩马夹，极少数穿旗泡的为“洋款”。男性农民多穿着黑色或蓝色粗布衣，上衣对面襟，下着中式裤，有的在劳作时穿“鞔裆裤”。集镇体力劳动者和小商贩四季皆粗布短装。农村青年妇女上穿大襟短衫，下穿中式裤，颜色尚鲜艳。

三、交际往来

小辈对长辈不能直呼其名，在尊亲中对曾祖辈称老爹、老太；祖父母称爹爹、奶奶，称外祖父母婆爹爹、婆奶奶。长一辈称爸爸，旧称罢罢、妈妈（姆妈）、伯伯、叔叔、婶娘、舅舅、舅母、姨娘、姨丈。平辈的称哥哥、嫂嫂、姐姐、姐夫、弟弟、弟媳妇、妹妹、妹夫、妯娌、舅子、舅妈、连襟、姨子等。

对无亲戚关系的长者，一般随其子侄称呼，前边加姓氏，如刘大爷，王大妈、赵家二姑妈等。对有文化的称先生，开店的称老板，解放后称同志、师傅，同事间称“老张”“老王”“小张”“小王”。年老者称“某老”，以示敬重。近年，又行“某总”“某工”“某老板”等。

亲戚间往来依关系的远近和感情的亲疏而定，一般亲戚遇婚丧喜庆都出人情，每逢传统节日互赠节令食品、用品。亲戚中一时困难，亲密者都帮助想办法、出主意，有的还出手援助。亲戚间有人生病或负伤，都前去探望、慰问，赠送苹果（平平安安）、桔子（大吉大利）及其他保健品、营养品。

戴南人很重视同乡情谊。改革开放以来，大批戴南人外出经商，先行者援引后行者，在外地同乡之间都能互相帮扶，共同发展，一人有困难，同乡间大家帮助,以求共同致富。

第七节 宗教场所

一、佛教

旧时,境内佛教盛行,多数村庄都有寺、庙、庵。

戴家泽有护国寺、禅堂庙、万寿庵、地藏庵、关帝庙、观音庵、西方庵,东陈庄有福缘庵,官甸有观音殿、观音庙,南朱庄有如意庵,顾庄有东岳庙、福慧庵,黄岱庄有法华庵,刁家庄东有净渡庵、西有观音庵,唐家庄有龙行寺、福缘庵、福兴庵,徐富庄有大悲庵,光孝庄得名于古刹光孝寺,另有长庆庵等。此外,北季庄、花杨庄、罗顾庄、赵家庄、北孙庄、马家庄、孙家堡等村庄也都有佛教寺。该镇内旧有寺庙不下百余座。20 世纪 40 年代不少寺庙毁于兵燹。新中国成立后,残存庙宇有的改建为学校,有的改建成集体仓库。而戴南护国寺先后作为区、乡、镇及公社机关用房和戴南中心小学部分校舍。

1998 年年初,中共戴南镇委员会、戴南镇人民政府新建办公大楼,让出古刹,以便开展宗教活动。同年 6 月,在慈舟方丈和泰州、兴化宗教部门支持下,江苏省和泰州市佛教协会批准,戴南镇修复护国寺等备小组印发护国寺历史简介,向境内善男信女募化修庙资金。1999 年 1 月 24 日,护国寺修复委员会正式成立,兴化市佛教协会会长果丰和市委宗教部门领导、镇党委书记刘元太等为修复委员会揭牌。同年 7 月,经慈舟法师推荐,镇江江天禅寺年轻弟子智宇任护国寺住持。1999 年 7 月起,庙宇修建工作全面启动,戴南镇建筑公司捐资维修大雄宝殿,原三村(现泽村)捐资修复天王殿。两殿于年底同时修复。2000 年春由汤丙全老技师设计和敬塑三尊大佛像、十八罗汉像、四大天王(四大金刚)像,2001 年装金彩绘。2000 年 5 月 11 日,护国寺举行玉佛开光大典,当天观礼膜拜的佛教信徒和善男信女达数千人。2003 年 5 月又拆除原政府内 4 层办公楼,新建东厢客堂和寺院朝南正,接着 2004 年建东厢客堂和敬塑山门殿菩萨像。2005 年 6 月修建东厢斋堂。截至 2017 年,戴南护国寺共有僧人四名。

二、基督教

1933 年，泰州基督教长老会派传教士黄礼敬至戴南传教，在南宋村建教堂。至 1945 年其在戴南、唐刘、顾庄境内十几个村庄发展教徒近百名。当时，教堂主要活动有礼那、节日（如圣诞节、复活节，耶稣受难节）纪念及洗礼等。经费由上级教会拨给。

戴南镇现有教堂创建于 2009 年 12 月 8 日，位于戴南镇护国路，教堂可容纳近千名基督徒聚会。2015 年，镇境内有教徒 400 余人。

第二章　党的组织与地方政权

第一节　党 的 组 织

一、概述

1939 年秋，中共兴东泰边区工委书记盛坚夫以卖笔墨书籍小商人的身份，偕蔡家堡青年袁益之来到戴南，经过考察，王天豪、袁益之、韩存山等青年经盛坚夫介绍加入中国共产党，并成立中共戴南支部，王天豪任书记。党支部成立后，徐立芬、翟方来、翟根山、许云龙、翟三才、翟三良、翟绍英、王保全、王保生、姚吉如、翟爱等 15 人先后被发展入党。翌年秋，王天豪、徐立芬 3 人经县委选送至新四军黄桥党校学习，支书由韩存山担任，盛坚夫仍以卖笔墨作掩护经常来戴南检查工作。

1940 年冬至次年初，几位外地干部受党的派遣，随新四军主力深入兴东泰地区宣传抗日，先后在董吕、雁周、官纶、北朱、张万、裴家及花杨、北张、刁家、孙堡、光孝等村庄发展党员，建立党组织和基层抗日民主政权。1943 年，中共圩南区委干部彭开国到史堡开展工作，介绍该村青年陈应尤加入党组织，并任命他为董沐乡抗日乡长。同年秋，圩南区委委员、组织科长高翠屏在花杨庄秘密发展党员，建立张季乡支部。是年 10 月至 1944 年 8 月，今该镇东部为双港区委活动范围，西部为茅山区委活动范围。

中共戴南支部建立后即不断发展党员，壮大党组织。1945 年 8 月，全镇有支部 6 个，党员 50 多名。次年 8 月党员人数达 100 多名。1946 年秋，国民党军队大举进攻解放区，多数村庄被占领。中共溱潼县溱北区委、双港区委和广大党员干部、民兵骨干坚持原地斗争，配合子弟兵开展反“扫荡”、反“清剿”。在残酷斗争中，党的基层组织遭到严重破坏，党员人数一度下降，1947年10月、11月比上年同期下降过半，戴南镇区仅剩潘克善、蒋富山、翟根山3人，次年发展至8人。

1949年10月，戴南镇分属戴甫、茅山区委。境内共有11个党支部，经过土改、农业合作化运动，先后发展多名积极分子入党。1950年春整顿并公开党组织。1958年年初撤区并乡，境内分别设立戴南、德崇（顾庄）乡党委。人民公社化之初，建戴南、茅山2公社党委。1959年5月后，公社几经调整，至翌年3月，党组织也相应调整为戴南、顾庄两个公社党委，以下按大队、机关单位建立支部。党员较少的部门联合建立支部。1973年上半年，两公社先后召开党员代表大会，选举产生新一届委员会，各基层党支部相继恢复组织生活。

1983年5月，随行政体制变化，戴南、顾庄公社党委分别改为乡党委，以村及乡级机关建立党支部。1985年，戴南撤乡建镇，乡党委随之改称镇党委。1985年，戴南镇有支部152个，正式党员1209人，预备党员40人。总数中女性104人。顾庄乡有支部56个，正式党员578人，预备党员16人，总数中女性27人。

1996年7月和1997年6月，经中共兴化市委批准，先后建立董北村和兴达公司党委会。至1999年年末，戴南镇党委下辖基层党委2个，支部65个，正式党员1618人，预备党员48人。其中，女性174人。顾庄公社党委下辖支部66个，有正式党员1204人，预备党员49人，总数中女性81人。

2000年2月乡镇合并，建立新的中共兴化市戴南镇委员会。2001年5月，行政村由原来的76个合并为33个，党支部也作相应调整。1997~2005年，中迎、东陈、罗顾、裴马、赵家、史堡、北姜、顾庄、徐唐、管家10个村和教育系统等相继建立总支。2005年，全镇有党支部144个、总支15个、基层党委2个，共有正式党员3499人，预备党员63人，在总数中女性375人。

截至2018年年底，全镇共有党员4236名，162个党支部，25个党总支，2个基层党委。

二、镇党委及政府组织机构

戴南镇系党政合一体制,镇党委及镇政府下设"两办九局一中心",具体包括:党政工作办公室,政法和社会管理办公室、经济发展和改革局、财政和资产管理局、安全生产和监督管理局、环境保护局、社会事业管理局、组织人事和社会保障局、综合执法局、规划建设局、农村工作局以及便民服务中心。

各科室(局)的主要工作职能如下:

(一)党政工作办公室。负责督促、检查基层党组织贯彻执行党的方针政策的情况和党委、人大、政府布置工作的落实情况,协助领导做好年度工作计划、工作总结,起草有关文件;负责制定和实施机关岗位目标责任制方案及机关各项规章制度;负责保密、文秘、档案管理、信息化管理、安全保卫等工作;负责保密、文秘、档案管理、信息化管理、安全保卫等工作;做好会务、接待、车辆和其他机关内部事务管理工作;负责检查、指导本镇各类单位的档案工作;负责处理人民群众来信来访、处置社会群体性、突发性事件;承办领导交办的其他事项。

(二)政法和社会管理办公室。负责指导本镇开展党建和群团工作,认真做好党团员的教育、管理和发展工作;负责党政干部、专业技术人才的培养、选拔、使用和考核管理工作;负责机关、事业单位机构编制管理、人事人才、工资福利和机关、事业单位退休人员的管理服务工作;负责宣传党的路线、方针、政策,及时报道本镇物质文明、政治文明、精神文明和生态文明建设情况;组织文明市民教育和创建文明小区、文明单位、文明村的工作;贯彻落实统战工作的方针政策,做好民主党派、民族、宗教、涉台、侨务、工商联等工作;做好纪检监察有关工作;按有关规定和章程,协调工会、共青团、妇联等群众组织开展工作;承办领导交办的其他事项。

(三)经济发展和改革局。负责制定和落实本镇经济发展的规划,依靠科技进步,调整优化产业结构,提高经济运行的质量;负责招商引资指导服务工作,做好项目的初审和报批工作;负责第一、第二、第三产业统计工作;负责本镇经济园区的管理;加强对新建项目的跟踪管理和协调服务;加强对第一、第二、第三产业的管理、指导、协调与服务工作;负责市场的规范和整顿工作;承办领导交办的其他事项。

(四)财政和资产管理局。贯彻执行国家财政工作的方针、政策和法律、法规;依法编制并执行镇财政预、决算;参与编制并协助组织实施本镇经济和社会发展规划;负责本镇各类单位的审计及财务会计制度的监督管理;负责本镇财会人员的教育培训;做好镇财政收支分析及资金融通等工作;负责监管国有资产和集体资产;负责本镇价格和收费管理工作;负责做好本镇经济和社会发展的综合统计工作;依法实施经济与社会的统计调查、分析和监督工作,协助指导本镇各类单位的统计工作及管理、使用本镇的统计资料;承办领导交办的其他事项。

(五)安全生产和监督管理局。贯彻执行国家有关安全生产的方针政策、法律法规和规程、标准,拟订全镇安全生产的发展规划、年度计划和规范性文件并组织实施;指导协调全镇安全生产工作,分析和预测全镇安全生产形势,发布安全生产信息,协调解决全市安全生产中的重大问题;参与研究有关部门在产业政策、资金投入、科技发展等工作中涉及安全生产的相关工作;承担全镇安全生产综合监督管理责任;承办领导交办的其他事项。

(六)环境保护局。贯彻执行国家环境保护的方针政策和法律、法规,依法对本镇的环境保护工作实施统一监督管理,制定并组织实施全镇环境保护规划和计划;统一监督管理固定废物、废水、废气、粉尘、恶臭其他、噪声、振动、放射性物质、电磁波辐射等污染与防治,做好全镇环境综合整治定量考核的组织、协调与防治;负责权限内规划和建设项目的环评审批,监督管理和环境保护设施的验收工作;负责环境监察、统计、环境信息工作;负责查处上报环境重特大污染事故,生态破坏事件,调解污染纠纷,处理环境信访,征收排污费;组织、指导和协调环境保护宣传教育工作;承办领导交办的其他事项。

(七)社会事业管理局。负责本镇的社会治安综合治理、外来流动人口管理等工作;负责制定并实施应急预案工作计划;负责社区调解防范体系建设和基层维稳队伍的协调、指导和管理;负责本镇的法治宣传、法律教育、刑释解教人员管理、人民调解等工作,依法保障公民的经济、政治和文化权益;负责本镇内武装工作;承办领导交办的其他事项。

(八)组织人事和社会保障局。贯彻落实国家人力资源社会保障法律、法规和规章，拟定全镇人力资源社会保障事业规划、政策并组织实施和监督检查；负责落实人力资源流动政策，建立统一规范的人力资源市场，促进人力资源合理流动和有效配置；负责促进就业工作。拟定统筹城乡就业发展规划和政策，健全公共就业服务体系；建立完善职业资格制度、就业援助制度和城乡劳动者职业培训制度；会同有关部门拟定高技能人才、农村实用人才培养和激励政策；拟定并组织实施本镇社会保险及其补充保险政策；会同有关部门拟定社会保险及其补充保险基金管理和监督制度；编报全镇社会保险基金预决算建议草案；落实社会保险基金投资政策；承办领导交办的其他事项。

(九)综合执法局。宣传、贯彻、执行国家和省、市关于开展综合行政执法工作及市容环卫、市政公用、园林绿化的法律、法规、方针、政策，治理和维护城市管理秩序；组织起草有关综合行政执法和城市管理方面的规范性文件和管理标准，并组织实施；负责编制城市管理发展战略、中长期发展规划和年度计划，并组织实施；会同规划主管部门编制城市市容环卫、市政公用、园林绿化等各项专业规划，参与城市建设项目设计方案、初步设计的审查；负责组织指导、统筹协调、监督检查、综合考评全镇城市管理与综合行政执法工作；会同财政部门编制本镇管理维护和综合行政执法经费年度计划，并组织实施和监管使用；负责城市节约用水工作；承办领导交办的其他事项。

(十)规划建设局。负责制定并组织实施村镇建设发展规划；宣传、贯彻执行土地、规划、环保、建筑等法律、法规，依法实施村镇规划管理、建设管理、交通管理、土地管理、环境保护、供排水建设、住宅小区综合管理及协调工作；组织实施全镇基础设施及绿化工作；负责违法占地和违章建房的查处，协助有关部门实施违法违章用地案件的处理和用地矛盾纠纷的调解工作；承办领导交办的其他事项。

(十一)农村工作局。负责农业农村发展和新农村建设工作；研究拟定全镇农业农村经济发展战略、中长期发展规划和年度计划，经批准后组织实施；参与拟定全镇农业开发规划；引导农业产业结构的合理调整、农业资源的合理配置和产品品质的改善；研究深化农村经济体制改革具体措施，并提出合理的意见；稳定和完善农村基本经营制度和政策，调节农村经济利益关系；负责村级集体资产管理；负责土地征用中补偿安置的评定、发放工作；负责农民收入提升工作;研究拟定全镇农业产业化经营的原则、目标、办法和大宗农产品市场体系建设与发展规划;承办领导交办的其他事项。

(十二)便民服务中心。负责接待群众咨询政策、办理证照及请求援助等事宜,并对咨询或需要办理的问题及事宜,按政策规定或依法给予解答。对于无法解答的问题应及时转交相关股室或单位予以解答,并做好转交记录;对前来办理常规性工作的群众,材料齐全的应当及时予以办理,材料不齐全的应当准确告知其所需补充的材料;所涉内容的办理地点不在中心的或不属政府办理事项应当告知具体办理地点,并引导其前去办理;对前来反映问题的群众,应当做好反映问题的记录,整理后转交有关部门予以处理,并及时将处理结果反馈给群众;承办领导交办的其他事项。

三、镇党委工作

镇党委认真学习习近平新时代中国特色社会主义思想,宣传贯彻党的路线、方针、政策,执行上级党委和本镇党员代表大会(党员大会)的决定、决议。

切实抓好思想、组织、作风、制度建设。党员干部学习党的基本理论知识、科学文化知识和业务知识,对辖区党员进行管理教育,健全和完善各项规章制度,严格党的组织生活,加强党的廉政建设,积极发展党员,充分发挥党的先锋模范作用。

配合上级组织、人事部门做好本辖区工作人员的考核培养工作,按政策和程序对镇机关和事业单位工作人员进行综合管理。讨论决定本镇经济建设和社会发展中的重大问题,坚持以经济建设为中心,进行本镇宏观战略决策,指导、监督、检查本镇经济和社会工作的全面完成。领导本镇的社会主义民主法治建设和精神文明建设,做好社会治安综合治理。做好镇村之间的联络、协调工作。完成县委,县政府交办的各项工作任务。

镇党委加强自身建设和以党支部为核心的村级组织建设。坚持固本强基,始终把思想政治建设摆在党委工作的首位,坚定理想信念,切实增强责任感、使命感。建立定期学法制度,邀请专家授课,发放培训材料,增强党组织干部履职能力。坚持突出重点、抓住关键,坚持“走出去”“沉下去”,深入基层开展调研,认真开展“纠四风、转作风”“治不为、促有为”等专项整治行动,切实加强党风廉政建设,着力打造忠诚干净担当的党的基层队伍,树立务实清廉的良好形象。

坚持在镇党委的统一领导下,统筹谋划、履行职责。坚持重大事项、重要活动,由镇党委把握决策方向。坚持大局意识,在大是大非面前不含糊。镇党委充分发挥好党员代表的作用,坚决扛起政治责任,筑牢思想根基,确保党委意图不折不扣地转变为人民群众的自觉行动。

第二节　镇人大主席团及选举工作

一、镇人大主席团

1981 年,戴南镇成立人大主席团,在人民代表大会闭会期间依法行使监督职能,处理日常事务,推进乡、镇政府依法行政,保证社会和谐,经济和社会事业健康发展。

强化监督职能,推进政府工作按照《江苏省乡镇人大工作条例》的规定和市人大常委会统一部署,每季度召开一次主席团成员会议。听取乡、镇人民政府和有关部门工作汇报,对重大事项作出决定。自成立以来,共作出决定、决议 108 项,听取和审议有关汇报 50 多次。督促检查政府或部门对人代会审议通过的工作计划、预算报告、议案、决定的贯彻执行情况,对经济建设的重大事项、“三农”问题、政府工作人员勤政、廉政情况,对公安、环保、土管、工商行政等部门的执法情况进行评议,并提出改进意见。

加强代表联系,组织代表活动,乡、镇人大主席团按季组织代表小组活动,组织代表学习,增强履行职责的意识和能力。组织市、镇、乡人大代表视察戴南科技园区有关企业的建设现场,围绕党委、政府提出的“全力奋战 50 亿、加快步伐赶苏南”的奋斗目标,积极进言献策。密切联系群众,了解社情民意,及时向上反映,尽力为群众办实事,排忧解难。组织部分代表对公安、城管等部门执法情况进行评议和监督,同时参加对镇领导干部的述职测评。

办理代表议案,确保办理效果。人代会结束后,人大办公室认真梳理代表提案建议,分类汇总,召开交办会议,要求能办的要立即办,暂时不能办的要创造条件办。乡、镇人大主席团于每年5月中旬召开议案办理情况督查交流会,对所有建议和意见的处理做到件件有交代、事事有回音,真正让群众满意。如征用土地补偿问题、通村公路工程质量问题、企业污水烟尘的治理问题等,代表提案得到乡、镇党委、政府的重视并逐项加以解决。

完善程序制度,组织换届选举。乡、镇人大主席团精心组织每届人大代表的换届选举,筹备召集历次乡、镇人民代表大会。1989年,乡、镇人大主席团依法设置常务主席、乡、镇人大办公室。1995年,《地方各级人民代表大会法》修订后,乡镇依法设置人大主席团主席、副主席和秘书等职,保证人民代表大会闭会期间的工作正常运行。同时制定和完善关于乡镇人民代表大会、主席团会议议事规则。1993年,戴南镇在第十三届一次会议上,审议通过了《镇长接待人民代表活动制度》《镇人大主席团活动制度》《关于人民代表活动制度》等,保障镇人大主席团工作的制度化、规范化。

主席团在市人大常委会的关心指导和镇党委的坚强领导下,深入贯彻习近平新时代中国特色社会主义思想,主动作为、依法履职,为推动全镇经济社会高质量发展和民主法治建设做出了积极贡献。

主席团始终把人大工作融入党委的工作全局。依法履职,全力服务全镇高质量发展大局。主席团紧紧围绕镇党委中心工作,依法履行职责,实施监督检查,促进了全镇经济社会可持续健康发展。推动产业转型升级;强化财政预决算监督;促进农村经济发展。

务实创新,充分发挥代表主体作用。密切联系人民群众工作主线,不断拓展代表联系群众的渠道、完善代表履职机制,保证代表依法行使国家权力。主席团高度重视人代会期间代表们提出的建议、批评和意见,及时反馈给党委、政府,为党委决策和政府工作提供有益参考;闭会期间,主席团注意利用代表分组活动和平时与代表联系的机会,及时了解代表所思所想,掌握社情民意;充分发挥代表之家作用,做好代表接待选民工作,不断推进代表活动规范化、制度化。

坚持每季度组织一次市镇人大代表活动,每次活动突出几个重点,既有政治理论学习,又有重点工作汇报;既有现场督查视察,又有当前工作评议,拓宽了代表参政议政渠道,增强了代表活动的实效。组织代表开展"回选区、访选民"、向选民述职活动，制定述职计划，确保任期内每名代表至少向选民述职一次，拉近了代表与选民的距离，推动代表工作有效开展。深入开展"牢记使命、激情履职"主题实践活动，组织市人大代表围绕精准扶贫、产业发展、社会管理、基础建设、农村改革等方面重要事项以及人民群众普遍关心的热点、难点等问题开展调研，提出建议，督办民生实事，帮助解决群众合理诉求，帮扶困难家庭。实施民生实事票决制工作，通过政务公开栏、微信群、"戴南发布"等途径发布民生实事征集公告，向社会进行广泛征集，征集民生实事。

主席团高度重视代表议案、建议办理工作，及时召开交办会，向相关部门交办，定期督查办理情况，要求办理单位向代表当面答复，力求代表满意。镇十九届四次、五次人代会共收到议案 21 件、建议 72 件。

二、选举工作

1950 年 6 月和 1953 年 4 月，两届兴化县各界人民代表会议代表由县下达各乡名额，再由各乡协商产生。1954 年 4 月，按照《选举法》选举产生人民代表，境内戴南、东罗、祁官、桥堡、董雁、德崇、孙堡、姜岱、刁冯、徐唐 10 个乡（镇），总人口 60701 人，选民 29743 人，占总人口 49%。按选区分别选出乡（镇）人民代表大会（以下简称人代会）代表。1962 年 2 月，第四次普选。根据人民公社"政社合一"体制，戴南、顾庄公社分别选举社员代表大会代表和县人民代表。1965 年第六次普选后，相继召开公社和县人代会。1981 年恢复普选，按照《全国人民代表大会和地方各级人民代表大会选举法》《地方各级人民代表大会和地方各级人民政府组织法》《江苏省人民代表大会选举实施细则》，由选民按选区用无记名投票的方式直接选举县、乡两级人民代表。此后历届县（市）、乡（镇）人代会换届均通过直接选举产生人民代表。

主席团始终把支持保障代表依法履职作为工作的重点，激发代表履职热情，发挥代表主体作用。一是密切代表与群众的联系。认真落实"双联"制度，注重加强主席团成员与代表的联系以及代表与选民的联系，及时了解代表所思所想，掌握社情民意，不断提高人大工作的针对性和实效性。二是定期组织人大代表活动。坚持每季度组织一次市镇人大代表活动，每次活动重点突出、内容丰富、形式多样，拓宽了代表参政议政渠道，增强了人大活动的实效。深入开展五级人大代表“回选区、访选民”活动，拉近了代表与选民的距离。

第三节　镇人民政府

一、概述

清末民初，境内各乡下设都、图（里），乡有乡董，图有图董，总管一乡一图事务。另有图正，专管图内鱼鳞图册（田亩图册）。图下辖庄，每庄有庄首数人，轮流值年。1929年废都、图，改闾邻。1934年推行保甲制，设乡、保、甲长，实行联保连坐。1943年起，境内抗日民主根据地及解放区实行“新乡制”，乡以下设村和小组。乡设乡长、指导员（对内为中共支部书记）、民兵大队长。乡政府工作人员流动办公，有时随区队或民兵活动。

解放后，乡政府始有固定驻地，各设乡长、指导员、民兵大队长和财委4名半脱产工作人员，另有文书1人（不脱产）。1956年，区、乡（镇）规模调整，乡的境域扩大，干部总额增加，设置了一些副职，且增设了脱产的秘书和文书。

1958年撤区并乡，建立戴南、顾庄（德崇）乡政府。1958年9月至1983年5月，人民公社实行“政社合一”体制。在主任、副主任以下设农业、工业、财贸、福利、政法、武装等部，各部设部长、副部长。1959年5月公社调整，境内分设戴南、顾庄、刁冯3个公社（后刁冯公社并入顾庄公社）。设社长、副社长，农业、政治、武装、财贸委员和总会计。不久，改设各科和人民武装部。1981年，改“革命委员会”为“管理委员会”。

1983年5月起恢复乡（镇）机构。1960年3月至2000年1月，机构名称虽有数次变更，但各自所领境域基本稳定，直至2000年2月乡镇合并。乡、镇以下为村，村（社）长、大队长管理村（队）务。1983年5月后改设群众自治组织——村民委员会和社区居民委员会。

乡镇人民政府1983年10月，按照修改后的《宪法》规定，以原有公社境域分别建立戴南、顾庄2乡，设人民政府和公社经济联合委员会（戴南于1985年10月撤乡建镇）。乡（镇）人民政府设乡（镇）长、副乡（镇）长，内设民政、司法、村建、土管、农业、工业、副业、文卫等助理。1986 年 1 月,2 公社经济联合委员会撤销。1987 年 10 月,戴南镇、顾庄乡先后召开人民代表大会,选举产生镇、乡人民政府组成人员。

2000 年 2 月乡镇合并后,新的戴南镇人民政府设镇长 1 人、副镇长若干人,内设办公室和统计、民政、司法、教育、卫生、科技、环保、土管、建管、农业、水利、农经、审计、三产、副业、安全等助理,人民武装部,企业管理、社会保障、信访、资金、文明、安全监督、村建、综合治理、绿化等办公室,科技园区管委会(内设综合服务科、招商引资科、建设管理科、财务管理科)及集镇办事处等。

改革开放以来,随着城市化进程不断加快,出现一批经济规模较大、城镇化水平较高、人口吸纳力较强的经济发达镇。戴南镇内,集聚了 1000 多家不锈钢企业,其中年销售 1000 万元以上的企业近 200 家,不锈钢制品、汽车轮胎用钢帘线、自行车链轮曲柄等产品成为全国同行业单打冠军,被誉为"中国不锈钢之都"。在传统乡镇行政管理体制下,戴南镇处于"责任大、权力小、功能弱"的境地,社会管理和公共服务方面面临许多新情况新问题,形成"小马拉大车"现象,制约了戴南镇的进一步发展。

2010 年 4 月,中编办等国家 6 部委在全国选择 25 个经济发达镇进行行政管理体制改革试点,通过放权扩权,赋予试点镇部分县级经济社会管理权限。戴南镇成为其中之一。

二、政府职权

2010 年戴安镇被确定为国家行政管理体制改革试点镇。为了贯彻落实中编办《关于开展经济发达镇行政管理体制改革试点工作的通知》(中央编办发〔2010〕50 号)提出的深化行政管理体制改革的总体目标,加强基层政权建设、统筹城乡协调发展的要求,破解经济发达镇发展遇到的体制障碍,理顺职责关系,优化组织结构,着力提高社会管理和公共服务能力,充分发挥经济发达镇在区域经济社会发展中的辐射带动作用,为推进我国城镇化进程创造有利条件宏伟目标,根据《江苏省经济发达镇行政管理体制改革试点工作意见》文件精神,依照 2012 年 3 月江苏省委办公厅江苏省政府办公厅《关于印发〈江苏省经济发达镇行政管理体制改革试点工作意见的通知〉》(苏办发

〔2010〕24 号),在江苏省、泰州市、兴化市编办的指导下,戴南镇的行政管理体制试点工作进入了实际操作阶段,戴安镇的行政管理机构进行了大规模的调整,形成了现有的“两办九局一中心”行政管理设置。

权力下放是经济发达镇行政管理体制改革的一项核心内容,重点扩大经济发达镇在城建、环保、治安等涉及城市建设和管理方面的行政管理权限。

下放经济社会管理权限。在产业发展、规划建设、项目投资、安全生产、环境保护、市场监管、社会管理、民生事业等方面,依法赋予戴南镇部分县级经济社会管理权限,增强其发展的内生动力。

扩大财政自主权。调整兴化市对戴南镇财政分配管理体制,加大戴南镇财力留成比例。以 2010 年一般预算收入和财力实绩为基数,从 2011 年开始三年内增长的一般预算收入形成的地方财力市镇按 5∶5 分成。同时,对戴南镇收取的土地出让金净收益地方留成部分实行市镇 2∶8 分成,对兴化市级部门在戴南镇收取的教育费附加、排污费等地方留成部分市镇 5∶5 分成,用于戴南镇社会事业功能设施投入,对兴化市级部门收取戴南镇范围内的城市建设费实行全额返还,用于支持戴南镇基础设施建设。

随着管理权限的扩大,戴南镇将试行行政事业机构整合设置、人员编制精干、管理扁平高效、运行机制灵活的新型基层政府架构。将组建党政办公室、组织人事和社会保障局等机构,通过机构的整合设置,简化行政审批手续,提高办事效率,突出便民导向,进一步增强服务经济主体和城镇居民的能力。

戴南镇政府加强法治政府建设。依照党的十八届四中全会《中共中央关于全面推进依法治国若干重大问题的决定》要求,全力推进法治政府建设,建立健全涉及政府管理职权的多项制度,依法促进政府职能及事权的法治化、规范化。其中,重点规范与政府事权相关的财务制度及职权运行机制。创新规范村级财务管理,开展农村集体资产清产核资工作。依法推进“双清”工作,截至 2017 年,累计清收企业和个人欠款 5980.4 万元。深化行政体制改革。做好省编办行政管理体制“四个一”检查验收准备工作,理顺“前台 + 后台”管理体制,实现镇村网格化管理。推动实施“一窗通办、一章审批、一站服务”模式,2018 年共受理事项 186157 件,办结 186026 件,办结率 99.9%。

三、镇政府公共服务

完善社会公共、公益事业。一是每年出资为全镇农民办理新型农村医疗保险,全镇五保人员按每人每年按标准实行财政供养;困难户每人每年最低生活保障金。二是加强农村基础设施建设,投资建设圩口闸、排涝站,并全镇自来水管网进行改造。三是加大对农业的投入。提高农业综合生产能力,促进农民增收。除去国家粮食直接补助外,镇政府每年安排全镇所有农户支付农业水费。

强化领导,把镇干部推向经济建设主战场,加强企业家队伍建设,镇政府不断加强对企业主的政治思想和经济法规教育,定期组织他们听取有关专家讲课,对他们在政治上关心、工作上支持。镇政府每年在双文明建设中总结表彰评选十佳厂长、十佳供销员、十佳技术员、十佳管理员等,使一大批经济能人脱颖而出,壮大了戴南镇企业家的队伍。强化服务。

20 世纪 70 年代起,戴南公社即成立工业管理办公室,尔后相继成立工业联合公司、工业办公室(原戴南镇分一、二公司,一公司负责镇办工业,二公司负责村办和个私工业),乡镇主要负责人兼主任。2000 年成立戴南镇企业管理服务站,负责全镇企业管理协调服务工作。每年年初与个体私营工业户签订个体工业目标管理责任书,依法统一收费标准,明确产值、销售等各项奋斗目标,同时为私营工业户提供“六帮助服务”,即帮助建账建制、调解经济纠纷、提供信息和组织原辅材料、调研论证新上项目、协调处理集体厂房设备的租赁转让。大批技术业务骨干走出集体企业,有力地支持了个体和私营企业的发展。顾庄乡政府在抓农业的同时,也对乡村工业的发展做了许多实事,先后兴办一批乡村工厂,并在政策、资金、干部等方面给予支持。20 世纪 90 年代以来,积极引导乡村企业实行产权制度改革,扶持境内个私企业健康发展。

加强基础设施建设,加快小城市建设步伐镇政府根据集镇总体规划,逐步完善城镇基础设施和公用设施体系建设,着力改善投资环境,提高集镇品位,从战略高度确保 20 年不落后。建成环镇公路,完成通村公路硬质化、圩口闸和排涝站的配套工程;建成新泽路(镇北路)配套与延伸工程,建成戴南、同心、迎宾、兴达、园区、世纪、创业、富康大道和戴张公路,完成人民路东段路面改造;完成西部张帅、唐管、顾季、顾北等线的路桥建设,建盐靖河、兴姜河、迎宾、同心、创业、幸福等公路大桥,改建团结桥等桥梁;建成客运中心、物流中心,建成镇北区和振南农贸市场、小商品市场、不锈钢市场、不锈钢成品交易城;进行省级科技园区基础设施建设,实现"八通一平";开展烟尘污水治理,改善环境质量;先后建成和完善时代、园区、兴达、迎宾、四角、工人、农民、居民、幸福等镇区绿地、广场及部分停车场、景点工程。镇政府每年年初都制订小城市建设计划和奋斗目标,有的项目当年完成,有的跨年度逐步完善。

创建平安戴南、文明戴南。戴南镇政府坚持"普法"教育,增强群众的法律意识。对社会治安综合治理成果显著的单位和人员进行表彰、奖励。对治安案件中的责任人员给予批评、处分。镇政府支持公安、司法机关对违法犯罪人员依法查处。从而维护了社会的稳定,保证经济建设的平安运行。

顾庄乡政府制定《实施社会治安综合治理"固本工程"计划》,治安管理规范化,促使社会治安步入良性循环的轨道。乡成立治安小组,各村、各有关单位成立治调委员会。同时引导各村制定乡规民约,优化村风民风,开展评选"遵纪守法光荣户"、"新风户"和"双文明户"等活动,使全乡上下形成和谐稳定的良好社会风气。

四、镇政府服务绩效

(一)城乡面貌显著改善。坚持规划引顿,编制完善《戴南小城市统规划》、修编《戴南镇总体规划》《戴南镇中心区城控制性规划和详细规划》、优化功能布局,加快工业企业"退城进园"步伐,逐步解决工居混杂、企业分散等问题;策应产业转型升级和省级高新技术产业开发区创建,编制完成《戴南科技园区总体规划》,推进重点工程。

完成物流园二期、园区大道改造等重点项目的规划审查,启动南环路三期、青年路中段改造工程、完成兴达大道改造工程、稳步实施农村公路提档升线项目;全力服务市重点交通工程建设、X310、戴南大道、园区大道东延、迎宾大道北延等工程正加快实施;积极服务全市引用长江水工程,加强自来水厂日常运行管理。提高管护水平。做好道路维护和升级改造工作、实施兴达大道、人民路绿化提档升级工程、整改校车线路安全隐患;加强网格化管理,深入开展防违控违工作,截至 2017 年,拆除违章建筑 258 处、26738 平方米;加大立面整治力度、减量提档户外广告、整治不规范户外广告 2067 个、11920 平方米。

(二)生态治理精准有力。“区域限批”如期解限。制定戴南“环保工作 40 条”和区城限批“整改 30 条”、扎实开展浸塑手套、球(雷)磨机、精密铸造、锻打、制管、水切割等行业专项整治,环境质量显著改善,环境问题加快整改。开展土壤污染状况详查及修复工作,全面排查历史酸洗污泥填埋点,委托有资质单位综合处置利用;新源环保公司整合重组工作有序推进;开展禽养殖染专项整治行动,完成兴姜河水源地达标建设整治任务,人居环境明显改善,建成大气自动监测站,实时监测戴南大气环境质量;全面落实“河长制”,进一步完善河道监管网络;建成刁家、北姜生活垃圾中转站,加强城北生活污水处理厂设备升级改造与在线监测,新增生活污水管网,园区工业污水处理厂入库 2018 年度第二批省 PPP 项目,即将实施招投标工作。

环保执法持续高压。建立环保督察信访件领导干部包案机制,实行环保网格化监管,截至 2017 年,累计立案查处企业 40 家,罚款额 350.7 万元;移送公安机关查处 1 起,取保候审 3 人,查封企业 5 家,对环境违法行为形成有力震慑。

(三)社会事业全面进步。社会保障更加健全。精准脱贫扎实推进,全镇建档立卡贫困户基本实现脱贫;深入推进创业富民,新建创业富民服务中心。截至 2017 年,共发放创业培训券 800 张、创业贴息券 230 张、创业租房补贴券 50 张;开展城乡居民医疗保险筹资解缴工作,完成养老保险续缴 24130 人,新增灵活就业参保养老、医疗人数 2602 人;积极开展劳动监察执法活动,共调处劳资纠纷 143 起,为劳动者追讨工资 324 余万元。民生供给更加完善。教育工程建设加快,建成顾庄幼儿园,董北实小教学楼竣工,完成戴南中心小学分校过渡方案;推进“兴达英才班”建设,董北实小、顾庄学校、戴南中心小学获得全市小学教学质量考核优秀奖,戴泽中学中考、戴南高级中学高考取得新突破;村级卫生室提档工程稳步实施,省级基层综合服务文化中心建设全部通过验收,深化戴南人民医院改革,协调处理戴南医院历史遗留矛盾。社会治理更加高效。

法治建设扎实推进,“七五”普法成效明显;狠抓事故防控、隐患治理,安全生产形势持续稳定,截至2017年,该镇安全事故同比下降17.5%;严控食品安全风险,切实保障“舌尖上的安全”深入推进平安戴南建设,联动开展矛盾纠纷排查化解,推动“五项攻坚”基层基础建设,大力开展“三个专项行动”,破获各类刑事案件124起,打击处理违法犯罪嫌疑人898人,追回在逃人员16人,违法犯罪警情同比下降10.2%,人民群众安全感持续增强。

(四)行政效能不断优化。加强法治政府建设。严格执行《中共中央政治局贯彻落实中央八项规定的实施细则》和省、市委《具体办法》,创新规范村级财务管理,开展农村集体资产清产核资工作。依法推进“双清”工作,2018年累计清收企业和个人欠款5980.4万元。深化行政体制改革,做好省编办行政管理体制“四个一”检查验收准备工作,理顺“前台+后台”管理体制,实现镇村网格化管理。

大力推进阳光服务。自觉接受镇人大的工作监督、法律监督和政协工委及人民群众的民主监督,共同办理代表建议,做到件件有落实。扎实开展机关作风建设,不断提高“12345·政风行风热线”、书记市长信箱等平台效能,办理群众来信来电。工会、人武、新闻史志档案、消防、老龄、妇女儿童、残联、慈善、红十字、关工委等工作取得新进展,公安、供电、金融、税务、国土、市监等部门为地方经济社会发展发挥积极作用。

第三章　依法行政与行政执法

第一节　依法行政

一、概述

为了贯彻落实中编办《关于开展经济发达镇行政管理体制改革试点工作的通知》(中央编办发〔2010〕50号)提出的深化行政管理体制改革的总体目标,加强基层政权建设、统筹城乡协调发展的要求,破解经济发达镇发展遇到的体制障碍,理顺职责关系,优化组织结构,着力提高社会管理和公共服务能力,充分发挥经济发达镇在区域经济社会发展中的辐射带动作用,为推进我国城镇化进程创造有利条件宏伟目标,根据《江苏省经济发达镇行政管理体制改革试点工作意见》文件精神,依照2012年3月江苏省委办公厅、江苏省政府办公厅《关于印发〈江苏省经济发达镇行政管理体制改革试点工作意见的通知〉》(苏办发〔2010〕24号),在江苏省、泰州市、兴化市编办的指导下,戴南镇的行政管理体制试点工作进入了实际操作阶段,戴南镇的行政管理机构进行了大规模的调整,形成了现有的"两办九局一中心",具体包括:党政工作办公室,政法和社会管理办公室、经济发展和改革局、财政和资产管理局、安全生产和监督管理局、环境保护局、社会事业管理局、组织人事和社会保障局、综合执法局、规划建设局、农村工作局以及便民服务中心。自此戴南镇的行政管理体制改革试点工作基本成型。

二、镇政府权力清单

为了贯彻落实中央关于依法赋予经济发展快、人口吸纳能力强的小城镇相应行政管理权限的精神，江苏省党委办公厅、江苏省政府办公厅《关于兴化市戴南镇行政管理体制改革试点方案的批复》(苏办〔2012〕14 号)和江苏省法制办公室《对昆山市政府法制办公室〈关于张浦镇行政管理体制改革试点涉及法律问题的请示〉的复函》(苏府法函〔2012〕91 号)的相关规定，结合戴南镇实际，经兴化市党委、政府研究出台了《市政府关于赋予戴南镇政府部分县级经济社会管理权限的通知》(兴政发〔2012〕142 号)，决定将原由兴化市相关部门行使的部分经济社会管理权限下放给戴南镇人民政府实施。

兴化市政府发布的《关于赋予戴南镇政府部分县级经济社会管理权限的通知》(兴政发〔2012〕142 号)首批下放给戴南镇政府实施的行政权力共 293 项，自 2012 年 10 月 30 日起运行。该通知同时指出，今后确因经济社会发展需要而新增经济社会管理权限的，戴南镇政府可以提出申请，经市政府确认，向社会公布，并报省政府法制办公室备案。截至 2017 年 3 月，戴南镇分两批共承接共涉及 20 个部门(单位)的行政处罚权 951 项，行政征收、行政强制 6 项。至此，在戴南镇行政区域内，戴南镇政府为行政执法主体，其所属机构分别代表镇政府行使各项行政执法权；已经明确授权项目原行政主管部门不再在其范围内行使相关的行政执法职权。在戴南镇行政区域内已明确由其实施的行政执法职权对于需要上报的行政许可和其他权力事项，市各行政机关实行“见章盖章”的办法，由戴南镇政府自行上报。

三、镇政府责任清单

为了能有效承接兴化市政府下放的权力，兴化市政府出台了《兴化市戴南镇主要职责职能机构和人员编制实施方案》，规定 2012 年 11 月挂牌成立的戴南镇综合执法局是此次承接兴化市职能部门下放权限的主要载体，由戴南镇综合执法局代表戴南镇政府在镇区范围内组织开展综合执法活动，统一行使由戴南镇政府承担的行政处罚权和与行政处罚权相关的行政强制权、监督检查权。

同时为了落实权责相统一,《关于赋予戴南镇政府部分县级经济社会管理权限的通知》同时规定戴南镇政府对其作出的具体行政行为承担法律责任实行“见章盖章”的办法,由戴南镇自行上报的行政许可和其他权力事项产生的法律责任也由戴南镇政府承担。公民、法人或者其他组织对戴南镇政府作出的具体行政行为不服的,可向兴化市人民政府申请行政复议,或向兴化市人民法院提起行政诉讼。为了约束戴南镇政府依法行政,实现权责相统一,戴南镇政府还编制权力权责清单共计 940 项,分别由戴南镇综合执法局下设的 5 个执法机构承担,其中综合科负责综合协调执法工作,执法一中队负责城市管理、规划建设、市政等方面的行政执法工作,执法二中队负责环保、安监、劳动监察等方面的行政执法工作,执法三中队负责农业、渔业、水利等方面的行政执法工作,执法四中队负责文化、教育、卫生、食品药品安全等方面的行政执法工作。

四、镇政府议事规则

为了推进戴南镇政府议事决策的民主化、科学化和规范化,戴南镇党委、政府根据《中国共产党章程》和《中国共产党地方委员会工作条例(试行)》及有关规定,结合本镇实际,制定《戴南镇政府议事规则》。《戴南镇政府议事规则》涵盖总则、会议主题、会议组织、会议决策、会议落实、会议纪律等。

依照《戴南镇政府议事规则》,戴南镇政府议事采取的是镇长办公会议的方式。镇长办公会议一般由镇长召集和主持,也可由镇长委托副镇长召集并主持。会议出席对象为镇长、副镇长及交叉分管政府条线工作的其他班子成员组成,需 50% 以上人员到会方能举行。会议邀请镇党委书记、人大主席和纪委书记出席会议,镇党政办主任全程列席会议,涉及议题部门或单位主要负责人列席相关议题。

镇长办公会议一般每两周召开一次,原则安排在周一上午,由镇党政办具体组织,如有特殊情况可适当调整。会议研究的主要内容和范围包括:(1)研究和贯彻执行上级以及市委、市政府的重要指示、决定和工作任务,并结合本镇实际制定具体实施意见;(2)研究执行镇党委有关事项的决定;(3)执行镇人大有关决议、建议和意见;(4)研究、决定和部署镇经济和社会发展计划、重要资源配置、重要民生问题和社会稳定、年度财政预算及预算外资金追加安排等重大事项；(5)研究村、居等各基层单位重要的请示事项；(6)学习贯彻相关法律法规和上级文件精神；(7)通报镇重点工作、重要项目推进情况及相关阶段性工作进展情况；(8)统筹安排政府阶段性工作；(9)其他需列入镇长办公会议研究讨论的事项。

镇长办公会由镇党政办负责组织。镇党政办一般在会议召开3天前通知议题主要责任人，按规定程序和格式要求，报送议题材料。较复杂的议题，应附简要汇报提纲。同时，镇党政办一般应于会议召开前2天通知出席、列席会议的单位和人员，并将会议通知及议题相关材料送达镇长、副镇长及其他与会人员。议题汇报人员根据会议安排，应提前到达等候。议题汇报时间一般控制在10分钟以内，会上发表的意见与会前报送材料表述不一致的，应当说明理由。汇报单位如有特殊要求，应提前与镇党政办联系，以便提前准备。

镇长办公会是镇政府集体议事决策的主要形式。会议决策的一般程序是：镇长宣布会议开始，汇报单位就议题有关情况进行汇报。汇报结束后，先由分管领导补充发言，再由其他与会人员发表意见，在充分听取各方面意见的基础上，按照少数服从多数的民主集中制原则，由镇长发表结论性意见，并就有关工作提出要求。《戴南镇政府议事规则》还特别规定，对于重大事项的审议，镇长办公会形成决定后，应当上报镇党委会审定，待党委会确定后执行。为确保会议决策的严肃性、规范化和制度化，会议由镇党政办负责派专人记录，记录要准确、完整、实事求是。对事关社会经济发展的重大决策事项，要形成会议纪要。会议纪要完成后，要经镇党政办主任确认、分管领导审核后，再报请镇长审阅后签发。任何人不得更改和随意翻阅原始记录。会议纪要、会议记录由镇党政办负责收集整理，并立卷存档备查。

在会议决策落实方面，相关议题一经镇长办公会形成决定后，由分管领导负责组织实施，各相关单位和部门要抓紧办理，并及时汇报执行情况或落实结果，确保政府决定得到贯彻落实。涉及对决策进行较大调整或变更的，须提请镇政府再次研究决定，由镇党政办根据领导批示，进行修改。镇党政办应及时将会议讨论及决策、决议情况告知缺席人员，以便缺席人员了解情况、做好工作。

为强化对戴南镇政府议事决策的监督,《戴南镇政府议事规则》特别突出了相关的会议纪律。第一,镇长、副镇长原则上应当参加镇长办公会议。镇长因故不能出席会议,而会议又不能推迟召开的,须委托相关副镇长召集会议。副镇长因故不能出席会议的,须向镇长请假,并由镇党政办备案。第二,在具体事项汇报方面规定,汇报人员因故不能到会的,经分管领导同意后,向镇党政办请假,同时指定其他汇报人员。第三,在会议保密方面规定,参会人员应严格遵守保密纪律,未经批准不得随意传播和扩散会议内容,相关保密文件材料会后应退还工作人员。第四,对于违反会议纪律的,视情节轻重追究相应责任,并按相关规定进行处理。

五、镇政府决策程序

为规范政府重大行政决策行为,推进决策科学化、民主化和法治化,提高决策质量和效率,保障公民、法人和其他组织合法权益,根据中共中央、国务院《法治政府建设实施纲要(2015~2020)》、省委、省政府《江苏省贯彻落实〈法治政府建设实施纲要(2015~2020年)〉实施方案》等有关规定,结合本镇实际,戴南镇党委、政府制定了《戴南镇重大行政决策事项管理办法》,以完善重大行政决策程序制度,强化决策法定程序的刚性约束。

具体来说,《戴南镇重大行政决策事项管理办法》从以下方面推行决策程序:首先,推行重大行政决策目录管理、流程监控、立卷归档和卷宗评查制度;其次,规范重大行政决策事项的提出、确定、调整、公布、备案等环节;再次,推进重大行政决策草案和重大行政决策听证、论证、评估、审查报告格式化;最后,实现节点管理、流程控制、规范运行。落实集体讨论决定程序,集体讨论情况和决定如实记录、完整存档。政府重大行政决策出台前向本级人大主席团报告,出台后向上一级政府报备。

六、镇政府行政审批

戴南镇是国家级行政管理体制改革试点镇,市政府赋予该镇的112项行政审批权限。戴南镇紧紧抓住改革机遇,破解发展体制机制障碍,积极探索新型基层政府架构,构建“前台+后台”运行机制,形成“集中高效审批、强化服务监管、综合行政执法”的改革管理服务新模式，成立戴南镇便民服务中心（挂招投标中心牌子），将 112 项行政审批权限统一便民服务中心行使。目前，中心按照投资建设、民生、服务三大类设置 25 个接待窗口、49 名工作人员，其中驻镇机构人员 24 名。所有行政审批只需“进一个门、到一个窗、盖一个章”，实现“一枚公章管审批”。在办理事项过程中，中心实行并联审批制、首问负责制、告知承诺制和限时办结制，简化了部门的审批程序，缩短了审批时限，提高了办事效率。该镇在苏中地区乡镇率先实现企业登记“三证合一、一照一码”。截至 2017 年 6 月，便民服务中心受理并自主办结的行政审批和公共服务事项共 142 项，平均办结时间缩短为 3.2 天。同时，充分发挥小城市的集聚辐射能力，为周边 6 个乡镇提供服务，真正实现“零距离”“全方位”“一站式”服务。截至 2017 年 6 月底，中心受理事项 192053 件、办结 191642 件，办结率 99.8%，群众满意率 100%。

七、镇政府监察与审计监督

戴南镇政府扎实推进“两学一做”学习教育，开展“大走访大落实”活动，坚持不懈纠正“四风”，泰州市委巡察组反馈意见得到有效整改。坚持依法行政和科学民主决策，健全法律顾问制度，重大事项咨询、评估和听证制度日趋完善，社会稳定风险评估有效落实。自觉接受镇人大主题团的工作监督、法律监督和政协工委以及人民群众的民主监督，共办理代表议案及建议、批评和意见 84 件，做到件件有落实。扎实开展机关作风建设，不断提高“12345 · 政风行风热线”、书记市长信箱等平台效能，累计办理群众来信来电 699 件。加强行政监察和审计监督，健全政府采购、工程招投标、项目核准等制度，严肃查处了一批违纪违法案件，政府系统的廉政建设取得新成效。

八、镇政府行政问责

为了加强依法行政，防止和减少行政过错，提高行政效能和工作效率，促进我镇社会各项事业稳定持续健康快速发展，戴南镇党委、政府根据《中国共产党问责条例》和《江苏省委关于贯彻〈中国共产党问责条例〉实施办法》及有关规定，结合本镇实际，制定《戴南镇人民政府行政问责制实施细则》。

首先,《戴南镇人民政府行政问责制实施细则》约束的对象主要包括该镇各村委、各站所主要负责人,包括各科室科长(主任)、主持工作的副科长(副主任)以及科室负责人。上述人员以外的我镇工作人员不履行或者不适当履行法定职责的,按照相关规定追究其责任。

其次,《戴南镇人民政府行政问责制实施细则》主要规范是该镇问责对象因故意或重大过失,不履行或者不适当履行法定职责,造成行政秩序混乱,行政效率低下,损害公共利益、行政相对人合法权益的行为。具体来说,包括以下情形:(1)无正当理由未完成我单位确定的重要工作任务,影响政令畅通和我单位整体工作部署,给全镇工作带来不利影响,造成严重后果的;(2)因未依法履行行政职责,致使辖区内所管辖的领域发生重大事件,造成重大损失或者其他严重后果的;(3)对辖区内所负责的领域所发生的重大事件处理不力,造成严重不良社会影响或者其他严重后果的;(4)上报情况严重失实,影响决策,造成严重后果的;(5)应当问责的其他情形。

再次,《戴南镇人民政府行政问责制实施细则》就问责程序作了较为详细的规定:第一,在问责程序的启动上,由党委书记提议,并经班子成员讨论决定启动,由纪委办公室、党政办公室和书记指派的其他人员组成调查组进行调查核实。第二,问责调查期限自问责程序启动之日起60个工作日内完成调查,并提出问责意见。60个工作日内不能完成的,经书记批准,可以延长调查期限。第三,调查完毕后,调查组应当将调查结果和拟作出的问责决定报告纪委书记,由领导班子会讨论并作出决定。调查报告应当包括被调查人陈述和申辩的主要事实和理由。第四,问责对象对问责决定不服的,可以自收到决定之日起10个工作日内向镇纪委书记申请复核。领导班子会讨论决定复核的,由纪委办公会指派纪检人员以及市纪委指派的其他人员组成调查组进行复核,并在20个工作日内向市纪委和书记提交复核报告。复核期间,原追究责任的决定中止执行。第五,为规范问责调查组的行为保障问责对象的正当权利,细则还规定调查、复核、复查人员滥用职权、徇私舞弊、玩忽职守,导致调查报告出现重大错误的,应当依照法律法规和干部管理权限的规定予以行政处分。

最后,《戴南镇人民政府行政问责制实施细则》中行政问责方式包括诫勉、责令作出书面检查、通报批评、在全镇范围做公开道歉、停职反省以及劝其引咎辞职。同时规定,上述问责方式,可以单处或者并处。问责对象依法应当受到行政处分或者承担其他法律责任的,仍可依据本方案追究其责任。

第二节　行政执法

一、概述

按照江苏省委办公厅和江苏省政府办公厅《关于兴化市戴南镇行政管理体制改革试点方案的批复》(苏办〔2012〕14 号)和《兴化市戴南镇主要职责职能机构和人员编制实施方案》,戴南镇综合执法局于 2012 年 11 月挂牌成立,作为这次改革试点中新组建的机构,既是承接县级职能部门下放权限的主要载体,更是为基层群众办实事的重要“窗口”。目前分两批共承接共涉及 20 个部门(单位)的行政处罚权 951 项,行政征收、行政强制 6 项,所有行政处罚权由综合执法局代表镇政府统一行使,在镇区范围内组织开展综合执法活动。

随着上级政府权力下放以及基层政府治理重心下移,2015 年戴南镇党委、人民政府向兴化市机构编制委员会请示调整戴南镇综合执法局下设机构(戴政发〔2015〕62 号),2015 年 8 月 13 日兴化市机构编制委员会作出批复(兴编发〔2015〕35 号)决定撤销戴南镇综合执法局下设机构考核督查科、执法大队,增设综合科、执法一中队、执法二中队、执法三中队,执法四中队 5 个下设机构,机构规格为正股级。

二、镇政府综合执法状况

依照兴化市机构编制委员会作出的兴编发〔2015〕35 号批复,戴南镇的综合执法工作由戴南镇综合执法局增设的综合科、执法一中队、执法二中队、执法三中队,执法四中队具体承担。综合科负责综合协调执法工作,执法一中队负责城市管理、规划建设、市政等方面的行政执法工作,执法二中队负责环保、安监、劳动监察等方面的行政执法工作,执法三中队负责农业、渔业、水利等方面的行政执法工作,执法四中队负责文化、教育、卫生、食品药品安全等方面的行政执法工作。

截至2017年6月,依照戴南镇政府核定,戴南镇综合执法局的工作人员共计72名(其中行政编制9名,事业编9名,辅助执法54名。局领导7人,综合科8人,一中队31人,二中队10人,三中队9人,四中队7人,全镇申领执法证人员170名)。在日常工作中一经发现违法行为,戴南镇综合执法局将依照法定程序进行立案、调查取证、制作法律文书、提出处罚建议,经法制审核后,报局分管领导审核签发,盖"兴化市戴南镇人民政府综合执法专用章",违法案件均由戴南镇综合执法局统一进行处罚。

经统计,戴南镇综合执法局于2013年至2015年共查处各类案件646起(其中一般案件66件,简易程序580件),罚款160多万元,拆除违法面积5160平方米。其中2013年,办理一般程序处罚案件7起,简易程序案件116件,责令停产停业12家,拆除违章建筑1240平方米,罚款6.2万元;2014年办理一般程序处罚案件28起,简易程序案件274件,拆除违章建筑1355平方米,罚款62.1万元;2015年办理一般程序处罚案件31件,简易程序190件,拆除违章建筑2565平方米,扣押查封2起,移交兴化公安机关查处3起,申请兴化法院强制执行1起,罚款98.73万元。2016年办理案件308件,2017年办理案件205件。

三、镇政府行政执法责任制状况

依照《兴化市戴南镇主要职责职能机构和人员编制实施方案》,戴南镇综合执法局代表戴南镇政府在镇区范围内组织开展综合执法活动,统一行使由戴南镇政府承担的行政处罚权和与行政处罚权相关的行政强制权、监督检查权,由戴南镇政府对其作出的具体行政行为承担法律责任实行"见章盖章"的办法,由戴南镇自行上报的行政许可和其他权力事项产生的法律责任也由戴南镇政府承担。公民、法人或者其他组织对戴南镇政府作出的具体行政行为不服的,可向兴化市人民政府申请行政复议,或向兴化市人民法院提起行政诉讼。

为了约束戴南镇政府依法行政,实现权责相统一,戴南镇政府还出台了《戴南镇综合执法局行政执法错案追究制度》(以下简称《错案追究制度》),以加强行政执法中的错案追究责任,保证行政执法人员依法办案,提高办案质量,促进依法行政。

首先,《错案追究制度》追究的对象,是指执法人员在执法过程中因故意或过失作出违法或者不当的具体行政行为,对行政管理相对人造成损害的案件。

其次,《错案追究制度》追究的承办人员违法违纪的行为主要包括:(1)主观臆断、疏忽大意、取证不符合事实,不依照法律和事实作出调查结论的;(2)违法侵犯公民人身权利和损害经营者合法权利造成不良后果;(3)违反法定的行政处罚程序,适用法律、法规有重大错误的;(4)徇私枉法、玩忽职守、收受贿赂、销毁证据、指使或暗示他人作伪证违法实施行政处罚或行政强制措施或故意放纵违章者,造成严重后果的;(5)执法中弄虚作假、歪曲、隐瞒事实真相不予受理申请登记而受理申请登记,应受理申请登记而不受理申请登记的;(6)超越或滥用职权擅自征收财物,摊派费用及其他违法行为的;(7)其他应当追究的执法过错行为。

再次,《错案追究制度》中错案的究查方式包括:第一,对于情节较轻,造成较轻危害后果的,由本局责令其所属执法部门对责任人员依法给予批评、扣发奖金或行政处分。第二,对于情节较重,造成较重危害后果的,由本局可根据情况责令执法部门对负有责任的主管人员和其他责任人员给予取消行政执法资格、调离行政执法岗位。构成犯罪的依法追究刑事责任。

最后,《错案追究制度》中明确的错案责任承担方式包括:(1)错案责任由案件承办人负责、承办人员的直接领导负连带责任;(2)由于案件承办人的主管领导索贿、受贿、徇私舞弊,利用职权命令、指使案件承办人枉法裁决,造成公民、法人或其他组织财产损失的,或使违法者逃避行政处罚的错案责任由主管领导负责,承办人负连带责任;(3)案件承办人办案正确,而主管领导予以否决的案件,由主管领导承担错案责任;(4)经全体会议研究,行政领导决定的案件,由单位或行政领导承担错案责任。对行政执法中发生违法行政的直接责任人和主要责任人,取消年度考核优秀及评选个人先进的资格,性质严重的按规定予以解聘或辞退。

由于错案造成赔偿的,按《国家赔偿法》规定执行。

四、镇政府执法事项综合协调状况

为了规范戴南镇综合执法行为,全面、客观、公平、公正地做好案件处置工作,根据《行政处罚法》的规定,结合实际,戴南镇出台了《行政处罚事项会办制度》,会办单位涵盖戴南镇公安分局、交管所、交警中队、市场监管分局及戴南镇综合执法局等部门。戴南镇通过会办制度积极协调综合行政执法重大事宜,使综合行政执法协作配合常态化,建立健全联合执法机制和相互借用强制手段,加快信息化指挥中心二期数据库建设,发挥指挥中心"精准、快捷、靶向"的作用,形成执法合力,提高执法成效。

《行政处罚事项会办制度》规定:(1)对适用一般程序处罚的案件应实行集体会办制,形式分为通案会和合议会。(2)通案会由综合执法局分管局长,相关案件承办局分管局长、相关科(室)负责人,执法大队负责人、考核督查科负责人参加,考核督查科负责召集。(3)通案会一般情况下,每周一下午召开,特殊情况可以随时召开。(4)合议会由综合执法局负责人、考核督查科、大队主要负责人和相关案件承办局分管局长、相关科(室)负责人参加,政策法规科负责召集。(5)有下列情形之一的,应召开合议会讨论决定:一是将作出罚款1万元以上的处罚的;二是将作出拆除100平方米以上违法建设的处罚的;三是将作出拆除20平方米以上大型户外广告的处罚;四是通案会未形成一致意见,提请合议会集体讨论决定的;五是需改变通案会意见的;六是领导督办、社会影响面较大或情节复杂、矛盾尖锐的;七是需申请人民法院强制执行的;八是因特殊情况需停止执行或暂缓执行的;九是需行政赔偿,错案追究的;十是局负责人认为需要集体讨论决定的。(6)通案会和合议会由专人记录,做到全面、真实、清晰。所有参会人员必须在案件讨论记录上签名。(7)与会人员须严格遵守保密规定,不得泄露会议内容。(8)通案会、合议会的决定,由综合执法局考核督查科负责督查落实。

第三节　主要行政执法领域

一、概述

按照《兴化市戴南镇主要职责职能机构和人员编制实施方案》,戴南镇全面推进行政执法工作,健全执法体系,将上级部门委托和下放的行政执法事项全部交由戴南镇综合执法局统一行使，实行“一支队伍管执法”。同时，戴南镇还着力构建信息化指挥平台，实时监控全镇生产生活方方面面，探索推行“双随机”抽查、飞行检查、专项督查和事后稽查等措施，重点抽查风险较高、投诉较多，有严重违法记录的市场主体；创新协作配合、信息共享机制。建立权力清单、责任清单，合理划分综合执法局与其他职能机构职责权限；建立职能机构之间的联席会议制度，双向推送制度，实现行政监管和执法监督检查无缝对接。在日常工作中一经发现违法行为，戴南镇综合执法局将依照法定程序进行立案、调查取证、制作法律文书、提出处罚建议，经法制审核后，报局分管领导审核签发，盖“兴化市戴南镇人民政府综合执法专用章”，违法案件均由戴南镇综合执法局统一进行处罚。

二、经济管理领域行政执法

经济管理领域的行政执法，是维护法律法规所确定的经济秩序，保障国家经济活动的顺利进行，实现政府领导和组织经济建设职能的重要手段。因而成为地方行政执法工作的重要组成内容。在戴南镇，经济管理领域的行政执法主要由戴南镇综合执法局综合科统筹协调，四个中队协同实施。目前，戴南镇综合执法局综合科共有 8 个人，按照综合执法局内部的具体分工细则，对经济管理领域中具体执法事项进行分类，再交由各执法中队开展执法工作，比如涉及城市规划建设的执法工作交由执法一中队负责，涉及农业、农村经济发展则交由执法三中队具体负责，涉及文化、教育、卫生、食品药品等方面则交由执法四中队负责。

三、城乡管理领导行政执法

城乡管理行政执法是维护城乡管制秩序不可缺少的手段，内容庞杂：包括住房城乡建设领域法律法规规章规定的行政处罚权，以及环境保护管理、工商管理、交通管理、水务管理、食品药品监管方面与城市管理相关部分的行政处罚权。因而是政府开展行政执法工作的重点和难点。戴南镇综合执法局抽调精兵强将，组建了人数高达 31 人的执法一中队来具体负责城乡管理领导行政执法工作，总计承担 216 项行政处罚权，包括：住房城乡建设领域法律法规规章规定的全部行政处罚权;环境保护管理方面社会生活噪声污染、建筑施工噪声污染、建筑施工扬尘污染、餐饮服务业油烟污染、露天烧烤污染的行政处罚权;环境保护管理方面城市焚烧沥青塑料垃圾等烟尘和恶臭污染、露天焚烧秸秆落叶等烟尘污染、燃放烟花爆竹污染等的行政处罚权;工商管理方面户外公共场所无照经营、违规设置户外广告的行政处罚权;交通管理方面在城市道路上违法停放机动车辆的行政处罚权;水务管理方面向城市河道倾倒废弃物和垃圾、违规取土、城市河道违法建筑物拆除等的行政处罚权;食品药品监管方面户外公共场所的食品销售和餐饮摊点无证经营、违法回收贩卖药品等的行政处罚权。

四、农业管理与服务领域行政执法

农业管理与服务领域的行政执法工作主要针对违反《种子法》《农业管理条例》《农产品质量安全法》等农业生产和经营领域方面的违法案件。因戴南镇工业化发展起步较早,城镇化比率较高,因此农业管理与服务领域的行政执法工作在综合执法局总体业务中所占的比例不高,因此承担这方面执法工作人员较少,主要由执法三中队的 7 名执法人员负责。根据《戴南镇人民政府行政权力清单》,农业管理与服务领域的行政执法一共包括 3 项行政许可和 166 项行政处罚权。

五、社区治理领域行政执法

社区治理执法是社区治理互动网络共同管理社区公共事务活动,涉及社区范围内诸多主体包括政府机构、社区自治组织、非营利组织、市场组织、社区居民等。为了贯彻中共中央、国务院 2017 年颁布的《关于加强和完善城乡社区治理的意见》、江苏省委、省政府 2017 年颁布了《关于加强城市社区治理与服务的意见》,戴南镇综合执法局为依法有序组织居民群众参与社区治理,建立惩恶扬善长效机制,破解城乡社区治理难题,适应城乡发展一体化和基本公共服务均等化要求,促进公共资源在城乡间均衡配置,在法治思维指导下组建了执法二中队,坚持运用法治方式推进社区治理领域的行政执法工作。戴南镇综合执法局执法二中队,队伍建设较为完善,共有 10 名执法人员,共承担 295 项行政处罚权。

第四章　综治与司法工作

第一节　概　　述

在综合治理工作中，戴南镇积极推进平安创建活动，着力夯实基层基础，确保社会治安综合治理各项措施的落实。逐步建立起覆盖全镇的治安防范体系，有效地预防和减少违法犯罪，刑事案件得到遏制，社会治安情况总体良好。具体表现在以下几个方面：

一是重视人民调解工作，提高化解各类社会矛盾的整体水平。为了更好地发现矛盾，排查矛盾，使矛盾纠纷得到及时化解和调处，由司法所牵头成立戴南镇人民调解委员会。人民调解委员会充分发挥调解组织、调解员及信息员扎根基层，熟悉情况的优势，不断完善纠纷预防信息体系，及时化解各类矛盾纠纷。

二是司法机关依法履职，分工负责，共同维护司法公正。戴南镇人民法庭、检察室以及公安分局等司法组织各司其职，在做好本职工作的同时，进一步完善依法治理工作机制，加大与辖区内各企业等单位的衔接力度，形成了统一领导，分工负责，广泛参与的工作格局和普法网络。

三是建立正常的政法工作联席会议制度。公安分局、检察室、综治办、司法所、信访办、民调中心等部门定期召开政法工作联席会议，以戴南小城市建设的需求为导向，紧紧围绕当前影响社会大局安全稳定的风险隐患，努力将矛盾化解在基层，将对于公权力的监督落实到基层，不断提高综合治理工作的质量和效能。

第二节 综治组织

一、概述

随着戴南镇各项改革的不断深入和经济的快速发展,城市化进程的不断加快,各种利益关系进一步调整,大量的矛盾纠纷也日益涌现出来。综治组织在化解各类矛盾纠纷、维护社会和谐稳定、促进地区经济协调发展等方面发挥着十分重要的作用。

戴南镇在各村及大型企业设立村级人民调委会,由三至五人组成,村民委员会主任、企业工会主席兼任调委会主任。戴南镇人民调解委员会,负责镇一级的人民调解和社区矫正工作。同时,成立镇矛盾纠纷排查调处中心,调整充实镇、村各级调委会调解员,完善矛盾纠纷排查调处信息员网络。

二、调解组织

村级人民调委会具体负责基层的矛盾纠纷排查化解工作,将大量的矛盾化解在基层。村级人民调解委员会根据纠纷当事人自愿申请,受理调解纠纷,也可主动调解,当事人表示异议的除外。村级人民调解委员会调解不了的疑难、复杂纠纷及两个以上社区或单位的民间纠纷,交由乡镇政府人民调解委员处理。

人民调解委员会受理的纠纷主要包括:(1)婚姻家庭纠纷;(2)邻里纠纷;(3)房屋纠纷;(4)经济纠纷;(5)生产经营纠纷;(6)赔偿纠纷;(7)其他纠纷。人民调解委员会通知双方当事人在一起进行调解,调解成立后,制作调解协议书,经双方当事签字后,交当事人各持一份,调委会存档一份。对通过调解达成的协议,如果当事人一方经多次做工作仍不履行调解协议书,权利方当事人可持人民调解协议书向人民法院起诉,请求履行。

发生重大矛盾纠纷时做到及时上报镇调解中心,由调解中心牵头调处。

戴南镇调解中心的成员单位包括综治办、司法所、劳动保障所、安监办、公安分局、交警中队等。大矛盾纠纷出现时，相关单位派人参加，在调解的时候按照各单位的工作职能进行分工，既能将受害人家属涉及专业的提问解释清楚，防止出现错误，又能在处理的方案上共同协商，找出最合理的处理方案。

三、调解主体

在矛盾纠纷排查方面，戴南司法所建立了重大矛盾纠纷快报、排查与治理、纠纷管辖、纠纷督办等制度，在调委会建立了例会、学习、请示汇报、纠纷排查、登记、统计等制度，形成了以制度促工作、用制度管理工作的良好工作机制。

通过成立镇矛盾纠纷排查调处中心，调整充实镇、村各级调委会调解员，完善矛盾纠纷排查调处信息员网络，抓好戴南镇、村、社三级调解组织网络建设，积极指导、参与村调委会的矛盾调解工作。镇矛盾纠纷排查调处中心的受案范围是：(1)乡(镇)、部门难以调处的民事争议和行政争议；(2)跨乡(镇)、部门的公民与公民之间、公民与法人或其他组织之间发生的民事争议和行政争议；(3)双方均为外乡(镇)的公民、法人或其他组织之间在本乡(镇)发生的民事争议和行政争议；(4)一方为本乡(镇)，另一方为外乡(镇)的公民、法人或其他组织之间在本乡(镇)发生的民事争议和行政争议；(5)发生在本乡(镇)的交通肇事、故意伤害、过失致人重伤、故意毁坏财物等轻微刑事案件所涉及民事赔偿部分；双方当事人自愿达成执行和解协议的民事行政申诉案件；(6)中心认为应该受理的其他案件。

戴南镇社会矛盾纠纷调处中心通过抓调解组织建设，建立起多层次的调解组织结构，健全了调解网络。中心调解矛盾情况如下：2014 年，调处纠纷 259 件，疑难及重特大纠纷 29 件；2015 年，调处纠纷 110 件，疑难及重特大纠纷 29 件；2016 年，调处纠纷 123 件，疑难及重特大纠纷 16 件；2017 年，调处纠纷 103 件，疑难及重特大纠纷 12 件。

第三节 司法组织

一、人民法庭

戴南法庭下辖戴南、张郭、茅山、荻垛、陶庄5个镇,辖区人口约35万人,108个行政村,辖区内企业近2000家。2018年,法庭共有政法专项编制干警7人,其他编制人员11人。员额法官4人,助理审判员2人,法官助理1人,书记员(速录员)5人,辅警3人,驾驶员1人,工勤人员2人,警车一辆。审判人员中研究生学历2人,本科学历5人。

戴南法庭收案、审结情况如下:2014年收案1106件,旧存182件(合计1288件),审结1112件。2015年收案1030件,旧存175件(合计1205件),审结991件。2016年收案1473件,加旧存238件(合计1711件),结案1395件。2017年新收各类案件1280件。案件主要涉及民间借贷、离婚、买卖合同、人身损害赔偿、追索劳动报酬等,案件收案、结案整体平稳。

戴南法庭坚持参加每两周一次的戴南政法联席例会,在荻垛镇开展定期巡回审理,主动向辖区内党委政府汇报工作情况,参与各种矛盾纠纷的排查化解。2017年,认真开展司法护航"四个名城"活动,大走访大落实活动,继续推进法官挂钩企业、法官进社区活动,努力将矛盾纠纷化解在基层。上半年继续挂钩走访企业5家,实现法官与企业点对点服务,了解企业的法律需求,帮助企业提高法律风险防范能力。

法庭根据自身特点,积极发挥人民法庭在参与社会治安综合治理工作中的作用,在诉调对接、指导人民调解、司法确认指导等方面下功夫。一是继续开展庭所共建活动,与辖区内5个公安分局、1个交警中队、5个司法所签订共建协议,加强矛盾纠纷情况通联和相互协助处理。二是认真开展指导人民调解工作,法庭实行审判员与乡镇结对挂钩,每个乡镇设有专人负责工作联系,现场指导调解业务,及时提出指导性意见。三是做好司法确认工作。积极为乡镇人民调解委员会调解达成的协议做好司法确认工作。

在巡回审理和法治宣传方面,戴南法庭定期到辖区乡镇巡回审判点开展婚姻家庭、相邻关系纠纷等民事纠纷案件的审理和调解工作。同时,法庭定期邀请辖区人大代表及有关基层村干部旁听案件庭审,进行法制宣传。

在审判权运行机制改革试点工作实施方面,戴南法庭作为省审判权运行机制改革试点法庭,继续组织实施审判权运行机制改革试点工作。法庭组建3个审判团队独立办案,审判团队由主审法官担任审判长,领导团队工作,各类人员分工协作。按照权责利相统一的原则,突出主审法官的主体地位,明确主审法官在办案中的权力和责任,严格错案责任追究,实行"谁审理、谁裁判、谁负责"。具有助理审判员资格的法官助理,自己独立组织开庭的案件,事实问题由法官助理负责,法律适用问题由主审法官负责。在还权于主审法官和合议庭的同时,法庭强化庭长对审判工作的监督指导工作。建立由主审法官和法官助理参加的法官会议制度,就审判中遇到的新情况、新问题或者疑难复杂案件,由主审法官提请法官会议讨论。法官会议形成的一致意见或者多数意见仅供主审法官或合议庭参考,不具有强制性。加强庭长对案件的卷宗评查工作,注重事后监督,对评查中发现的问题及时在庭务会上予以讲评,防止类似问题再次发生。重视庭长对审判流程节点的管理工作,对接近审限节点的案件,庭长适时发出催办或督办通知,提醒主审法官及时审结案件,防止案件无法定事由超审限。对信访、投诉或者长期未结案件,庭长及时与主审法官沟通,并跟踪督办。

2017年,戴南法庭审判权运行机制改革在原有基础上进行了创新改革,即具有助理审判员资格的法官助理,自己可以自己的名义独立组织开庭,大大降低主审法官的办案和开庭压力。"1+1+1模式"下配备法官助理的主审法官,办案数同比上升80%左右。

二、检察室

戴南检察室于2013年5月由干警轮流值守工作制改为检察官派驻定点办公,办公地点设在戴南公安分局内。2017年,戴南检察室有干警3人,辅助人员2人,2017年全年戴南检察室共受理各类刑检案件100件113人,比上年上升15%,审结97件109人。其中受理审查批捕案件31件40人,均已审结,其中不捕3件4人,为无逮捕必要不捕。受理审查起诉案件69件73人,审结

66件69人,其中建议公安撤回1件1人,其余均提起公诉;未结3件4人,文证审查2件。

检察室坚持每月到镇司法所对社区矫正人员进行检察监督,核对底数,检查社区服刑人员是否存在脱管、漏管的情况;认真计算并和司法所核对矫正人员的解矫日期,确保每个矫正人员的矫正日期正确,没有差错。"十九大"前夕,检察室干警利用对辖区司法所社区矫正工作进行例行检察监督的机会,对戴南镇辖区内的全部社区服刑人员进行了一次集中教育,确保了辖区内社区监管安全稳定。

检察室对全镇行政处罚案件进行备案检查。到戴南行政综合执法局了解行政处罚案件的具体情况,发现是否存在有案不办、以罚代刑的现象,2017年,检察室对拆除违章建筑的行政执法活动到场监督3次;对戴南环保局的行政处罚案件进行了全面了解,督促工作人员积极履职;督促戴南镇政府在治理生态环境方面积极履职,发出书面检察建议2份,并跟踪督促整改,取得良好效果。

检察室积极参与地方综合治理。2017年开展职务犯罪预防、法制宣传活动4次,受众近600人;积极参与戴南镇党委政府组织的各种专项整治工作,参加对全镇的烘房、小酸洗企业、畜禽养殖户和违法用地等进行整治的工作组,到现场对业主和群众进行法制教育,督促其依法依规行事,对如期完成整治工作提供了法律保障。

第四节　公安分局

公安工作任务方面,兴化市公安局戴南分局2015年以来先后破获包括"田桂全合同诈骗案""姜书彪故意杀人案""钮玉箭非法买卖、制造枪支案"在内的各类刑事案件149起,其中侵财类案件133起(盗窃123起,诈骗4起,故意毁坏财物2起,入室抢劫1起,敲诈勒索1起,拒不支付劳动报酬2起),寻衅滋事1起,故意伤害2起,故意毁财2起,其他11起。其中发生食药案件3起,破获3起;"八类主要案件"发生8起,破获8起,破案率为100%;侵财案件发生655起,破获133起,破案率20.3%;追缴赃款赃物价值560余万元。抓获刑事作案成员80名,其中刑事拘留49人,起诉45人,逮捕33人;抓获逃犯16人,其中本省逃犯1人,外省逃犯12人;捣毁黑窝点、黑作坊2处,取缔无证经营娱乐场所1处。

2016年,戴南分局全年共接处警6088起,立治安案件921起,刑事案件678起,其中侵财类案件655起,容留他人吸毒1起,非法持有毒品1起,贩卖毒品1起,故意纵火1起,寻衅滋事2起,伪造变造公文证件印章1起,故意伤害2起,开设赌场2起,其他14起。

2017年,戴南分局全年共接处警5640起,立治安案件921起,刑事案件504起,其中侵财类案件475起,贩卖毒品2起,寻衅滋事10起,伪造变造公文证件印章2起,故意伤害2起,开设赌场2起,其他11起。

2018年,戴南分局全年共接处警5559起,立治安案件1185起,刑事案件610起,其中侵财类案件583起,故意伤害2起,寻衅滋事10起,污染环境2起,贩卖毒品2起,容留他人吸毒2起,其他9起。

禁毒工作方面,戴南镇充分发动全镇社会力量参与禁毒工作,并于2012年12月成立了戴南镇润泽禁毒帮教服务站,该站的成立进一步调动了禁毒社会组织的作用。截至2017年,全镇登记在册的吸毒人员166名,外来吸毒人员167名,共有社区戒毒(康复)人员55名,已解除社区戒毒(康复)人员12名。

2018年,兴化市公安局戴南分局对全镇110多家歌舞、洗浴、足疗等娱乐服务场所开展常规检查、突击抽查、重点清查、线索追查案件倒查,共查处113名娼赌毒违法犯罪人员,13名业主收到追责,3家场所行业被责令停业整顿。2018年,在"扫黑除恶"专项斗争中,共抓获查处各类涉恶犯罪嫌疑人37人,更在7小时内快速破获了"5·31"持械聚众斗殴案件,湖北籍、四川籍7名恶势力成员悉数落网。

在打击多发性侵财犯罪专项行动中,戴南公安分局剑指民生小案,向盗窃摩托车、电瓶车和入室盗窃开刀,2018年共抓获盗窃犯罪嫌疑人54人,破获各类盗窃案件65起,收缴返还失主物品和现金折合50余万元。仅通过伏击守候和巡逻盘查就当场抓获犯罪嫌疑人12人,缴获各类被盗车辆26辆。

2018 年度违法犯罪警情与上年同比下降了 10%左右,本地群众的安全感满意度持续攀升。

专项整治工作方面,一是精心组织,积极开展各类专项斗争行动。戴南分局坚持打击、防范、整治、管控多措并举,紧紧围绕全面建成小康社会的总目标,按照“统筹规划、突出重点、细化措施、分步实施”的要求,着眼于“平安戴南”建设,强势推进全镇社会治安重点地区排查整治,积极开展了打击侵财犯罪专项行动和破案攻坚行动,有效压降了各类案件的高发势头,大力提升了群众的安全感和满意度,为辖区社会治安秩序持续平稳提供了有力支撑。

二是推进严打整治,加强社会治安防控体系建设。为突出对涉及“黄、赌、毒、娼、恶”等各类社会丑恶现象的打击惩处,分局积极开展了辖区社会治理专项整治行动、流动人口及出租房屋专项集中清理整治等专项行动,重点对洗头房、出租房屋、中小旅馆、公路沿线路边店等易藏污纳垢的地区进行整治,严查“黄、赌、毒、娼、恶”违法犯罪案件,有力地净化了辖区的社会环境。

三是强化信息研判,全面提升打击破案效能。公安分局以平安创建活动为依托,逐步完善辖区社会治安防控体系建设。在市局党委和镇党委政府的大力支持下,分局强力推进平安工程和技防监控系统建设,在辖区重点地区、路段新安设了 139 台视频监控系统,有力提升了辖区社会治安防范能力和水平。

第五节　司　法　所

一、机构设置

戴南镇司法所的办公地点位于兴化市戴南镇新泽路 532 号,下设社区矫正及安置帮教办公室、人民调解办公室、法治宣传办公室以及公共法律服务中心等办公机构。司法所现有 240 平方米的综合办公楼,内设五间办公室,一间会议室,一间接待大厅,每间办公室均配备了空调,同时配备了电脑、打印机、传真机、电话、照相机、录音笔等办公设备。在交通工具方面,司法所配备了一辆警用摩托车和两辆电动车。截至 2018 年,戴南镇司法所共有工作人员

8 人,其中行政编制 3 人,政府编制 3 人,社工 2 人。

二、主要职责

戴南司法所在上级司法行政机关和戴南镇党委政府的正确领导下,围绕镇党委、政府中心任务开展工作,职能作用充分发挥。司法所的主要职责是:(1)指导管理人民调解工作,参与调解疑难、复杂民间纠纷;(2)承担社区矫正日常工作,组织开展对社区服刑人员的管理、教育和帮助;(3)指导管理基层法律服务工作;(4)组织开展法律援助工作;(5)协调有关部门和单位开展对刑释解教人员的安置帮教工作;(6)组织开展法制宣传教育工作;(7)组织开展基层依法治理工作,为乡镇人民政府依法行政、依法管理提供法律意见和建议;(8)协助基层政府处理社会矛盾纠纷;(9)参与社会治安综合治理工作;(10)完成上级司法行政机关和乡镇人民政府交办的维护社会稳定的有关工作。

在具体的工作安排上,戴南镇司法所主要承担了以下工作任务:

一是矛盾纠纷调处工作。2017 年上半年以来戴南司法所共成功调处各类矛盾纠纷 64 件,赔偿额达 978 多万元,其中非正常死亡赔偿纠纷达 15 件。接待来电来访咨询 200 多次,在解答咨询的过程中,劝说化解了大量的矛盾,避免了矛盾纠纷的激化和升级,未发生一起民转刑与民转非案件,无一起恶性群体性事件。积极指导、参与村调委会的矛盾调解工作,为全镇的和谐稳定做出了努力。

二是社区矫正工作。社区矫正是我国的一项刑法执行活动,社区服刑人员是在社会上服刑的罪犯。作为他们的主管部门,司法所平时注重加强对他们的日常监管、教育力度,注重抓好入矫谈话、法律宣传、重点走访、法制教育、社区服务、请假销假六个环节。严格各项管理制度,对全体社区服刑人员进行风险评估,按宽管、普管、严管实施分类管理,实施指纹头像签到制度,运用电子腕带抓好重点严管对象的教育管理,注重加强对社区服刑人员的日常监管加大教育力度。2017 年以来戴南司法所共接收社区服刑人员 15 人,按期解矫 25 人,适用社区矫正前调查 16 人,共有社区服刑人员 68 人。2017 年至今无一社区服刑人员重新犯罪。

三是法治宣传工作。2017 年正值“七五”普法的第二年,戴南司法所积极联合环保局、安监局、社会事业局、市场监管局等单位宣传各项法律,宣传的法律有《环境保护法》《安全生产法》《道路交通安全法》《消费者权益保护法》等。宣传的主要形式有张贴宣传标语、悬挂横幅、发放宣传材料等,引导群众树立法律意识。

四是做好法律援助工作,维护弱势群体利益。以困难群众满意为标准,积极主动为弱势群体提供法律援助。戴南司法所始终坚持群众的事无小事,注意身边每一件纠纷,主动寻找案源,为弱势群体、困难户和应援对象提供法律服务,解决辖区困难群众打官司难的问题,取得明显成效。

五是不折不扣地完成上级主管部门交给的其他任务。2017 年以来戴南司法所共为各级人民法院和监狱进行适用社区矫正前调查 16 人次,提出的司法建议全部被法院或监狱采纳。

第六节 法律服务

一、概述

基层法律服务所是依据司法部《基层法律服务所管理办法》(2000 年 3 月 31 日司法部令第 60 号)在乡镇和城市街道设立的法律服务组织,是基层法律服务工作者的执业机构。具体来说,基层法律服务所是在县(区)一级司法行政部门领导下,应聘担任基层法律顾问,为基层群众代理参加民事、经济、行政诉讼活动,解答法律咨询,代写法律事务文书等业务的基层法律服务组织。经过三十余年的发展,基层法律服务所已成为我国法律服务领域仅次于律师规模的一支法律服务队伍。

党的十八届四中全会审议通过的《中共中央关于全面推进依法治国若干重大问题的决定》,明确指出要“建设完备的法律服务体系。推进覆盖城乡居民的公共法律服务体系建设,加强民生领域法律服务”“发展公证员、基层法律服务工作者、人民调解员队伍”“逐步解决基层和欠发达地区法律服务资源不足和高端人才匮乏问题”。这为今后加强基层法律服务工作指明了方向。

戴南法律服务所是戴南镇面向社会开展法律服务业务的市场中介组织，接受司法行政机关的管理和指导。戴南法律服务所的办公地点位于兴化市戴南镇新泽路532号，有两间办公室，每间办公室均配备了空调，同时配备了电脑、打印机、电话等办公设备。

法律服务所的业务范围是：(1)担任法律顾问；(2)代理参加民事、经济、行政诉讼活动；(3)代理非诉讼法律事务；(4)主持调解纠纷；(5)解答法律咨询；(6)代写法律事务文书；(7)办理见证；(8)协助司法所开展法制宣传教育和其他有关业务工作。

二、人员状况

2018年，戴南法律服务所共有工作人员5人，现任法律服务所主任为费宗炳同志。法律服务所人员构成主要为：(1)由兼职律师提供法律服务；(2)由乡、镇、办事处法律服务所在职法律工作者从事法律服务；(3)由公证员担任法律服务；(4)由退、离休政法人员从事法律服务工作；(5)由法人内部在职人员从事法律服务。

三、工作绩效

(一)队伍建设

戴南法律服务所针对人员素质状况，制定了切实可行的学习制度。采取自学和集体学习的方式，对执业人员进行职业道德和执业纪律的培训，教育他们爱岗敬业、坚持真理、维护正义、珍惜名誉、维护自身的形象。对国家新出台的方针政策和新颁布的法律法规、司法解释我们都及时组织学习、贯彻落实。在加强队伍建设的同时，主要围绕思想、道德、纪律、爱岗敬业、奉献、务实等方面，开展了精神文明建设活动，促进法律工作者自身素质的提高。通过队伍建设，大大促进了法律工作者在执业过程中依法办案，勤恳执业，勇于承担责任。

(二)制度建设

戴南法律服务所实行民主管理，建立健全了各项内部管理制度，完善了具体工作标准、操作流程和质量监管方面的配套措施。一是制定完善了办理法律事务内部工作流程,对收案实行统一登记、统一委派、统一收案、收费制度;二是落实服务质量跟踪反馈制度,发放服务评议卡,办案质量由当事人进行评议;三是建立了疑难案件、重大案件报告制度;四是设立了执业纪律监督机制;五是实行"五公开"制度,即公开执业法律服务工作者照片和执业证号、公开收费标准、公开办案程序、公开执业纪律、公开投诉电话;六是健全和规范了业务档案管理制度,指定专人对档案进行管理。

(三)法律援助服务

以困难群众满意为标准,积极主动为弱势群体提供法律援助。戴南司法所始终坚持群众的事无小事,注意身边每一件纠纷,主动寻找案源,为弱势群体、困难户等应援助对象提供法律服务,解决辖区困难群众打官司难的问题,取得了明显成效。大多数案件当事人为困难群体,涉及农民工权益保护方面的。特别是在春节前,戴南司法所帮助外地农民工调处了大量的矛盾纠纷,主要为拖欠工资纠纷、工伤赔偿纠纷、合同纠纷等。2018 年受理来电来访案件咨询登录 340 条,引导通过法援诉讼 83 人次,通过法援调解 27 起。

(四)外来人口调解工作室

戴南是兴化的工业重镇,截至 2017 年,外来人口共有 5 万多人。为了在调处各类矛盾纠纷中,充分体现公平公正,有利于化解矛盾纠纷,戴南镇在外来务工经商人员相对集中的张万村成立了全镇第一家外来人口调解工作室。外来人口调解工作室的调解员基本在外来打工经商人员中产生,职责有四项:一是及时了解、排查流动人口存在的矛盾纠纷隐患;二是调处化解流动人口之间、流动人口与常住人口之间矛盾纠纷;三是组织开展流动人口法制宣传教育,为流动人口提供各种法律服务,维护流动人口合法权益;四是向当地政府汇报流动人口维稳工作情况。外来人口调解工作室成立以来已成功调解 3 起矛盾纠纷。

张万村外来人口调解工作室成立以来,还认真做了三项工作,即对流动人口走访一次,对已有固定工作的外来务工人员上了一次法制课,对流动人口档案资料核对一遍,较好地掌握了外来流动人口的生产生活状况,为搞好流动人口的服务和管理提供了第一手资料。

（五）农民工公益法律服务

为进一步做好新形势下农民工服务工作，加强对农民工的法治宣传教育和人文关怀，推动解决农民工权益维护问题，促进劳动关系和谐和维护社会稳定。2019 年 2 月 26 日上午，兴化总工会和戴南总工会在戴南镇开展“尊法守法 · 携手筑梦”服务农民工公益法律服务行动。同时举行戴南镇“工会法律援助服务站”授牌仪式。

兴化市总工会、市人社局劳动监察大队、戴南镇党委、江苏天棱律师事务所等相关单位领导和代表来到江苏明璐公司，了解企业依法用工、职工劳动合同签订、规章制度执行和安全生产等情况，并将《江苏省“一办法七条例”法规汇编》赠送给企业工会，为促动企业规范管理、减少劳资纠纷、维护职工合法权益提供了法律保障。开展此次活动，意在为广大农民工宣讲习近平新时代中国特色社会主义思想、劳动法律法规政策，做好劳动争议调处和法律服务以及工会劳动法律监督工作；为律师等法律职业群体弘扬志愿服务精神、服务社会提供活动平台，充分发挥律师专业特长和职业优势，积极履行社会责任，拓展公益法律服务领域；为工会干部深入基层、服务职工群众搭建平台，密切联系竭诚服务职工群众，推动新时代工会工作展现新作为、展示新形象、再上新台阶。

第五章　法治宣传教育与法治文化建设

第一节　概　　述

党的十八大报告将“全面推进依法治国”确立为推进政治建设和政治体制改革的重要任务，提出法治是治国理政的基本方式，要加快建设社会主义法治国家，全面推进依法治国。习近平总书记就法治中国建设提出了一系列新思想、新观点、新论断、新要求。特别是十八届四中全会审议通过《中共中央关于全面推进依法治国若干重大问题的决定》，明确提出了全面推进依法治国的指导思想、总目标、基本原则，回答了党的领导和依法治国的关系等一系列重大理论和实践问题，对科学立法、严格执法、公正司法、全民守法、法治队伍建设、加强和改进党对全面推进依法治国的领导作出了全面部署。

自“一五”普法到“七五”普法，开展了近三十年的普法宣传，基层群众的法律知识由模糊到知晓，法制观念由淡漠到增强的状况有了明显的好转。遇到纠纷和矛盾都知道拿起法律武器，更多选择法律途径依法解决，来维护自己的正当权益。同时，农村基层干部依法行政、依法办事、依法管理各类社会事务的意识也明显增强。

法治宣传教育是全面依法治国的基础性工作，在传播法律知识、弘扬法治精神、培育法治信仰、推进社会主义法治国家建设方面发挥着重要作用。戴南镇的法治宣传教育与法治文化建设工作主要由戴南镇司法所牵头组织实施。司法所同当地相关部门密切合作，紧紧围绕镇党委、镇政府交给的中心任务，坚持法治宣传教育与法治实践相结合，每年都采取多种形式开展法治宣传工作，取得了良好的法治宣传效果。

第二节　主要措施

一、法治宣传活动

2017 年正值“七五”普法的第二年，戴南司法所积极联合环保局、安监局、社会事业局、市场监管局等单位宣传各项法律，宣传的法律有《环境保护法》《安全生产法》《交通法规》《消费者权益保护法》等。宣传的主要形式有张贴宣传标语、悬挂横幅、发放宣传材料等，引导群众树立法律意识。

戴南司法所开展了形式多样的法治宣传教育活动，组织了法制副校长到各中小学校进行平安校园法制讲座，在“3 · 15”消费者权益保障日、“6 · 26”国际禁毒日、“12 · 1”世界预防艾滋病日、“12 · 4”法制宣传日等法定节日，有针对性地参与、组织开展相关的法制宣传系列主题活动，形成普法的规模效应。组织相关单位部门开展“12 · 4”法律咨询活动，稳步推进“民主法治村”创建工作。

在每年“12 · 4”宪法宣传日上，戴南司法所、公安分局、法庭、安监局、综治办、工会、妇联等部门走上街头，联合开展了以“‘12 · 4’国家宪法日暨全国法治宣传日”为主题的普法宣传活动。活动以“不忘初心，尊崇宪法，共筑共享法治戴南”为主题，活动现场主要通过发放法治宣传单、法律手册等资料和设立法律咨询台，向过往居民宣传办事依法、遇事找法、解决问题用法、化解矛盾靠法等相关法律知识，使更多群众认识到法律有利于维护自身权利。

二、禁毒工作宣传

2017 年 6 月 26 日在兴化市戴南高级中学体育馆内举行了“‘6 · 26’国际禁毒日文艺专场演出”。演出在禁毒公益主题歌曲《向往生命的阳光》中拉开序幕。由戴南润泽戒毒服务站社工表演的诗朗诵《珍爱生命，远离毒品》，用自己的真情实感，呼吁全社会关心戒毒工作，参与戒毒行动。小品《心灵的创伤》,讲述了一个吸毒的父亲,在女儿和社区民警的关心下走上戒毒之路的故事。服务站的工作人员进行了戒毒工作的专题讲座。近百名禁毒志愿者走上街头,发放宣传资料。三名社工书面讲述了自己与戒毒者心与心沟通,情与情交流,让他们远离毒品的故事。

2018 年 6 月 26 日是第 31 个国际禁毒日,戴南镇人民政府、兴化市公安局戴南公安分局、戴南镇综合治理办公室、戴南镇润泽禁毒帮教服务站,在泽园东大门广场,隆重举行禁毒法制宣传活动。这次宣传活动,是进一步贯彻落实中央、省、市禁毒工作会议精神和省委省政府主要领导对禁毒工作的重要指示精神。这次禁毒宣传活动主旋律是:共同唱响“珍惜生命,拒绝毒品,依法禁毒,构建和谐”。活动现场,毒品是万恶之源,严重危害人们的身心健康和社会稳定,困扰和威胁着整个人类的生存和发展。我国当下的禁毒形势不容乐观,截至 2017 年年底,我国登记在册的吸毒人员约 255 万人,戴南镇已登记 330 多人,在戴南镇泽润禁毒服务工作站进行社区戒毒的就有 57 人。2015 年以来,戴南公安分局与兴化公安局刑警大队联手破获姚某等人特大跨省贩毒案,抓获贩毒嫌疑人 21 人,缴获冰毒 11.6 公斤,取得了泰州建市以来最大的缉毒成绩。一直以来戴南镇党委政府高度重视禁毒工作,采取措施,严厉打击各类违法犯罪活动,最大限度地减少毒品对社会的危害,但要从根本上根治毒品这一社会“毒瘤”,还需要进一步动员广大人民群众和社会各界携手参与共同行动。

2015 年以来,禁毒帮教服务站联合乡镇综治、公检法等相关部门单位开展法制送教宣传讲座 30 余次,各类宣传活动 60 余次,发放宣传材料 4000 余册次,其中深具影响的大型宣传活动 10 余次之多。此外,服务站还充分利用有线电视、借助沿街个体商户的电子银屏定期进行宣传。

三、企业法治宣传

作为江苏省不锈钢产业强镇,戴南镇经过 50 年左右的探索和积累,形成了从不锈钢原材料交易到精加工制品产供销闭环式产业链,每个环节都涉及环境污染问题,防治的压力巨大。2017 年 10 月以来,戴南分局向环境污染违法犯罪宣战,全力以赴推进污染防治攻坚战,从而服务和保障了 419 家不锈钢烘房彻底拆除,108 家小酸洗企业全部关闭,382 家中频炉企业全面关停,没有发生一起有影响的案事件,保持了辖区治安形势的持续平稳。“烘房、酸洗、浸塑手套、畜禽养殖和中频炉整治,每一次攻坚战役都是硬骨头。”整治期间。戴南分局将所有民警都统一编进整治小组,并在调查摸底阶段就把法制宣传工作做细做实,切实做到宣传先行。中频炉关停整治期间,印制了 400 多份法制宣传告知单,把阻挠、捣乱、破坏整治必查必究的要求宣传到每个业主,从而提升了整治小组成员和业主、群众的法治意识,为推进整治提供了坚实的群众基础和舆论支持,整合了强大的攻坚合力。

2018 年 10 月 31 日下午,戴南镇召开落实企业安全生产主体责任法律法规宣教会。应邀而至的国家注册安全工程师、国际注册生产管理师邹军老师向大家介绍了安全生产的基本法律法规,详细讲解了提高安全生产意识和业务管理水平等相关专业知识。

四、组织人大代表旁听庭审

为进一步增强审判工作的透明度和公开度,强化法官自觉接受人大监督的意识,2017 年 11 月 14 日,戴南镇人大组织部分市、镇两级人大代表走进戴南人民法庭现场旁听了两起公开庭审案件,代表们还就案件审判全过程进行了现场评议。当天下午,戴南人民法院公开审理了两起涉嫌危险驾驶罪的案件。据了解,在该两起案件中,犯罪嫌疑人均为酒后驾驶二轮摩托车,不慎与汽车相撞。庭审中,检察机关对被告人违法行为进行了充分举证和质证,犯罪嫌疑人对各自的违法行为供认不讳,法院对该两起案件进行了当庭宣判。

人大代表潘瑞明表示:通过这两起交通事故的庭审,我们认识到,农村基层法制意识还有待进一步的加强,通过今天下午的参加庭审以及学习,我们回去以后将进一步地加强法制宣传的力度,为法制教育做出自己的贡献。

戴南人民法庭已经多次邀请人大代表参加类似的旁听活动,目的在于使代表们现场了解法庭的审理的工作,拓宽了代表与司法机关的联络渠道,促进了司法机关依法办案、公正司法。庭审结束后,代表纷纷表示今后一定加强法律知识的学习,在调研及联系群众的过程中,要多向群众进行法治宣传。

五、中学生青少年模拟法庭活动

为了加强未成年人思想道德建设,增强青少年法制意识,减少青少年违法犯罪,2013 年 4 月 3 日上午,在戴南镇团委的统一组织协调下,由兴化市人民法院少年庭、戴南庭、兴化市人民检察院未检科、戴南镇司法所、戴南镇团委、戴泽初级中学五家单位联合举办的“青少年模拟法庭”活动在戴泽初级中学秋韵楼四楼报告厅举行。

本次活动完全模拟法院的庭审程序,展示了一场非常逼真的法庭庭审全过程。审判员、公诉人、书记员、辩护人、被告人和法警全部由戴泽初中初二年级的学生担任。书记员首先上场宣读法庭秩序,随后全场起立迎接法官入场,随着审判长法槌的一声落下,模拟法庭正式开庭。本场模拟庭审案例选取一起未成年人因迷恋网络游戏而失足的抢劫案件,诉辩双方都深刻阐述剖析本案例被告人犯罪的原因与危害性,促使被告人受到感化,当庭认罪。庭审活动严格按照法庭庭审操作规范和程序举办,会场严肃而安静,使亲临现场旁听的同学们受到了教育,增强了法制素养。庭审结束后,市法院少年庭王庆和庭长进行了精彩的点评,他对本次活动给予了高度评价,他说,学生模拟法庭,不仅亲身体验了审判的过程,还深刻体会了法律的严肃与神圣,并从中体会到学习法律知识的重要意义以及应当承担的责任和义务。随即戴南镇纪委刘书记发表了讲话,他说,模拟法庭是一条适合青少年特点的法制教育新途径,对提高学生的法制观念和预防青少年违法犯罪能起到积极的推动作用,有利于激发广大学生学法用法的热情,有利于提高法制宣传教育工作的吸引力、感染力和影响力,有利于营造蓬勃向上的校园法制文化氛围。

最后,市法院少年庭王庭长举行了法治讲座,他为同学们讲述了通俗易懂、简单实用的法律知识,解读了一个个生动鲜活、触目惊心的青少年犯罪案例,联系实际,以案释法,以法论事,指导学生树立正确的人生观、价值观、道德观与法制观,告诫大家要自尊、自爱、自重、自警、自省,养成遵纪守法的良好习惯,做一个知法、懂法、守法的好学生。

第三节　效果分析

第一,干部依法行政的能力进一步提高。通过法制宣传教育活动,镇村干部加强了法律、法规方面知识的学习,促进领导干部的依法决策意识得到进一步提高,基层干部职工的法制意识明显增强,依法行政水平显著提高。干部职工在工作中能更加正确地运用法律手段去保证和促进各项方针、政策的贯彻执行和各项工作任务的落实,不断提高行政执法水平,自觉维护法制的统一和权威。

第二,群众的法治意识进一步增强。法治宣传教育,使广大群众掌握了更多的法律知识,增强了法律意识,懂得用法律手段来保护自己的合法权益,运用法律知识和法律途径来解决生产、生活中的问题,形成了自觉守法、依法办事的良好氛围。增强了广大群众以民主法治、自由平等、公平正义的理念为目标,真正感到法律是生活中不可缺少的帮助与指南,塑造积极向上的法治精神。

第三,各单位、部门的执法效能进一步提升。执法部门在执法过程中的态度和解释工作更加到位,广大群众对执法行为更为理解和接受,从而使执法环境得到改善,执法效能明显提升。

第六章　基层自治与社会团体

第一节　概　　述

1939年秋，中共戴南支部成立，主要任务是团结进步人士，秘密发展党员，壮大党的组织。黄桥战役胜利后，新四军民运工作人员深入该镇西部、北部地区宣传抗日，发展党组织，建立民主政权，组织民兵和抗日民众团体，和进犯的日伪军展开斗争。抗战胜利后，党组织带领根据地群众开展惩奸反霸和土改运动。为保家保田，在共产党员带动下，掀起参军立功、支援前线的热潮。

新中国成立后，党组织带领戴南地区人民完成社会主义改造，发展社会主义政治、经济和文化事业，取得较大成绩。中共十一届三中全会以来，乡、镇党委解放思想，实事求是，认真落实中央各项方针政策，实行改革开放，为建设社会主义新农村而努力。

第二节　基层自治

一、村民自治

1949年，各村通过民主建政民主选举村长、副村长和村民委员。1956年起村一级组织撤销，由高级农业生产合作社和生产大队行使“村”的职能。自1983年以来，在建立乡镇人民政府的同时，逐步建立起各村村民委员会，村委会根据人口、居住状况和便于群众自治的原则设立。一般设在自然村,大的自然村也有分设几个村委会的。原戴南镇有村委会 32 个,顾庄乡有 44 个,共 76 个。2001 年行政村合并成 33 个(原戴南、顾庄分别并为 15 个和 18 个)。村委会选举在乡镇换届选举前后实施。

村民委员会认真落实党在农村的各项方针、政策,把农民增收作为中心工作来抓。实行村务民主、财务公开,抓好土地承包、村民负担和集体资产"三大管理"。大力发展第二、第三产业和农业产业化经营,引领富余劳动力转移,壮大集体经济。同时举办各项社会福利事业,加强社会主义精神文明建设,实现社会和谐。

二、居民自治

1984 年 11 月,戴南集镇经县人民政府批准建镇东、镇西居民委员会(以下简称居委会)。1994 年 3 月增设新建、工农居委会,后改为镇南、镇北居委会。2001 年 4 月改为护国和人民居委会。1997 年 7 月,顾庄乡新建顾庄居委会,2001 年 5 月更名为顾中居委会。1967 年新建的顾庄公社水产大队(村),2001 年 4 月改为戴南镇顾庄水产居委会。2004 年 9 月设兴达居委会。

戴南镇共有 4 个居委会,分别是集镇居委会、水产居委会、顾中居委会和兴达居委会。居委会设主任、副主任各 1 名,由居民小组选举产生。居委会的选举工作归民政部门管理。居委会负责社区内居民的公共福利事业,向镇党委、镇政府反映社情民意。动员社区居民响应党和政府号召,遵守国家法律法规。维护社会弱势群体利益,组织下岗失业人员再就业。实行计划生育管理和服务。协助公安机关维护社会治安,调解邻里间纠纷。

第三节　社会团体与社会组织

一、人民团体

(一)职工团体

组织概况:1950 年成立镇工会,会长钟德顺。集镇工会的任务是帮助职工就业和对私营工商业社会主义改造。1966年前,正常开展活动的有戴南、顾庄公社的教育、供销、粮食等基层工会。随着乡镇村办工业和个私工业发展,职工人数迅速增加。1987年起先后组建镇村集体企业工会。曲柄厂、综合厂、二纺厂、农修厂、冶炼厂、赵家村家电厂、董北钢丝绳厂、陈北床单厂8家企业工会分别配备专职或兼职工会主席,镇政府委派工业公司一名副经理协助工会工作。1997年,经市委及市总工会批准设立戴南镇工会工作委员会,镇党委副书记葛剑飞兼主任。2000年,先后组建企业工会17个,村联合会工会13个,覆盖全镇个私企业912家,工会会员16368名。

2003年4月,召开戴南镇第一届职工代表大会,选举产生戴南镇工会委员会,委员11人,镇党委副书记黄寿余当选主席,另有副主席2名。同时选举产生女职工委员会和经费审查委员会。

2005年,全镇企业工会17个,村联合工会15个,会员人数合计17264人。2010年以来,戴南镇每年新建工会组织10家以上,新增会员500名以上职工入会率达95%以上。截至2018年,全镇共有基层工会310家,其中独立工会290家,联合工会20家,工会会员近3万人。

截至2017年,全镇企业中先后有一人获国家"五一劳动奖章",1人被评为国家级劳模,4人为省劳模,2人为泰州市劳模。镇工会先后被江苏省总工会命名为"工会工作合格乡镇"和"先进模范乡镇"称号。

(二)妇女团体

组织概况:1948年,溱潼县双港区花杨乡组织妇女联合会(以下简称妇联),王龙珍任会长。乡妇联组织妇女投入土改、动员参军、生产支前、拥军优属、护理伤员等工作。同年年末全境解放。翌年春,区、乡、村各级妇联相继建立。为支援解放军渡江作战,妇联发动广大妇女赶制军鞋、舂稻米支援前线。同时号召妇女解放思想,提倡婚姻自由,不做童养媳。新中国成立后,乡镇(公社)都建有妇联组织,村(大队)设妇女主任(代表)。各大队(行政村)妇女代表负责妇女工作。20世纪60年代以来,公社(乡镇)领导班子中都有女性。

1973~2005年,戴南镇(乡、公社)先后召开8次妇女代表大会。1973~1999年,顾庄乡(公社)先后召开6次妇女代表大会。2019年1月,戴南镇妇女第11次代表大会召开，会议选举产生了镇妇联十一届委员会委员、出席兴化市妇女第九次代表大会的代表。

主要活动：

维护妇女儿童合法权益。围绕生产和中心工作，广泛宣传《婚姻法》，协助政府调处婚姻纠纷，支持男女青年自由恋爱。通过宣传栏、黑板报、文艺演出、法律知识竞赛，广播、电视讲座等活动，使广大妇女受到法治教育。妇联还为妇女提供法律咨询和法律服务。为妇女，特别是贫、弱、残妇女提供法律援助。对有不同程度虐待妇女儿童行为的人，给予批评教育或者建议有关部门适当处理。镇妇联举办“农村妇女网上行”培训班，旨在帮助农村妇女掌握基本的计算机知识和初步的网络应用技术，提高现代信息技术应用能力。

在机关部、事业单位和个私企业，开展争当巾帼创业女性活动。每年在庆祝“三八”国际劳动妇女节之际，在全镇表彰一批“双学双比”“巾帼建功”的优秀女能手、女企业家。

弘扬社会主义核心价值观。在全公社妇女中开展尊老爱幼、尊婆爱媳活动。广泛开展移风易俗、婚事新办活动。镇妇联通过开展家庭美德建设，着力创建诚信家庭、文明家庭。每年通过在全镇开展好婆婆、好媳妇、好妻子、好家长等优秀家庭角色的评选，营造良好的社会氛围。

关心少年儿童。为解决劳动妇女后顾之忧，各大队分别成立托儿所。乡妇联还正常开展家庭教育、科学育儿咨询工作。乡镇妇联协同教管办、计生服务站等部门成立家长学校。每年举办关于家庭教育、科学育儿知识讲座，“六一”举办丰富多彩的文艺演出，节日前夕，镇领导看望儿童教育工作者，有关部门、行政村和企业分别向学校赠送礼品，表示对新一代的关怀。

（三）共青团

1949年，中国新民主主义青年团兴化县戴南区工作委员会成立。1956年，全区13个乡1个镇分别建立团总支，各村相继建立团支部。1957年，新民主主义青年团更名为中国共产主义青年团（以下简称共青团）。1958年2月撤区并乡后，以乡、镇设立团委会，戴南乡团支部28个（其中村支部27个，机关支部1个），德崇（顾庄）乡建支部37个（其中村支部36个，机关支部1个），尔后以公社、大队分别建立团委、支部。1983年起恢复乡村建制。是年，戴南乡团委下辖支部49个(其中村、居支部34个,机关、企业、学校支部9个)。2000年乡、镇合并后,镇团委下辖支部51个。2017年8月26日,在镇政府会议室召开了共青团兴化市戴南镇第十五次代表大会,来自全镇各条战线、各个行业的120名代表参加会议。

多年来,乡、镇团委组织各种竞赛活动,表彰先进团支部、青年标兵集体、优秀团员、十佳青年,并颁发青年事业支持奖等,激励团员青年积极向上。2014年5月,共青团戴南镇团委与戴南镇青年商会、兴化农商行共同举办了"电商团聚助力小微"主题活动,旨在通过有效客户群的宣传、拓展等连锁效应,进一步扩大电子银行业务在乡镇、农村金融环境中的推广。2018年2月10日,戴南镇团委在文化艺术中心二楼会议室举办"青春助力共青团在身边"暖冬行动,为贫困、留守儿童带来欢笑、送去温暖、献上祝福。2018年5月4日,时值建团96周年暨"五四"运动99周年,为弘扬五四精神,继承五四传统,勇担历史重任,在兴化市戴南镇银河艺术团、江苏兴海特钢有限公司的大力支持下,戴南镇团委在银河艺术大厅举办"火红青春,唱响五月"戴南镇"兴海杯"青年歌手大赛。

镇团委积极配合党委中心工作,团结教育青年,通过"青年文明号""青年岗位能手"等一系列评比活动,积极开展团的各项活动,为戴南镇的两个文明建设做出贡献。

(四)少年先锋队

抗日战争时期,境内抗日民主根据地乡村均建有儿童团组织。主要活动是组织少年儿童学唱革命歌曲、识字、张贴标语、站岗放哨等。新中国成立初期,全镇各中小学先后建立中国少年儿童队。1953年改称中国少年先锋队(以下简称少先队)。自1955年起加快建队步伐,以完小建立大队,班设中队,以下设小队,单双班小学就近合租大队。

少先队组织开展"我们爱科学""红领巾为'六五'做贡献""四有(有理想、有道德、有文化、有纪律)教育,开展丰富多彩的创造性活动,培养少年儿童良好的道德品质和小主人精神"。戴南、顾庄中心小学和规模较大的完小每学期都制定少先队计划,月月有活动安排,开展系列主题活动,如"雏鹰争奉""节约资源四个一"(节约一滴水、一张纸、一粒米、一度电)、"植树造林、保护环境”“同在一片蓝天下、手拉手共同成长”“学习先烈、奉献自我、继承遗志、开创未来”“民族精神代代传”等。

2017 年 12 月 15 日，教育局团工委开展了以“学礼仪、筑队魂、展风姿、增光彩”为主题的少先队礼仪大赛活动，突出少先队礼仪的教育性和感染力，培养队员的光荣感和组织归属感。

（五）文联

2015 年 6 月 18 日，泰州市首家乡镇文联在兴化市戴南镇成立。乡镇文联是乡镇党委领导下的人民团体，在团结基层文艺工作者为推进基层文化建设，促进经济社会发展中，担负着重要责任。

2017 年，戴南镇文联组织会员开展“走进生活，描绘家乡”文学创作采风活动，作家协会近 15 名会员参加活动。同年 7 月 4 日至 6 日，由扬子晚报、江苏兴化市戴南镇政府主办，扬子晚报《诗风》周刊、戴南镇文联承办的“诗意戴南”全国著名诗人采风活动，吸引了来自全国多个省份的著名诗人参加。

戴南镇文联自成立以来，坚持培养和扶持文学新人，全镇文学写作队伍不断壮大，涌现出了一批充满活力和朝气的作家。他们立足本土，用自己手中的笔，书写了对生活、对家乡的热爱。

二、社会组织

（一）科学技术协会

戴南镇科学技术协会成立于 1983 年，会员 260 人，选举汤广荣为主席，继任缪年旺。顾庄乡科学技术协会成立于 1987 年 7 月，会员 136 人，主席肖汉良。1998 年 8 月召开第二次会员大会，有会员 168 人，选举翁乃银为主席。2016 年 3 月 31 日，戴南镇科学技术协会第五次代表大会在镇政府一楼会议室召开。大会最终选举产生了戴南镇科协技术协会第五届委员会委员、科协主席、副主席、秘书长。陈长林当选新一届主席。

普及科学知识，定期进行科普教育。举办各类科技人员培训班，全镇 80% 的科技人员接受培训。通过电视、广播等媒体宣传科学知识、发布科技信息。邀请专家讲座。印发科技简报、出刊科技画廊百余期。推广先进技术，引进优良品种及先进培养技术，支持企业进行技术改造，取得一定经济效益。

(二)关心下一代工作委员会

镇关心下一代工作委员会(以下简称关工委)2003年4月成立,主任黄寿余。下设社会工作组、农村工作组、学校工作组和传统教育、法制教育、科技教育、家庭教育4个宣讲团。为了发挥老干部、老战士、老专家、老教师、老模范等社会特殊群体作用,于2005年5月成立关心下一代"五老"志愿者服务团。全镇33个行政村和5个居委会都成立了"五老"志愿服务组,形成关心下一代工作网络。2018年10月17日,戴南镇关工委、戴南镇老干部支部在这一天开展"全国扶贫日"走进村、社区帮扶贫困户活动。2019年2月27日下午,戴南镇关工委在顾庄学校举行"校站结合"工作推进会。

关工委加强对青少年教育。在党委、政府的领导下,充分发挥各条战线、各个领域老同志优势,通过各种形式的教育活动,着力培养和造就有理想、有道德、有文化、有纪律的新一代戴南人。

(三)计划生育协会

戴南镇、顾庄乡计划生育协会成立于1993年,宗旨是在计划生育方面带头,并做宣传、服务、监督、交流工作,要求会员自我教育、自我服务、自我监督。2018年5月,戴南镇卫生计生、计生协会、镇妇联等相关单位部门,精心组织,广泛宣传,多渠道、多形式地开展活动,举办以"如何控制H型高血压、预防脑中风、生殖健康、职业病防治、传染病防治"等健康知识培训班五次,参培人员达1200多人次。

(四)私营个体经济协会分会

1983年8月,兴化县戴南乡个体劳动者协会成立。其性质为依法成立的非营利性的社会团体,是广大私营业主、个体经营户的自治性群众组织。2001年11月更名为兴化市戴南镇个体私营企业协会。2003年3月,戴南、张郭两个协会合组为兴化市私营个体经济协会戴南分会。

协会成立以来,团结教育广大会员增强职业道德,提高服务质量,充分发挥"自我教育、自我管理、自我服务"的"三自"职能作用,开展社会公益活动,维护自身合法权益。

(五)不锈钢行业协会

不锈钢行业是戴南的支柱产业,使戴南成为中外驰名的"中国不锈钢名镇”。2000 年 10 月 6 日，由镇南从事不锈钢生产和经营的企业自愿组成的非营利性行业组织。会员由成立初期的 88 家发展至 2005 年的 216 家。有 15 家被中国特钢协会不锈钢分会吸纳为会员单位。2002 年，该协会和江苏希尔发特岗有限公司当选为不锈钢分会常务理事单位。截至 2017 年，先后成立驻 21 个大中城市的分会。

2017 年 1 月 31 日至 2 月 2 日，由兴化市戴南镇经济发展和改革局，兴化市不锈钢行业协会共同主办的中国戴南“申源科技”第三届不锈钢产品展销会在戴南高级中学体育场成功举办。参展商 380 家，专业观展人数达 3 万人次，参展商品数万种。

(六)戴南紧固件行业协会

兴化戴南紧固件行业协会成立于 2018 年 1 月 27 日，系由戴南地区紧固件及相关产业的企业、事业单位、社会团体和个人为会员自愿组成，为实现会员共同意愿，遵照协会章程开展活动的行业性、自律性、非营利性社会组织。全体会员大会为协会最高权力机构，下设名誉会长 1 名，会长 1 名，常务副会长 1 名，秘书长 1 名，副会长 11 名，监事 5 名，理事 12 名，秘书处，并成立党支部，服务于同行业紧固件厂家及销售商，在产品信息统计、调研、发布、交流、推广、国内外展会等方面增强厂商与其他地区客户信息对接。

协会以党的路线、方针、政策为指导，坚持科学发展观，为企业服务、为行业服务、为政府服务、为社会服务为宗旨，坚持依靠企业协会的工作方针，坚持市场导向，积极提供服务、反映诉求、规范运作，建立和完善行业协调和自律机制。

(七)戴南镇老龄人协会

戴南镇有 60 周岁以上的老龄人 2.4 万余人，占全镇人口总数的 25%。针对戴南镇老龄人口不断增多的特点，成立了戴南镇老龄协会。从而实现老龄人自我教育、自我管理、自我服务、自我监督的目标。

2018 年 12 月 19 日，戴南镇老龄协会成立大会在戴南镇政府会议室召开。大会审议了《戴南镇老龄协会选举办法》。审议并通过了《兴化市戴南镇老龄协会章程》。会上，通过举手表决，选举产生了戴南镇老龄协会理事会会长 1 名，秘书长 1 名，副秘书长 1 名，5 名副会长和 13 名理事。戴南镇老龄协会的成立,旨在保障和维护老年人合法权益,竭诚为老年人服务,为老年朋友构建一个相互沟通的平台,丰富老年人的生活,促进社会和谐。

三、慈善组织

慈善情怀与创业品行一直是戴南事业持续壮大的力量源泉。为进一步倡导扶贫济困、诚信友爱、互帮互助、奉献社会的良好风尚,更好地凝聚社会各界力量,有效开展慈善救助活动,促进社会和谐。在兴化市委、市政府的高度重视和市慈善会的关心支持下,经过全镇社会各界爱心人士的共同努力,戴南镇慈善会于2015年6月30日正式成立。2017年,戴南镇慈善会联合社会爱心人士开展了"慈善助学圆梦行动",把党的温暖和爱心人士的关怀第一时间送到受助人手中。

(一)村级慈善组织

戴南镇共有三家具有代表性的村级慈善组织,他们分别是丁泊齐心协会、张万村慈善工作站和东陈村慈善工作站。丁泊齐心协会筹备成立会议于2009年9月召开,成立协会旨在加快改善丁泊村贫困、落后面貌和困难人群生活状况。张万村慈善工作站于2015年6月成立。累计募集爱心捐款126万元,救助230余困难户,救济金额达45万元。东陈慈善会成立于2013年11月6日,其业务范围是接受社会各界捐赠,开展爱心日活动、筹集爱心资金,开展抚孤、助残、助医、助困、奖学等救助项目,开展爱心慈善宣传、推动公益事业。

(二)慈善"爱心超市"

在戴南镇党委和政府的领导下,在镇妇联、镇团委以及兴化市私个协戴南分会和兴化市蒲公英志愿者协会共同努力下,戴南镇慈善爱心超市于2016年11月5日开张运行,贫困家庭都可以按需免费领取或低价购买该超市内的商品。"爱心超市"的服务模式是:政府推动,民间运作,社会参与,百姓受益。

第七章 农村土地制度

第一节 概 述

戴南镇土地面积合161820亩。人多耕地少的矛盾十分突出。镇人民政府按照国家土地法律、法规,对建设用地实施管理,加强基本农田建设,并按政策做好用地补偿和征地后剩余劳动力的安置工作。

戴南镇人口密集,土地开发比较充分,滩涂及荒地面积小,耕地后备资源不足。由于历年人口增加,农田水利及公路、村镇建设,工业和各项基础设施建设加快及集填、村庄面积迅速扩大,耕地面积减少。

第二节 土地确权情况

一、基本情况

戴南镇共有33个行政村,491个村民小组,农户23805户,家庭承包经营耕地面积4.91万亩。全镇应开展确权的有17个村、235个组、9634户、39062.64亩。全镇不开展或暂缓开展农村土地承包确权登记颁证工作分为以下原因,其中因无耕地(82个组)、人均耕地面积低于0.3亩(87个组)、涉及城镇建设和重点项目建设规划需征用耕地(70个组)而不开展土地承包确权;有17个组因涉及国土整治项目工程而暂缓开展土地承包确权。按照确权六个步骤推进,已全面完成前期准备、入户调查、测量制图、公示审核、登记发证前五个步骤的确权工作,第六步骤建档入库工作接近尾声。全镇 17 个村、235 个组均已完成确权方案送审、入户调查以及测量制图任务,测绘农户 9634 户、图解实测面积 39062.64 亩,图解实测地块总数达 16481 宗。截至 2017 年,全镇土地承包确权工作镇级自查验收已完成,全镇共签订土地承包合同 9613 份,发放土地承包经营权证书 9561 份,农户合同签订率和证书发放率分别达 99.7%、99.2%。

二、具体举措

(一)调查摸底,明确思路。2014 年 8 月,市委、市政府召开全市农村土地承包确权登记工作推进会后,戴南镇立即召开动员会,并对南朱、季家、冯田三个村进行试点启动土地确权工作。根据戴南镇政府《关于开展农村土地承包经营权确权登记颁证工作的意见》(戴政发〔2014〕189 号)、《关于全面开展农村上地承包经营权确权登记颁证工作的实施方案》(戴政发〔2015〕95 号),明确确权工作原则、工作目标、工作任务、工作步骤、工作措施全镇确权分正常推进、暂缓推进、不开展确权三个层次开展工作,依规核定不确权村组范围。

(二)广泛宣传,营造氛围。戴南镇先后多次召开确权专题会议,每次参会对象均覆盖镇村负责人、涉农站所全体工作人员、所有村组干部计 170 人次以上。并对村调查员、审核人员进行培训,对确权工作要求进行讲解,保证他们对各项指标数据,填表要求做到业务熟悉,为保证确权质量得到保证奠定基础。通过向农户发放一封公开信,在村务公开栏张贴工作方案等形式做好宣传工作。发放兴化市印发的《政策解读》《工作手册》《工作指南》《材料汇编》等资料,以及调查通知等登记资料,进一步明确工作要求。同时对土地确权过程中出现的矛盾和问题,因村因组区别对待,制定化解方案,落实解决措施,将矛盾处理到村、到组、到户,做到不上交、不推诿、不留后遗症。

(三)加大指导,规范程序。镇成立以镇长为组长的工作领导小组。领导小组下设办公室,具体指导各村土地确权业务等各方面的指导,村组建由全体村干部以及村民议事代表、村务监督小组成员参与的工作班子，全镇累计选拔调查员、审核员352人。农经科人员随时对村工作成果审核，重点查找影响工作进度和工作质量的问题。对无田户进行调查核实，累计核实无田农户136户，农户签订土地承包证书遗失承诺书4817份，签订户主变更、分户、合户等申请表739份。对农经站全体人员、村会计和工作人员共计513人次参加了培训。增强了确权工作人员做好确权工作的信心和决心，对村组土地承包确权的原始依据和农户身份信息资料进行了收集整理，对入户调查表等信息资料进行了电子化处理。对确权工作进行部署，对目标任务、时间节点、责任要求提出明确要求。根据市确权办《关于组织开展乡镇(街道)农村土地承包经营权证发证前工作成果自查验收的通知》《关于印发农村土地承包确权档案资料目录的通知》，组织村民小组复核，村自查验收，镇检查验收，收集整理档案，确保确权档案完整。

(四)强化考核督查，全面开展验收。2016年根据《兴化市农村土地承包经营权确权登记颁证工作考核办法》，戴南镇出台了《戴南镇农村土地承包经营权确权登记颁证工作专项考核办法》(戴政发〔2015〕114号)，并落实到单位、部门及相关人员，制定了详细的考核细节、要求，强调各阶段的考核标准。检查组逐村逐组检查确权工作，对发现的问题向农村工作局反映确权工作中存在的影响工作进度和工作质量的问题，对列出问题并直接与村主要负责人联系，农经科分管会计直接到村帮助指导和解决相关问题，使确权登记颁证工作顺利开展，分工的工作小组成员逐村检查整理，并对确权工作进行验收，发现问题及时帮助解决，接受了兴化市检查验收。

三、确权结果

戴南镇土地确权结果见表6：

表 6　兴化市戴南镇土地(耕地)测量结果情况汇总

2017 年 9 月 10 日

村别	合计(亩)	农户承包地实测面积(亩)	比原合同面积 +/-(%)	农户非承包地面积(亩)						附:农户二轮承包原合同面积(亩)	地块数(块)	各村农户数(户)	各村共有人数(人)
				小计	自留地	秧池	场地	菜地	其他				
季家	3581.31	3209.56	4.97	371.75	173.21	7.85	190.69	0	0	3057.56	1291	678	2639
花杨	3049.93	2479.37	8.50	556.43	221.2	169.2	113.08	52.95	0	2285.03	1180	581	2095
张合	2373.71	1929.88	5.49	428.62	137.74	93.8	131.86	65.22	0	1829.47	648	403	1359
冯田	4404.83	4078.3	5.6	319.71	71.2	0	0	248.51	0	3860.78	1179	781	2790
黄夏	2924.52	2497.63	6.8	426.89	350.04	76.85	0	0	0	2338.05	1122	638	2216
孙堡	3600.07	3263.65	2.34	336.42	299.45	0	36.97	0	0	3189	540	517	1910
石方	2263.33	2054.99	4.19	208.34	153.21	8.45	23.8	22.88	0	1972.31	486	415	1583
丁吉	2374.52	2226.12	6.3	148.4	83.1	0	65.3	0	0	2094.25	979	552	1989
东陈	2197.12	1999.17	10.09	183.99	30.18	36.14	54.66	63.01	0	1815.86	1911	705	2549
罗顾	872.41	752.98	5.31	118.53	63.81	19.92	34.8	0	0	714.99	872	333	1190

续表

村别	合计（亩）	农户承包地实测面积（亩）	比原合同面积+/-（%）	农户非承包地面积（亩）						附：农户二轮承包原合同面积（亩）	地块数（块）	各村农户数（户）	各村共有人数（人）
				小计	自留地	秧池	场地	菜地	其他				
顾庄	2583.73	2311.78	7.16	263.95	125.37	54.4	54.45	29.73	0	2157.25	1114	921	3417
北孙	1833.55	1683.55	6.53	150	150	0	0	0	0	1580.29	551	436	1445
小良	1819.12	1462.29	13.83	356.33	125.44	105.23	126.16	0	0	1284.66	569	268	1022
刁家	2053.35	1782.81	4.38	241.42	162.29	0	79.13	0	0	1708.06	658	438	1607
徐唐	4871.15	4321.49	12.54	549.66	145.45	161.54	68.86	173.81	0	3840	1603	1055	3902
中迎	1035.77	298.92	2.45	86.84	51.57	0	35.27	0	0	906.71	469	307	1024
裴马	2334.55	2080.15	11.44	232.62	96.91	40.57	84.43	10.71	0	1866.6	1309	606	2244
合计	44172.97	39062.64	7.02	4980.4	2440.17	773.95	1099.46	666.82	0	36500.87	16481	9634	34981

第三节 土地承包经营权状况

2013年中央一号文件提出,用5年时间完成农村土地承包经营权确权登记颁证工作,戴南镇充分认识到农村土地承包经营权确权工作的重要性,按照兴化市统一部署要求,2014年,该镇选择南朱、季家、冯田三个村进行试点。2015年在其余30个行政村全面推进。按照原农业部《农村土地承包经营权登记试点工作规程(试行)》要求,开展农村土地承包经营权确权登记颁证工作主要分六个步骤:

1. 前期准备。开展宣传发动和业务培训。收集整理土地承包原始档案资料,着重解决承包方案、承包合同、承包台账等不齐全、不规范的问题。选择合适的信息管理系统,导入承包农户户籍信息,形成承包方和承包地块调查表等基本信息表。通过招投标等途径,聘请专业测绘队伍或培训技术力量,处理国土"二调"或航空航天影像数据,形成用于调查和实测的工作底图。

2. 入户调查。以国土资源部门的土地调查成果、农村集体土地确权登记发证成果和测绘部门的基础测绘结果为基础,依据已签订的土地承包合同、发放的土地承包经营权证等,进村入户查清每块承包地的权属、面积、四至和空间位置。对存在争议的地块,待争议解决后再登记。

3. 测量制图。按照农村承包土地调查技术规范对承包地块进行实地测量和内业绘图,并标注地块编码和面积,形成承包土地地籍草图。

4. 公示审核。将经过初审的地籍草图在村、组公示,对公示中农户提出的异议,及时进行核实、修正,并再次公示。公示无异议的,由农户签字确认后作为承包土地地籍图,由村组上报镇人民政府。镇人民政府汇总并核对后上报兴化市人民政府。

5. 登记发证。根据镇上报的登记资料,由市农村土地承包管理部门建立土地承包经营权登记簿。依照土地承包经营权登记簿记载内容,制定并颁发农村土地承包经营权证书。在建立健全土地承包经营权登记簿的基础上,适时开展土地承包合同变更、解除和土地承包经营权变更、注销工作,并对土地承包经营权证进行完善，变更或者补换发土地承包经营权证。

6. 建档入库。在各级档案管理部门的支持指导下，将登记工作形成的相关资料进行归档。农村土地承包经营权登记颁证档案由土地承包经营权登记机关集中保管，并依法按期移交市档案部门。与此同时，按照统一标准建立农村土地承包信息数据库和农村土地承包管理信息系统，实现土地承包管理信息化，为不动产登记信息管理基础平台和查询系统建设奠定基础。加强登记成果的开发利用，建立健全土地承包经营权设立、转让、互换、变更、抵押等登记制度，实现土地承包管理向信息化、数字化、动态化方向转变。

据统计，2015 年 6 月 30 日戴南镇人口总数为 49940 人。2017 年之前，实有耕地面积为 13394.04 亩，其他用途使用面积为 28014.25 亩，其中，征用面积 6026.66 亩、办厂 8774.78 亩、村庄建设 1485.44 亩、省道 752.97 亩、县道 468.73 亩、乡村道 2035.02 亩、水利建设 242.04 亩、房屋建筑物 431.52 亩、公园 48.67 亩、广场 93.07 亩、循环经济产业园 179.08 亩、物流园 1060.19 亩、不锈钢市场 670.74 亩、道路取土 280.61 亩、货运场 25.95 亩、兴达 874.17 亩、墓地 50.49 亩、联通塔 0.3 亩、其他 1230.66 亩。2017 年使用面积 3265.99 亩，剩余面积 10139.29 亩，人均 0.2 亩。

戴南镇在土地承包经营权确权过程中，经戴南镇向兴化市政府报批，满足规划建设用地、人均耕地低于 0.3 亩、无田村组等条件的土地承包经营权可以不确权。全镇不确权土地承包经营权共涉及 21 个行政村、39 个自然村、242 个村民小组。

第四节　土地流转状况

2011 年戴南镇被江苏省农委确定为农业现代化创建示范乡镇后，紧紧围绕镇党委、政府制定的“以工补农”的发展思路和实现“三化同步”的工作目标要求，以土地流转为抓手，突破制约现代农业发展的“瓶颈”，加快农村土地流转，优化土地资源配置，促进农业转型升级，提高土地利用率、产出率和农业劳动生产率，促进了农为增效、农民增收。为推动土地流转工作的开展，戴南

镇采取的主要措施有:

1.宣传发动,引导流转。通过座谈会、广泛调研等多种形式,宣传土地流转有关政策,分析流转比较效益,消除群众失地的误解和偏见,让广大农户了解土地流转政策倾向;通过发现典型、总结典型、推广典型,用群众身边的典型教育群众,引导群众,使广大农民看到土地流转带来的实际利益,从而改变思想观念,促进土地顺利流转。

2.落实政策,激励流转。2011年制定了《戴南镇关于发展现代农业考核奖励办法》。该办法规定,粮食规模经营集中连片种植面积300亩以上,每年每亩补助种植户350元,补助村集体100元,高效设施种植业连片种植面积200亩以上,且亩纯收入2000元以上的,每年每亩补助种植户350元,300亩以上的,补助村集体100元,严格按照文件要求,考核兑现。

截至2017年7月1日,戴南镇登记组建农民专业合作社154家,成员数达2.36万人;土地股份合作社3家,土地入股面积2341亩,涉及661户。

第五节　土地征收与土地市场

土地确权登记包括:国有土地登记,包括国有土地工业用地商业用地住宅综合性用地等登记;集体土地登记,包括宅基地登记。经过农业用地转为集体用地,再转为国有土地的程序进行出让,戴南镇每年国有土地出让金约1亿元。

就失地农民补偿金的问题,戴南镇在农业土地转为集体用地阶段即已向失地农民支付失地补偿金。2017年,该镇实施补偿政策如下:失地补偿金分为三个部分:土地补偿费18000元/人,安置补偿费17000元/人,以及青苗补助费7800元/人,总计36800元/人。戴南镇每年征收农业用地总亩数在3000亩到4000亩。

此外,为进一步深化土地使用制度改革,戴南镇在全市率先将经营性土地全部推向市场,实行土地使用权公开招标、拍卖和挂牌出让。

第六节　林地承包状况

一、基本情况

戴南镇是工业强镇，也是农业大镇，全镇林业绿化用地面积33600亩，其中有林地18649.78亩，苗圃地1032.2亩，森林覆盖率21%。

（一）森林资源持续增长

全镇共有林木面积8649.78亩，1998年以来全镇林木覆盖率以每年高于1个百分点的速度增长，2018年已达到20%以上。2012～2017年，该镇每年完成人工造林面积均在近600亩以上。

（二）区域生态明显改善

戴南镇是农业大镇，农业生产条件优越，全镇加快了农田防护林体系建设的步伐。截至2017年，全镇造林面积14360亩，全镇的农田防护林体系初步形成，有效地改善了农业生产环境，降低了干热风等自然灾害的危害程度。全镇所有道路绿化已初步形成，境内机耕路、生产河绿化已初见成效，有效地减少了水土流失，镇区新建10处绿色广场，有镇区“氧吧”称号的泽园林木葱郁，环境宜人。全镇的林业发展为保护园林镇的生态环境起到了不可磨灭的作用。

（三）重点工程成效显著

全镇包含有盐靖高速公路、S229省道、S352省道、X203县道、X311县道、X312县道等省市重点工程造林面积3527亩，戴南镇自来水厂生态保护林等小型公益林120亩，戴南镇已被国家命名为“园林镇”。

（四）林业产业扎实推进

全镇重点发展以“意杨”为主的速生丰产林3000余亩，总面积达到5782亩。发展园林绿化、花卉苗木1040余亩，形成以戴南镇高效农业园区为主的绿化苗木、林果种植产业集中区。以泽园、城中河风光带为主的林业生态景区，为全镇人民休闲游提供一个良好的落脚点，提高了居民的生活质量。

(五)林木品种分布状况

戴南镇加大苗木新品种的引进和推广,彩叶化、高档化树种呈上升趋势。在新建的农业示范区机耕路上逐步推广红叶石楠、紫薇、红叶李等彩叶树种,形成“四季赏景,半年观花”的田园美景。

二、林业在戴南经济和社会发展中的作用

森林是陆地生态系统的主体,是人类发展不可缺少的自然资源,在为社会提供木材、林果产品、药用植物等大量产品的同时,还具有调节气候、涵养水源、保持水土、减少污染、改良土壤以及保护生物多样性等极其重要的生态服务功能,对维持陆地生态系统的平衡起着不可替代的作用,是社会发展的必要条件。湿地也是具有多种功能的生态系统,不仅包括大量淡水、农产品、水产品等物质资源,而且具有巨大的生态服务功能,在调节气候、蓄洪防旱、降解污染物、美化环境、改善农业生产条件、保护生物多样性和珍稀物种资源等方面发挥着重要的作用。

全镇林业每年向社会提供木材 4500 立方米,有力地支持了经济建设和社会事业发展。年产林果产品 380 吨,改善了人民的膳食结构,拓宽了农民增收渠道。据测算,全镇 7000 亩林地和 8 家林产品加工经营企业每年可为农村劳力提供 360 多个就业岗位。林业已成为推进结构调整、促进农民增收的重要产业。

第八章　农民合作社

第一节　概　　述

农民合作社是在农村家庭承包经营基础上,同类农产品的生产经营者或者同类农业生产经营服务的提供者、利用者,自愿联合、民主管理的互助性经济组织。

农民合作社以其成员为主要服务对象,提供农业生产资料的购买,农产品的销售、加工、运输、贮藏以及与农业生产经营有关的技术、信息等服务。至2013年,全国农民合作社超过90余万家,合作社如何起步经营,成为越来越多合作社在实践探索的问题。

2015年5月25日上午,兴化市戴南镇农民合作社联合社举行成立大会,宣告农民合作社联社成立。农民合作社联社以该镇供销社为主体,由市供销合作总社与戴南镇牵头组建。联合社优化要素组合,解决单个合作社在生产、流通、信贷中难以解决的问题。以供销社为统领成立联合社,这在全国尚属首创。联合社是乡镇供销社(以下简称基层社)职能的拓展、服务的延伸,它与市社的“网上供销社”、农村金融服务平台、“三进”民生工程等,共同打通了为农服务的“最后一公里”,组建农民合作社联合社,打造服务三农综合平台。

第二节　组织形式

根据法律规定,符合规定的成员,以及从事与农民专业合作社业务直接有关的生产经营活动的企业、事业单位或者社会团体,能够利用农民专业合作社提供的服务,承认并遵守农民专业合作社章程,履行章程规定的入社手续的,可以成为农民专业合作社的成员。戴南镇共有农民合作社116家。其中,从事粮食生产的合作社足有87家,蔬菜培育的有14家,从事林业生产的有4家,剩下11家进行牛羊等牲畜养殖,可谓扎实充分地利用了当地的土地资源,就近就户实现生产联动,多面带动农民的生产生活水平提高,向农村农业经济多元化发展的大目标靠近。

20世纪90年代末,因为难以适应市场经济的浪潮,农民合作社一度消失在人们的视线中。个体专业社发展规模较小、经营实力薄弱、市场竞争力不强。此外,由于各自为战,不仅资源得不到优化整合,相互之间还存在恶意竞争现象。一个由基层合作社牵头组建农民合作社联合社的思路逐渐清晰明朗。2015年5月开始,戴南镇作为试点乡镇,对基层社开展实质性重构。即以基层社为依托建立联合社,内设生产服务部、流通服务部、信用服务部。联合社将乡镇的农民专业合作社、家庭农场、种养大户等全部吸纳进来,集中开展相关服务,一方面打通服务三农的“最后一公里”,另一方面也在服务中得到发展壮大。戴南镇的农民合作社组织形式也并不单一,作为基层社,是市联合社的一部分,主要是以合伙形式展开,在长期的发展中累积了许多宝贵经验。

2015年以来,根据国家相关政策和规范,镇农村合作社的组织形式有了新的发展,以农民为主体,以服务成员为宗旨,谋求全体成员的共同利益,实行民主管理;农民专业合作社对由成员出资、公积金、国家财政直接补助、他人捐赠以及合法取得的其他资产所形成的财产,通过有效路径实现经营、服务效益,增强了成员获得感。

镇政府通过财政支持、税收优惠和金融、科技、人才的扶持以及产业政策引导等措施，不断促进农民专业合作社的发展，对农民专业合作社的建设和发展给予了有力的指导、扶持和服务。

第三节　运行状况

戴南镇联合社由理事长领办的常发农机专业合作社，拥有大中型设备300多台（套），价值2300万元，年作业面积达10万亩次。不仅为本镇提供耕作、收割服务，还跨区域作业。常发农机专业合作社理事长王友泉说“过去我们相当于‘小舢板’，一不小心就翻船了。现在加入‘联合舰队’，可以实现优势互补、资源共享、互惠共赢，从而面对更大的市场风浪”。

戴南镇还发展了许多与农民合作社配套的现代化商务手段来配合农民合作社的发展。

一、建立“网上供销社”，让特色农产品走向全国

发展电子商务是县级供销社综合改革的重要内容，是新时期供销社服务“三农”的重要抓手，是实现农产品流通现代化的必由之路。

顺应互联网大势，打破体制、机制障碍，组建商务公司，缓解农产品“销售难”。在1号店、淘宝网、京东商城三家主流电商平台，以及全国总社“供销e家”和省先农公司两个系统电商平台，销售大量本地特色农产品。此外，大力推进电子商务进农村，行政村建立电商示范点。2017年已建成多家镇村电子商务示范点。

二、创新涉农金融服务

贷款难、担保难，制约着农业的发展。合作社开展乡镇农民合作社联合社资金互助服务。按照社员制、封闭性原则，在不对外吸储、放贷，不支付固定回报的前提下，对社员开展资金互助。2014年，联心农民专业合作社获得江苏兴化农商行戴南小微企业专营支行“农田流转融资宝”贷款20万元，成为戴南首家获得银行贷款的合作社。

三、成立大型专业合作社

截至2013年年底,戴南仅粮食专业合作社就有86个,家庭农场也达到51个,随着土地种植快速规模化,农业机械特别是大型农机需求迅速上升,但粮食专业合作社和家庭农场普遍遭遇“购机难”“瓶颈”。原因在于不少合作社与家庭农场组建时间不长,经济基础还很薄弱,无力购置大型农机具,就算买得起,一年也用不了几天,会造成资金积压。于是该镇成立了农机专业服务合作社——常发农机服务专业合作社。据悉,这也是当下泰州市乡镇规模最大的提供耕植、播种、栽插、植保、收割、烘干、仓储等一条龙服务的农机专业合作社。

第九章　典型法治案件

兴化市顺通管件制造有限公司拖欠朱某等67名工人自2013～2015年2月工资共计人民币2980565元，其中已提前支付朱云江等67名工人工资共计人民币711400元。现兴化市人民检察院以拒不支付劳动报酬罪将兴化市顺通管件制造有限公司法定代表人徐某诉讼至兴化市人民法院。

为取得被害人谅解，徐甲（系徐某大姐）、徐乙（系徐某二姐）、徐丙（系徐某三姐）主动提出为徐某代为偿还徐进拖欠的工资，为此纠纷双方均申请戴南镇人民调解委员会调解，戴南镇人民调解委员会依当事人申请受理了此纠纷。戴南镇人民调解委员会在了解情况后认为，若用工单位兴化市顺通管件制造有限公司法定代表人徐某被人民法院判处实刑，则不仅67名工人工资得不到保障，还不利于矛盾的调处与解决，因此建议当事人双方就工人工资给付部分进行调解。

经调解，双方自愿达成如下协议：67名工人自愿按核实工资的五折给付，徐甲、徐乙、徐丙第一次支付核实工资的25%，余款待徐某厂房出租后以租金偿还余额，若至2018年6月30日前厂房未能出租，徐乙为此余额履行提供连带担保。67名工人对徐进表示谅解，并出具谅解书。徐某代偿人将协议约定款项转账到戴南镇调解中心，待兴化市人民法院关于徐某拒不支付劳动报酬罪的刑事判决缓刑后双方到戴南镇调解中心领取，如判实刑代偿人取回代偿金，本协议作废。

此纠纷经过协商，双方达成一致协议，已于2017年7月5日按协议约定履行完毕,双方当事人没有再发生新的纠纷。

【法理评析】

解决拖欠工人工资问题,事关广大劳动者切身利益,事关社会公平正义和社会和谐稳定。在各地区、各有关部门共同努力下,拖欠农民工工资问题总体得到有效的遏制,但仍未得到根治,特别是受经济下行压力增大、部分企业生产经营困难等因素影响,一些地区还有所反弹,少数地区甚至因拖欠农民工工资引发了群体性事件和极端事件。由此可见,保障农民工工资支付形势依然严峻,任务十分艰巨。

(一)拖欠劳动者工资的主要原因

第一,由于用人单位经营管理不善,导致拖欠劳动者工资在受理的工资拖欠案件中占相当大的比重。用人单位经营管理不善主要表现在:企业产品滞销;盲目赊销,货款不能及时回笼,影响资金周转;资金管理混乱,乱占滥用资金,包括挤占、挪用劳动者工资;不能合理地确定工资水平,导致工资成本较大,亏损增加,形成拖欠;用人单位出现严重亏损,以致倒闭,严重拖欠职工工资;用人单位内部缺乏工资分配的民主监督制度,工会、职工代表对单位经营者和劳动者工资调整及发放不能发挥应有的作用。

第二,经营者法律意识淡薄,不能正确处理用人单位利润与劳动者工资之间的合理分配关系,总想通过拖欠工资降低生产成本,获取最大的经济利益以及控制劳动者流动。在这其中还有一些故意拖欠的目的是企图侵吞劳动者的工资。这往往是一些濒临破产、停办的中小型企业,由于拖欠的金额远远大于遗留设备的价值,增大了劳动者讨薪的难度。

第三,从劳动者自身角度看,由于长期以来市场机制中劳动力供求的不平衡,特别是非专业性技术性劳动力,使这一部分劳动者始终处于被动、相对弱者地位。许多劳动者认为有工作就很满足了,不敢与用人单位进行谈判,讨价还价。如果强行要求用人单位与之订立劳动合同或者要求提高工资待遇,结果可能是很难找到合适的工作。因此,劳动者一方为了图方便,为了尽快找到工作,为了保住暂时端在自己手中的饭碗,很多人就放弃了自己本该拥有的权利。

第四,相关法律法规不完善。法律规定对拖欠工资的用人单位处罚力度小,且处罚程序复杂,时间长。以劳动保障监察为例,存在的一个严重问题就是监察执法缺乏强制手段,特别是对拖欠克扣工资等违法行为没有直接的行政强制措施,而是三个月后申请法院强制执行,导致执法周期过长,容易造成单位经营者逃匿等行为发生,劳动者权益不能得到有效保护。

(二)通过法治途径依法保障农民工合法权益

我国尽管通过行政手段为农民工清回数以亿计的被拖欠工资,取得了一定效果,但立法相对滞后的现象应该引起反思。"有法可依"凸显了立法在建构法治拖欠农民工工资方面的重要性和紧迫性,事实上立法也的确一直成为中国法治建设的重心所在。我国立法对农民工工资的保护力度不够,农民工维权主要依据的仍是劳动主管部门的部门规章,虽然国务院有关部门先后下发了一些农民工维权文件、规范,现有待提高立法层次。通过立法加大对恶意拖欠工资者的惩治力度,运用立法手段建立长效机制,完善相关的法律法规体系。从法律法规体系上来遏制源头的拖欠问题,为解决拖欠农民工工资问题提供法律保障。

行政执法部门执法力度不够,执法手段不足,处理程序过长,直接影响拖欠农民工工资的执法效果。导致拖欠农民工工资的企业、欠薪逃匿的经营者得不到法律制裁,使拖欠农民工工资现象更为普遍和严重。从法律上讲,对于拖欠农民工工资的问题,即使我国逐步在立法上完善以后,关键还在于如何贯彻落实。执法上同样也应当建立一种长效机制把保障农民工权益的法律、政策和措施切实得以落实。依法治国方略,法制是保证,监督是关键。执法的公正性不仅需要执法者的公正无私,还应该构建完善的、多层次的监督网络。执法部门应依法开展劳动用工和拖欠农民工工资执法专项大检查,在执法中还应建立和完善农民工工资支付、监控、保障等制度,及时纠正和查处在拖欠农民工工资违法违纪问题,确保有关工资支付法规政策得到全面贯彻执行。各行政执法部门对欠薪者的处罚应不仅是经济上的,还应包括企业信用、行业准入等一系列的降级限制措施。因此,充分利用法律手段加强执法,是依法维护农民工合法权益的重要保障措施。

人民法院在受理拖欠农民工工资的案件时,对经济确有困难的当事人诉讼费应作出减、缓、免的决定;受理案件后尽量缩短审理时间,多适用简易程序,依法快立案、快审判、快执行;对符合条件可以采取先予执行等措施;在判决时,应当将农民工诉讼的误工费,请律师费,旅差费,证人出庭费用等直接损失列入赔偿范围。判决生效后对一些故意拖欠不履行判决给付义务的,执行中应按银行同期贷款利率的二倍标准支付迟延履行金。人民法院对符合《刑法》规定的拒不支付劳动报酬罪案件,应当依法作出判决。

为切实保护农民工应有的权益,尽快建立和落实农民工法律援助制度。应充分运用法律手段,通过积极开辟农民工“绿色通道”,为农民工提供解决拖欠工资的法律援助,帮助解决农民工解决拖欠工资维权纠纷。

就本案而言,此类拖欠工人工资案件多是群体性纠纷案件,涉及面广、矛盾尖锐、社会影响大,处理不慎极易造成矛盾激化,引发上访、闹事,甚至严重影响社会的稳定,对社会治安构成极大威胁。戴南镇人民调解委员会在矛盾纠纷调处工作中,能够及时介入调解、正确运用相关法律法规、灵活处理纠纷,不仅使67名工人工资得以履行完毕,切实维护了农民工的合法权益,还有效防止了因案件处理不当而可能带来的负面影响,达到良性的社会治理效果。

第四编　宿迁市洋河镇

第一章 概　　述

第一节　行政区划与区域特点

一、历史沿革

洋河镇相传汉武帝时即有人居住,人称“三家半”,其时为公元前140年。公元620年左右,相传隋唐瓦岗军在此驻守,称白阳关。明清时期,洋河分属徐州府宿迁县和淮安府桃源(今泗阳)县,桃源(今泗阳)、宿迁两邑官民为争白洋河镇之线界构诉讼有年,后于两地交界处立有栅栏和石碑,碑额勒有“东临淮郡,西障彭城”字样。自宋、元、明、清,洋河是桃源、宿迁两县交界处。1912年设洋河市。民国初,镇上建成区面积1平方多公里,有户900余。1948年7月11日,洋河镇解放。同年8月11日,原属宿迁县的洋河镇划属泗阳县,成为泗阳县下辖15个区之一。

中华人民共和国成立后,实行区、乡制,设洋河区(辖洋河镇及大圩、米市、东圩、西圩、南园乡)。1957年12月,撤区并乡,设洋河镇,属泗阳县。1958年9月,设洋河人民公社。1968年9月,成立洋河人民公社革命委员会,取代公社党委、管委会。1970年2月,撤并小公社,设洋河镇,属泗阳县。1983年6月,政社分设,成立洋河镇人民政府。1996年宿迁市建立地级市以后,洋河镇隶属宿迁市泗阳县管辖。2000年5月,屠园乡的前行、二庄、冯桥、沙圩、西俞、前进、解放7个行政村划归洋河镇管辖。2004年4月,洋河镇划归隶属宿城区所辖,下设6个村、9个居民委员会、110个村民小组。2005年9

月,宿迁市将陈集镇的红庙、闸口两村划归洋河镇管理。

2011 年 4 月 29 日,宿迁市成立宿迁市“洋河新城”,洋河镇属于新城管理。2013 年 6 月,宿迁市政府将“洋河新城”更名为“洋河新区”,除了原有的洋河镇以外,将仓集镇、郑楼镇整建制托管于洋河新区。

2017 年 12 月 21 日,根据江苏省人民政府《关于调整宿迁市宿城区部分行政区划的批复》(苏政复〔2017〕116 号),成立了新洋河镇。以原仓集镇、郑楼镇、洋河镇的所辖区域以及洋北镇的赵圩、卓码、桥北 3 个村委会,罗圩乡的葛罗、黄庄、马元 3 个村委会,南蔡乡的兴跃、果园、黄桥 3 个村委会,陈集镇的闸口、红庙 2 个村委会区域为洋河镇行政区域。新洋河镇成立以后,行政区域面积达到了 198.68 平方公里。

二、辖区范围

1999 年,洋河镇下辖 9 个行政村:西门村、平安村、大圩村、车站村、庄西村、新化村、小街村、三葛村、东圩村。

2000 年从屠园乡托管了 7 个行政村:二庄村、前行村、冯桥村、沙圩村、西俞村、周石村、解放村。

2001 年,新化村与西俞村合并成南街村;小街村改名东关村;二庄村、前行村合并成富强村;沙圩村与冯桥村合并成冯桥村;周石村、解放村合并成中兴村;车站村、庄西村合并成新南园村。

2005 年,从陈集乡托管 2 个村:闸口村与红庙村。

2011 年,托管罗圩乡 3 个村:马元村,葛罗村,黄庄。托管南蔡乡 3 个村:兴跃村,黄桥村,果园村。托管洋北镇 3 个村:赵圩村,卓码村,桥北村。托管仓集镇 2 个村:李官庄村,王园村。

2017 年 12 月以前,洋河镇有 24 个村居,包括 8 个居委会与 16 个行政村,居民委员会包括西门居委会、平安居委会、大圩居委会、新南园居委会、三葛居委会、东圩居委会、东关居委会、南街居委会。行政村包括富强村、冯桥村、中兴村、闸口村、红庙村、马元村、葛罗村、黄庄村、兴跃村、黄桥村、果园村、赵圩村、卓码村、桥北村、李官庄村、王园村。

2017 年 12 月 21 日成立新的洋河镇以后,洋河镇下辖居委会和行政村大大增加。共有 12 个居委会和 34 个行政村：

居委会包括西门居委会、平安居委会、大圩居委会、新南园居委会、三葛居委会、东圩居委会、东关居委会、南街居委会、仓集居委会、郑楼居委会、陈圩居委会和古城居委会。

行政村包括富强村、冯桥村、中兴村、闸口村、红庙村、马元村、葛罗村、黄庄村、兴跃村、黄桥村、果园村、赵圩村、卓码村、桥北村、官庄村、王园村、六里棚村、河西庄村、梁周村、邱夏村、罗庄村、学校村、闸圩村、李楼村、张渡村、胡李村、金山村、太平村、邱庄村、大沟村、梁庄村、金沟村、张码村、夏洼村。

三、区域特点

洋河镇现位于宿迁市东南部，与泗阳、泗洪相为彼邻，距宿迁市中心市区约 15 公里。其地理位置依傍古黄河，地处徐淮、徐宁公路交会处。改革开放以来，尤其是 2000 年以后，其行政区划调整比较频繁，给洋河镇的发展带来了重要的机遇，同时也造就了洋河镇独特的区域特点。

一是传统与现代有机融合。洋河镇是一座历史文化积淀深厚的千年古镇，也是一个新镇。2017 年 12 月，在洋河新区的基础上进一步调整规划成立新洋河镇，为洋河镇未来的发展奠定了良好的基础。

二是白酒产业名扬天下。洋河镇现有白酒酿造企业 100 多家，拥有国家驰名商标、省著名商标、市知名商标 1000 多件。2012 年 8 月被中国轻工业联合会和中国酒业协会授予“中国白酒之都”称号，2017 年 4 月被原国家质检总局授予“全国绵柔型白酒知名品牌示范区”。

三是生态和旅游资源丰富。洋河地处北纬 30°（±5°），处于中国南北分界线上，具有特定的水质、土壤和气候。年平均温度 14～15℃，相对平均湿度 60%～80%，空气中存有大量对人身体非常有益的微生物群。洋河镇水资源丰富，林木覆盖率达 46.81%，有“平原林海”之称；城市绿化率 42.8%，是天然的绿色“氧吧”。

四是创新创业发展迅猛。洋河镇近年来一直着力打造创新创业示范区域。工业方面确立了“2＋1”产业发展体系，重点发展酒类酿造、创意包装和生物科技三大产业，着力打造 500 亿级大健康产业集群。农业方面确立“1＋3”

产业发展体系,规划建设一个100平方公里国家农业公园,构建以药用花卉、精品果蔬、有机稻麦为重点的三大农业产业体系,全力打造生态农业示范区和乡村振兴示范区。

第二节 人口与就业

一、人口及城镇化率

截至2018年,洋河镇共计50052户,户籍人口共计206166人。其中洋河片区25170户,104420人;仓集片区10058户,43083人;郑楼片区11771户,48975人。寄住人口(指跨宿迁市区流动人员)4263人,暂住人口(指跨宿迁县区和宿迁市以外流动人员)7133人。

洋河镇城镇人口有:新南园居委会7528人、大圩居委会5627人、平安居委会3923人、西门居委会4271人、黄桥村4849人、三葛居委会3014人、闸口村4412人、南街居委会4029人、东圩居委会5759人、东关居委会3190人、陈圩居委会6355人、古城居委会5315人、郑楼居委会7094人、仓集居委会5303人。常住人口城镇化率为34.28%。

二、就业状况

洋河镇传统上以农业和酿酒业为主,改革开放以后,通过推动工业和服务业发展,带动当地就业。2011年以后,洋河镇全面推动“大众创业、万众创新”工作,落实就业创业扶持政策,以创业带动就业,实现全镇劳动力的充分转移转化。

一是围绕厂镇共建,助推龙头企业做大做强。洋河股份作为洋河镇的白酒生产龙头企业,自2010年以来,分3期建设白酒酿造基地,目前三期工程均已投产,为区域内增加了近4500个就业岗位,该企业用工总量已达1.3万人。

二是完善全民创业园建设,发展小微企业。该镇规划建设木材产业走廊,全长5.85公里,规划占地3000亩,并分别在红庙村、兴跃村兴建两个木材加工全民创业园。其中红庙村已有240户入驻全民创业园,带动就业2200

人。兴跃村木材加工全民创业园入驻 186 户,带动就业 510 人。

三是完善各类交易市场建设,促进大众就业创业。自 2010 年以来,该镇兴建了洋河酒街商业一条街、华夏酒都商贸城、浙江世纪商贸城、废旧酒瓶回收市场等各类商品交易市场。其中,洋河酒街吸引了 400 余人参与创业,从事餐饮、零售等经营项目,带动就业 1000 余人。

截至 2018 年,城乡劳动力实现就业 37285 人,转移转化率达到 85%。就业人员主要分布在第二、第三产业,其中第二产业从业人数有 20145 人,占比 54%;第三产业从业人数有 14456 人,占比 38%。就业人员以本地就业为主,其中就地转移 28197 人,占比 75%;劳务输出 8272 人,占比 22%。城乡劳动力创业氛围浓厚,自主创业有 3350 人。

第三节　经济发展

一、概述

洋河镇历史上素以酿酒业著称,洋河大曲驰名于长江下游各地,镇、扬、苏、宁、沪、杭各地在民国年间皆设有泗阳洋河酒栈,全年外销 60 多万公斤,值银圆 30 万元。洋河镇的同阜典及华阜钱庄,有资本 10 万元,年获利 2 万元,时人称为财窟。后因兵匪之灾,渐趋凋敝,至日军入侵,烧毁房屋万间,工商金融等许多企业亦不复存。

1948 年 7 月,洋河镇解放。1949 年 7 月,淮阴贸易公司三分公司在北滩槽坊基础上,建国营洋河酒厂,年产大曲酒 26 吨,产值 4.43 万元,税利合计 3.43 万元。1987 年,酒厂占地已扩展到 50 多万平方米,年产酒 11470 吨。洋河酒多次被评为国家级名优酒,远销东南亚及欧、美等 20 多个国家和地区。洋河镇以洋河酒厂为“龙头”,建设以酿酒工业为主的圈层式小城镇。第一圈为中心层,主要是镇政府机关、金融商贸、文化设施所在;第二圈主要是居住区及学校所在;第三圈主要是酿酒工业、仓库货场及医疗等单位所在。2000 年以后,洋河镇经济总体情况稳步提升,生产总值和产业产值逐年提高。尤其是 2017 年以后,第二产业产值有所回落,但第三产业产值有明显的提高,显

示出洋河镇2017年以后产业结构转型的态势。(见表7)

表7　2002～2018年以来洋河镇生产总值及各产业产值数据

年份	镇生产总值(万元)	第一产业产值(万元)	第二产业产值(万元)	第三产业产值(万元)
2002	33500	3503	20150	9847
2003	36833	3433	22568	10832
2004	42542	3871	25738	12933
2005	50114	4460	30369	15285
2006	59736	4898	38888	15950
2007	71504	5076	46549	19879
2008	85732	5915	55811	24006
2009	102793	6065	66918	29810
2010	166215	7612	106767	51836
2011	571000	29100	452300	89600
2012	831100	31900	700600	98600
2013	603526	22500	557479	23547
2014	670000	24900	618700	26400
2015	750965	27908	693465	29592
2016	818552	28466	757264	32822
2017	1065000	70000	568000	427000
2018	1138000	84000	585000	469000

二、产业结构

(一)工业

洋河镇解放以后,除了恢复建设洋河酒厂以外,也逐步建立棉织社、农具厂、粮食加工厂及印刷厂等。改革开放以后,工业产业有较快发展,1988年全镇有洋河镇酒厂、联合酒厂等11家酿酒企业,有洋河造纸厂、铝制品厂、印刷厂等配套企业11家,村办企业30家,个体企业15家,成为原淮阴市第一个工业产值超亿元的镇。

20 世纪 90 年代中期，镇内酿酒企业星罗棋布，总数有 80 余个，一度成为淮阴市“明星”“先进”乡镇企业镇。1997 年，小微亏企业实施承包责任制，是年实现工业产值 39297 万元，并选择 6 家企业进行产权改革试点，出售企业资产 415.8 万元，收回集体资金 41 万元。1999～2000 年，坚持“因企制宜、多制并举、规范操作、综合配套”的原则，实施企业改制，21 家镇办企业实现产权置换。

2000 年开展酒业整顿，酒厂数量略有减少，至 2001 年，有 23 家酿酒企业通过省级验收。2002 年，实施工业突破战略，是年工业企业 153 家，实现工业产值 65764 万元，利税 5648 万元。2004 年实现工业总产值 9.28 亿元，工业增加值 1.9 亿元。2005 年，通过资产重组，实现工业增加值 3.4 亿元。2006 年，实施“工业强镇”战略，实现工业固定资产投资 1.90 亿元，完成工业总产值 13.19 亿元，工业增加值 3.76 亿元。2007 年实现工业总产值 16.5 亿元，工业增加值 4.7 亿元，实现利税 1.3 亿元。[1]

2015 年，新增江苏汇洋木业、浩宇木业、江苏蓝色玻璃集团有限公司、光大光伏、盛禾包装、华印国际等一批规模企业，全镇小型木材加工企业达到 1000 多家。2017 年，酒类酿造集聚区建设加快，成功创建为“全国绵柔型白酒知名品牌示范区”，洋河纺织等 8 个项目完成技改投资 1.1 亿元，蓝色玻璃等 8 家全市开票销售前 500 强企业完成开票销售 9.7 亿元。

（二）农业

1. 种植业

改革开放以后，洋河镇逐步调整农业内部结构和农业布局，农业生产快速发展。1994 年后，多种经营发展“两专一基”（专业村、专业户、基地）。到 1997 年，多种经管大户已发展到 1567 户，其中产值万元以上的达 50 户。2000 年，实施“一压三扩”，压缩三麦种植面积，扩大蔬菜、棉花和桑园种植面积。2011 年前后基本实现农业机械化。

---

〔1〕 该部分工业产值数据包含了地址在洋河镇的非镇属企业的产值数据。洋河镇第一产业的产值数据见表 7。

2011年以后,洋河镇重点发展现代高效农业、生态休闲农业和特色观光农业,培育特色品牌。至2017年年底,仓集镇河西庄及周边片区发展成为集民宿体验、水上乐园、果蔬采摘等为一体的综合性生态农业示范园。洋河镇重点打造艾草、药用菊花基地,仓集镇重点推广莲藕、雷笋种植,郑楼镇重点发展苗木、果蔬种植。

2. 养殖业

改革开放以前,镇内大牲畜属于集体财产,养猪业多是集体而为,农家只是饲养少量家禽。2000年以后,养殖业畜禽的饲养量大幅增加,后逐渐向专业化、规模化养殖发展。2016年镇内生猪年末存栏1.8万头,养鸡24.68万只,鸭、鹅1.2万只,肉牛0.3万头。2017年根据省市"263"整治行动要求,为了打造绿色洋河、生态洋河,开展畜禽禁养工作,关停搬迁禁养区26个养殖场,非禁养区规模养殖场治理率超过65%,养殖业规模有所回落。

3. 林业

20世纪80年代中期以前,洋河镇林业发展较慢,森林覆盖率较低,至1987年,全镇绿地面积仅有9.03公顷(其中公共绿地2.4公顷),人均绿地4平方米,绿化覆盖率3.56%。80年代末,洋河镇沿古黄河南岸组织栽植杨树,到90年代末形成了近千亩的生态防护林,有效地改造了本地的生态环境。

2013年以来,该镇深入开展城乡美化绿化行动,实施酒都大道、古黄河生态廊道等24项绿化工程,2017年新增绿地面积18.3万平方米,新建成片林2000亩。截至2018年,全镇林木覆盖率达46.81%,城市绿化率42.8%,人均公园绿地11平方米。

(三)服务业

清代及民国时期,洋河商业很不发达。新中国成立后,洋河逐步建有公司、商店61家,饮食业7家,旅社6家,其他服务业10家,还有粮油管理所、食品站、农行营业所、农机服务部等行业,并建起商场及各服务楼33幢,总面积55691平方米。

改革开放后,洋河镇市场经济迅速发展。到1990年,从事商业、饮食、物资供销、仓储等各行业劳动力296人,其中从事商业饮食229人,商业饮食业收入635.25万元,服务业收入25.44万元。1995年,全镇商业零售总额

11030 万元,集市贸易成交总额约 2.27 亿元。全镇流通领域国营的 2 家,集体的 6 家,个体的 670 户,私营企业 6 户,从事饮食服务等 96 户。1996 年,全镇商业零售额 10020 万元。

2005 年,镇内有各类市场 4 个,大型超市 6 个,累计个体商户 1702 户,实现私营个体经济入库税收 279 万元。2006 年,引资 5000 万元兴建华联、普玛特购物中心,大型超市达 5 家,镇域三产服务企业 635 家。2008 年,建成集购物、美食、娱乐、休闲于一体的酒家路、酒家东路、酒家西路特色街区,镇内大型宾馆饭店 18 家,第三产业增加值 0.91 亿元。2014 年建成投入使用的华地万象广场是一家大型商场,内有超市和影城等。至 2018 年,洋河镇拥有大润发玛特超市等多家大型超市,格林豪泰酒店、钟山新城宾馆等多家住餐企业,酒家路、南大街聚集各类个体户等。

三、农民和村镇收入

2000 年以来,洋河镇农业及农业相关产业迅速发展,农民收入逐年递增。2000 年,农民收入为 2845 元,到 2017 年,达到了 15302 元,是 2000 年的 5.38 倍,增长幅度达到 438% 。,平均增幅达到 24.3%(见图 5)。

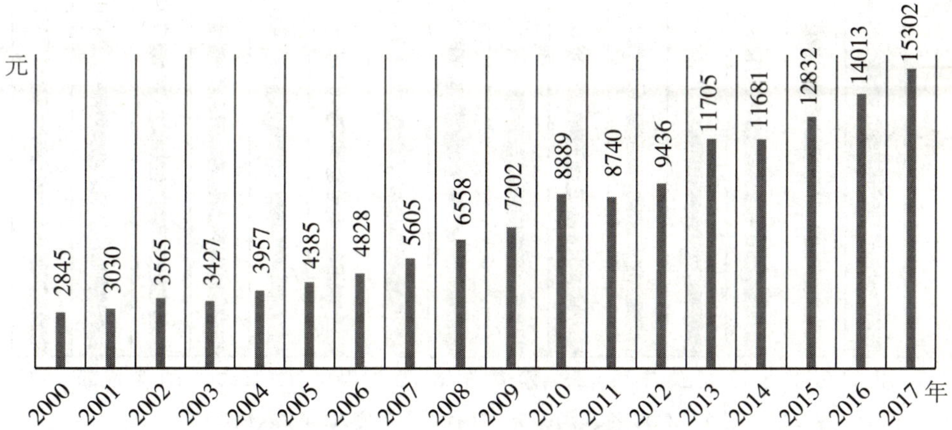

图 5　2000～2017 年洋河镇农民收入

2013 年以后,洋河镇村级财政收入也有明显的增长。2014 年村级财政收入为 1483.27 万元;2015 年为 1475.68 万元;2016 年为 1871.81 万元;2017 年村级财政收入达到 1872.38 万元。从增幅来看,4 年中,洋河镇村级财政收入增长幅度达到 26.2%,平均增幅为 5.2%。

从 2008 年和 2015 年两年的村(社区)委员会人均收入来看,各村(社区)的人均收入均有明显的增长(见图 6 和图 7)。2008 年,各村(社区)人均收入都没有突破 10000 元,而到了 2015 年,26 个村(社区)中,人均收入 10000 元以上的有 16 个,占比 61.5%。

从 2008 年和 2015 年的数据来看,村(社区)之间的人均收入增长幅度和绝对值差距也有明显的拉大。2008 年各村(社区)人均收入中,最低的中兴是 6212 元,最高的大圩是 8750 元,是中兴的 1.41 倍。2015 年,最低的中兴是 8200 元,最高的是红庙 18550 元,是中兴的 2.26 倍,而 2008 年,红庙的人均收入仅为中兴人均收入的 1.20 倍。中兴和红庙都一直是洋河镇下辖的村,说明两村之间的人均收入差距在加大。从单村(社区)人均收入增长来看,从 2008 年到 2015 年,红庙的人均收入增长了 2.48 倍,而中兴增长了 1.32 倍,拦马增长了 1.31 倍,闸口仅增长了 1.22 倍。说明各村(社区)的人均收入增长幅度还存在比较明显的不均衡的现象。

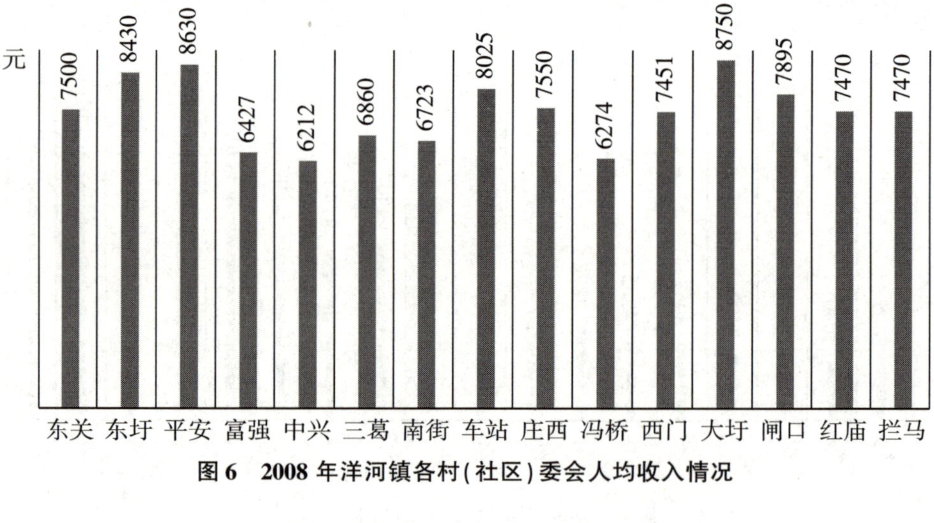

图 6　2008 年洋河镇各村(社区)委会人均收入情况

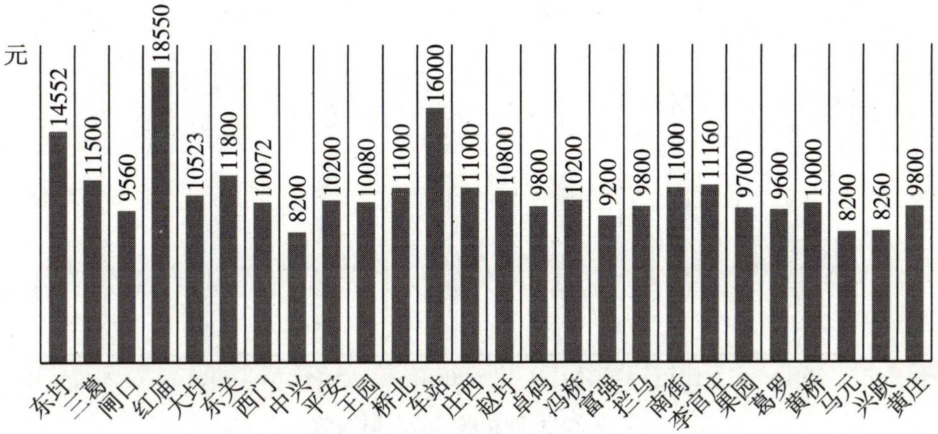

图 7 2015 年洋河镇各村(社区)委会人均收入

四、镇级公共财政收入

洋河镇近年公共财政收入增长迅速，尤其是 2015 年以后，增速明显加快。2017 年公共财政收入达到 60641 万元，是 2011 年公共财政收入的 1.68 倍（见图 8）。2013 年增长 0.8%，2014 年增长 -5.2%，2015 年增长 14.7%，2016 年增长 28.5%，2017 年增长 2.5%。7 年间平均增幅为 8.2%。从图中数据看，2012 年增长 16.1%，说明洋河新城的建设和推进对于镇公共财产收入的增长起到了明显的带动作用。从 2012 年到 2017 年，公共财政收入从 4 亿多元增长到 6 亿多元，说明洋河新区的建立对于洋河镇公共财政时候入的拉动作用是非常明显的。

2013 年以后，洋河镇财政部门积极调整支出结构，不断加大对教育、医疗卫生、社会保障和就业、农林水、住房保障等方面保障改善民生的支出。仅 2016 年，教育支出就达到 20463 万元，占公共财政预算支出的 36.4%。社会保障和就业支出达到 9032 万元，占公共财政预算支出的 16.1%。医疗卫生支出 4829 万元，占公共财政预算支出的 8.6%。农林水支出 7357 万元，占公共财政预算支出的 13.1%。住房保障支出 1711 万元，占公共财政预算支出的 3%。

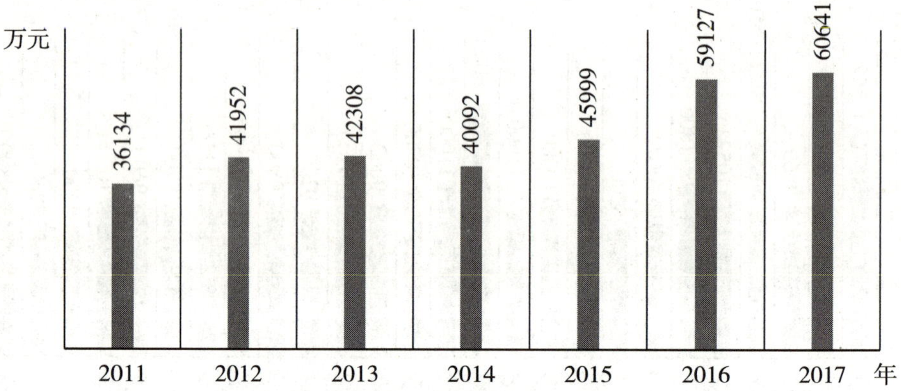

图 8　2011 年以来镇公共财政收入

第四节　社 会 事 业

一、概述

(一)交通

新中国成立前,洋河镇上仅有中大街、新集街、草市街、米市街 4 条街道。新中国成立以后,洋河镇逐步改造旧道路,辟建新街道。改革开放以后,洋河镇道路发展较快,1987 年,辟建平安路、城西路、教场路、酒家路和酒家北路,道路总长达 13 公里。2000 年以后,该镇大力发展公共交通事业,目前公共交通主要有区际公交 4 条,城乡公交 5 条,以及城市公交线路 1 条。

(二)电力

1969 年,临河变电所仓洋线向阳和书店向洋河输电,主变 1800 千伏安。1982 年,省批准增容达 4950 千伏安。至 1987 年,有 10 千伏线路 29 公里,400 伏线路 51 公里,装有配电变压器 29 台,总容量 2500 千伏安,总装机容量 3800 千瓦。1999 年年底完成了第一次农网升级改造,年供电量已突破 1000 万 kW · h。2001 年,随着农电体制改革,电力企业公司化运作,洋河农电站更名为洋河供电所。

2006 年将洋河供电所从泗阳供电公司划归宿迁市供电公司直管,承担着

12 个居委会和 34 个行政村、198.68 平方公里、用电客户 70418 户，近 23.82 万人口的供用电服务工作。

（三）供水

1974 年，建自来水厂 1 座，出水能力 80 吨/小时，日供水 1300 吨，供水普及率 43%。1988 年洋河供水范围在老镇区米市街周边，供水人口有 6000 余户。1998 年农饮水改革，原洋河自来水厂开始铺设管道，供水面积扩大。2013 年 8 月，宿迁银控自来水有限公司入驻洋河新区，洋河镇人吃上骆马湖水，用水人口达到 10 万人，年用水量达到 400 万吨。2017 年年底，洋河镇完成区域供水工程建设，日供水能力 1.4 万吨。

二、教育

清代洋河镇设有白学公学（民国时改为洋河小学）。民国期间有洋河小学、卓码初小、贫寒教养院（职业教育性质）等初等教育机构。1952 年创设众兴中学（泗阳中学）洋河补习班，地址在洋河小学内。1953 年 8 月，建众兴中学洋河分校，1955 年 8 月，更名为洋河初级中学；1958 年洋河初级中学设高中部，易名泗阳县洋河中学。至 1987 年年底，洋河镇已建有完全中学 1 所，初级中学 2 所，小学 10 所，幼儿园 5 所及 10 个学前班。

2003 年，宿迁市宿城区教育主管部门决定原洋河中学高中部停止招生，仅保留初中办学。2011 年 10 月，洋河中学和洋河初级中学两校合并，洋河中学又回归"洋河初级中学"。2014 年学校接受江苏省宿迁中学的托管，正式更名为"江苏省宿迁中学洋河分校"。

截至 2017 年，洋河镇有各级各类学校 16 所，其中小学 3 所（均为公办，下辖 7 个村校、教学点），初中 1 所（公办），十二年一贯制学校 1 所（民办），幼儿园 11 所（其中公办 4 所，民办 7 所）。全镇中小学、幼儿园共有教师 942 人，其中公办中小学在编教师 494 人（初中 207 人，小学 287 人），幼儿园及民办中小学非在编教师 448 人（其中幼儿园教师 259 人，民办中小学教师 189 人）。现有各个学段在校学生 17893 人。其中小学在校生 9029 人，幼儿园在校生 5254 人，初中在校生 2698 人，高中在校生 912 人。

三、文化

洋河镇具有优秀的历史,文化遗址遗迹丰富,主要有洋河酒厂的地下酒窖,洋河镇的8处明清古建筑,郑楼镇的"宿预遗址",仓集镇的"宗墩遗址"和"李楼老墩遗址"等。民间文化主要以淮海戏、苏北琴书为主。其中,苏北琴书(又名扬琴,打蛮船),在元末明初由宿迁大运河畔逐渐流入该区域,被列入市级非物质文化遗产保护名录。

(一)文化场所

2011年之前,洋河镇仅有3个综合文化站。洋河新区成立以后,在洋河镇设立洋河新区文化活动中心,面积达2000余平方米。2016年,新建4000余平方米的新城名苑党群之家,将阅读、展览、文化社团、民俗民风展示等融为一体,正常对外免费开放。截至2017年12月,洋河镇共有市图书馆分馆3个(藏书15万余册),区级文化活动中心1个,乡镇文化站2个,村(居)综合文化服务中心9个,村(居)文化活动室36个,室外文化活动广场5个,万人拥有公共文化服务设施面积约1000平方米。

(二)文化组织

文体类社会组织主要分为文化类和体育类两类社会组织。

1. 文化类:经过民政部门注册的文化类社会组织有3家,分别是音乐舞蹈家协会、书法家协会、京剧协会。未注册但正常参加文化活动的社会团体(不含商业经营单位)4家,分别是洋河四季舞蹈队、洋河文化中心舞蹈队、郑楼业余文工团、仓集夕阳红舞蹈队。其中,音乐舞蹈家协会成立于2016年10月,现有会员52人;京剧协会成立于20年前,2018年年初重新注册,现有会员20余人;书法家协会成立于2014年8月,现有会员40余人;其他团体年参加各类演出活动均在40场次以上。

2. 体育类:经过民政部门注册的体育类社会组织6家,分别是新区体育总会、篮球运动协会、武术协会、太极拳协会、陈式太极拳协会、信鸽协会。其中,篮球运动协会成立于2013年12月,武术协会成立于2014年4月,信鸽协会成立于2014年9月,两家太极拳协会分别成立于2015年4月和11月,体育总会成立于2017年5月。

(三)文化产业发展

目前洋河镇计有文化产业单位53家,其中包装创意类企业30家,文化娱乐(KTV)5家,互联网服务服务场所(网吧)12家,出版物经营单位6家。另有多家二胡、钢琴、小提琴、书法等艺术类培训机构(经营性个体户)。

(四)文物保护单位

洋河镇区域内共有文物保护单位17个,其中省级文保单位1个(洋河酒厂酿酒车间及地下老窖),市级遗址类文保单位4个,分别是李楼老墩遗址、宗墩遗址、浅废闸遗址、宿预古城遗址;市级墓葬类遗址2个,分别是尤庄大墩墓群、尤庄黄泥滩墓群;市级古建筑类遗址10个,分别是洋河清真寺礼拜殿、东圩村八组吴家大院、东圩村七组胡宅、南园村韩氏宅、南园村戴氏宅、南园村张氏家宅、米市街熊宅、韩德勤故居、大圩裴宅、晋商槽坊宅。目前,除晋商槽坊宅于2012年被抢救性保护拆迁外,其他文保单位均保护完好。

四、卫生医疗

1958年成立了洋河卫生院。目前洋河镇共有医疗机构36个,其中二级医院1个,一级医院3个,村卫生室18个,个体诊所14个。2016年,组建卫生和计划生育服务中心。调整乡镇医院职能,拓展乡镇医院服务范围,通过政府购买服务方式,在乡镇医院全面实施基本公共卫生服务和国家基本药物制度,洋河人民医院顺利通过二级综合医院评审。2017年,完成城乡居民医保整合,规范分级诊疗制度,全面推进家庭医生签约服务。

五、民政

2011年以来,洋河镇民政工作在镇党委、镇政府领导下,不断健全社会救助、社会福利、慈善事业等制度,推进新时代民政工作的开展。主要包括:一是妥善安置退伍军人,全面落实优抚优待政策。二是强化防灾减灾能力。逐年修订完善《自然灾害救助应急预案》,完善自然灾害应急预案体系和标准体系,健全救灾物资储备体系。三是提升公共服务水平。通过新建、小区配建、购买、置换等方式,社区工作用房全部达到省定400平方米标准。依据《城乡社区服务中心星级划分与评定》地方标准,实施城乡社区服务中心标准化工程。积极开展婚姻政策咨询、婚姻知识宣传、婚姻情感疏导等服务项目。深化殡葬改革,推进节地生态安葬,加快建立节地生态葬奖补制度。四是严格落实《江苏省城乡最低生活保障工作规程》,完善社会救助制度,提高救助水平。五是完善养老服务体系,提升养老服务质量。六是推进儿童家庭监护缺失社会干预。

第五节　民族与宗教

一、民族分布

洋河镇以汉族为主要民族。全镇现有11个少数民族,人口819人,其中常住人口790人,流动人口30人。目前,全镇少数民族人数分布为:回族775人(不含洋河酒厂),苗族2人,彝族2人,布依族3人,侗族2人,白族1人,拉祜族2人,水族1人,傈僳族1人。

二、宗教信仰状况

洋河镇长期坚持贯彻国家的宗教方针,在宗教活动管理中,坚持依法依规管理宗教,依法保护群众新教和不信教的自由,保障群众选择信仰宗教的自由,坚持保护宗教场所合法登记、设立和活动,同时严厉打击各类邪教活动。

洋河镇目前有信教群众近3400人,宗教活动场所15个。全镇有宗教团体2个,分别是基督教“三自”爱国运动委员会和伊斯兰教协会。

(一)基督教

基督教在洋河镇的发展起始于20世纪20年代,30年代耶稣教传入洋河,并逐步发展起来。新中国成立以后,1958年耶稣教教点关闭,宗教活动遂停止。中共十一届三中全会以后,党的宗教政策逐步落实,耶稣教恢复活动。现有基督教宗教场所13处,包括教堂13个,信教群众约1800余人。

(二)佛教

20世纪30年代末,日军占领洋河,许多寺庙被毁坏。同时,解放区内的一些寺庙被改为学校。到了20世纪80年代,佛教才在洋河个别地方逐步恢复,但发展较为缓慢。现有佛教活动场所1处,比丘2人,居士30人。

（三）伊斯兰教

洋河镇伊斯兰教的活动场所是清真寺。该寺始建于清末民初,坐落于洋河镇米市街,占地面积700平方米,属于市镇重点文物保护单位。该清真寺于乾隆年间修建,最早有大殿瓦房三间,砖墙草盖水房三间,日军入侵时该寺被毁。重建后于1969年被东圩村占用,1983年归还部分。1984年政府拨款重建,2006年市伊斯兰教协会先后拨款近35万元修复。目前该寺位于宿城区洋河镇米市街,大殿为宫殿式,四角翘檐,四面有走廊约60平方米,两层办公楼约为300平方米。该寺是穆斯林举行礼拜、穆斯林举行宗教功课、举办宗教教育和宣教等活动的中心场所,亦称礼拜寺,主要服务于宿城区洋河镇附近穆斯林群众举行礼拜、宗教功课、举办宗教教育和宣教等活动。

洋河镇伊斯兰教的信教群众主要是辖区内附近的回族群众和来自西部地区相对稳定的少数民族流动人口,信徒约300人。

（四）打击邪教活动

洋河镇改革开放以来曾经出现过一些非法的邪教,主要有全能神、灵灵教、呼喊派以及哭教等。洋河镇党委镇政府在支持宗教合法发展的同时,认真贯彻国家宗教政策,切实加强对宗教的管理,对各种邪教予以积极的打击。镇党委镇政府和职能部门推进落实《宗教事务条例》,在全镇宗教活动场所开展"四项制度"活动,规范宗教活动场所的传教活动和财务管理。

近年来,洋河镇深化同邪教组织的斗争。2017年共组织开展"崇尚科学、反对邪教、珍爱生命"宣传活动5次,开展反邪教演讲活动8场,开展反邪教文艺演出活动4场。悬挂反邪教横幅70条,张贴反邪教标语800余张,反邪教法治宣传教育专栏12期,举办群众性反邪教签名活动2场次。通过宣传打击邪教活动,有效保障了正常的宗教秩序,维护了社会的和谐稳定。

第二章　党的组织与地方政权

第一节　党的组织

一、镇级党组织

洋河镇党委现有党的基层党组织57个，其中党委1个，党总支部5个，党支部51个。村(社区)建立党组织37个，机关事业单位建立党组织7个，非公企业建立党组织10个，民办非企业建立党组织1个，其他党组织1个。

中国共产党洋河镇第十六次党员代表大会于2016年5月30日选举产生新一届洋河镇党委班子成员和洋河镇纪律委员会成员。本次大会共有党代表108名，其中领导干部52名，占48.1%；各类专业技术人员23名，占21.3%；先进模范人物33名，占30.1%。女同志18名，占16.7%。少数民族2名，占2%。50岁以下的中青年65名，占60%。

洋河镇党委现有党员2637名，其中新中国成立前老党员7名，女性党员408名，少数民族党员24名，年度新发展党员46名。35岁以下党员677名，36~50岁党员558名，50~60岁党员467名，60岁以上党员945名，分别占比25.67%、21.16%、17.71%、35.86%。高中(中专)学历党员1799名，大专及以上学历党员838名，分别占比68.22%、31.78%。

二、村级党组织

截至2017年12月，洋河镇有村级党组织24个，分别为大圩社区党总支部、西门社区党总支部、平安社区党总支部、新南园社区党总支部、东圩社区党支部、东关社区党支部、南街社区党支部、三葛社区党支部、中兴村党支部、冯桥村党支部、富强村党支部、闸口村党支部、红庙村党总支部、王园村党支部、李官庄村党支部、赵圩村党支部、卓码村党支部、桥北村党支部、果园村党支部、黄桥村党支部、黄庄村党支部、马元村党支部、葛罗村党支部、兴跃村党支部。

各村级党组织现有党员 2281 名，其中新中国成立前老党员 7 名，女性党员 337 名，少数民族党员 20 名，年度新发展党员 31 名。35 岁以下党员 584 名，36～50 岁党员 402 名，50～60 岁党员 381 名，60 岁以上党员 914 名，分别占比 25.6%、17.62%、15.7%、41.08%。高中（中专）学历党员 1708 名，大专及以上学历党员 573 名，分别占比 74.88%、25.12%。

全镇现有村级“两委”干部 204 名，其中“两委”干部平均年龄 46 岁，共有党员 181 名，女性干部 30 名，大专及以上学历 35 名，分别占比 88.7%、14.7%、17.2%。2017 年度新招聘返乡创业大学生 25 名，平均年龄 27 岁，学历均为大专及以上学历，其中女大学生 9 名，党员 10 名，15 名大学生有创业项目，分别占比 36%、40%、60%。

第二节　镇人民代表大会

一、镇人大代表选举情况

自第一次人民代表大会召开以来，洋河镇人大能够紧紧围绕上级人大的工作要求，按照《地方组织法》《选举法》等法律法规，认真做好历届人大选举工作。按照规定时间、规定程序每三年召开一次换届选举工作会议，并按法定程序规定每年还召开人大代表例会，针对人代会内容需要，按补选办法和法定程序进行代表和政府人事补选。洋河镇人大按照全国人大规定的要求对人民代表大会的届次进行了调整，按照五年一换届的要求，与上级人代会的年限进行同步换届，并按法定程序每年也召开人民代表大会例会。

自 1979 年以来历次人代会，洋河镇都按法定要求，代表的产生一直按差额选举的办法从候选人中选出正式代表;人大主席和镇长为等额选举;副镇长为差额选举。人大代表的产生能够按照各类群体的比例进行选举,特别注重妇女代表和基层一线的工人、农民代表的选举产生。

洋河镇自第一届人民代表大会以来,到2012年9月已组成第十六届洋河镇人大主席团,并于2016年12月15日分7个大片区选举产生15名宿城区第五届人民代表大会,分42个小片区选举产生106名洋河镇第十六届人民代表大会代表。其中选举出人大主席1人、镇长1人、副镇长4人。该镇严格按照人大换届选举工作的操作规程,组织抽调专人,集中主要精力,做到依法有序开展人大换届选举工作。一是张贴《选民须知》和《给选民一封公开信》。二是宣传造势。利用群众喜闻乐见的各种形式进行人大选举宣传,在全镇营造人大换届选举强大声势。三是制定工作计划。镇人大主席团精心制定出台《洋河镇人大换届选举工作日程安排表》,落实工作责任到每个镇村干部。四是代表候选人与选民见面。选举日之前,15名区人大代表候选人和106名镇人大代表候选人,先后与选民见面,在见面会上接受广大选民提问。

二、镇人大主席团与镇人大代表

洋河镇人大现有人大主席1名,设人大办公室和人大代表之家。经2017年1月4日洋河镇第十六届人民代表大会第一次会议预备会议通过,洋河镇第十六届人大主席团成员为15人。

洋河镇第十六届人大代表中男性75名,占70.75%,女性31名,占29.24%;35岁以下代表18名,占16.98%,36~55岁代表69名,占65.09%;56岁以上代表19名,占17.92%;代表中中共党员83名,占78.3%,民主党派1名,占0.94%,群众22名,占20.75%;代表中汉族104名,少数民族2名;代表具有研究生及以上学历1名,具有大学本科学历的32名,具有大专及高职学历的25名,具有中专、职高及高中学历的29名,具有初中及以下学历的19名;代表构成方面,106名代表中公务员19名,企业单位负责人11名,事业单位负责人7名,工人6名,农民53名,专业技术人员10名。

三、镇人大履职状况

（一）镇人大主席团开展工作状况

围绕为民办实事工程进行工作监督，结合政务公开和政府管理进行制度监督。积极开展专题调研评议，广泛听取各方意见，评议后将评议结果形成评议报告，上报到镇党委，并针对评议中所反映的问题，督促有关单位落实整改措施。每年对政府领导及“七所八站”等部门组织述职评议，对作出业绩的领导和部门给予充分肯定，对工作中存在不足，给予约谈，同时向本人或单位反馈代表评议结果。每年组织人大代表对小城镇建设，工业、农业发展情况、交通道路建设管护、水利设施配套、改水改电、教育卫生等经济社会发展情况进行调研考察。发动全体代表收集民情民意，向大会提出民生和经济社会发展方面的建议和意见，为党委政府建言献策。

（二）镇人大代表依法履职情况

一是建立“人大代表之家”和开展“千名代表联万家”活动。开展人大代表结对帮扶活动。利用人大代表开展招商引资活动，帮助企业招工，为剩余农民找到就业岗位，为困难家庭解决生产生活上的困难。组织人大代表积极参与调处社会矛盾、化解纠纷、维护社会稳定。

二是开展人大代表接待选民日活动。镇人大主席团对本辖区内的各级人大代表每年轮流参加接待选民的时间作出具体安排。代表在接待选民过程中，对于选民反映的问题和意见进行耐心细致的解释。对于选民反映的问题和意见，需要由有关部门或单位办理的，以《人大代表接待选民登记表》形式交由镇人大主席团进行处理。

三是开展人大代表向选民述职活动。每位区、镇人大代表在一届任期内都要向原选区的选民进行一次述职。述职会议结束后，由镇人大主席团将汇总后的选民评议意见和测评结果书面反馈代表本人。

四是代表学法守法。利用人代会换届选举契机，组织人大代表学习有关法律、法规，特别是学习中央历次党代会、全国人代会会议精神，提高人大代表的法律知识、政治觉悟、理论水平、服务能力，推进乡镇依法行政工作。

第三节　镇人民政府

一、镇政府机构配置

2010 年 8 月,省委、省政府出台《江苏省经济发达镇行政管理体制改革试点工作意见》,将洋河镇确定为全省 20 个经济发达镇行政管理体制改革试点单位之一。根据江苏省政府《关于宿迁市宿城区洋河镇行政管理体制改革试点方案的批复》(苏办〔2012〕16 号)的文件精神,洋河镇设立党政办公室、组织人事和社会保障局、政法和社会管理办公室(挂司法所牌子)、经济发展和改革局、财政和资产管理局、建设局、社会事业局、综合执法局(挂洋河镇市场监督管理局牌子)和便民服务中心,将原洋河镇"五办五中心"继续保留,但不实际运行,职能并入到新设部门。镇人大、人武部、工会、共青团、妇联按有关规定设立,职能归并整合到党政办公室,人员调整充实到 9 个办局。镇行政管理体制改革试点以来,宿迁市及宿城区有关部门分别在洋河镇设立了公安、国土、规划等分局和消防、法庭、检察室等机构。

二、镇政府职能权限

为进一步放大"强镇扩权"试点效应,加快推进洋河镇行政管理体制改革,宿迁市委、市政府赋予该镇县级经济社会管理权限,按照"权责一致、能放即放"的原则,将市级经济社会管理的部分权限充分赋予了洋河镇。赋权共涉及市人社、文广、卫生、环保、安监、城管、教育、住建、发改、食品药品监管共 10 项行政许可、非行政许可审批事项和 278 项行政处罚权以及与之相关的行政强制措施权和监督检查权。

为全面落实国务院关于制定政府权力清单的相关文件的精神,落实江苏省政府办公厅《关于全面清理行政权力建立权力清单管理制度的通知》(苏政办发〔2014〕81 号)文件的要求,洋河镇以江苏省人民政府《关于宿迁市宿城区洋河镇行政管理体制改革试点方案的批复》(苏办〔2012〕16 号)为依据,于

2015年12月18日发布了《洋河镇部门职责清单》《洋河镇行政权力事项清单》《洋河镇行政许可和行政审批权力清单》。详细规定了政府的权力行使范围，主要包含9大类，共64项具体职责，每项权力职责均做到合法有据。

第三章　依法行政与行政执法

第一节　洋河镇主要行政部门依法行政状况

洋河镇拥有执法权力、受委托执法及协助执法和管理的部门有 8 家：党政办公室、政法和综合治理办公室、经济发展和改革办公室、财政和资产管理办公室、建设管理办公室、社会事业办公室、综合执法办公室和纪检监察办公室。近年来，洋河镇在行政执法过程中，坚持依法行政，规范执法并取得一定成效。

一、洋河镇党政办行政执法工作

洋河镇党政办作为党委和政府的领导服务机构，在推动行政执法方面发挥着重要的作用。

2012 ~ 2018 年，洋河镇党政办每年都在工作报告中将行政执法作为本年的工作成果和明年的未来工作任务加以说明，体现了党政办对行政执法的重视程度。2011 ~ 2014 年，洋河镇党政办将其工作的重点放在了制定洋河镇法治建设的制度文件等方面，仅 2011 年就出台了 26 份制度文件。在 2015 ~ 2018 年党政办工作报告中，推进党风建设和政务活动网络化等问题被提升到新高度。2015 年 1 月 8 日，镇党工委一届四次全体(扩大)会议提出，要积极探索行政管理的新体制，坚持依法行政，定期对决策实施情况进行评估，规范决策过程和决策事项确保决策科学合理。在 2016 年和 2017 年的工作报告中,党政办突出强调了政务网络化建设的重要性。积极推动并联+串联同步审批模式,有效链接市政府服务云平台,实现网上服务与大厅服务、线上服务与线下服务优势互补、同步推进,创新政务服务机制。2018年洋河镇党政办秉承着“先治理,后发展,提升自身素养”的理念,加快对各级党员干部法治素养的提升,使之自觉尊法、学法、守法、用法。

二、综合执法局行政执法工作

2011年,洋河镇城管大队更名综合执法局,行使劳动监察、文化广播电视出版、卫生监管、食品药品监管、环境保护管理、安全生产监督和宿迁市已实行城市管理相对集中行政处罚权等共217项行政执法职权。在人员设置上也有所变化,在职工作人员增加至90人,其中在编人员有12人,聘用人员为78人,大专以上学历占75%,退役士兵占80%。综合执法局行政职权种类的显著增加,有利于城市管理工作的顺利推进。行政职权也由原来的217项激增至628项,主要包括教育行政管理、住房和城乡建设、规划管理、再生资源回收管理等内容。2016年至2018年年底,宿迁市洋河镇综合执法局增加了工商、质监和食药监管等领域1018项行政执法权,在职人员129人,其中在编人员17人,聘用人员112人;大专以上学历占总人数90%,研究生2人,通过司法考试2人,退伍士兵占85%。从以上变化可以看出,综合执法局经过近30年的发展,不断将日常管理、监督检查和实施处罚等职能综合起来,改革和创新行政执法体系,解决了行政执法中存在的诸多弊病,有利于推动城市管理工作的有效进行。

三、环安局行政执法工作

2015年9月23日,洋河镇成立环境保护与安全生产监督管理局(以下简称环安局),负责环境监管和安全生产等工作。2015年,环安局以生态城创建为抓手,在本地范围内开展工业企业环保大检查活动,共排查企业110家,下达现场检查意见书110份,对于存在环境违法的企业责令整改并要求其补办环保手续。与此同时,环安局积极开展绿色生态创建工作,以建设绿色学校、生态镇、生态村等为工作重心,推动城市发展从规模扩张向精明增长转变。

2016年,环安局以水污染防治和大气污染防治为主线,开展环境整治活动。环安局对18家白酒酿造企业开展集中检查,要求相关企业加强酒糟转运的监督管理,转运时全程覆盖,减少气味逸散。2017年,环安局空气质量自动监测站正式运行,为洋河镇改善空气质量提供依据。2018年,环安局还特别发布《环安局行政执法案卷自查报告》,以规范自身执法行为,提高办案水平。此外,环安局按照一事一卷、一案一卷的要求,对所有行政处罚案卷进行了整理和完善,确保所有案卷规范归档,为严格执法提供有力依据。

四、综治办行政执法工作

2013年,洋河镇成立了政法和综合治理办公室(以下简称综治办),负责政法综治、信访维稳、司法行政等工作。2016年12月,综治办部署开展为期四个月的集中打击"盗抢骗"犯罪行动,创新全要素合成侦查工作机制,使传统"盗抢骗"犯罪破案率达31.1%,通信网络诈骗犯罪破案数增幅375%,维护了社区的安定,保护了当地居民的人身财产安全。此外,综治办还积极整合综治、司法和信访力量,把原黄桥小学改造为综治中心,同时作为农民权益保护中心、人民建议征集中心等,为群众提供信访接待,司法调解等服务。2017年,综治办引入智能管控系统作为城市建设的公共服务项目,创新违法停车自动抓拍、重点点位布控及语音播报、大数据综合指挥调度中心等功能,把视频监控系统拓展成一张网,提高区域公共安全性。综治办还紧紧围绕洋河镇党工委与市委签订的《2017年度依法治市和平安建设目标责任书》的要求展开法治工作,成立主要领导任组长的法治城市创建工作领导小组,将工作成果列入各单位的考核体系,构建了有力的法治工作机制。

五、组宣部行政执法工作

组宣部作为重大政策的宣传者和政府内各项事务的协调者,在推动政府各部门进行依法行政等方面发挥着重要的作用。组宣部在2016年做出的组织工作要点报告中,以开展"基层党建责任深化落实年"活动、统筹抓好"两学一做"学习教育等为工作重点,在全体党员中开展"学党章党规、学系列讲话、做合格党员"的系列教育活动,推动领导干部带头学习讨论,加强了党员对自身行为的监督。2017年,随着党的十九大的顺利召开。洋河镇组宣部有了新的工作目标:以严肃党内政治生活和强化党内监督为重点,全面提升新形势下组织工作水平,为本地建设提供人才支撑。组宣部积极开办“红色讲坛”专题讲座,邀请领导干部和专家学者为机关工作人员进行党性培训。在2018年的组织工作要点报告中,除了对前几年的工作要点进行总结和升华外,组宣部提出要推动基层组织建设全面发展,积极推动基层党建“书记项目”,围绕“乡村振兴战略”,培育新村干,多渠道开展村干部尤其是书记的培训,提升基层村干部政治素质。组宣部以严抓党内纪律为工作要旨,不断创新工作形式,以为本地发展提供优秀干部。

第二节　洋河镇综合执法状况

根据宿迁市委、市政府关于推进行政执法体制改革和创新行政管理方式的需要,洋河镇设立了综合执法局,它是综合行使多个行政机关或法律法规授权组织的法定职权的政府机构。

一、城市管理执法

综合执法局以“扮靓城市服务白姓,规范执法助力发展”为工作目标,一手抓“城市顽疾”执法管理,一手抓城市环境改造提升。2013年来持续打响了“清除城市牛皮癣”“文明出行、规范停车”“流动摊点疏导工程”“清运渣土整治战”等攻坚战,拆除违规高空广告牌近300块,清理墙面广告近万条,停车划线近2万米,规范各类车辆停放5000余次,清理主次干道流动摊点近2万余次,区域内主干道整洁度明显提升。此外,综合执法局还开展了“镇村环境综合整治”“城市家具提升改造工程”“城市驿站建设工作”“城市亮化美化工程”等城市面貌提升工程,城市亮化率达99%,农贸市场超市化率达60%,三星级以上的公厕占公厕总数的60%,其中打造的两座五星级公厕,得到省领导的一致好评。综合执法局通过履行以上城市管理职能,为打造“最美洋河”创造了良好的区域环境,提升了城市综合治理能力。

二、执法制度建设

洋河镇综合执法局开展了"执法制度建设、组织制度建设、纪律制度建设"为主题的"三项建设"活动,建立健全案件评审会议制度,制定《行政处罚城管自由裁量基准》《罚没和暂扣物资管理办法》等执法制度规范体系,对机关工作人员的执法行为进行规范管理。同时,综合执法局严格施行城市管理棋盘责任制、违法建设日报制,截至2018年年底,综合执法局共办理各类案件118起,结案率高达100%。无听证案件、行政复议被撤销或行政诉讼败诉案件。在综合执法局的人员构成中,大专以上学历及退伍军人占比70%。对于违法违规执法人员,实行严格的责任追究制度。到2018年年底,共编发《督查通报》近百期,问责近千人,行政执法队伍规范化水平得到明显提高。

三、执法能力建设

为推进依法行政的进程,洋河镇综合执法局开展执法办案考评机制。为提升执法人员的执法能力,制定了《执法人员冬季军训制》《法律培训每月一课制》等培训和考评制度,切实提升行政执法人员自身素质。自上述机制实施以来,工作人员的执法能力显著提升。执法办案考评机制是指以月为单位,全局所有行政执法案卷为抽查样本底数,随机抽查选取与重大案件必选相结合,且各部门抽查数量不少于两件,由综合执法局组织通案会议,由案委会成员集体对处罚主体、事实、适用法律、执法程序等事项进行审查、提问、会商与考评的工作制度。案卷考评实施一案一评,百分扣分制。每位案委会委员都要将得分情况、评查结果书面记录在评查表内。具体得分取平均值,90分以上为优秀,75~90分为及格,75分以下为不及格。综合执法局按照考评结果对存在行政执法违法违规的行为,责令纠正,并按有关规定追究其责任。通过在行政机关内部实施执法办案考评机制,有利于综合执法局对执法情况进行分析,并且有针对性地提出行政执法的改进意见。

四、综合执法存在的问题及改进思路

自权力下放以来,洋河镇综合执法局承接了1400项行政执法权,涉及城管、工商、质监食药四类的县级全部行政执法和管理工作，劳动、水务、文化、住建、商务、农委、计生、民防、教育九小类的部分执法权。面对新形势、新要求，综合执法局尚存在“散、乱、低”问题，距离城市管理和市场监管的现代化还存在一定差距。为此，洋河镇，采取了有针对性的应对举措，以解决综合执法中存在的问题与差距：

一是执法权限界限“乱”。综合执法局在执法过程中没有达到“界限分明、权责统一”的要求，存在“执法代替监管”的现象，导致职能缺乏联系性，执法缺乏统一性，违法回潮现象时有发生。需要探索建设协作配合机制，形成监管合力。通过厘清职责边界，合理划分综合执法行政部门与相关业务主管部门的职责权限，建立起健全的行政执法协作配合机制。

二是各种专业执法“散”。综合执法局所承接的执法项目存在“散、广、专”问题，如何做好跨越和统筹是工作关键。需要加强人才引进和培训工作，打造综合执法的专业队伍。加强与上级部门沟通协调与业务共建，积极引进专业执法人员和设备。加强自身队伍建设，优化人员配置。

三是辅助执法智能装备的专业化“低”。综合执法局尚未实现业务精干、服务高效的执法队伍建设，需要努力构建信息共享平台，提升监管能力。结合“双随机”信息库，实现许可审批、监管检查和行政执法三方联动，完善事前、事中、事后监管，加强数据互通，提高执法效能。

第三节 洋河镇行政执法责任制状况

一、建立健全执法责任主体制度

洋河镇政府及其工作部门在建立行政执法责任制度、健全行政执法责任程序和落实行政执法责任任务时，认真遵守《行政许可法》，宣传和学习国务院《全面推进依法行政实施纲要》(国发〔2004〕10 号)，在探索行政执法责任制落实到乡镇基层等方面取得显著成效。

鉴于部分党组织成员存在重经济建设、轻自身发展的问题，由洋河镇党政办、组宣部、监察审计局牵头，每年定期召开党的建设工作领导小组会议，贯彻中央、省委和市委关于党的建设工作部署。三机关联合制定并印发了党工委《党的建设工作要点》,研究讨论全区党建工作安排,进一步强化了各级党组织的主业主责意识。同时,持续推进“书记项目”,认真执行《市、县(区)委书记基层党建“书记项目”》,制定《区、镇基层党建“书记项目”》《区级机关部门单位党委书记基层党建“书记项目”》《支部书记基层党建“书记项目”》,推动基层党建工作责任落到实处,有效解决了基层党建中存在的突出问题。此外,针对部分党员存在严重的作风问题。党政办和监察审计局严格执行中央、省、市有关规定,持续开展违规公款吃喝、违规收受礼品礼金问题的专项整治行动,加大了对违纪违法案件的查处力度。同时,将违反中央八项规定的问题作为巡查监督的重要内容,通过靠前监督、下沉监督关口、加大对违纪行为的媒体曝光率,释放了执纪必严的信号。为了减少政企不分现象,组宣部、财政局和党政办还通过制定区直行政事业单位下属企业剥离工作方案,推动下属企业与行政事业单位全面脱钩。严格落实中央组织部《关于进一步规范党政领导干部在企业兼职(任职)问题的意见》精神,严禁现职或不担任现职但未办理退休手续的人员在企业兼职任职。通过以上政策的实施,有利于提高执法工作人员的自身素质,从而加强党内建设,为本地发展提供人才支撑。

二、提升行政执法力度和执法水平

在推动洋河镇实现依法行政的进程中,综合执法局发挥了重要的作用。以“扮靓城市服务百姓,规范执法助力发展”为目标,开展了“镇村环境综合整治”“城市家具提升改造工程”“城市亮化美化工程”等,为建设“最美洋河”提供了良好环境。综合执法局还出台一系列规范性文件《宿迁市洋河镇综合执法局陈述、申辩制度》《宿迁市洋河镇综合执法局行政处罚案件听证制度》等,使其行政执法行为有法可依。在综合执法局承接的职能中,市场监管职能占到了60%,为了更好地履行该职能,综合执法局以“执法+服务”为工作理念,严厉打击违法违规行为,推动普法守法工作的进行。

三、提高行政执法队伍法律素养

为进一步提高执法队伍业务素质、提升执法水平、提高法律法规知识素养，特别是新进人员尽快适应行政执法工作，洋河镇政府建立了公务人员从入职到履职期间的一套完整的考评制度。新入职的行政执法人员必须参与“行政执法人员资格考试”，成绩合格并取得证书后方可上岗工作。此外，对案卷的考评结果实行奖惩通报制，对于行政执法工作人员存在的重大违法违纪行为，责令纠正并要求其承担相应责任。定期组织开展专项法律法规的学习培训活动，学习《行政处罚法》《行政诉讼法》《行政强制法》《食品安全法》《特种设备法》《城市市容和环境卫生管理条例》等法律法规。通过公务人员自学、机关培训、专家讲座等多种形式，有效地提高了人员素质，推动行政执法队伍的专业化建设。

第四章　综治与司法工作

第一节　综 治 工 作

一、综治办的机构设置、人员变迁和职责变化

2008 年,中共宿城区委印发了《关于〈宿城区乡镇机构改革实施方案〉的通知》(宿区委〔2008〕12 号)。依此,社会治安综合治理办公室(综治办)成立,主要负责以下三个方面的职能:一是开展普法宣传和法治宣传教育,提供法律服务;二是维护社会稳定,开展社会治安综合治理工作;三是支持公安、检察、法院、司法部门依法行使职权,组织协调各有关部门共同解决辖区内突发问题,指导村(居)开展社会治安群防群治工作。

2011 年 10 月,根据洋河新城的实际情况,原洋河镇的司法所、信访办以及负责平安创建的三个单位被重新优化组合起来,成立了综治办,与洋河镇合署办公。综治办设信访科、司法科、综合科三个科室;在人员配置上,综治办有主任 1 人,其他人员 12 人。较之以往的社会治安综合治理办公室,新成立的"综治办"的职能也进一步扩充。其中:综治办的"信访科"的职能主要包括以下六个方面:一是对接市信访局,负责新城信访维稳工作,具体负责组织或协调处理跨部门或跨县区的信访事项;二是检查指导基层信访工作;三是研究起草信访工作有关规定;四是组织开展信访业务培训;五是负责接待群众来访,转办、交办、检查信访事项工作;六是负责信访案件调查处理、视频接访、处理群众来信和有关信访案件。综治办的"司法科"则对接市司法局,负责新城司法工作,具体负责刑满释放、解除劳教人员过渡性安置和帮教工作,组织开展社区服刑人员管理和普法宣传和法制教育工作,负责人民调解工作。综治办的“综合科”对接市委政法委(市综治办),负责新城政法工作,具体负责社会管理创新、指导群防群治队伍建设、组织协调开展平安建设以及对外联络、来访接待及其他日常等工作。

2013 年 6 月 6 日洋河新区成立,洋河新区综治办随即成立。2014 年 11 月,为理顺洋河新区体制机制,洋河新区与洋河镇分开,在此基础上重新成立洋河镇综治办,而洋河新区仅成立政法和综合治理办公室,未成立依法治区办,未组建政法委。2015 年,根据宿迁市编委《关于市洋河新区内设机构调整的批复》(宿编〔2015〕188 号),洋河新区党工委下发了《关于调整洋河镇内设机构及主要职能的通知》(洋工委发〔2016〕9 号)和《关于印发洋河新区政法和综合治理办公室主要职能内设机构和人员职数规定的通知》(洋工委发〔2016〕13 号)。洋河新区设置政法和综合治理办公室,内设综合科、综治科、信访科、司法科 4 个科室,主要负责新区政法综治、信访维稳、司法行政等工作。截至 2017 年 12 月,共有政法和综合治理办公室工作人员(含综治、信访、司法)16 人。

二、综治工作的开展

(一)维护社会和谐稳定

1. 推进综治三级中心的规范化、实战化建设

一是提升镇级综治中心建设。根据洋河镇的实际情况,实践中,进一步整合综治、司法、信访力量,把原黄桥小学改造为新区综治中心,同时作为农民工权益保护中心、人民建议征集中心、法律援助中心、社区矫正中心、信访接待中心、洋河镇农民资金互助合作社问题处置中心,为群众提供信访接待、司法调解。自综治中心成立以来,综治中心的运行秩序规范,成效显著。

二是创新镇级平台建设。仓集镇建立矛盾纠纷调处中心与综治中心示范点,通过整合行政资源、专业资源、社会资源和信息资源,在综治、司法、信访、流动人口、特殊人群服务管理功能的基础上,拓展融合民政、劳动、城管等方面内容,为群众提供多元服务。

三是夯实村级平台建设。2017年以来,洋河镇抓村级队伍建设,配齐配强村(居)综治办主任。重点对落后村(居)综治办进行升级,全面构建集"综治、警务、治保、调解、流动人口服务、便民帮办服务"为一体的村级社会管理服务站,不断提升村(居)社会管理服务水平。

2. 完善社会治安防控体系建设

洋河镇成立以来,受制于财政和历史原因,技防设施建设非常薄弱。对此,洋河镇积极探索解决问题的有效办法。先期开展治安监控建设需求论证,制定了覆盖全区,总建设费用约1600万元的高清监控建设方案。计划在洋河镇主要道路卡口建设抓拍点位32个,在乡镇重点部位,城区街巷路口,农村重要道路节点,建设治安监控设备685台,全部采用高清摄像机,联网运行,打造符合上级要求的立体化现代化社会治安防控体系升级版。

截至2017年12月,洋河镇已建成监控平台,建设监控点位367个,联入监控667路(自建597路,老旧监控、社会面监控70路),完成建设总量的95%,已经覆盖城区主要路口、干线道路和各乡镇出入口。同时配备无人机、视频勘查工具箱等专业侦查设备。监控平台投入使用以来,全镇刑事案件、八类案件、"两抢一盗"案件、诈骗案件发案数同比分别下降12.5%、9.1%、13.1%、22.6%;刑事案件破案率、抓获刑事作案成员数、批捕数,侵财批捕数同比分别上升6.5%、15.6%、22.5%、14%。2018年1月,洋河镇积极开展了二期建设,对监控薄弱区域进行织密补盲。

3. 全面开展综治信息化建设工作

一是加快综治信息系统建设。截至2017年12月,洋河镇综治信息系统开通电脑账号5个,综治E通手机账号64个,镇级平台及洋河镇、仓集镇、郑楼镇区镇级平台基本实现公文处理网上流转及检查督办。截至2017年12月,区级平台向镇级平台下发文件和转发文件70余件,各镇综治办全部通过专网报送工作开展情况。

二是推进"平安江苏"推广应用。制定了《关于下载"平安江苏"手机客服端注册平安志愿者的通知》文件,全区各镇、区综治各成员单位通过加强组织领导,专人负责,及时开展QQ群组宣传、印制微信二维码、张贴宣传海报、网格人员走访等方式推广"平安江苏"手机客户端知晓率和覆盖率。新区综治办对下载“平安江苏”手机客户端注册平安志愿者目标任务定期考核通报,推动责任和措施落实。截至2017年12月,洋河新区完成平安江苏App客服端下载3170人,注册平安志愿者2471人,其中洋河镇完成下载平安江苏App客户端2814人,注册平安志愿者2512人。

4. 深入推进社会治安重点地区排查整治工作

为深入贯彻落实市综治办《2017年全市社会治安重点地区排查整治工作要点》的文件要求,针对洋河镇酒街、世纪明珠小区及平安安置小区周围商业场所多,人流量大,流动人口多,打架斗殴、寻衅滋事案件易发高发,易滋生各类违法犯罪问题,深入开展社会治安重点地区排查整治工作,通过开展宾馆、网吧以及洗浴、KTV等场所治安清查,严厉打击影响群众安全感的方面性犯罪,加强宣传教育,提升群众法治意识及加大小区技防投入,提高技防监控入户率等措施,做到对犯罪嫌疑人员第一时间盘查,有力确保了治安重点地区治安有人管、有人问,有力提升了群众安全感和满意度。

5. 精准开展特殊人群管理服务工作

认真做好精神障碍患者管理服务工作。按照宿迁市综治办3号电报文件要求,针对春季容易引发精神病患者伤害自身和他人、损坏财物或危害公共安全的案(事)件,制定下发了《关于加强肇事肇祸精神障碍患者管控工作的通知》(洋综委〔2017〕1号)文件,对辖区精神病患者认真开展调查摸排。对排查出来的全区93名易肇事肇祸精神病人,严格落实工作责任。除此之外,认真贯彻《关于对落实严重精神障碍患者监护责任实行以奖代补的实施办法》(宿综治办〔2016〕6号)文件要求,制定了《洋河新区严重精神障碍患者监护责任人以奖代补政策实施实施办法》。

2017年以来,洋河镇综治办在全区开展了9次矛盾纠纷排查,共排查出各类矛盾纠纷149件。通过有力措施,截至2018年,市交办21件信访积案已化解18件,化解率达85.7%,位居全市第一。新区共受理群众信访事项共80批171人次,比上年同期批次下降13%,人次下降18.4%。接待群众来访68批159人次,同比批次下降16.3%,人次下降20.1%。全区未发生个人极端事件,未发生影响社会稳定的大规模群体性事件,信访维稳形势平稳可控。

(二)社会治理创新工作

1. 洋河镇镇级矛盾纠纷调处中心建设

近年来,随着人民的生产生活方式和思想观念发生较大的变化,因社会关系调整导致各种矛盾纠纷不断增多,矛盾纠纷呈现出主体多元,成因复杂,调解难度日益加大,矛盾易激化等特点,原有的调解机制已难以满足新形势下对矛盾纠纷调解工作的新要求。

为有效破解基层矛盾纠纷化解难题,洋河镇积极推动镇级矛盾纠纷调处中心(综治中心)建设,努力创建矛盾纠纷三级排查调处网络体系,其中第一级为镇矛盾纠纷排查调处中心(归口同级综治中心);第二级为村(居)矛盾纠纷排查调处工作站(归口社会管理服务站,与同级人民调解委员会合署办公);第三级为村(居)小组社区调解员。在全镇建立了党工委、管委会领导,信访综治牵头,镇及相关单位为主体的矛盾纠纷大排查、大调处工作格局。

洋河镇的镇级矛盾纠纷调处中心的建设,旨在力争第一时间、第一地点、低成本、高效率地接待来访群众、化解矛盾纠纷。其中心职责是承接群众来信来访,受理调处矛盾纠纷,会同公安处理民事案件和突发性事件;宗旨是“有访必受、有受必理、有理必果、有果必公”;方法是“统一受理、集中梳理、归口管理、限期处理、依法办理”。

洋河镇镇级矛盾纠纷调处中心的建设,创造性的对乡镇公安、综治、信访、司法资源进行深度整合,建立镇级矛盾纠纷调处中心,形成人民调解、司法调解、公安行政调解相互衔接、良性互动,及时调处各类矛盾纠纷的工作机制。

2. 铁路联防联勤工作站建设

洋河镇境内建有较长的铁路线,为加强境内铁路沿线治安管理,打击违法犯罪活动,有效防范危及铁路行车安全案(事)件发生,2017 年以来,洋河镇按照中央和省、市护路办关于适应铁路线路治安防控新变化的新要求,联合洋河火车站派出所积极开展铁路护路联勤联动工作站试点建设工作。通过制定专门职责、制度、落实专项资金、组建专职队伍,宿迁地区第一批 11 个铁路护路联勤联动工作站建成挂牌。铁路护路联防联勤联动工作站的建立,为洋河镇铁路沿线治安稳定,铁路运输安全畅通提供了有力的保障。取得了一些值得借鉴和推广的经验，具体表现在：

一是制定专门制度，责任落实到位。首先，明确工作站组织架构。在辖区 16.93 公里铁路线内涉及 11 个行政村（红庙、闸口、西门、赵圩、卓玛、桥北、郑楼、古城、大沟、邱庄、陈圩），成立护路联防联勤联动工作站管理机构，由镇综治办主任任站长，洋河铁路公安派出所所长和地方派出所副所长任副站长，地方社区民警、铁路派出所管段民警、沿线各村治保主任为成员，负责工作站各项工作开展。其次，明确工作站巡防制度。工作站巡防队员采取步巡和车巡相结合的方法，对工作中发现的危险人、危险事按照“双通道”要求，同时向路地公安机关及时报告，并按照“谁距现场近，响应时间短，谁先赶赴现场”的原则，实行“立即通知，先期处置，共同增援”的处置机制，实现“联得了，防得实，效果好”的目标。最后，明确工作站宣传职责。洋河镇综治办以护路工作站为新平台，大力推进爱路护路教育进企业、进学校、进家庭活动。由铁路派出所民警每月对工作站巡防人员进行路外安全培训，在教知识、教方法的同时，还交任务、压担子，要求巡防人员既要当好“学员”，又要当好“教员”和“宣传员”，努力实现“教育一人，带动一家，影响一村，确保一线平安”的目标。

二是组建专职队伍，实体运行到位。首先，以专职巡防员为主导。洋河镇组建了一支以沿线 12 个村治保主任为队员的专职巡防队伍，专司工作站辖区线路巡防。由洋河所线路民警负责对其进行业务培训和安全教育，每周培训时间不少于 1 小时。通过“实地看、现场教”的培训模式，发现线路治安管理中的薄弱环节，查“死角”，查“盲区”，努力将工作站巡防队员锻炼成为线路工作能手。其次，以社会巡防员为辅助。洋河镇根据自身实际情况在村（居）社会层面组建了 20 人的巡防中队，共划分两条巡逻线路，并均将铁路沿线重点部位纳入其中。每天 9 时至 18 时，由两个乡镇、派出所保安组成巡逻队伍开展巡查。最后，以平安志愿者为补充。工作站秉承“专群结合、以专带群、群防群治”理念，专门聘请了一批兼职巡逻队员和平安志愿者，佩戴红袖标，自备电动车，由乡镇统一编号，作为巡防力量的有力补充，实现管内铁路线路重点区段“日常周期性覆盖，重要节点每天覆盖”，全力确保管内线路治安稳定。

三是强化了路地联动,增强工作合力。首先,加强对重点时间段、重点部位的严密管控。加强了沿线各村委会范围内的废品收购站、易燃易爆危险品等场所的管控。其次,深入排查化解,消除安全隐患。依托工作站,及时将排查的隐患通报沿线各村委会负责人,在加强整改的同时,做好宣传工作,各工作站对线路治安风险因素进行分析,杜绝隐患反复出现情况,同时扎实做好涉路矛盾排查化解工作。最后,加强宣传教育,提升护路意识。依托工作站,利用沿线各中小学校寒暑假、法定节假日期间等时机,工作站开展形式多样的爱路护路宣传工作,培养沿线群众爱路护路的自觉性。节假日期间,各工作站在农贸集镇通过悬挂横幅、张贴标语、发放宣传资料等形式营造宣传氛围。

第二节　调 解 组 织

一、调解组织的构成

按照《人民调解法》规定,国务院司法行政部门负责指导全国的人民调解工作,县级以上地方人民政府司法行政部门负责指导本行政区域的人民调解工作。为此,洋河新城综治办司法科承担了洋河镇行政区域内人民调解指导工作。

为加强洋河镇调解工作,及时有效地化解社会矛盾纠纷,提升矛盾纠纷调处绩效,洋河新城综治办于2011年5月专门聘请法治意识强、综合素质好、群众威望高、调解能力强的同志担任专职人民调解员。

二、调解组织的运行

洋河镇现有调解组织67个。其中村调解委员会38个,居民调解委员会11个,乡镇人民调解委员会1个,行业调解委员会2个,社会团体和其他组织调解组织数17个。

表8　调解案件数量统计(历年)

年份	申请数(件)	调解数(件)	成功数(件)	挽回经济损失(万元)
2011	652	652	643	20.3
2012	798	798	772	17.6
2013	812	812	795	21.6
2014	852	852	841	27.5
2015	817	817	806	24.1
2016	756	756	743	15.7
2017	685	685	667	27.3

在具体工作的开展上,洋河镇对矛盾化解能力偏弱的苹果、东圩等村居,选聘了4名调解员充实到村调解队伍中,加强了村居的调解力量,化解了一批长期存在的信访矛盾。

洋河镇在开展调解工作的过程中,不断推进调解组织的机制创新与运行实效,这其中:一是积极参与社会治理法治化建设。大力推进人民调解委员会规范化建设。截至2017年,洋河镇镇、村级调委会规范化建设全部达到"五有"标准,全镇社会矛盾纠纷调处成功率始终保持在97%以上。推进法律服务载体建设,整合基层法律服务工作者、人民调解员资源,配齐村(居)法律顾问。加强法律服务阵地建设,各镇依托现有资源在服务大厅设立了服务窗口,提供公共法律服务。洋河镇在组织新区法律顾问参与矛盾调处的同时,积极组织法律工作者、志愿者开展走基层活动,2017年上半年,提供法律咨询,诉讼代理等服务60余件次。

二是创新调解方式,积极开展诉调对接工作。洋河新区按照市委"三转三稳"工作要求,综合采取包案化解、司法救助、教育疏导等办法,化解了大量涉法涉诉信访积案。与市委政法委积极对接,对涉法涉诉信访人开展涉法涉诉司法救助,切实做到打击犯罪与保障人权并重、程序公正与实体公正并重、相互配合与依法制约并重、依法办案与接收社会监督并重。

三是积极参与法治宣传教育活动的开展。2017年以来,新区综治办针对干部群众的不同需求,编印实用法律知识和典型案件读本1万余份,受教育群众近5万余人。组宣部开展反邪教、反诈骗、反非法集资、消防安全、交通安全、依法维权等文艺演出10场次。各镇通过村村通、流动宣传车等形式进村开展宣传30余次。

第三节　司法组织

一、洋河人民法庭

(一)基本情况

洋河人民法庭是宿迁市宿城区人民法院下设的职能部门。截至2017年12月,全庭有正式干警7人,外聘辅助人员9人,共16人。其中,审判人员5人,占全庭正式干警的71.4%。研究生学历1人,本科学历12人,本科及以上人数占全庭人员的81%。

洋河人民法庭设有立案大厅、民事第一审判庭、民事第二审判庭、民事第三审判庭、人民调解室、会议室、办公室以及干警宿舍。自设庭以来,洋河人民法庭始终把审判工作放在首位,内强素质,外树形象,锐意改革,积极争创一流基层人民法庭。先后被宿迁市中级人民法院两次评为"先进集体"并授予"集体三等功"荣誉称号,被江苏省高级人民法院评为"全省人民法庭涉诉矛盾纠纷化解工作先进集体",被共青团宿迁市委授予"青年文明号"荣誉称号,被洋河新区党工委和洋河新区管委会授予"服务地方经济发展特别贡献奖"(2014年2月)、"经济社会发展特别贡献奖"并被评为"'三服务三促进工作'先进单位",被中共宿城区委和宿城区人民政府评为"人民满意政法单位",被中共宿迁市委洋河新区工作委员会和宿迁市洋河新区管委委员会评为"优秀政法基层站所",被宿城区人民法院评为"先进集体"。刘敏庭长被江苏省高级人民法院评为全省优秀基层人民法庭庭长。

(二)洋河法庭历年案件处理情况

洋河法庭作为整个宿迁范围内派出法庭中辖区最大的派出法庭,每年各类案件加起来有1500件左右。其中,离婚和民间借贷类的纠纷最多,两者加起来占案件总量的50%左右,此外,交通事故和买卖合同类的纠纷,两者相加占案件总量的20%左右,剩下的30%是金融借款类、劳务合同类、子女抚养类及建设工程类等各种纠纷。

表9　案件处理的基本情况

年份	收案(件)	结案(件)	结案率(%)
2004	394	373	94.67
2005	505	507	96.39
2006	623	628	97.82
2007	846	835	97.09
2008	966	941	94.95
2009	905	910	95.29
2010	970	974	95.96
2011	1004	1016	97.22
2012	1202	1175	95.45
2013	1263	1176	89.16
2014	1279	1141	80.24
2015	1407	1378	81.64
2016	1505	1478	81.43
2017	1412	1416	80.96

二、洋河检察室

宿城区人民检察院派驻洋河新区检察室成立于2014年3月。检察室成立时的编制为副科级,编制2人,成立时有主任一人(张建华正科级)、副主任一人(朱长青副科级)。2017年11月,朱长青副主任转隶至宿城区监察委员会。

检察室的主要职能为发挥检察职能,参与地方社会治安和社会综合治理等涉及检察职能的工作,不负责案件的具体办理。比如2015年,检察室积极开展"检察官赶集""三解三促"等活动。又如伴随着"洋河蓝色经典"知名度的提高,酒类制假买假情况十分严重,假冒注册洋河酒厂商标类型的刑事犯罪案件逐年增多。洋河派驻检察室的设置,不仅能够确保知识产权专业办案小组的工作触角延伸80公里,从"被动接诊"变成了"上门服务",而且企业可以就近举报、公安机关可以移送涉嫌犯罪的线索,查处案件线索的同时,他们还利用专业优势开展法制宣传咨询、知识产权预警。据检察室的数据统计表明,仅2014年上半年,他们就进行法制宣传2次,受理企业知识产权诉求5件,移送公安查处1件。再如2018年3月14日上午,为切实强化产权保护,维护洋河地区酒类企业合法权益,提高群众维权意识,洋河新区检察室就参与了宿迁市宿城区检察院在宿迁市洋河新区开展的以"打假维权"为主题的产权保护系列活动。其中,在知识产权联动执法联席会议上,检察室和与会单位一起,会商并签订了《关于建立和完善知识产权保护执法联动机制的意见(试行)》。

根据检察院改革要求,2019年拟将该机构撤销,现撤销程序正在启动。

三、洋河派出所

(一)洋河派出所的基本情况

洋河派出所辖区内有洋河酒厂、火车站、洋河人民医院等68家消防重点单位,宾馆、网吧等场所行业190余家,年均"110"接处警总量达6800余起。

派出所现有民警20人,局领导兼职1人,平均年龄30岁,万人警力比为1.8。一直以来,洋河派出所立足城区中心派出所治安实际,不断深化联勤联防勤务机制改革,以分局绩效考核为指挥棒,坚持"过程性控制、精细化管理"的工作机制,以信息警务引领工作推进,以民意导向作为工作风向标,积极探索新形势下科技强警、规范建警、文化育警的路径。全力做好维护社会稳定、公共安全、服务群众等各项工作,取得了显著成绩。

(二)洋河派出所2011~2016年案件发案数、警情量(见表10)

表10 洋河派出所2011~2016年案件情况

年份	接处警(起)	纠纷类警情(起)	刑事警情(起)	同比	治安警情(起)	同比
2011	3901	391	340	上升20.1%	220	下降22.3%
2012	5234	571	420	上升23.5%	391	上升77.7%
2013	1076	571	431	上升2.6%	569	上升45.5%
2014	5383	776	393	上升17.8%	415	下降27%
2015	6230	1006	463	上升17.8%	534	上升28.7%
2016	6140	1082	360	下降22.2%	715	上升33.5%

第四节　司　法　所

司法所是构建基层和谐的重要力量,对基层政权建设、民主法制建设、维护社会稳定起着基础性、先导性和服务性作用,具有潜移默化、厚积薄发的“治本”功能,是社会稳定的幕后英雄,对推进依法治国起到润物无声的效果,主要体现在社区矫正、人民调解以及刑释解教人员的安置帮教等工作中。

一、司法所的组织架构

洋河镇司法所强镇扩权试点以来,根据省政府试点改革文件与市委、市政府批复洋河镇三定方案,洋河镇司法所与综治办合署办公。2011 年 10 月,根据洋河新城实际,将原洋河镇的司法所、信访办以及负责平安创建的三个单位结合起来,与洋河镇合署办公。

二、司法所的基本职能与运行成效

(一)司法所的基本职能

洋河镇司法所的主要职能,是以加强和创新社会管理为重点,以司法所规范化建设为主线,努力提升人民调解、司法所建设和基层法律服务工作水平。洋河镇司法所目前的工作重点,主要包括三个方面:一是社区矫正、人民调解及刑释解教人员的安置帮教。二是人民调解工作。三是安置帮教工作。

(二)司法所的运行成效

1. 社区矫正工作取得较好成绩

2014 年 11 月接管时,在矫人员共 82 人。2015 年来解矫 48 人。2017 年,在矫人员 69 人。近三年来,洋河镇的社会矫正工作,无一人脱管、漏管,在管理人手不够、硬性条件比较差的情况下做到收得了、管得住、矫得好。

在日常管理,一是重点时段强化管理:全国两会、国家主要节日期间主动排查重点矫正对象,做到日查、日报、日记,对排出的重点人员要“朝朝见面”。二是严处违法。例如,2017 年,提请收监因违反治安管理处罚法 1 人,依法给予无假外出和未参加集中学习人员共21人次书面警告处分。

在教育、劳动活动的组织上,近三年来,洋河镇司法所共组织了较大规模的集中教育8次和集中劳动4次。如2017年,其中3月6日,将女性社区矫正对象组织到敬老院进行法制教育和义务劳动;3月10日,将全体社区矫正对象集中进行了整训,请区里点名,由所长训话;5月26日,组织集中接受宿城区检察院与社区矫正管理局领导到洋河镇点验身份;6月5日组织全体在矫人员去洋河环卫所打扫卫生;12月4日至11日组织普法宣传、集中教育(考试)、进一步开展"法润江苏"的"六进"活动等。2015年9月,江苏省检察院就社区矫正可能脱管、漏管的重点疑点问题进行突击抽查,洋河司法所无一例脱管、漏管问题而顺利通过,受到表扬。

2. 人民调解成效稳定

2017年,司法所共调解矛盾纠纷近300起,调处率达100%,调解成功280多起,成功率约95%。对大宗矛盾纠纷调解的成功案例我们坚持做到一案一档,既有调解申请,又有调查和调解笔录、调解协议,规范了人民调解工作。截至2017年,司法所到层面上已整理卷宗40多本;简易的调解一般也有《口头调解协议》,由村居上报,镇里收集。群众反映的实际问题绝大多数得到妥善解决。

3. 安置帮教方面

截至2017年12月,司法所通过刑释解矫平台接收刑释解矫115名。已全部联系刑释解矫人员家属和村居干部接收安置。司法所主动联系环卫所作为大年龄段刑释解教人员就业安置备选单位。

4. 法治宣传方面

近三年来,司法所在政府会议室为全镇村居治保主任、调解主任做了法治辅导讲课;每年的12月4日"国家宪法日",司法所组织人员到酒家路设立法律咨询台,进一步推进"法润江苏"的"六进"工作;对社区服刑人员每月都进行集中教育,在司法所主讲的基础上也间或邀请公安、检察院的同志前来授课,重点是宣传贯彻党的十八届四中全会精神、《江苏省社区矫正工作条例》及其他有关法律法规。同时,承担了洋河镇依法行政学习的基础备课及有关诉讼的代理。开展了进社区法制宣传、向群众宣传社会主义法治理念等工作,普及法律知识;积极督促各村、社区采取专栏、会议等形式定期开展法制宣传活动。2015 年 2 月,洋河司法所被宿迁市司法局表彰为“先进司法所”。

第五节　法律服务

截至 2017 年年底,洋河镇辖区仅有一家法律服务所,3 名法律工作者。

很显然,现有的司法资源无法为全镇 49 个村居配齐法律顾问。针对这一情况,经与市局律管处协调,市律协为洋河新区配备了 49 名市直律师。截至 2017 年 12 月,市局安排的律师已经全部与村居挂钩到位,村居法律顾问落实率 100%,建立村居法律顾问微信群 52 个,每所开展走访调研村村行活动均不低于两次,开展了“涉农”帮扶法律服务,为广大农村群众提供生产、生活所需的法律服务。

在法律服务工作的开展上,洋河镇积极组织洋河所法律工作者走进村居(社区)活动,积极宣传常见“坑农、害农”行为和防范措施,切实将涉农法律法规、政策传播到农户。另外,公正“暖心便民”活动。为扩大市局公证领域惠民政策的知晓度,洋河镇司法所利用“三进三帮”活动日在洋河镇组织了集中宣传活动。截至 2017 年 12 月,活动共发放政策宣传资料 2000 余份,提供咨询 100 余人次,通过宣传提升了惠民政策的知晓度。依托村居基层司法工作站,实现公正联系点的村居全覆盖。

第五章　法治宣传教育与法治文化建设

第一节　概　　述

开展法治宣传教育，进行法治文化建设是促进经济发展和构建和谐社会的重要保障。洋河镇在镇党委、政府的正确领导下，紧紧围绕建设“法治洋河”的主线，积极开展法治宣传教育和法治文化建设活动，为洋河镇经济发展提供良好的法治环境。2011 年 10 月以来，洋河镇法治宣传教育工作主要由洋河镇综治办承担。2016 年，镇党委、镇政府审议通过了洋河镇“七五”普法规划，并召开了“七五”普法动员大会，新增法治副校长、法治宣传员、普法志愿者等普法工作岗位，加大普法经费支出，为实现全民普法提供有力保障。2018 年，根据中央有关“谁执法、谁普法”的部署要求，洋河镇坚持执法与普法并举，通过说理、举例、查法条等方式，增强群众的法治意识。实行“现场 + X”方式进行执法普法活动，将安全知识印刷手册带进社区，现场为群众讲解示范安全知识。洋河镇全镇上下坚持依法行政与法治教育相结合，公民的法治意识不断提高。

第二节　主要措施

洋河镇积极开展学法、守法、普法等各类法治宣传教育活动，推动洋河镇法治建设工作，提高公民的法治素质，为经济社会发展创造了良好氛围：一是开展法律进机关活动，提高领导干部的依法行政水平。镇党委、镇政府高度重视学法、普法工作，把机关学法列入领导班子专题学习的重要内容，全体机关干部和工作人员在法治建设中。二是推动法律进学校，创建依法治校示范校。洋河镇各中小学校均把法治教育纳入学校课程体系，并且确保每所学校都有专职或兼职教师开展适合青少年身心成长特点的法治教育课程，以实现法治教育计划、教师、教材和课时的"四落实"，推动以学校、家庭、社会为单位的"三位一体"的青少年法治教育格局日臻完善。三是开展律师进社区活动，为居民提供法律服务。宿迁市律协为洋河镇配备了49名市直律师并全部到位，所涉律所通过走访社区，积极为居民提供服务。四是开展法律进市场活动，促进经营者依法诚信经营。各级工商、税务、物价、卫生等市场监管部门围绕社会热点问题，结合专项执法检查活动，通过制定守法经营承诺书、组织法律咨询服务、设立投诉举报电话等方式，把执法检查的过程变成法治宣传教育的过程，促进市场主体依法诚信经营。五是开展法律进家庭活动，保护妇女儿童权益。洋河镇政府积极开展"法律进家·平安建家""法治中国·家庭先行""法治洋河·巾帼在行动"等主题宣传活动。

第三节　洋河镇法治教育与公民法治意识问卷调查情况

2018年7月，洋河镇法治国情调研组在洋河镇的问卷调查显示，在281份有效问卷中，调研对象包括政府机关公务员、事业单位工作人员、企业员工、个体经营者、农民和在校学生。

（一）调查对象基本情况

在随机问卷调查的对象中，从性别来看，男性多于女性；年龄段在18～60岁的人为主体；文化程度以初中文化占多数；调研对象中公务员、事业单位工作人员、企业职工、个体经营者、居民、农民占比较为平均，学生的数量多于其他人员。具体调研结果见表11～表14：

表11　性别统计

		数量(人)	百分比(%)
性别	男	178	63.3
	女	103	36.7
总计		281	100.0

表12　年龄统计

		数量(人)	百分比(%)
年龄段	18岁以下	95	33.8
	18～60岁	178	63.3
	60岁以上	8	2.9
总计		281	100.0

表13　文化程度统计

		数量(人)	百分比(%)
文化程度	小学及以下	5	1.8
	初中	145	51.6
	高中、中专	70	24.9
	大专	35	12.5
	本科及以上	26	9.2
总计		281	100.0

表14　工作单位(或身份)统计

		数量(人)	百分比(%)
工作单位(或身份)	政府机关	30	10.7
	事业单位	28	10
	企业	30	10.7
	个体	50	17.8
	居民	21	7.5

续表

		数量(人)	百分比(%)
工作单位(或身份)	农民	28	10
	外来务工人员	0	0
	学生	94	33.3
	其他	0	0
总计		281	100.0

(二)洋河镇公民法治教育情况分析

在281份有效问卷中,调研对象包括政府机关公务员、事业单位工作人员、企业员工、个体经营管理者、农民和在校学生,有关公民法治教育的具体情况如下:

1. 公民学习法律知识的最主要途径是"媒体",其次是集中性的法治讲座、讲堂。具体调研结果见表15:

表15　学习法律知识的主要途径统计

		响应		个案百分比(%)
		数量	百分比(%)	
主要途径	集中性的法治讲座、讲堂	134	22.3	47.7
	媒体(广播、电视、报刊、网站)	216	36	76.9
	工作生活场所的宣传橱窗	99	16.5	35.2
	法治文艺演出等普法教育活动	90	15	32.0
	街头免费法律咨询服务	61	10.2	21.7
总计		600	100.0	213.5

随着新媒体的兴起,尤其是网络媒体的普及和大量法治类节目的播出,普通民众已经能够比较便捷地从这些新媒体获取自己需要的法律知识。集中性的法治讲座、讲堂占据公民接受法律教育途径的第二位,说明洋河镇在普法宣传教育方面是有下功夫的。相较而言,法治文艺演出和街头免费法律咨询受到时间、场次及获取便捷性的限制,难以成为公民学习法律知识的主要渠道。

2. 绝大多数公民在近一年内都参加过普法活动，具体调研结果见表16：

表16　近一年参加过普法活动统计

		数量	百分比(%)
参加过普法活动与否	是	249	88.6
	否	32	11.4
总计		281	100.0

在近一年内绝大多数公民都参加过普法活动，只有少数人没有接受过普法教育。

3. 公民学习法律的途径主要是个人自学，具体调研结果见表17：

表17　学习法律知识的主要途径统计

		数量	百分比(%)
学习法律知识途径	个人自学	181	64.4
	单位组织学习	100	35.6
总计		281	100.0

在公民学习法律知识的途径中，以个人自学为主，由单位组织而被动地学习法律的方式占比相对较少。这说明，随着法律在社会控制中占据的地位越来越凸显，相应地，公民也意识到法律在生活中的重要性，而自发地去学习法律。

4. 公民参加普法活动的主要场所首先是“单位”，其次是法治宣传教育中心和“法治文化公园、广场、长廊等开放式阵地”，具体调研结果见表18：

表18　参加过普法活动统计

		响应		个案百分比(%)
		数量	百分比(%)	
在哪里参加普法教育	单位(学校)	158	35.2	56.2
	村(居)普法橱窗、法治学校、农家书屋	88	19.6	31.3
	法治宣传教育中心	101	22.5	35.9

续表

		响应		个案百分比(%)
		数量	百分比(%)	
在哪里参加普法教育	法治文化公园、广场、长廊等开放式阵地	97	21.6	34.5
	其他	5	1.1	1.8
总计		449	100.0	159.8

近年来,洋河镇加强了法治文化阵地建设,法治文化公园、广场、长廊等随处可见,在普法宣传方面发挥了明显作用。

5.公民参加普法活动的主要形式是“观看报刊广播电视法治栏目”和“阅读法律书籍”;公民理想的普法途径是报刊、广播电视、网络等媒体的宣传报道以及建设一定量的法治公园、普法广场等阵地;公民理想的普法方式是开展法律讲座和法律读书活动;公民理想的普法载体是常用法律知识问答小册子、漫画和微电影。具体调研结果见表19～表22:

表19　参加过的普法活动的形式统计

		响应		个案百分比(%)
		数量	百分比(%)	
哪种形式的普法活动	参加法治讲座	71	9.9	25.3
	参加法律知识考试(竞赛)	43	6.0	15.3
	浏览法治挂图	65	9.1	23.1
	阅读法律书籍	132	18.5	47.0
	观看法治文艺演出	89	12.5	31.7
	观看报刊广播电视法治栏目	143	20.0	50.9
	接受免费法律咨询服务	19	2.7	6.8
	接收手机普法短信	59	8.3	21.0
	在公交、地铁、街头、商业区等公共场所看过普法广告、标语	90	12.6	32.0
	其他	3	0.4	1.1
总计		714	100.0	254.1

表 20　解决法律知识不足的最好普法途径统计

		响应		个案百分比(%)
		数量	百分比(%)	
哪种形式的普法途径	建设一定量的法治公园、普法广场等阵地	126	33.2	44.8
	加强报刊、广播电视、网络等媒体的宣传报道	145	38.2	51.6
	建设村(居)法治宣传栏	63	16.6	22.4
	在农家书屋等场所建立法律图书角	43	11.3	15.3
	其他	3	0.8	1.1
总计		380	100.0	135.2

表 21　解决法律知识不足的最好普法形式统计

		响应		个案百分比(%)
		数量	百分比(%)	
哪种形式的普法活动	定期开办法律讲座	142	29.9	50.5
	开展法律知识考试	33	6.9	11.7
	定期开设法律咨询服务	79	16.6	28.1
	开展法治文艺演出	79	16.6	28.1
	开展法律知识竞赛	52	10.9	18.5
	开展法律读书活动	87	18.3	31.0
	其他	3	0.6	1.1
总计		475	100.0	169

表 22　解决法律知识不足的最好普法载体统计

		响应		个案百分比(%)
		数量	百分比(%)	
哪种形式的普法活动	常用法律知识问答小册子	115	22.4	40.9
	标语	59	11.5	21.0
	故事	52	10.1	18.5

续表

		响应		个案百分比(%)
		数量	百分比(%)	
哪种形式的普法活动	戏曲	15	2.9	5.3
	广告	41	8.0	14.6
	漫画	70	13.6	24.9
	宣传挂图	41	8.0	14.6
	新闻栏目	48	9.3	17.1
	微电影	70	13.6	24.9
	其他	3	0.6	1.1
总计		514	100.0	182.9

从中央到地方,都有各种法治方面的广播电视节目,在潜移默化地起到普法作用。洋河镇为此也因势利导,利用各种媒体宣传法律,进行普法教育。这种利用广播媒体普法的途径,因为不占用公民的大块时间、并且饶有兴趣、不晦涩,而大受欢迎,被公民们认为是最理想的普法途径。另外,专业的法治讲座也因为其专业性而受到公民的欢迎,被认为是最理想的普法方式。常用法律知识问答小册子因其实用性被公民视为最理想的普法载体。除此之外,漫画和微电影等寓教于乐的普法方式也受到了民众的欢迎。

6. 公民对普法教育的认识与评价(见表23、表24)。

表23　普法效果统计

		数量	百分比(%)
效果	很好	79	28.1
	较好	80	28.5
	一般	102	36.3
	不太好	14	5.0
	不好	6	2.1
合计		281	100.0

表 24 当前开展的普法教育成效统计

		数量	百分比(%)
程度	太多	21	7.5
	合适	117	41.6
	太少	143	50.9
合计		281	100.0

普法的目的是提高公民的法律知识水平和法治意识,公民自身的感受是普法效果的最好检测标准。从调查结果来看,绝大多数民众认可洋河镇的普法效果,其中认为效果很好的占到被调查对象一半以上,认为效果不太好和不好的仅占7.1%。另外从民众对洋河镇普法教育的体量上来看,有一半的民众认为现阶段的普法教育仍偏少,不能够满足民众的需求;在未来应加大普法教育的力度。

(三)洋河镇公民法治意识情况分析

公民法律意识作为社会意识的特殊形式,指作为独立的社会个体的公民,关于法律现象的思想、观点、知识和心理态度的总称。现代公民的法律意识内容包括法律知识掌握情况、公民的权利义务观念等。根据2018年7月洋河镇法治国情调研小组在洋河镇的问卷调查,洋河镇公民法律意识情况见表25和表26:

1. 公民法律知识掌握情况

表 25 认为自己所了解的法律知识多少情况

		数量	百分比(%)
程度	十分丰富	41	14.6
	比较丰富	52	18.5
	一般	132	47.0
	比较匮乏	44	15.7
	十分匮乏	11	3.9
合计		281	100.0

表 26 认为自己目前已有的法律知识能否满足生活需要统计

		数量	百分比(%)
是否满足	完全可以满足	55	19.6
	基本可以满足	174	61.9
	完全不能满足	52	18.5
合计		281	100.0

对公民所掌握的法律知识情况及其与日常生活的关系的调查可以明确法治宣传工作的重点。调查结果显示,大部分公民认为自己了解的法律知识一般,已有的法律知识基本可以满足生活需要。因此有必要进一步有针对性地加强法治教育工作。

2. 大部分公民仍认为自己缺乏丰富的法律知识;在法律知识的了解状况调查中,显示,除了宪法和道路交通安全法外,民众对其他的法律多是处于不太了解和不了解的状态。具体调研结果见表 27、表 28。

接受调查的公民中,对宪法和道路交通安全法的了解程度最高,对公务员法、国家赔偿法、行政诉讼法、民事诉讼法、村民委员会组织法、反不正当竞争法的了解程度较低,有一半左右的民众处于不太了解和不了解的状态;对《婚姻家庭法》《合同法》《刑法》《行政处罚法》《劳动及社会保障法》《环境保护法》《消费者权益保护法》也仍有 40% 左右的民众是不了解和不太了解的状态。由此可见,洋河镇的普法工作仍有很长的路要走。

表 27 认为自己目前最缺乏的事项统计

		数量	百分比(%)
缺乏	丰富的法律知识	161	57.3
	正确的法律意识	46	16.4
	牢固的法律信仰	23	8.2
	依法办事的能力	51	18.1
		281	100.0

表 28　对法律知识的了解情况统计

		十分了解		比较了解		不太了解		不了解		总计
		数量	个案百分比(%)	数量	个案百分比(%)	数量	个案百分比(%)	数量	个案百分比(%)	数量总计
学习哪些法律知识	宪法	41	14.6	144	51.2	74	26.3	22	7.8	281
	婚姻家庭法	39	13.9	98	34.9	85	30.2	59	21.0	281
	合同法	39	13.9	93	33.1	91	32.4	58	20.6	281
	侵权责任法	33	11.7	100	35.6	93	33.1	45	16.0	281
	刑法	37	13.2	102	36.3	100	35.6	42	14.9	281
	道路交通安全法	54	19.2	140	49.8	63	22.4	34	12.1	281
	行政处罚法	32	11.4	97	34.5	87	31.0	55	19.6	281
	劳动及社会保障法	35	12.5	119	42.3	78	27.8	49	17.4	281
	环境保护法	47	16.7	120	42.7	89	31.7	35	12.5	281
	村民委员会组织法	37	13.2	88	31.3	102	36.3	54	19.2	281
	反不正当竞争法	32	11.4	104	37.0	93	33.1	52	18.5	281
	消费者权益保护法	43	15.3	115	40.9	88	31.3	35	12.5	281
	民事诉讼法	35	12.5	105	37.4	89	31.7	52	18.5	281
	行政诉讼法	28	10.0	99	35.2	93	33.1	61	21.7	281
	公务员法	25	8.9	77	27.4	100	35.6	79	28.1	281
	国家赔偿法	29	10.3	85	30.2	101	35.9	66	23.5	281

注:数量为选择该选项的样本数量;个案百分比为选择该选项的数量与总人数之比;数量总计为十分了解、比较了解、不太了解、不了解之和。

3. 对现行法律和法治环境的评价

对现行法律的评价主要调查公民对法律的功能和作用的认识，在调查问卷中针对该问题设计了以下几个问题（见表29～表32）：

表29 与他人发生矛盾时，首先选择的解决方式（针对农村居民）统计

		数量	百分比（%）
方式	运用法律武器	91	63.6
	找村干部解决	22	15.4
	用武力解决	3	2.1
	通过私人关系解决	7	4.9
	找村里有威望的老人解决	10	7.0
	忍忍就过去了	10	7.0
合计		143	100.0

表30 法律与工作学习和生活的关系统计

		频率	百分比（%）
关系	关系非常紧密	164	58.4
	关系不大	88	31.3
	没有关系	10	3.6
	说不清楚	19	6.8
合计		281	100.0

表31 认为法律是否能维护您的切身利益统计

		频率	百分比（%）
有效	能，我对法律非常有信心	189	67.3
	不能，法律越来越成为有钱人和有权人的代表和工具	27	9.6
	现在还不能，但是随着社会的发展，法律会逐渐完善	48	17.1
	说不清楚	17	6.0
合计		281	100.0

表32　遇到法律问题时,首先想到的解决办法

		频率	百分比(%)
方式	请熟人朋友帮忙	24	8.5
	找村(居)基层干部帮忙	22	7.8
	找法院、检察院	18	6.4
	找政府部门	41	14.6
	咨询律师等法律服务专业人员	116	41.3
	上网搜索	40	14.2
	拨打“12348”法律援助热线	20	7.1
合计		281	100.0

根据调查结果显示,大部分调查对象会选择通过法律的方式解决矛盾,并认为法律能够维护自身利益,并且也觉得法律对于自己的生活是重要的。遇到法律问题时,有41.3%的调研对象会选择去咨询专业的法律服务人员。这说明民众是信赖具有专业法律知识的律师等法律服务人员的。

围绕法治环境评价,主要调研了公民对与政府发生纠纷后法律途径的有效性评价、司法环境评价以及对依法治国前景的评价。(见表33~表35)

对于目前的法治环境,大部分调查对象倾向认为法律途径能够解决好自身与政府机关的纠纷,打赢官司的关键是自己有理,证据充分而非有路子、背景好、与法官有关系。中国在传统上是一个人情国家,而此次调查结果显示大部分民众并不认可这一观点,这是民众法治意识进步的一个体现。在对我国依法治国前景问题上,84.7%的被调查对象对我国依法治国前景抱有信心,但其中大部分还是持有谨慎态度,认为虽然能够实现,但过程会很艰难。

表33　普通老百姓是否能够通过法律途径解决好与政府机关的纠纷

		频率	百分比(%)
有效	能	126	44.8
	或许能够	92	32.7
	不太可能	55	19.6
	根本不能	8	2.8
合计		281	100.0

表34　打赢官司最重要的因素

		数量	百分比(%)
有效	自己有理,证据充分	252	89.7
	有一名好律师	15	5.3
	与法官关系好	4	1.4
	路子广,有背景	10	3.6
合计		281	100.0

表35　对我国正在进行的依法治国前景的看法

		数量	百分比(%)
有效	根本无法实现	14	5.0
	虽然能够实现,但过程会很艰难	143	50.9
	很快就能实现	95	33.8
	说不清楚	29	10.3
合计		281	100.0

(四)小结

综上,洋河镇在总结“六五”普法经验的基础上,动员部署“七五”普法开局工作,为积极营造学法、守法、尊法、用法的法治氛围创造了良好条件。洋河镇进行法治宣传教育和法治文化建设效果突出,但仍存在提升空间。

1.新媒体成为居民学法新渠道。随着新媒体的兴起,尤其是网络媒体的普及,普通民众已经能够快速从这些新媒体中获取自己需要的法律知识。且相较于传统法治宣传方式,通过新媒体进行法律知识的学习无须受到场所、时间或场次的限制。洋河镇政府可以此为契机,将涉及居民自身利益的法律知识发布到镇政府官网,或通过创建镇政府微信公众号,实现公共服务网上操控,让更多的居民在上网消遣的同时也享受了政府服务与对法律知识的学习。

2.居民所了解的法律种类少。接受调查的居民对于法律知识的了解总体上偏少,洋河镇政府的全面普法工作还有很长的路要走。需要进一步落实“谁执法、谁普法”的理念,充分利用公众活动场所开展法治宣传教育,推进法治文化公园、法治教育基地的建立,让法治融入公众生活。

3. 居民对现行法治环境较为满意。调查发现,洋河镇大部分被调查对象对我国依法治国前景抱有信心,但还是有不少民众对依法治国前景持谨慎乐观态度,认为虽然能够实现,但过程会很艰难。调查结果显示,洋河镇在培育居民法律意识方面效果显著,大多数居民能够运用法律思维解决自己所遇到的问题。洋河镇政府应对此种现象继续加以保持和发扬,并不断创新法治宣传教育形式,通过开展网上授课、微信推送、专家讲座等形式,让依法办事植根于居民内心。同时,也要加强对政府机构工作人员的法治教育活动,积极把依法行政作为领导干部考评的重要指标,在机构内部形成懂法、守法、普法的良好氛围。

第六章　基层自治与社会团体

第一节　基 层 自 治

一、洋河村(居)委员会及其人员构成的演变

洋河村(居)情况的演变

1999 年,洋河镇共有 9 个村委会,分别是:西门村、平安村、大圩村、车站村、庄西村,新化村、小街村、三葛村、东圩村。

2000 年,从屠园托管 7 个村委员,即二庄、前行、冯桥、沙圩、西俞、周石、解放,村民委员会数量增加至 16 个。

2001 年,由于新化村与西俞村合并成南街村,小街村改名东关,二庄村、前行村合并成富强村,沙圩村与冯桥村合并成冯桥村周石村、解放村合并成中兴村,车站村、庄西村合并成新南园村,村民委员会的构成也随之发生变化。

2005 年又从陈集托管 2 个村,即闸口村,红庙村,由此村民委员会新增 2 个。2011 年共托管了四个乡镇的 11 个村,即罗圩乡的马元村、葛罗村、黄庄,南蔡乡的兴跃村、黄桥村、果园村,洋北镇的赵圩村、卓码村、桥北村,仓集镇的李官庄村、王园村。

目前洋河镇共有 24 个村居:西门居委会、平安居委会、大圩居委会、新南园居委会、三葛居委会、东圩居委会、富强村、冯桥村、南街居委会、中兴村、闸口村、红庙村、马元村、葛罗村、黄庄村、兴跃村、黄桥村、果园村、赵圩村、卓玛村、桥北村、李官庄村、王园村、东关居委会。

二、村(居)民自治的主要实践

在推进基层自治的过程中,洋河镇充分重视并主要采取以项目化推进基层党建工作的方式,全区"一盘棋",涌现出丰富的做法。从典型性上来看,主要有黄桥村社区和东圩社区的实践经验。

(一)洋河镇黄桥村社区基层自治的工作实践

黄桥村社区原称宿迁县苏圩区庆义乡,黄桥村共有人口 2560 人,现位于洋河新城名苑。黄桥村非常注重村党支部建设和党员的从优发展。黄桥村现有正式党员 65 人,其中女党员 12 人,30 岁以下党员 9 人,50 岁以上的党员 37 人,大学本科党员 5 人,专科 10 人。经过村庄整体拆迁,村居变社区,村民变市民,洋河新区政府筹建 4170 平方米党群之家。

黄桥社区居民委员会最近一次于 2016 年 11 月进行换届选举,换届选举采用居民选举的方式,共有选民 2600 名参加选举。

党群之家主要功能是一层为社区工作服务站和社区电商创业基地,二层为活动功能室,包括阅读室、科普馆、儿童乐园、舞蹈排练厅、手工坊、乐器琴房、亲情话吧、4 点半课堂、书法室、健身活动室、社区协会办公室、日间照料室、心理疏导室、康复训练室,三层为党员宣誓厅、红色长廊、党建阵地、大数据中心、路演大厅,四层为工作人员办公区。

社区全体成员不断锐意进取,开拓创新,在社区服务和社会治理方面成效显著。在社区服务方面,一是社区在全体党员群众中设置了 6 个党员中心户,以本楼栋党员为中心按月开展党建学习活动,方便党员同志就近参加党员学习活动;二是在社区内成立了洋河新区杏花雨志愿者协会,旨在为社区孤寡老人和留守儿童提供关爱服务,在 2017 ~ 2018 年度中,共为社区内 65 岁以上的 438 名孤寡老人按季度提供了免费健康检查,并为社区内部分孤寡老人免费提供智能腕表等助老服务保障措施;三是在党群之家内部开设 4 点半课堂,为社区 68 名留守儿童免费提供课后辅导服务,同时拓宽服务面为社区内 123 名儿童提供课外拓展;四是开展爱心守护志愿者服务,在社区幼儿园上下学期间为儿童提供道路疏导和安全保障服务;五是建设"一分地"小菜园工程,社区为低收入建档立卡的 143 户困难户免费提供一分地用于果树种植,供应种子肥料和种植技术指导，降低生活成本。在社会治理方面，社区建立完善的三级网格化管理网，将这个社区划分为 4 个二级片区和 22 个三级网格，二级网格明确驻片领导、负责人、片区民警和联络员，三级网格内设立“一长三员”，分别为网格长、信息员、党建指导员、巡查员，调解社区邻里纠纷、进行动态的信息采集，对社区公共卫生、公共设施的巡查提供实时跟踪督导服务。

（二）洋河镇东圩社区基层自治的工作实践

东圩社区原称勇莲乡，1948～1949 年后为东圩镇，1952 年改为东圩乡，1958 年改为东圩大队，1984 年为东圩村，2000 年为东圩社区。东圩社区位于洋河镇东北角，毗邻徐淮路，中大街贯穿社区，交通便利，辖区面积约 2.4 平方公里。东圩社区下辖八个村民小组，总人口 5717 人，其中 18 岁以下 1363 人，成年男性 2219 人、女性 2135 人。目前社区有村组干部 11 人，其中女性 2 人；村支两委 9 人，其中女性 1 人，村支两委平均年龄 55 岁，拥有 440 平方米的党群服务阵地。

东圩社区居民委员会最近一次于 2016 年 11 月进行换届选举，换届选举采用居民选举的方式，共有选民 3399 名参加选举，选出居委会主任 1 人，副主任 1 人，委员 5 人。

居民委员会参与基层自治方面主要是加强“三社联动”平台建设，充分发挥社区组织在社区重大决策上的纽带作用。目前在册的社会组织共计有书法协会、乡贤参事会、老年协会、居家养老服务站、广场舞协会、信鸽协会 6 家，其中乡贤参事会、老年协会、居家养老服务站均定期在社区活动中心开展活动。社工是“三社联动”的骨干力量，是联系社区、社会组织、居民的桥梁和纽带，既是社会福利的传送者，也是促进社区居民自治能力提升的行动者。但是由于社工人才资源的匮乏，这一纽带作用目前还很薄弱。

三、基层自治的典型做法

洋河镇在推进基层自治方面，涌现出一系列具有影响性的典型做法。

（一）充分发挥基层党组织在基层自治工作中的核心作用

在洋河镇基层自治实践中，主要做法和经验包括以下 4 个方面：

一是依托“党群之家”建设，助力“三务公开提档升级”。围绕实现载体、内容和制度“三个升级”的目标,洋河镇在洋河镇黄桥村新成立的新城名苑社区,开发“党群之家”智慧党建App,精心打造“三务掌上公开”栏目,探索“三务”智能化推送、掌上公开。截至2017年12月底,已累计发布各类信息120余条,盖社区近千户家庭。

二是围绕“党建惠民”,以“网格化管理、五代式服务”为主题,深入实施“三化六联”建设。

三是构建考核机制,保持基层党组织的活力。在常态化开展“三会一课”的基础上,把每月20日的远程教育固定学习日活动与党员活动日合并,统一为党员学习活动日,组织党员、群众通过远教平台开展学习活动,推动由“要我学”向“我要学”的转变。同时,配套出台了《洋河新区党建工作手册》,紧紧围绕基层党组织应该做什么和怎么做,指导帮助基层党组织正常开展活动,并且通过QQ在线查、月度“微督查”、季度巡查等形式,督查考核各基层党组织对制度的执行情况,重点督促解决基层党组织开展活动不正常、活动内容不丰富、活动主题不鲜明等问题,通过严格考核,保持和激发基层党组织的生命力和活力。

四是在基层自治工作中,建立典型引领机制,增强基层党组织的凝聚力。比如,新区选树和推介优秀党员和党务工作者30名。其中,南街社区党总支书记朱永当选为全省吴仁宝式好书记,郑楼镇退休教师臧道怀当选为全市群众身边好党员,臧道怀的先进事迹,还拍摄了电教片《夕阳生辉别样红》在全市推广学习。

(二)建立两委关系的协调机制

在基层社会自治的过程中,要建立两委关系的协调机制,首先,必须要科学划分农村两委的权限,明晰两委班子的权责关系。在洋河镇基层自治的实践中,各村(居)委员会和党委都通过制度化的方式,明确规定村党支部与村委会的职责范围,使各自的工作职责与范围有清晰的界限,避免出现实际操作中的相互扯皮或相互推诿的现象。最重要的是确认村党支部和村委会之间的领导和被领导的关系。村委会要依法接受村党支部的领导,在党的路线方针政策和国家法律、法规限定的范围内履行职责,开展工作。

其次,加强制度建设,建立科学高效的村两委工作运行机制。依据法定程序和党章规定支持村党支部成员参与村委会竞选,或村委会成员通过参加村党支部选举,实现村两委成员交叉任职或“一肩挑”。通过交叉任职或一肩挑,使村的各项大事与具体事务都能在一体化的组织里得到落实,避免彼此之间因为相互争权或相互推诿而造成的不必要的机制功能障碍或失灵现象的发生。

最后,充分发挥两委协同作战、共同推进基层社会发展的作用。实践中的做法,包括:(1)依托“村干部先锋团队”培育工程,推进经济薄弱村“五好”建设。深入开展“领头雁”培训工程,围绕党风廉政建设、“支书领头调结构”、党建富民等主题举办专题培训班,并选派部分村居党支部书记参加专题能力提升班学习。实施村干部档案管理规范工程,各镇均设立村干部档案室,实现村干部档案管理规范化运作,为经济薄弱村“五好”建设提供强有力的人才支撑和组织保证。(2)推行党群议事会制度,建立以村党支部为领导核心,村党群议事会为议事主体、村民委员会为执行主体、村务监督委员会为监督主体的“一核三体”农村治理机制。完善优化“四务”公开制度,教育和引导基层干部提高依法办事能力。

(三)推广“样本经验”提升基层自治工作实效

在洋河镇基层自治的实践中,主要做法包括:

一是推广平安社区成立物业公司的成功经验,抓住安置小区陆续建成投入使用的时机,坚持成立物业公司与组建小区党支部同步,构建“物业公司+党支部+业主委员会”三位一体的“党社联建”格局。

二是以西门社区进驻梦都花园小区为试点,结合文明城市创建工作,探索推行在职党员社区报到活动,加强以共产党员为骨干的社区志愿者队伍建设,不断拓展社区服务内容,大力推进福利救助、文化体育、健康服务、文明创建、企业服务、法律维权“六进社区”,更好地为社区群众服务。

第二节 社会团体

一、社会团体的基本构成

截至2018年7月,洋河新区共登记成立98个社会组织,其中民办非企业45个,社会团体53个,已注销登记1个。教育文化类12个,体育文化类9个,行业商会协会类3个,社会服务类8个,城乡社区社会组织66个。

二、社会团体参与基层自治实践的方式

(一)完善制度,夯实社会组织工作基础

为规范、引导全区社会组织健康有序发展,结合全镇社会组织发展实际,出台了《关于印发洋河新区加快推进社会组织培育发展工作实施方案的通知》(洋管办发〔2014〕90号),作为指导洋河镇社会组织工作内容、工作责任、工作步骤、工作目标等提出具体要求,让社区社会组织的发展有理有据。成立以局主要领导为组长,各分管领导为副组长,各乡镇民政办为成员的领导小组,加强对全区社会组织的管理工作。

(二)积极培育引导社会组织发展

激发社会组织活力,培育公益性社会组织和优质公益服务项目,鼓励、支持社区社会组织参与社区公共事务和公益事业。项目内容涵盖扶老助老、扶残助残、扶贫助困、社工服务、社区公益服务等活动。洋河的各类体育文化类社会组织通过平时开展的各项文艺汇演、武术比赛、篮球比赛、信鸽比赛和书法展等形式,传播了各类体育文化事业的成果,丰富了洋河镇人民的精神文化生活。各类社会服务类社会组织也通过关爱服务社的各类志愿服务项目的开展,发挥社会组织在公益慈善、志愿服务、社区建设等方面的作用,带动社会上更多的爱心企业、爱心人士、社会组织参与公益事业,取得了良好的社会效应,实现政府与社会组织共创共投。

(三)建立QQ群,加强沟通学习

社会事业局为全区社会组织建立QQ群组,将《宿迁市社会组织行为规

范》以及其他相关政策法规及时分享给每个社会组织,方便学习交流。在QQ群组中,各个社会组织通过相互学习,相互监督,分享心得体会,提高了各自组织的自治成效。

(四)做好年检工作,不定期组织抽查

每年4~7月,各社会组织通过网上年检以及按规定向登记管理机关提交上年度工作报告和财务报告材料的形式,开展年检活动。社会事业局不定期到各家社会组织进行抽查,了解社会组织运行情况以及社会组织在职能、机构、人员、财务等方面与行政机关挂钩情况。

第七章　农村土地制度

第一节　概　　述

截至2018年6月，洋河镇土地总面积35357.22公顷，其中农用地24783.29公顷，建设用地9394.68公顷，未利用地1179.25公顷。2011年，市政府决定成立洋河新区，洋北镇桥北村，罗圩乡葛罗村、黄庄村、马元村，南蔡乡兴跃村、果园村、黄桥村均托管至洋河镇。托管后，洋河镇土地总面积37866.86公顷，其中农用地26521.77公顷，建设用地10059.25公顷，未利用地1285.84公顷。

洋河镇的土地制度主要是执行国家土地管理的法律和政策，实行土地公有制，即全民所有制和集体所有制。集体土地，是指农民集体所有的土地，也叫作劳动群众集体所有的土地。这里的集体，是专指乡(镇)、村，村民小组等类同性质的农业集体经济组织对土地的所有权，其他任何集体对土地没有所有权，农村的土地，除法律规定属于国家所有或已依法征收的外，均属于集体所有，农民使用的宅基地、自留地、自留山等都属于集体所有。国家为了公共利益的需要，可以依照法律规定将集体所有的土地征收为国有。农村土地制度具体有土地用途管制制度、耕地保护制度、土地征收制度、土地使用制度、城乡建设用地增减挂钩制度等。

洋河镇土地管理工作中严格遵守土地用途管制制度，对辖区每一寸土地做到了明确土地用途。洋河镇2018年耕地保护目标为4018.79公顷，其中基本农田 2257.1417 公顷。洋河镇存在大量的乡镇企业，在相关规定中明确了兴办乡镇企业和村民建设住宅经依法批准使用本集体经济组织农民集体所有的土地的，或者乡(镇)村公共设施和公益事业建设经依法批准使用农民集体所有的土地的除外，符合国家土地使用政策。洋河镇在具体建设项目使用土地过程中还执行节约集约用地的有关规定。洋河镇在保证项目区内各类土地面积平衡的基础上，最终实现增加耕地有效面积，提高耕地质量，节约集约利用建设用地，城乡用地布局更合理的目标。

第二节　土地确权

洋河镇于 2012 年开展集体土地所有权登记发证工作，截至 2018 年 6 月，全镇共发放集体土地所有权证书 854 本，登记面积 7459.56 公顷，其中洋河镇村镇集体所有权土地证 171 本，登记面积 494.9 公顷；214 个组集体所有权土地证书 683 本，面积 6964.66 公顷。

洋河镇土地使用权登记工作最早于 1992 年开始，登记土地 10003 宗，面积约 200 公顷。2016 年 6 月，宿迁市区启动不动产统一登记，洋河镇土地不再单独办理土地使用权登记，改由市国土资源局办理不动产登记。2016 年 6 月之前，洋河镇土地确权登记工作由洋河新区国土分局承担，共办理各类登记 2532 件，其中：初始登记 919 件，变更登记 47 件，分割登记 1452 件，补证登记 1 件，更正登记 3 件，查封 4 件，解封 2 件，他项权利登记 76 件，注销登记 28 件。不动产统一登记后，2016 年 6 月至 2017 年 10 月，洋河镇共办理各类确权登记 4912 件。

截至 2018 年 11 月 15 日，洋河镇开展确权涉及 3 个片区、46 个行政村(居)、492 个村民小组、36115 户、139698 人，已登记地块 146290 块，确权面积 156364.68 亩，签订土地承包合同 36115 份，建成农户“一户一卷”档案 3.6 万卷，建成综合管理类组级档案 623 盒，已颁发《农村土地承包经营权证》3.6 万本，证书发放率达 99% 以上。测绘成果符合技术标准、信息应用平台能够互联互通、数据成果基本能够有效汇交，各镇及村居综合类档案、实施公司综合类档案及农户确权类档案资料齐全规范。

按照江苏省《农村土地承包经营权确权登记颁证档案整理规则》要求,洋河镇在市档案局的业务指导下,主动与市档案局和第三方公司联系,参照市档案局要求,组织专人进行档案整理和归档工作,确保档案资料完整、准确、符合进馆要求,目前档案资料整理和扫描正在同步进行,于2018年11月底全面完成档案移交工作。这一阶段洋河镇土地确权工作重点在三方面。其一,做好矛盾调解工作。镇级继续设立农村土地确权调解窗口,对后期因土地问题发生纠纷的,进行协调处理,确保基层矛盾能够得到及时处理,彻底解决确权工作中上访隐患。其二,加快数据汇交数据整改。其三,跟踪做好后续服务工作。对农村土地承包经营权证书丢失、或因其他原因需要更改的,做好后续核实、证书打印发放等工作。

根据法律规定,农村村民一户在农村只能拥有一处宅基地。宅基地审批流程为:土地登记申请(受理窗口交件)→地籍调查→权属审核→市局审批→注册登记→缴费、核发证书。2004年,原国土资源部印发《关于加强农村宅基地管理的意见》(国土资发〔2004〕234号),规定农民宅基地应在经依法批准的农民集中居住区内建设。

截至2018年年底,洋河镇共有经依法审批的农民宅基地10003宗,面积约200公顷,户均宅基地面积约200平方米。

第三节　土地征收

2011年以后,洋河镇土地征收的频率和规模明显提高。2011年之前,洋河镇共征收集体土地25个批次,征收总面积为207.857公顷,其中耕地98.2712公顷,建设用地65.5701公顷。各年度土地征收情况为:2005年征收1.3852公顷,2006年征收7.1111公顷,2007年征收16.7237公顷,2008年征收27.0032公顷,2009年征收29.0554公顷,2010年征收126.6071公顷。2011年之后,洋河镇共征收集体土地41个批次,征收总面积为631.3477公顷,其中农用地344.064公顷,建设用地275.042公顷,未利用地0.1906公顷,安置总人数为2870人,征地补偿安置总费用为43462.5776万元,社会保障资金为14608.7598万元(其中安置补助费为:8110.9336万元)。各年度土地征收情况为:2011年征收145.287公顷,2012年征收106.8609公顷,2013年征收172.0558公顷,2014年征收86.1711公顷,2015年征收9.0158公顷,2016年征收79.9983公顷,2017年征收31.9588公顷。

第四节　土地市场

洋河镇自2012年4月起开始出让国有土地使用权。截至2017年10月,共出让土地89宗,面积5820.8962亩,土地出让价款325293.2795万元,均采取挂牌方式出让土地使用权。按出让土地用途分,居住用地32宗,2064.7416亩,土地出让价款164653.7237万元;商业用地8宗,381.2775亩,土地出让价款47237.6751万元;工业用地42宗,2689.571亩,土地出让价款39552.5752万元。其他用地7宗,685.3061亩,土地出让价款73849.3055万元,按出让年度分,2012年出让11宗,1490.618亩,土地出让价款75346.9777万元;2013年出让28宗,2712.9552亩,土地出让价款173642.8911万元;2014年出让17宗,435.2355亩,土地出让价款10049.7411万元;2015年出让12宗,675.9255亩,土地出让价款40249.1976万元;2016年出让17宗,322.6815亩,土地出让价款23748.5344万元;2017年出让4宗,180.1925亩,土地出让价款2255.9376万元。

根据土地出让结果,洋河镇2012年土地出让均价位约50万元/亩,2013年土地出让均价位约64万元/亩,2014年土地出让均价位约23万元/亩(工业用地较多),2015年土地出让均价位约59万元/亩,2016年土地出让均价位约73万元/亩,2017年土地出让均价位约123万元/亩。

第八章　农民合作社

第一节　概　　述

宿迁市农业经济和农村人口方面均占较大比例，近年来，宿迁市重点围绕“提质增效、转型升级、人才兴社、融合发展”工作思路，强化规范基础，聚焦创新引领，聚力能力提升，强化支撑保障，合作社发展水平不断提升。作为宿迁市经济重镇的洋河在农民合作社的建设方面也不遗余力，积极践行省市两级关于农民合作社工作的政策规划。培育农民合作社示范社，发挥农民合作社示范带动作用，是促进农民合作社提质增效的重要手段，是加快构建新型农业经营体系的重要举措，是实现小农户和现代农业发展有机衔接的重要途径。

洋河镇采取多项措施，积极推动农民专业合作社快速发展，为农民增收开辟了新的途径，洋河镇发展以奶肉牛养殖、家禽养殖、果蔬种植、农机、土地和劳务等各类农民专业合作经济组织 25 个，其中市级以上“五好”示范社 1 家（其中农机合作社 2 个，土地股合作社 16 个，果蔬合作社 4 个，养殖种植专业合作社 3 个等），农民参加合作社比重达到 67% 。

宿迁市针对农民合作社连续开展市级“五好”示范社申报及监测工作出台《关于开展“五好”农民专业合作示范社建设的意见》（宿委农〔2010〕37 号）。洋河镇积极上报市级示范社申报及监测材料，在申报工作中将符合申报条件的农民合作社相关数据及附件录入宿迁市“五好”农民专业合作示范社申报评选软件,将导出数据以县(区)为单位统一上报,其监测指标主要为经营收入、收益分配、统一服务水平、“三会”运作等方面;同时被监测示范社应在引领现代农业发展、带动成员增收等方面做出积极贡献。2018 年 12 月,江苏省农业农村厅公布了 2018 年度省级农民合作社示范名单,洋河镇的宿迁乐禾家园种植专业合作社名列其中。

第二节　农民合作社类型

根据相关数据,洋河镇合作社在同类型乡镇中数量较多,总体经济规模较大,呈现经营方式和范围多样、经营活动较为活跃的特点,为农村和乡镇经济建设,为农民收入增加和拓宽就业渠道提供了重要的平台支持。

一、小型农民合作社

1. 宿迁市和谐粮食种植专业合作社,洋河镇仓集片区邱夏村利民小区,程前峰,粮食种植与销售,4 户;

2. 宿迁市宿城区古碾农机专业合作社,洋河镇郑楼片区古城居委会三组时先才,农业机械化插秧、播种、收割服务,5 户;

3. 宿迁市瑞佳种植专业合作社,洋河镇仓集片区六里棚村三组,夏广辉,粮食种植与销售,5 户;

4. 宿迁市京杭农机服专业合作社,洋河镇仓集片区六里棚村三组,夏广辉,农机农业机械化服务,5 户;

5. 宿迁市罗人康农机专业合作社,洋河镇仓集片区罗庄村王庄组 16 号,陈长波,农机服务、技术培训,5 户;

6. 宿迁市洋河新区荣丰农机专业合作社,洋河镇仓集片区河西庄村沈东组,沈涵,农机服务,5 户;

7. 宿迁市友法农机服务专业合作社,洋河镇仓集片区邱夏村,谢友法,农机服务,5 户;

8. 宿迁市洋河新区泽涛农机专业合作社,洋河镇仓集片区仓集村大刘组,

夏正环,农机服务,技术培训、服务,5户;

9. 宿迁市前伟粮食种植专业合作社,洋河镇仓集片区梁周村六组49号,夏前伟,粮食种植与销售、种植技术指导,5户;

10. 宿迁市洋河新区正环种植专业合作社,洋河镇仓集片区仓集村夏集组,夏正环,莲藕、蔬菜种植与销售,种植及养殖,技术指导,5户;

11. 宿迁市超英种植专业合作社,洋河镇仓集片区邱夏村,吴超英,农作物种植,技术服务,5户;

12. 宿迁市雨露农机服务专业合作社,洋河镇仓集片区邱夏村十组,皮东学,农机服务、技术培训,5户;

13. 宿迁市乐禾家园种植专业合作社,洋河镇郑楼片区胡李村胡李组,林必科,粮食种植、蔬菜种植、酱菜加工,6户;

14. 宿迁市宿城区广利禽业农民专业合作社,洋河镇郑楼片区金沟村,田晓祥,肉鸡、蛋鸡养殖、销售,6户;

15. 宿迁市洋河新区荷源种植专业合作社,洋河镇郑楼片区大沟村,吴国云,莲藕种植、销售,7户;

16. 宿迁市金实种植专业合作社,洋河镇仓集片区李楼村路东组,李守光,莲藕、水稻、小麦种植、销售;水产养殖、销售。提供相应的技术指导、信息咨询服务,7户;

17. 宿迁市志华农机服务专业合作社,洋河镇仓集片区罗庄村梨园组,朱友高,农机服务、技术培训,8户;

18. 宿迁市洋河新区康建养殖专业合作社,洋河镇桥北村叶庄组,陈忠元,蔬菜种植和水产养殖,9户;

19. 宿迁市洋河新区金九孔种植专业合作社,洋河镇黄庄村五组,熊俊喜,莲藕种植和水产养殖与销售,10户;

20. 宿迁市洋河新区华宇养殖专业合作社,洋河镇桥北村陈庄组,李小伟,蔬菜种植和水产养殖,10户;

21. 宿迁市洋河新区文丰养殖专业合作社,洋河镇黄庄村新堤组,曹文,蔬菜种植、水产,11户;

22. 宿迁市洋河新区文成养殖专业合作社,洋河镇桥北村庄西组,宁怀成,

蔬菜种植和水产养殖,11 户;

23. 宿迁市洋河新区佳萌养殖专业合作社,洋河镇桥北村唐庄组,李宜良,蔬菜种植和水产养殖,13 户。

二、中型农民合作社

1. 宿迁市润民劳务专业合作社,洋河镇仓集片区青年路北侧,皮东学,劳务咨询服务、劳务服务,50 户;

2. 宿迁市安义农机服务专业合作社,洋河镇仓集片区邱夏村六组,陈伏柱,农机服务、技术培训,118 户。

三、大型农民合作社

1. 宿迁市洋河新区源泰农机服务专业合作社,洋河镇仓集片区李楼村路南组 20 号,魏兴利,农机服务,500 户;

2. 宿迁市佳源粮食种植专业合作社,洋河镇仓集片区李楼村路南组 58 号,云守荣,粮食种植与销售、技术咨询服务,500 户;

3. 宿迁市润泽农机服务专业合作社,洋河镇仓集片区张码村二组,陈海军,农机服务、技术交流,510 户。

第三节 部分农民合作社经营范围列举

宿迁市洋河镇荷源种植专业合作社,办公室地址位于西楚霸王项羽的故乡宿迁洋河镇,合作社主要提供莲藕种植、销售,组织采购、供应本社成员莲藕种植所需的生产资料;引进莲藕种植的新技术、新品种,为本社成员提供有关莲藕种植的技术指导、技术交流和咨询服务。

宿迁市洋河镇联合农机专业合作社,办公室地址位于宿迁市洋河镇龙之梦广场,合作社主要提供为本社员提供农业机械化生产、收割服务,利用农机为田间管理、病虫害防治、秸秆还田等服务,提供与农机服务相关的信息、技术、培训、咨询等业务;提供生产资料的购买。

宿迁市洋河镇绿锦农机专业合作社,办公室地址位于西楚霸王项羽的故乡宿迁洋河镇,主要提供依法为成员提供农业生产资料的购买,农产品的销售以及为本社成员提供机械播种、插秧、收割服务,开展与农机服务有关的技术培训、技术交流和信息咨询服务。

宿迁市洋河镇瑞晟养殖专业合作社,办公室地址位于宿迁市洋河镇红庙村孙圩五组2号,合作社主要提供生猪、羊、家禽养殖与销售;组织采购、供应本社成员家禽养殖所需的生产资料;引进家禽养殖的新技术、新品种;开展技术指导、技术交流和咨询服务。

第四节 洋河镇农业合作社工作成效

一、依托合作组织,促进农民增收

紧紧围绕农民增收这个核心,以推进农业产业化经营为重点,在扶强做大农产品加工龙头企业的同时,积极培育和发展农民专业合作经济组织,指导农民大力发展高效农业,提高了农民进入市场的组织化程度,推动了农村经济的持续健康发展。在专业合作经济组织的带动下,洋河镇20%的农田实现了订单种植,其中:大棚种植500多亩,优质稻麦种植5000多亩,果蔬种植2000多亩,输出农村劳动力1500多人,实现劳务收入5000万元。可以说,洋河镇农民专业合作经济组织涵盖了农村经济的各个领域,并呈现出多领域快速发展的态势,专业合作组织增加了农民收入,反过来又促进了合作组织的健康发展。

二、立足产业发展,推进结构调整

一是带动了特色产业的区域布局。农民专业合作经济组织依托本地特色产品和产业,发挥比较优势发展壮大,从而有效地带动了特色区域经济的发展。二是推动产业化经营,提高了特色产业竞争力。农民专业合作经济组织在农业产业化经营中是连接农业产业化龙头企业和农户的重要纽带。如玫瑰小镇、嘉恒农业等企业为龙头,以农户为基地,形成了“龙头企业+农户”

的产业化经营模式。

三、多元投资建设，实现互惠双赢

农民专业合作经济组织以其自身与农民利益的紧密关联，在经济杠杆的作用下得到了迅速壮大。一方面，在一些不很规范的合作经济组织社会效益和经济效益驱动下，合作经济组织采取多种措施，动员一些头脑灵活的农户将部分闲散资金集中起来使用，有效解决了一家一户想办而又难办的事情，促使合作经济组织焕发出了勃勃生机。据不完全统计，截至2017年专业合作经济组织已吸纳各种闲散资金1000余万元。另一方面，农民专业合作经济组织的涌现，提高了农民的组织化程度和产品进入商场的总量与质量，增强了抗御市场风险的能力，提升了农业增加值，解决了农产品卖难问题，有效保护了农民利益。

第九章　典型法治事件

——以党建引领基层治理与法治建设

一、洋河镇党建基本情况

受到当下中国城市化、全球化、网络化等多重因素的影响，城乡差异逐步缩小的时代特征也逐渐清晰，基层党建工作仍在被不断赋予新的内涵。党的十九大提出，中国特色社会主义进入了新时代，要实施乡村振兴战略，建设全城乡社会发展体制机制和政策体系，加快推进农业农村现代化。

洋河党建工作以深入贯彻落实党的十九大精神为主线，以习近平新时代中国特色社会主义思想武装党员干部为指导，以贯彻落实全国、全省、全市组织部长会议和新区党工委部署为主要任务，以进一步严格党内政治生活和强化党内监督为重点，进一步聚焦组织工作主责主业，注重精准施策，强化责任担当，全面提升新区组织工作水平，为打造“美丽中国洋河样本”提供坚强的组织保证和人才支撑。党的十九大报告提出，要按照全面建成小康社会各项要求，紧扣我国社会主要矛盾变化，统筹推进经济建设、政治建设、文化建设、社会建设、生态文明建设，坚定实施科教兴国、人才强国、创新驱动发展、乡村振兴等战略。中国的一大国情是“三农”，农村稳定是我们党执政的重要基础。十九大报告首提“加强农村基层基础工作，健全自治、法治、德治相结合的乡村治理体系”，是直面这一重大课题的重要举措，将对今后基层治理现代化、农村稳定发展产生深远影响。

随着城市化进程大踏步迈进，人口流动达到五千年来的顶峰，推拉理论将大量的农村人口转移到了城市。乡村范围大大缩小，人员范围也从单一的农村扩展到留守人员、流动人口、新市民，在地理范围上也形成了城市与乡村的双重属性。洋河镇兼具乡土社会和现代社会的特征，是熟人社会所建立的信任感，被陌生人之间新确立的沟通方式所取代的时代。

随着互联网的普及和纵深发展，洋河镇的生活也受到了冲击。在田埂边卖西瓜已经可以扫二维码支付，大量的家电下乡也通过电子商务的平台实现，大学生村官带着村民用利用大数据和人工智能创业，网络打破了旧时洋河村、镇、社区居民的封闭内环，在即时获取海量信息的时代，乡村与城市的信息渠道差距几乎被填平。

二、洋河镇社会治理工作思路

党的十九大报告提出实施乡村振兴战略，并指出农业农村农民问题是关系国计民生的根本性问题，必须始终把解决好“三农”问题作为全党工作重中之重。结合如火如荼进行的社会主义新农村建设，正在按照新时代的要求，对农村进行经济、政治、文化和社会等方面的建设，最终实现把农村建设成为经济繁荣、设施完善、环境优美、文明和谐的社会主义新农村的目标。实施乡村振兴战略的总要求是产业兴旺、生态宜居、乡风文明、治理有效和生活富裕。

城市社区往往是在一个个相对独立的生活和工作小区的基础上形成的，人们一般居住比较密集且又工作十分分散，党员的分布很不平衡且又疏于管理。这些都使城市社区党建成了一项烦琐和复杂的工作，所以仅仅靠建立和完善街道党工委和社区党支部是不够的，必须要形成新的有效的城市社区党建组织格局。

为深入贯彻落实省委省政府、市委市政府关于创新社会治理、深化平安建设的决策部署，努力形成具有宿迁特色的基层网格化社会治理工作格局，根据全市关于开展创新网格化社会治理试点工作要求，洋河镇大力提升网格化社会治理服务管理科学水平，打造洋河样板，现结合洋河镇实际，制定了网格化社会治理工作实施方案，形成纵横立体交叉网格式的城市社区党建组织格局。

洋河镇通过综治中心建设实现村(居)管理服务工作的全覆盖、制度化和精细化,通过健全网格化管理责任制建立村(居)网格化责任体系,通过网格化管理建设居民自我管理、自我服务、自我教育、自我监督平台,在全镇形成"横向到边、纵向到底"的管理网格,实时采集网格内居民家庭的情况,实现对网格内居民的全覆盖、全方位、全过程动态管理和服务。努力使公共资源整合化,管理服务水平更有效率;业务流程规范化,管理服务机制更加便民;管理队伍务实化,管理服务作风更加深入,切实保障洋河镇网格化服务管理工作的推进落实。

洋河镇围绕"党组织+党员",压紧压实责任,坚持将党建统领活的灵魂贯穿始终,成立了创新网格化社会治理机制工作领导小组,切实加强组织领导,统筹安排好人力、物力、财力,协调解决网格化管理工作中遇到的困难和问题。政社办等部门积极推进,及时报送工作进展情况,确保按时高质量完成工作任务。

洋河镇实现了党组织、政府组织等一道化解社会问题,使社会治理从单一依靠政府,变成了统筹社会各方参与共同治理。建立定期协商机制,加强沟通协调,积极争取市委政法委对网格化社会治理工作的支持,争取人力、物力、财力等各类资源。加强协调,密切配合,形成合力,实现基层党建网络与社会治理网络"双网融合",实现相互促进、相互提高。

洋河镇将网格化社会治理工作列为年度重点工作,列入综治平安建设重点工作考核,确保取得应有成效。政社办及时将工作开展中好的经验做法进行提炼,并将创新网格化社会治理作为一项基础性工作推向全镇。

三、洋河镇社会治理工作具体做法

中共十八大确立了"依法治国"的目标,十八届三中、十八届四中全会对当代中国的司法体制改革进行了全面深入的部署,法治理念已经逐渐深入人心,并且在包括乡村治理的社会治理各方面逐见成效。立案登记制的实施降低了乡村百姓运用司法工具的门槛,司法文书公开给乡村基层法律工作者提供了更多法律素材,网络法院的设置也将便利村民们在线解决纠纷。乡村政府和各级管理组织也在更加依法规范的行使权力。党的十九大报告提出要打造共建、共治、共享的社会治理格局，加强社会治理制度建设，完善党委领导、政府负责、社会协同、公众参与、法治保障的社会治理体制，提高社会治理社会化、法治化、智能化、专业化水平。加强预防和化解社会矛盾机制建设，正确处理人民内部矛盾。加强社区治理体系建设，推动社会治理重心向基层下移，发挥社会组织作用，实现政府治理和社会调节、居民自治良性互动。作为基层管理的党建工作面临的是法治国家、法治政府、法治社会和依法自治情形下的乡村法治，对其法律意识、法律知识、法律方法和法律素养提出了新的更高的要求。

（一）加强机构和硬件建设

一是组织机构到位。增挂“洋河镇综治中心”工作牌，中心主任由镇政法委书记（综治委主任）兼任，政社办主任兼任中心常务副主任，进驻中心的其他部门可明确一名分管领导兼任中心副主任，推进信访、维稳等部门和矛盾纠纷调处中心及各专业调处组织整体进驻中心工作，党政协调，统筹基层党建和基层社会管理的各项工作。

二是功能整合到位。洋河镇综治中心要对社会治安综合治理、信访稳定、矛盾纠纷调解、社区矫正、人口服务管理等六个方面资源进行整合，根据需要，设立相应的服务窗口、调解室、综治工作室等职能机构，实行人员集中办公，社会管理服务事项集中办理。

三是设施设备到位。在场所建设上，设置了不低于200平方米的服务大厅。在设施设备建设上，要建立法律政策宣传栏；建立中心工作人员、服务项目、办事程序、收费标准、服务承诺、监督方式等公开栏；在服务大厅、调解室、综治工作室等场所设置必要的文化宣传板块。

四是信息化建设到位。洋河镇推进综治信息系统建设，明确专人建立机构队伍、实有人口、特殊人群、重点青少年、社会组织、矛盾纠纷排查调处、社会治安、校园及周边安全、护路护线等基础数据库，充分运用信息系统及时发现影响社会和谐稳定和综合治理工作中的隐患性、苗头性、方向性问题。建立视频监控系统，实现与公安机关联网运行，依托数字信息技术，使网格治理的精准精细能力进一步提高，通过合理划分网格、科学配置资源、构建联动网络，更好地实现了问题的及时发现、有效分类、妥善处置和及时反馈。

(二)加强科学管理

一是合理划分网格。洋河镇从党建工作作为切入点,着力夯实各个网格,由点及面、自下而上突出立体覆盖。形成网格支部全覆盖,促重心整体下移,有利于带领群众共同参与基层自治。因此将全镇划分为三级网格,第一级网格由镇党政主要领导担任网格长,统筹负责本镇网格化社会治理工作。第二级网格由村(居)“两委”主要负责人担任网格长,统筹辖区网格化服务管理工作。第三级网格原则上城乡社区按照常住300户左右为单位划分网格;行政村可以将一个村民小组(自然村)划分为一个或多个网格;对城乡社区内较大的商务楼宇、各类园区、商圈市场、学校、医院及有关企业事业单位,可以结合实际划分为专属网格。每个网格应有唯一的编码,以实现网格地理信息数字化。

二是配强网格人员。做到“党建、业务一把抓”,由党员干部直接担任网格长,履行好联系服务群众、加强基层党建、推进重点工作,按照“一长六员”标准配备网格管理人员。每个网格配备1名网格长,1名专职网格社工,由政府购买服务方式统一招聘,主要负责基础信息采集、社情民意收集、安全隐患排查整治、矛盾纠纷排查化解、公共服务代办、平安法治创建等工作。整合各部门社会服务管理资源下沉到网格,分别配备党建指导员、社区民警、调解员、物管员、社保员。

三是建立网格工作机制。以网格治理为基础,分类划分基础网格,逐步叠加整合治安防控、环境监管、安全监管等工作,建立全区统一的基层社会治理网格体系,实现党政各项工作资源在网格叠加、力量在网格沉淀、工作在网格联动、任务在网格落实。制定网格工作职责清单,落实好思想引领、信息传递、隐患排查、矛盾调解、民生服务等职责。

(三)强化特色举措

一是提升基层党组织参与基层治理的制度化水平。开办洋河镇“红色讲坛”、实施“乡村振兴新村干”培养计划、探索设立“功能型”党组织等,其中多方面涉及基层社会治理和“德治、法治、自治”相结合的基层探索。“红色讲坛”活动邀请领导干部和高校专家学者,联系实际工作举办讲座,分期分批组织副科级以上领导干部赴红色教育基地进行党性锤炼培训、赴高校进行能力提升训练。

二是加强现有党群干部知识更新,开展业务学习。分类别组织年轻干部、大学生村官、优秀村(社区)党组织书记、党务工作者等群体举办主体培训班不少于4期,将党章学习、政治能力培训作为必备课程。开展业务骨干"联动培训",明确职能部门牵头,围绕特色乡镇、依法行政、招商引资、社会治理等中心工作举办专题业务培训。

三是着力培养基层党建带头人,提升现有干部业务素质。开展了年轻干部"我为乡村振兴作贡献"主题实践活动。围绕"乡村振兴"战略,实施"乡村振兴新村干"培养计划,深化村干部"先锋团队"培育工程,出台《关于加强村干部队伍建设的意见》等制度文件,进一步健全村干部考核激励办法,多渠道开展村干部特别是村书记培训,全面推进村干部素质能力提升。

四是以服务群众为立足点,强化基层党组织参与社会治理的功能。做好引进返乡创业新村干富民工作,力争每个村(社区)至少有2名35岁以下、大专以上学历的任职或挂职村"两委"成员,返乡村干保持在40人以上。设立"功能型"党组织,突出聚焦富民,深化"支书领头调结构"和"支部+电商"党建富民工作,依托颐高"互联网+"创业园,全年开展电商培训不少于6次。城市领域突出有效覆盖、有效管理,依托党群之家,深化推广"一核三带、四方共建"模式。"两新"领域强化问题导向,重点解决好底数不清、情况不明、靶向不准的问题,扩大党的组织和工作覆盖。

五是集中力量打造新城名苑社区,起典型示范效应。洋河镇组织工作中最能集中体现党建工作在社会基层治理中发挥重要作用的方面,当体现在"洋河镇网格化服务管理工作"中,以"新城名苑"的网格化治理工作为代表,实现了全方位、立体化、多渠道化解基层矛盾,解决社会纠纷,促进社会和谐,充分发挥了党建作用,能够作为基层法治建设的典型起示范作用,具有在同类型基层工作中推广的重要价值。

四、洋河镇社会治理的机制创新

宿迁市创新网格化社会治理机制试点工作开展以来,洋河镇新城名苑社区贯彻落实市委推进"党社联建多元共治"总体要求,将基层党建网络与社会治理网格"双网融合",采取"一核三带、四方共建"模式,创建"党群之家"。"一核三带、四方共建"模式,是指以社区党组织架构为核心主体,带领三级社区自治主体(社区居民委员会→居住片区→楼栋居民小组)、市场主体(生活缴费、居家养老、社区创客等)、社会主体(志愿者、团体协会等非营利社会组织),采取四方主体共建共治模式,形成工作合力,着力打造"资源统一整合、人员统一配备、信息统一采集、服务统一标准、管理统一到位"的"全要素"网格,共同推动社区治理。在具体的社会治理过程中,采取了如下的方法来保证基层党建的顺利实施。

(一)强化组织保障

洋河镇及上级主管部门高度重视网格化社会治理试点建设工作,成立了以党政主要领导为组长的创新网格化社会治理机制工作领导小组,制定出台了《洋河新区新城名苑社区网格化社会治理试点工作实施方案》《洋河新区新城名苑社区网格管理办法(试行)》《洋河新区新城名苑社区网格员工作制度(试行)》等一系列抓规范、管长远的制度性文件,明确网格员职责清单,落实工作责任,规范网格化治理工作。区、镇多次召开专题工作会议,研究部署网格化治理试点建设工作,确立了城市社区党建工作的指导思想、目标、任务和原则。

(二)科学划分网格,制定管理规范

结合新城名苑布局,将新城名苑划分为三级网格,社区党委作为第一级网格,由社区党委班子成员组成,下设办公室(社区网格管理服务中心)、调解委员会、志愿服务队、社区工作服务站及组织宣传办公室等,统筹社区社会治理工作;四大片区作为第二级网格,由社区党委副书记作为片区网格长(二级网格长)、驻片民警负责各片区网格治理;第三级网格按照社区楼栋分布情况,划分为22个网格。每个网格统一编号管理,实现网格地理信息数字化,推行党建统领的"区级—镇街—村社(网格)"三级联动的"王"字型结构运行机制,从而为基层党建、党组织以及党员在基层治理过程中展现作为在体制机制层面提供了切实保障。

(三)配齐管理人员,构建考评体系

配备专职网格员22人。每个网格配齐"一长三员"(网格长、党建指导员、信息员、巡查员)服务管理人员。网格员配备全要素网格通(综治E通)移动终端,排查掌握并及时上报各类矛盾纠纷信息、各类公共安全隐患信息、重点人员的动向信息。网格员劳动报酬、工作补贴及必要的工作场所、装备设备由洋河镇统一保障,每个网格员月度考核底薪标准为500元,由镇财政保障,实行镇、社区二级考核,以社区为主。社区网格化服务管理中心具体负责,按照"客观公正、注重实效、群众满意"原则,制定考核细则,对网格员工作进行考评,建立了对网格员工作表现的奖惩机制,从而形成监督—考核—奖惩的回路闭环。

(四)部门协调联动,形成治理合力

洋河镇政法部门等相关职能单位相互联动配合,共同开展社情民意调查及社区社会治理基础数据采集录入活动,掌握社区社情民意基础信息。新城名苑社区定期(每周二)召开社区网格长工作周例会,对网格员走访中发现的问题,进行分析研判。关键敏感时期,洋河镇综合治理办公室、公安分局、社会事业局、组织宣传统战部等相关部门,与洋河镇密切配合、协调联动,梳理矛盾纠纷排查调处、特殊人群管控等工作清单,及时交流协调处置,实现社区和谐稳定,确保网格化管理取得实效,通过推进网格化治理,对各类网格采取动态化管理,将网格内相关社会事务纳入党政日常管理之中,实现基层"事有人管、事有人做",推进基层治理更加精细、更加规范,有效倒逼政府部门提升服务水平,努力实现治理由"管理"转变为"服务"。

(五)提高信息化建设水平,打造智能化网格

洋河镇协调电信部门,开通社区账号,将综治信息系统接入社区大数据中心,实现社区综治信息系统全覆盖。与电信部门签订全要素网格通移动终端配备升级改造合作协议,深化与北京光合公司战略合作,细化社区治理大数据、人工智能软件的深度开发与应用,提升网格内基础信息采集、社情民意收集、安全隐患排查整治、矛盾纠纷排查化解、社会心理服务、政策法规宣传、公共服务代办等能力,实现网格服务管理工作更精准、更精细、更智能、更高效,提升社区居民公共安全感和治安满意度,打造平安和谐的幸福家园,加大社会治理网络整合力度,推进党建网、综治网、服务网"多网合一",建立系统集成指挥平台,打造一套归口收集、分流交办、答复反馈、监督制约、考核奖惩

的完整流程,实现资源集成、信息共享、上下联动的大治理格局。特别是依托数字信息技术,使网格治理的精准精细能力进一步提高,通过合理划分网格、科学配置资源、构建联动网络,更好地实现了问题的及时发现、有效分类、妥善处置和及时反馈。

五、洋河镇治理工作取得成效

新城名苑社区深化了社会治理网格与党建网络"双网融合"工作机制,创建了"党群之家",放大了基层社会治理网格管理服务功能,为居民提供了贴心的服务,真正成为居民群众的"幸福之家"。

(一)放大社区政务服务功能

"党群之家"设有党员群众办事服务大厅,社区党委和居民委员会提供党群服务、就业创业、社会保障、物业管理、社会救助、综治调解等办事窗口,进一步细化办事流程,并设置专业咨询窗口,为办事群众答疑解惑,按照审批权限,分级分类提供解决办法。社区党委全面接管社区内物业管理服务,并建立"支部+物业"管理机制,派遣片区支部委员会班子成员到物业公司任职,进一步发挥党支部的领导核心和支柱作用。"党群之家"App 开设政务服务版块,设有社区公告、办事指南、政策宣传、在线预约等内容,打破时间空间限制,设置掌上"三务公开栏"即社区党务、政务、财务公开栏,为党员群众提供在线查询功能,既进一步方便社区党员群众及时了解社区动态,也保证其参政议政权利。

(二)引入市场精细服务功能

"党群之家"引入多家市场主体进驻,开展线上、线下双线服务,为社区居民提供更加精准、细致、个性化的服务内容。社区大厅开设多项生活类缴费服务,如代收水、电、燃气、通信、网络、电视等费用。利用"党群之家"内开设的老人日间照料室,引入专业化养老机构,开展居家养老照料服务;利用大数据和一键通平台,引入家政服务机构,开展月嫂、护工、水电维修、钟点工服务等家政服务项目;利用"党群之家"内的儿童乐园、4 点半课堂、琴房、排练厅、多功能室、影音厅等功能室,引入专业教育培训机构,提供多样化教育培训服务项目。除此之外,"党群之家"App 专门开设生活服务版块,设置物业在线报修、家政快递服务预约、房屋租售信息发布、二手物品交易等服务内容，同时，通过引入京东、当当网等网购平台以及社区周边商户等市场主体，让居民足不出户就能够购物、读书和享受到周边餐饮、绿色农产品、生活日用超市等平台认证商家的优质服务，并建立市场主体进驻评级和淘汰机制，形成良性循环的竞争氛围。

（三）引领社区群团活动功能

社区党委作为群团活动引领核心，定期组织党员开展“六助活动”即助学、助贫、助困、助医、助老、助幼活动。社区网格员为群团活动的重要组织者，安排专人负责社区内共青团、妇联、关心下一代等具体工作，并提供相关活动场所和经费保障。如组织社区老年协会、手工艺协会、公益书社、书画协会、太极拳协会、社区舞蹈队、广场舞协会、青年志愿者协会、党员志愿服务队等协会组织，定期开展书画展览、广场舞培训、儿童书法培训、爱心义卖、志愿服务等社区公益活动。社区居委会还引入“市民学校”理念，会同手工艺协会、公益书社等协会组织，定期开展如插花、烹饪、编织、花艺、阅读等学习活动，同时邀请医生、律师等专业技术人员，到社区开展医疗保健、普法宣传、科普展示等培训活动。

（四）激发社区创业孵化功能

为响应“大众创业、万众创新”、精准扶贫的时代号角，社区党委将“支部＋电商”、党建扶贫理念扎实融入到社区建设当中。社区党委实施将电商发展成党员和党员发展成电商两条主线，制定红色电商“521”培养计划，即1年内培养5名电商积极分子、2名红色电商、1名红色电商达人。社区内设有众创咖啡、创客之家等创业创新平台，引入浙江某集团等创新创业平台投资运营商，将专业化、个性化创业孵化理念植入社区，定期开展创业创新培训活动。除了吸引社区内大学生、返乡创业青年入驻之外，还着力帮助社区留守妇女、残疾人、低收入户等弱势群体触网创业。

（五）传承社区乡情文化功能

社区深入推进“荐乡贤、留乡愁”工作，建立社区乡贤目录，挖掘征编乡愁历史资料，并设立社区“本乡本土”乡情展示馆，充分展示社区发展和历史脉络、传统风俗礼仪、名胜古迹、历史照片、名人轶事等。乡情馆是党群之家文化之根,通过对原住民居、场景复原、故事演绎的介绍,让社区居民不忘文化源头,传承乡土文明习俗;通过对过往农耕、生产、生活、手工制作等器具的展示,让社区居民记住乡愁、留住乡情。大力挖掘推广乡贤文化,深入推进乡贤信息库建设,加强乡贤联络走访工作,通过对乡村精英人士的"新乡贤化",能够整合对乡村经济社会发展有推动作用的社会人士,缓冲个体发展不平衡所产生的矛盾,推进乡村社会文明的逐渐成熟。目前正在启动建设社区颐养中心、白事大厅、爱心小菜园等工程,真正提升社区居民的治安安全感和生活满意度。

(六)提升居民法治素养

因新城名苑小区是拆迁安置小区,为解决因拆迁带来的一系列社会问题,新城名苑社区党委正在深化基层社区治理,提升社区智能化管理水平,切实解决居民实际困难。基层党建工作不仅有利于推动农村社会资源再整合,而且促进农村全方位发展。多数的基层社区居民只在接触到具体的法律事件时才主动了解法律知识,求助于法律渠道。在这方面,基层党建工作有条件、有能力利用其法律知识技能的优势,为乡村法治建设和村民法治素质的提高添砖加瓦,在培养社区公民的法治理念,推进民主立法,推动全民普法、守法、用法,协助执法司法,提供法律服务,促进依法治理六个环节中具有独特优势与作用。

后　记

2017 年 7 月，江苏省依法治省领导小组办公室会同江苏高校区域法治发展协同创新中心、南京师范大学江苏法治发展研究院根据中央编办、中央农办等六部委《关于开展经济发达镇行政管理体制改革试点工作的通知》和省委办公厅、省政府办公厅《关于印发〈江苏省经济发达镇行政管理体制改革试点工作意见〉的通知》精神，下发了《关于开展经济发达镇法治国情调查的通知》（苏法治办〔2017〕11 号），成立江苏经济发达镇法治国情调查指导工作小组，由江苏高校区域法治发展协同创新中心成员 5 家单位对江苏省 20 个经济发达镇开展为期两年的法治国情调查。根据分工，南京师范大学法学院负责昆山市张浦镇、泰兴市黄桥镇、兴化市戴南镇、宿迁市洋河镇的法治国情调查工作。

我们深知，开展经济发达镇法治国情调查，是通过对经济发达镇的治理结构、治理机制、治理模式的全面调查，把握镇级区域社会治理的法治状况，了解经济发达镇社会治理中的法治需求，为社会治理重心下移过程中的法治建设提供基础性资料，促进法治江苏建设的深入发展。通过对江苏省纳入经济发达镇行政管理体制改革试点范围内的镇域法治情况的全面调查，客观记录镇级区域内社会治理模式的历史和现状，社会治理过程中的法治状况，以及行政管理体制改革后的法治发展需要，为法治江苏建设提供第一手的基础性资料，这无疑有着非常重要的法治实践意义。

2014～2016 年，我们曾经做过“县域法治国情调查”，但是，与县域法治国情的调查相比,本次镇域法治国情调查工作的难度却要大得多。这是因为自改革开放以来,江苏乡镇,尤其是经济发达镇在其发展过程中,区划调整变化大(如宿迁市洋河镇,在我们课题组调研期间,于2017年12月27日经江苏省政府批准,又合并了2个乡镇,成立新洋河镇),档案材料不全,法治发展历史数据不多,法治专业人才缺乏,这无疑增加了我们的工作难度。课题组全体成员从2017年8月开始,经过近两年的努力,于今年(2019年)3月下旬形成初稿,在听取了相关专家的咨询意见之后,我们数易其稿,最终形成了这份调查报告。这项成果的取得,除了课题组成员的努力之外,我们必须心怀感恩之情,对所有支持、关心、帮助过我们的各级领导、法学界和实务界同人,以及参加调研、座谈会、访谈和问卷调查的博硕士研究生和本科生表示真诚的感谢。

感谢江苏省和苏州市、泰州市、宿迁市政法委领导,以及我们调研所在地的县市区领导。课题组在开展调查工作和调查报告的撰写过程中,我们始终得到了江苏省委政法委、省委依法治省领导小组办公室各位领导的悉心指导,得到了苏州昆山市、泰州泰兴市、兴化市和宿迁洋河新区(现已与洋河镇合署办公)依法治市领导小组办公室领导的支持协助,我们谨向他们表示由衷的感谢!

感谢我们调查的四个乡镇的领导和相关工作人员。他们不辞辛劳、不厌其烦、高度负责、认真细致地为我们收集整理了大量的第一手资料和很多真实可靠的数据,从而为调查报告的撰写奠定了良好的基础和前提。如果没有他们,我们根本不可能完成本调查报告,在此,我们要向他们表示最崇高的敬意!

感谢江苏高校区域法治发展协同创新中心理事长公丕祥教授和中心主任夏锦文教授,他们自始至终对课题组的研究工作实时跟踪,了解课题进展,关注课题质量,提出修改意见;感谢中心秘书於海梅博士,法学院科研秘书胡维佳老师,她们也对我们课题组的研究工作给予了大力支持!

感谢本书的责任编辑王扬编审,感谢对本书的形成和问梓有过帮助的所有朋友们!

本报告是集体劳动的结晶,也是课题组成员通力合作的成果。参加课题

组调研和报告撰写的人员是(按照各编顺序排列):

第一编　负责人:李力　成员:李昌庚、李洋

第二编　负责人:蔡道通　成员:刘涛、黄何、洪锡雷、周克稳、郑浩、唐训进

第三编　负责人:眭鸿明　成员:陈爱武、段东升、封海波、申昕、吴磊、王茜、计昕瑶、王曲星

第四编　负责人:龚廷泰　成员:潘溪、张镭、方乐、倪斐、缪文升

李力、蔡道通、眭鸿明、龚廷泰分别对各自负责的编章先行通稿,最后由龚廷泰对全部书稿完成统稿、定稿。

迄今为止,国内学术界还没有做过中国镇级法治国情的调查,这是一项全新的开创性的研究工作。尽管我们努力秉持"内容要真实、概念要清晰、材料要翔实、数据要准确"的要求,本着对历史负责、对被调查单位负责、对下达任务的单位负责、对自己负责的态度,以高度学术责任心和精益求精的态度,高质量、高效率来完成这项任务。然而,现在呈现出来的成果仍然不尽如人意,因此,热忱欢迎学界和实务界同人不吝赐教!

龚廷泰

2019 年 7 月 15 日于南京

图书在版编目(CIP)数据

江苏省经济发达镇法治国情调查报告. 第一卷 / 龚廷泰主编. -- 北京 : 法律出版社, 2020
ISBN 978-7-5197-4951-4

Ⅰ. ①江… Ⅱ. ①龚… Ⅲ. ①乡镇-法治-调查报告-江苏 Ⅳ. ①D927.535

中国版本图书馆 CIP 数据核字(2020)第 179704 号

江苏省经济发达镇法治国情调查报告(第一卷)
JIANGSUSHENG JINGJI FADAZHEN FAZHI GUOQING DIAOCHA BAOGAO (DI-YI JUAN)

龚廷泰 主编

策划编辑 肖 越 赵明霞
责任编辑 肖 越 赵明霞
装帧设计 乔智炜

出版 法律出版社
总发行 中国法律图书有限公司
经销 新华书店
印刷 北京玺诚印务有限公司
责任印制 胡晓雅

编辑统筹 法商出版分社
开本 710 毫米×1000 毫米 1/16
印张 28.75 **字数** 411 千
版本 2020 年 9 月第 1 版
印次 2020 年 9 月第 1 次印刷

法律出版社/北京市丰台区莲花池西里 7 号(100073)
网址/www.lawpress.com.cn
投稿邮箱/info@lawpress.com.cn
举报维权邮箱/jbwq@lawpress.com.cn
销售热线/400-660-8393
咨询电话/010-63939796

中国法律图书有限公司/北京市丰台区莲花池西里 7 号(100073)
全国各地中法图分、子公司销售电话:
统一销售客服/400-660-8393/6393
第一法律书店/010-83938432/8433　西安分公司/029-85330678　重庆分公司/023-67453036
上海分公司/021-62071639/1636　深圳分公司/0755-83072995

书号:ISBN 978-7-5197-4951-4　**定价**:88.00 元